ドイツ三月革命の研究

ドイツ三月革命の研究

柳　澤　　治　著

岩　波　書　店

松田智雄先生に捧げる

はしがき

一八四八年及び四九年のドイツ革命は、三月革命と呼ばれている。この革命は、ドイツ社会の歴史的発展にとって、きわめて重要な意味をもつ出来事であった。これ迄の研究は、三月革命を次のように評価してきたように思われる。まず第一に、一八四八・四九年のドイツは、ドイツ自由主義及び民主主義が、単なる思想史上の問題としてばかりでなく、広く「ドイツ国民」に担われた現実の社会的運動として展開した時期、あるいは、このような社会的運動が、最高潮に達し、旧体制を解体させるまでにいたった時期であった、という点である。一五・六世紀から数百年にわたって存続してきた封建的な領邦体制は、このような自由主義及び民主主義の「国民的運動」の前に、ともかく解体し、旧い封建的諸勢力にかわって、自由主義者や民主主義者が登場して来たのであった。三月革命がブルジョア革命、あるいはブルジョア民主主義革命とよばれるゆえんは、この点にかかわっている。一八四八・四九年のドイツ革命が、このような意味から、古くは、あの「ドイツ農民戦争」に、またその後においては、一九一八年の「ドイツ革命」と「ワイマール共和制」の成立とに、それぞれ対比され、ドイツ史の画期的な出来事、その転換点とされるのは、きわめて当然といえよう。実際、三月革命の中で、その変革がなされるはずであった絶対主義的領邦体制は、「ドイツ農民戦争」と、その後の「三十年戦争」とを経る中でつくり出され、確立してきた体制に他ならず、また逆に一八四八・四九年の革命の帰結は、一九一八年の「ドイツ革命」と「ワイマール共和制」に直接かかわりをもっていたのである。

三月革命のもつ第二の意義は革命のこの帰結に関係してくる。革命の中で大きな高まりをみせた自由主義と民主主義は、まもなく力を盛りかえしてきた旧勢力、とくにプロイセンのユンカー的地主層の前に屈服し、敗退することになった。革命は失敗に終り、その結果として、旧勢力の支配体制がここに確立する。一八七一年の「ドイツ帝国」の成立、「ビスマルク体制」を経て、一九一八年にいたるドイツ社会の構成を規定したのは、まさに、三月革命のこのような帰結であり、一九一八年の「ドイツ革命」と、その所産、「ワイマール共和制」は、一八四八・四九年の帰結を否定する、という意義をもつことになったというのである。

このような三月革命把握は、政治史上は、ユンカーの政治支配、とくに「ビスマルク体制」ないし「第二帝制」に対する自由主義ないしブルジョア民主主義の立場に立つものであり、研究史上では、一八四八・四九年を単なる「狂乱」、単なる「騒乱」としてその意味を全く否定し、それを通じて、ビスマルク体制を評価しようとするいわゆるプロイセン史学に対立し、これを批判する中で確立してくる考え方であった。三月革命史研究は、単なる学問上の問題としてではなく、このように、それ自体がすでに、三月革命とその帰結たるドイツ社会のあり方に直接かかわるものであり、その研究史が、同時にドイツ社会史につながるという性格をもっていたのである。三月革命の研究が、「第二帝制」の解体と、「ワイマール共和制」成立を経て、急速に進行するのは、この意味で、当然であろう。ここにおいて、三月革命の研究は、このような歴史的過程を意義づけ、これを合理的に把握しようという意味をもつことになった。「ワイマール共和制」は、一八四八・四九年の自由主義ないし民主主義の「国民的運動」を継承し、三月革命がなそうとして果しえなかった課題を実現することに成功したものであり、三月革命は、従って、そのような意味で「ワイマール体制」に先行する「第一次革命」に他ならない、という理解がここに現われてくるのである。ワイマール期の三月革命史研究の状況はおおよそ以上の如くであり、それは、ヨーロッパ市民革命にかんする我国の研究が、第二次大戦後のさまざまなブルジョア民主主義的改革を世界史の中で把えようとしていた状況に対応していたものといえよう。

以上のような観点からする三月革命研究は、しかし、いくつかの重要な問題を含んでいた。その最大のものは、研究の焦点が、もっぱら「市民」の政治的思想的運動におかれ、従って「ドイツ国民」の「自由と統一」を実現するものと考えられた「ドイツ立憲国民議会」と「臨時政府」あるいは、各邦の議会ないし政府の動向を解明することに力点が置かれる反面、このような議会・政府とその動向の背後にあり、あるいはこれらを支え、あるいはそれらの方向を規定することになった、諸階級、諸社会層――ブルジョアジー、農民、手工業者、雇職人・労働者――の現実の社会的運動と、それらの絡み合いについては、殆んど関心を向けようとしなかった、という点である。

このことは、たとえば、V・ファレンティンの大著『ドイツ革命史(一八四八―四九年)』で、この問題が取扱われている部分がいかに小さいか、ということに象徴的に表現されているのであるが、しかし、このような事情は、実は、農民、手工業者、雇職人・労働者に対する特定の評価と結びつくものであった。そもそも、これらの社会層、階級の変革運動は、「自由と統一」をめざす「市民」の運動にとっては、当初はたしかにこれを支え、推進する決定的要因ではあったが、やがて、それは、「市民」の求める「秩序」、「所有」と対立するものとなった、かくて、これをきっかけに「市民」の間に分裂が進み、結局、これは「反動」の擡頭をたすける要因となった、というのである。このような評価が、決定的な問題点をもつものであることはいう迄もないが、しかし、上の理解の中には、逆に、三月革命に独自な階級、社会層の対立関係を端的に特徴づける指摘が含まれていた。即ち、一八四八・四九年のドイツ革命において、「市民」(ブルジョア、小ブルジョア)と農民、手工業者、雇職人・労働者は、共に封建的諸勢力に対して対立したのであったが、両者の関係は、当初は、結合ないし同盟の関係にあったものの、革命の進行過程で、対立関係に移行していった。「市民」が革命を遂行しえなくなった原因は、このような対立関係があったからである。

このような革命の担い手たちの分裂ないし対立は、実は、封建的諸関係の変革、絶対主義的領邦体制の変革のあり方と方向をめぐって表面化してくるのであるが、この事実は三月革命を、絶対王制の打倒が、諸社会層、諸階級の運動を背景に、ともかくも、ブルジョア、小ブルジョア層の主導の下で果されたフランス革命(及びイギリス革命)の場合と決定的に区別する点であった。革命の過程で表面化してくるこのような対立こそ、ブルジョア革命として始った三月革命を、古典的革命とは異なった帰結にみちびくことになるもっとも重要な要因であった。いうまでもなく、かかる帰結は革命の過程そのものから由来するもので、その最も重要な要因は、農民、手工業者、雇職人・労働者の社会的運動が、独自の自律的な運動として展開をとげたばかりでなく、封建制変革のこの運動が、「市民」(ブルジョア、小ブルジョア)にとっては、ブルジョア的関係をも変革するものとして現われてくるという点にあった。まさにこの点において、三月革命は、一九一八年のドイツ革命と対比され、これに先行する革命として、従って、この意味における「第一次革命」として、把握されることが可能になるのである。

　三月革命は、以上のように、その初発の段階においては、フランス革命(市民革命)と同じような過程をとりつつ進行しながら、革命が進展する中で、封建制の変革のあり方をめぐって、あたかも、二〇世紀の革命に共通するような、あるいはそれに発展していくような、独自の関係をつくり出してくるのである。三月革命は、従って、一方では、フランス革命(市民革命)に、他方では、二〇世紀の革命に、共通する面をもちながら、しかも、そのことによって、それぞれから区別される独自の革命として展開したのであった。市民革命の要素と、労働者革命の要素とは、この革命の過程の中で、前者から後者への推転過程として、関係づけられ、結合されているのである。我々は三月革命をこのような視点から解明しようと考えており、本書が、まず第一に農民、手工業者、雇職人・労働者の運動と、その中で示されたそれぞれ独自の利害の内容と方向に、つぎに、これに対するドイツ・ブルジョアジーの独自の利害及び両者の関係のあり方に焦点をあてることになったのも、このような観点に基づいてのことである。本書の構成のうち、Ⅱ

「三月革命の変革運動」は、前者の解明のために、Ⅲ「ブルジョアジーと『国民議会』」は、後者の解明に、それぞれあてたつもりである。

もとより、これらの諸階級、諸社会層は、その社会的運動の中で、さまざまな問題を提起するのであるが、しかし、その中心的部分は、封建制の変革にかかわる社会的経済的問題についてであった。この問題は、従来の研究では、すでに述べた理由のゆえに、あまり取り上げられることがなかった問題であった。しかし、こういった諸階級、諸社会層の現実の運動とその相互の関連を明らかにするためには、この問題は最も重要であり、本書が、Ⅱ及びⅢにおいて、変革過程の内容を分析するにあたって、特に大きな関心を向けたのは、この問題であった。こういった諸利害の社会的経済的関心は、彼らとそれをとりまく経済生活のあり方に、より具体的には、領邦体制の社会的経済的構造に規定されていた。本書のⅠ「絶対主義的領邦体制の危機と産業資本の発達」は、三月革命勃発にいたる一九世紀前半のドイツの社会的経済的構造を特徴づけるいくつかの問題をとりあげ、分析しようとしたもので、これらの諸問題は、Ⅱ及びⅢで取扱われる問題に直接関連してくることになるのである。

ところで、三月革命をこのような視角と問題関心から考察してゆく際に、我々は、この革命が勃発し、展開した一八四八・四九年のヨーロッパ全体の独自な状況を考えないわけにはいかなかった。いうまでもなくそれは資本主義の世界史的発展とその段階に関連しているのであり、より具体的には、この革命が、マニュファクチュア段階に行われたフランス革命(及びイギリス革命)の場合と異なり、世界史的には、資本主義の確立期において勃発し、展開したという事実である。とりわけ、すでに「産業革命」を遂行し、完了しつつあったイギリス資本主義の影響は重要で、ドイツをはじめとしてヨーロッパ諸国の経済循環は、イギリスのそれに捲きこまれつつあり、このような側圧によって、旧い経済構造は各地で解体に向いつつあった。他方、これに対応して、ヨーロッパ諸国でも、イギリスで創り出された機械制技術を導入し、それぞれ独自の形で「産業革命」を展開していた。このような状況の中で、ヨーロッパの旧体制は、次第に危機を深めてゆくのであり、一八四八・四九年には、単にドイツだけではなく、ヨーロッパ全体が大きな変革過程に突入することになったのである。三月革命は、このようなヨーロッパ全域に及ぶ変革過程の一部を構成しているのである。

しかし、ヨーロッパ的規模での封建制廃棄の運動は、すでに、それ以前から始っていた。その起点は、いうまでもなく、フランス大革命にある。ヨーロッパの諸国の旧体制は、このフランスからの影響の下で、まず一八世紀末葉に、ついで一八三〇年フランス七月革命の時期に、大きく動揺し、危機を深めていったのである。一八四八・四九年はこのような危機が最高潮に達した時期に他ならなかった。一七八九年から、一八四八・四九年にいたる約半世紀は、絶対王制ないし封建制廃棄の運動が、フランスを起点にして、ヨーロッパ全域につぎつぎに(連続的に)、拡大していった時期であったのであり、三月革命は、このようなブルジョア民主主義革命の連続的過程の一環をなし、かつ最終的段階を構成していたのである。ただ、その場合に注意すべきは、このような連続的過程の出発点(フランス革命)と、その終結点(三月革命)との間には、資本主義の飛躍的発展過程が対応していたこと、一八四八・四九年には、労働者階級の自立した、資本主義に対立する運動がヨーロッパの各地で始っていた、ということである。三月革命過程で明らかになってくる「市民」と、農民、手工業者、雇職人・労働者との対立は、実は、その背後にこのようなブルジョアジーと労働者との階級対立をもっていたのである。このような状況においては、ブルジョアジーにとっては、フランス革命の中で果された諸変革すら、ブルジョア的諸関係を解体させるものと現象してくるのであった。三月革命の帰結は、すでに述べたように、このような事情に基づいているのであり、従って、この帰結は、単にドイツ革命の帰結に止まらず、一八四八・四九年のヨーロッパ革命の帰結として、更に、一七八九年フランス大革命に始るブルジョア民主主義の変革過程の帰結としても存在していたのである。つまり、三月革命は、単にドイツ史における重要な画期たるに止まらず、より広く、ヨーロッパ全域のブルジョア民主主義的変革過程の、従って、ヨーロッパ史一般の、決定的な転換点をもなしていたのであった。本書で三月革命を考察する場合、常にこのような事実が、前提とされ、あるいは背景に据えられているということを指摘しておかなければならない。

最後に、本書の視点について次の点をつけ加えておかなければならない。本書は、三月革命を、まずなによりも、諸階級、諸社会層の対立・抗争過程として把えているのであって、たとえば、H・モテックのようにその「所産」ないし「結果」と、その経済的内容の評価から、三月革命を理解しようという立場には立ってはいないという点である。モテックにあっては、市民革命は、その結果が、「資本主義の発展」に対してどのような意味があるか、という点から把えられており、三月革命は、このような帰結の経済的内容が貧弱であったことから、これをシュタイン＝ハルデンベルク改革にみられるような一九世紀初頭の「上から」の「改革」や、一八六〇年代のいくつかの「改革」と同じように把えられることになった。一八四八・四九年のもつドイツ史上の、あるいはより広く、世界史上の意義は、全く評価されることがなかったのである。

本書の主要な部分は、一九六六年から一九七二年までに著者が発表した論文に若干手を加えたものを骨子にしてなりたっている。本書の構成に対応させながら、ここに収められた旧稿を列挙しておこう。

I 「西南ドイツにおける旧型輸出工業の衰退――十八・九世紀交の世界市場編成替えとの関連で――」『社会経済史学』第三二巻第三号、一九六六年(第一章)。

「南ドイツにおける都市手工業者層の『窮乏化』」川島武宜・松田智雄編『国民経済の諸類型(大塚久雄教授還暦記

念Ⅱ)』岩波書店、一九六八年(第一章、第二章)。

「西南ドイツにおけるマニュファクチュアの形成——十八・九世紀交のヴュルテンベルク繊維工業を中心に——」『土地制度史学』第三一号、一九六六年(第二章)。

「一八四〇年代の保護関税論——『第六回関税同盟会議議事録』分析——」『明治学院論叢』第一八九号、一九七二年(第三章)。

Ⅱ 「ドイツ三月革命の農業・土地問題——『農民革命』の分析を中心に——」『社会科学研究』第二一巻第二・三合併号、一九七〇年(第一章)。

「三月革命期における手工業者運動とその社会的経済的諸問題」『社会科学研究』第一九巻第五号、一九六八年(第二章)。

「三月革命期の反『独占』運動——雇職人運動の場合——」『明治学院論叢』第一七一号、一九七〇年(第二章)。

Ⅲ 「ドイツ『自由貿易』論の社会的基盤——『三月革命』のばあい——」『明治学院論叢』第一七九号、一九七一年(第一章、一部Ⅱ第一章〔補論〕へ)。

「『三月革命』における保護主義とその歴史的基盤——ドイツ産業資本家層の経済的利害——」『土地制度史学』第五二号、一九七一年(第一章、第二章)。

「ドイツ立憲国民議会における土地問題」大野英二・住谷一彦・諸田実編『ドイツ資本主義の史的構造(松田智雄教授還暦記念Ⅰ)』有斐閣、一九七二年(第二章)。

なお、これらの旧稿で触れられなかった点を補う意味で、あるいは、それらの相互の関連をはっきりさせるために、新たに書き加えた部分もある。とくに、Ⅰ、第三章一、Ⅱ、序章、同、第二章二の一部及び三、がそれである。

本書に収められた旧稿が準備され、発表された時期は、丁度、著者の今は亡き父が、脳出血で倒れ、きびしい闘病生活をつづけていた時期であった。著者は、この間父の看病のあい間をぬって、ごくささやかな家業を父にかわって助けなければならなかった。このような状態の中で研究をつづけるにあたって、著者は、多くの方々から、格別の御厚意をいただくことになった。とりわけ、東京大学経済学部進学以来、同大学大学院経済学研究科を通じて、御指導いただくことができた松田智雄先生に対しては、もはや御礼の言葉を見つけることができない。先生は、このような状況にあった著者を、終始まことに温かく御指導下さり、励まして下さった。先生のこのような御厚情と御教導に対しては、あまりにも貧しい成果ではあるが、深い感謝の念をこめて本書を捧げたい。

大学院在籍中の四年間、許されて大塚久雄先生の演習に参加することができた。この間に賜った御指導と、温い励ましとに対して、心から御礼申し上げるとともに、先生の御健康をお祈り申し上げたい。

本書全体を貫くモチーフが形をなし、そのための研究が着手されたのは、著者が東京大学社会科学研究所に勤務していた時期であった。この研究所での恵まれた研究生活と、この間、高橋幸八郎、岡田与好、大石嘉一郎の諸先生から賜った御厚意は、忘れることのできないなつかしい思い出である。とりわけ、高橋先生には、大学院在籍以来終始温い御教導をいただいて来た。先生のこの御厚情に対してはただ心から感謝申し上げるのみである。先生の御健康と一層の御多幸をお祈り申し上げたい。

また、著者は、「農業近代化研究会」、「市民革命研究会」、「比較金融史研究会」をはじめ、いくつかの研究会に参加を許され、それを通じて、多くの方々から、親切な御指導をいただくことができた。この機会に、これらの研究会のメムバーの方々に深く御礼申し上げたい。しかし、とりわけ「ドイツ資本主義研究会」に参加できたことは、著者にとって最大の幸福で、ここにおいて、小林昇、大野英二、住谷一彦、諸田実の各先生はじめ、松尾展成、肥前栄一、渡辺尚各氏ほか多くの方々から格別の御指導をいただくことができた。ここに心から御礼申し上げるとともに、研究会の一層の発展をお祈り申し上げたい。

最後に、著者に快適な職場を提供してくれる明治学院大学と、平出宣道先生をはじめ同大学経済学部の諸先生、同僚に対して、深く感謝申し上げたい。

一九七三年春

柳澤治

目　次

I

絶対主義的領邦体制の危機と産業資本の発達

――西南ドイツを中心に――

第一章 「領邦重商主義」の基礎の動揺

I−1 「領邦重商主義」の基礎の動揺

一八世紀の末葉から一九世紀の中葉に至る約半世紀は、ヨーロッパの主だった国々が、つぎつぎに、丁度一五・六世紀のあの封建的危機の時代に比べられるような、きわめて激しく、根底的な社会的政治的変革を経験した時代であった。ヨーロッパ全土をまきこんだ、この広汎で急激な変革過程の起点は、いう迄もなくフランス、より正確には、フランス革命にあった。フランス大革命に始った絶対主義体制の廃棄、ブルジョア的変革の波は、フランスの国境を越えて、プロイセン、オーストリーなどの旧体制が支配する国々に波及していった。封建制から資本制への移行が、まさに全ヨーロッパ的規模で、つぎつぎに、現実の問題となっていったのである。なかでも、ドイツは、オランダや、ベルギーと共に、フランスの変革過程の影響を最も強く受けた国の一つであり、この間、プロイセンを主導とする絶対主義的領邦体制は、フランスで変革が起り、それが波及してくるたびに動揺し、危機を深めていったのであった。一八四八年は、このような危機が最も決定的となった時期であり、ここにおいてドイツ絶対主義の全機構的変革は、文字通り、現実の決定的な問題として登場してきたのであった。

このような社会上、政治上の激しい変革過程は、その基礎に、社会経済史上のきわめて巨きく、かつ画期的な変革過程をもち、また、これと不可分に結びついて進行した。社会経済上のこの急激な変化は、一七八〇年頃から一九世紀七〇年代に至る時期に進行するもので、普通、「国民経済から世界経済への移行 Übergang von der Volks-zur Welt-wirtschaft」(クーリッシャー)(1)、あるいは経済生活のすべてが「資本主義的企業」に規定されるに至る「高度資本主義

Hochkapitalismus」[2](ゾムバルト)などと特徴づけられている現象のことであり、その内容は次のように理解できよう。

(1) イギリスにおいて「産業革命」が展開し、機械制大工業の成立と、資本主義の確立をみると共に、この機械制の生産的土台に立って、イギリス資本主義が世界市場に進出し、各国ないし各地域の経済を自己の経済循環に編成してゆく方向が打ち出され、かつ、現実に展開されたこと。

(2) イギリス資本主義のこのような世界市場把握に対抗しつつ、後進諸国、とくにアメリカ、フランス、スイス、ベルギー、ドイツなどで、イギリスで創出された生産力を継承しつつ、資本主義が発展し、多かれ少なかれ「国民経済」を自立させ、更に自らも世界市場に進出していったこと、この二点である。[3]

ドイツの旧体制は、このような社会経済史上の巨きな転換を背景に、またこれと密接にからみ合いながら、解体をとげてゆくのであるが、それは何よりも領邦体制の経済構造の危機として現象してきた。ドイツ経済史研究上、「領邦重商主義政策 landesmerkantilistische Maßnahmen」の「解体」あるいは「重商主義時代 das Zeitalter des Merkantilismus」の「終焉」と「自由主義」「国民経済」への「転換」ないし「移行」などと呼びならわされている現象は、実は、このような絶対主義的領邦体制の経済構造の危機の表現に他ならなかった。なぜなら、これらの政策体系こそ、領邦体制のあり方を最も特徴的に表現し、規定しているものと思われるからである。[4] そこで、本章では、絶対主義的領邦体制の危機を、この「領邦重商主義」の基礎の動揺という事実に焦点をあてて考察してゆく。

(1) Josef Kulischer, Allgemeine Wirtschaftsgeschichte des Mittelalters und der Neuzeit, Bd. 2, 3. Aufl., München u. Wien 1965, S. 448.

(2) Werner Sombart, Der moderne Kapitalismus. Historisch-systematische Darstellung des gesamteuropäischen Wirtschaftsleben von seinen Anfängen bis zur Gegenwart, Bd. 3, das Wirtschaftsleben im Zeitalter des Hochkapitalisumus,

München u. Leipzig 1927.

(3) 大塚久雄「産業革命」『大塚久雄著作集』第五巻、岩波書店、一九六九年。吉岡昭彦編『イギリス資本主義の確立』御茶の水書房、一九六八年。毛利健三「十九世紀前半の経済」『岩波講座 世界歴史18(近代5)』岩波書店、一九七〇年、所収、などを参照。

(4) カール・ブリンクマンは、「経済的アンシャン・レジームの解体」を「重商主義的企業家国家の資本経済 Kapitalwirtschaft des merkantilistischen Unternehmerstaats」から「現今の高度資本主義的私的企業の経済制度 die gegenwärtige Wirtschaftsordnung der hochkapitalistischen Privatunternehmung」への「移行」として把握している。Carl Brinkmann, Wirtschafts- und Sozialgeschichte, München u. Berlin 1927, S. 97 f., 116 f. 上の理解にみられるように、歴史学派の理解は、「移行」を、「領邦重商主義」の危機とそれへの対応として把えることができず、前者と後者を、単純に、直接の延長線上に結びつけようとする。ビュッヒャーの「国民経済の発達について最近一〇〇年間の市民的自由主義はかの王侯的専制主義が手を着け始めた事柄を継承したにすぎない」(Karl Bücher, Die Enstehung der Volkswirtschaft, Tübingen 1922, S. 104. 権田保之助訳『国民経済の成立』増補改訂版、栗田書店、一九四二年、三)という指摘はその典型であろう。

一 ツンフト諸規制の解体

1 「領邦重商主義」の営業政策

ドイツのいわゆる「重商主義」(カメラリスムス)は、「領邦経済 Territorialwirtschaft」の一般的形成を前提として、もっぱら領邦君主の主導の下で、「啓蒙的専制主義 das aufgeklärte despotische Fürstentum」と結びつきつつ展開された政策体系であり、市民革命後のイギリスで実現した「固有の重商主義」とは異なり、中世都市経済の原理を継承し領邦的規模に拡延したもので、従って、まず何よりも、領邦君主の経済外的強制に支えられた生産＝流通のツンフト的諸規制を一般的基礎にしていた(1)。そのねらいは、領邦国家の政治的支配体制の確立のための「財政的見地」にあり、ドイツ「重商主義」は、かかる観点からする、「絶対主義の重商主義的経済政策 die merkantile Wirtschaftspolitik des Absolutismus」(G・ヘルメス)(2)あるいは「領邦重商主義政策」(F・リュトゲ)(3)——絶対主義的重商主義——に他ならなかった。

このドイツ領邦重商主義は、一五・六世紀の封建的危機及び「三十年戦争」を経る中で、領邦体制の政治的支配機構の確立と関連しつつ、打ち出され、一七・八世紀の経済政策の基調をなすことになったのであるが、その内容は、おおよそ次の二点に整理することができよう。(1)ツンフト的生産＝流通規制の領邦的規模での拡延と強化、(2)かかる規制を背景にして、領邦君主による特権賦与を支柱にした、さまざまな形態をとって展開する「独占と特権」(Monopole und Privilegien)。

領邦体制の下で展開する諸産業の中で、農業を除く諸部門のうち、特別に顕著な発達を示した部門には、(a)農村工業を基盤とする繊維工業——とくに亜麻織物生産及び毛織物生産——と金属、皮革、及びガラス各工業、と(b)レース、リボン、絹、ビロード、じゅうたん、陶器、工芸品、時計、ハンカチーフ、石鹸、タバコ、玩具などの特殊品ないし奢侈品産業及び武器生産などがあった。これらの部門では、生産の不均等な発展がみられ、余剰生産物の対外貿易と結びついて、商業資本の生産者への問屋制的支配及び「集中作業場」の形成がみられ、しばしば、これらの商業資本の結合体として、巨大貿易会社が設立された。しかし、その他の諸産業部門、とりわけ直接的消費と結びついた諸産業部門、即ち亜麻布、毛織物、皮革、金属の最終消費財への加工——衣服、帽子、靴、皮革製品、家具、金属具、木工具——は、いぜんとして独立のツンフト的手工業経営によって営まれていた(4)。

領邦重商主義は、以上の二系列の産業的発展を背景に、まず一般にツンフト的諸規制を強化・拡延し、都市ツンフト手工業の維持と強化、及び都市ツンフトを基軸とする諸産業のツンフト的再編をはかると共に、他方では、不均等発展のみられる産業については、遠隔地商業及び遠隔地商業のための問屋制商業資本の結合体＝貿易会社を保護・育成し、特権を賦与――リュトゲのいう「生産力拡大」の政策――したのであった。「独占と特権」(「初期独占」)は後者において実現される。(5)

農村工業は一般に著しく制限され、都市ツンフトの優位が確認された。農村では、製粉、煉瓦生産、ガラス生産など都市で行いえない営業の他に、農村の生活必需品の生産――鍛冶工、車大工、亜麻織工、農村仕立工、靴修繕――が認められたに止まり、しかも、これらは都市ツンフトの下に編成されていた。(6) いう迄もなく、「もぐり生産」の弾圧と結びついたこの対農村工業政策のねらいは、農村の社会的分業の自由な発展と小ブルジョア＝ブルジョア経済の成長を阻止すると共に、すでに解体しつつあった都市ツンフト手工業を再生し、都市手工業とその経営者層を領邦体制の中に、その社会的経済的基盤として編成しようという点にあった。(7) その限りで、領邦君主はツンフト的手工業経営者にとって彼らをその社会的経済的没落から救済するものとみなされたのである。

しかし領邦君主は、一方では都市の「もぐり生産者 Störer, Simpler, Pfuscher, Börnhasen」を抑圧し、(8) また雇職人層の対ツンフト親方闘争と「雇職人組合」の結成を弾圧すると共に、他面では、都市ツンフトの閉鎖化の傾向を押え、農村手工業を一定程度容認しさえした。都市と農村の対立、都市諸ツンフトの内部対立、ツンフト親方と雇職人との対立など、特に一五・六世紀から三十年戦争とその後の不況の中で顕在化してくる諸矛盾に対して、領邦政府はいわゆる「公益 Gemeinwohl」なる観点からこれらの対立の調整を行い、それを通じて、都市ツンフト親方はもとより、更に農村の小商品生産者及び雇職人層の中にも一定の社会的支柱を見出していったのであった。(9)

(1) ドイツのいわゆる「重商主義」を、封建的な中世都市経済と全く異質な段階として、しばしば資本主義的な「国民経済」への移行過程として把えるシュモラー的見解は、ベロウ及びヤーンなどによって批判された。Georg Jahn, Zur Gewerbepolitik der deutschen Landesfürsten vom 16. bis zum 18. Jahrhundert, Leipzig 1909, S. 21 ff.; G. v. Below, Der Untergang der mittelalterlichen Stadtwirtschaft (über den Begriff der Territorialwirtschaft), in: Probleme der Wirtschaftsgeschichte, Tübingen 1920, S. 501.

(2) Gertrud Hermes, Statistische Studien zur wirtschaftlichen und gesellschaftlichen Struktur des zollvereinten Deutschlands, in: Archiv für Sozialwissenschaft und Sozialpolitik, 63. Bd., Tübingen 1930, S. 137.

(3) Friedrich Lütge, Deutsche Sozial- und Wirtschaftsgeschichte. Ein Überblick, 3. Aufl., Berlin, Heidelberg u. New York 1966, S. 321, 329.

(4) J. Kulischer, a. a. O., S. 138.

(5) 官僚機構の整備と並行し、かつこれを前提として展開される領邦君主の生産＝流通の諸規制、特権賦与は、文字通り、「統治過剰 Vielregiererei」即ち、「拙政」と批難された。Werner Sombart, Die deutsche Volkswirtschaft im neunzehnten Jahrhundert, Volksausgabe, Berlin 1913, S. 24; J. Kulischer, a. a. O., S. 145 f.

(6) 一六六六年のアンハルトの法律、一七四〇年のゴータのラント法、一七六七年のクーアヘッセン法など。なお、一七三〇年のヘッセンのツンフト規制では、この他に、大工、左官、パン屋、皮なめし工、肉屋、指物師、錠前工、毛織工、靴下製造工などが認められたという。G. Jahn, a. a. O., SS. 112-120.

(7) 一八三九年においてもヴュルテムベルクの営業税収入の四一・五％は「ツンフト的手工業」からのそれであった。松田智雄『ドイツ資本主義の基礎研究』岩波書店、一九六七年、三六二頁の表を参照。

(8) G. Jahn, a. a. O., S. 122. たとえば、ツンフト加入者以外の毛織物生産の禁止についての一七一一年のナッサウの規定、農村・市場町でのしろめ、銅の精錬の禁止についてのブラウンシュヴァイクやクーアヘッセンの政策など。

(9) 領邦君主は一方では小ブルジョア＝ブルジョア的発展に対立し、これをギルド的に編成しつつ、他方では再編された経済的基礎の上に立って、等族封建領主及び都市勢力と対立、これを領邦体制の下に従属させていった。三十年戦争後多くの帝国都市――ミュンスター Münster(一六六一年)、エアフルト Erfurt(一六六四年)、マグデブルク Magdeburg(一六六五年)、ブラウンシュヴァイク Braunschweig(一六六七年)――が自治権を失い単なる領邦都市へと転落していった。Hugo Preuß, Die Entwicklung des deutschen Städtewesens, Bd. I, Leipzig 1906, S. 132 ff.; Heinrich Sieveking, Grundzüge der neueren Wirtschaftsgeschichte vom 17. Jahrhundert bis zur Gegenwart, Leipzig 1928, S. 3. このような中で領邦君主は、寡頭専制化しつつあった都市参事会に批判的なツンフト親方層からの一定の支持を背景にして、絶対主義官僚をその中に送りこみ、これを領邦国家の行政機構の内に編成すると共に、都市の自律性の支柱・都市裁判権を掌握し、都市裁判所を領邦国家の司法機構における下級裁判所とした。このようにして領邦君主は、生産＝流通のツンフト的強制を自ら行使しうるための司法的、行政的基礎を確保するに至るが、この過程は、同時に、領邦君主による都市収税機構の把握の過程でもあった。消費資料に対する間接税――とくにアクチーゼ Akzise――及び商工業経営への営業税の導入ないし掌握とは、都市参事会に代る徴税官 der Steuerrat による租税徴収機構の実権把握と相俟って、領邦絶対主義の経済的基礎の再編にとって決定的に重要な意味をもっていた。H. Preuß, a. a. O., S. 132 ff., 157 f.

2 都市手工業の「衰退」とツンフト制度の解体

一 都市ツンフト手工業の「停滞」

都市のツンフト的手工業の状態は、一七世紀以降、一般に、「著しい技術的停滞」、「販路閉塞」(G・シュモラー)に陥ることになった。[1] 都市工業の衰退は、一八世紀後半になると一層進行し、たとえば、南ドイツのバイエルン Bayern では、この頃、以下のようなさまざまな訴えが都市手工業者層の中から提出されていた。

「デッゲンドルフ Deggendorf は勿論、バイエルンにある大小さまざまな都市のすべてで市民的工業及び職業が

過剰な状態にあり、不況の時には、妻や子供の生活を維持してゆくのが困難なほどである。[2]」(傍点は引用者)

市場町エゲンフェルト Eggenfeld からは、都市・市場町における手工業の一般的過剰によって「大部分の手工業者は仕事が不足し、たった一人の職人すら維持してゆくことができない」[3](傍点は引用者)という訴えが出されており、また、フリードベルク Friedberg am Lech では、織布工ツンフトが「とにかく織布工が多すぎる」また、仕立工ツンフトは「仕立工は一二人住んでいるが明らかに多すぎる」[4]などと指摘している。同様の訴えはバイエルンのみに止まらず、南ドイツ一般——たとえばバーデン Baden——の都市からも行われていた。[5]

南ドイツの都市手工業者層の間から提起されたこれらの苦情から、我々は、当時の都市手工業の経営が極度に悪化しつつあり、その結果経営者たる手工業者＝ツンフト親方は、もはやツンフト組合の正規組合員としての一定の経営規模を維持しえなくなっていたばかりか、その中には家族の生活を維持することすら困難な状態に陥っているものもいたという事情を知ることができる。都市の手工業者達は、このような状態の要因が、主として「手工業の過剰」にあると考えたのであった。[6]

これらの苦情が、都市のツンフトあるいはツンフト親方の独自な利害と結びつき、そこにはかなりの誇張が含まれていたとしても、この頃、都市(及び市場町)のツンフト的手工業経営のかなりの部分が、今や、自己の経営を経済的に実現することが困難となり、社会的にも経済的にも窮乏化せざるをえなくなっていたこと、大多数のツンフト親方はもはや彼らが生産した生産物(手工業製品)を市場において適正な価格 just price をもって販売しえなくなっており、それが、彼らに「販路停滞」あるいは「手工業の過剰」と現象していたと考えることができよう。それではこのような事情は如何なるところから由来して来たのであろうか。この点について、都市ツンフト経営の経済的実現を媒介するツンフト及びツンフト強制の解体との関連で、一つは都市ツンフトの外部に進行する農村工業の展開という側面から、もう一つは都市ツンフトの内部的解体の側面から考察しよう。

二　農村工業の発達

一五・六世紀に著しい発達を示した農村工業は、三十年戦争以後、かなりの長期にわたって停滞の状態を続けた。都市商業資本の農村工業に対する問屋制的支配とその遠隔地商業への編成といった歴史過程が南ドイツで顕著に進行するのもこの時期のことであった。(7) しかしこのような都市商人層による農村工業支配の体系——とくに初期独占の体系——は一八世紀に入るといたるところで動揺しはじめ、農村工業は、再び都市のツンフト手工業に対する決定的な競争者となった。

バイエルンのエルディング市 Elding のツンフト的桶工は、生業が狭隘化した現状を嘆きつつ、その原因について次のように述べている。「我々はもっぱら都市でのみ生活しなければならない。どの村にも少なくとも一人の桶工が住んでいるからである。(8)」また、同市の金銀細工ツンフトの親方は「外国製金銀製品の流入と普及、並びに農村のもぐり生産者、この二つの原因によって勤労的市民の営業は永い間全くの不況を続けている」(9)(傍点は引用者)と訴えている。

アルトミュンスター Altomünster からの訴えは指摘している。「近隣の村々に住みついた営業から都市・市場町の資格ある手工業者は著しい損害を蒙っている。(10)」(傍点は引用者) 農村工業の展開という点でバイエルンをはるかに凌駕する西南ドイツの諸地方——バーデン及びヴュルテムベルク Württemberg——における都市ツンフト手工業の衰退が一層激しく進行していたことはいう迄もない。(11)

一般に都市のツンフト手工業製品は、それがツンフト成員の一定の経営内容と生活水準の維持のための公定価格をもって販売される場合、生活資料・原料の低廉な、あるいはこれを自給できる、農村の半農半工の手工業経営の生産物に比して著しく高価であった。このことは、都市で生活必要品に課せられるアクチーゼが実施されることによって一層強化された[12]。かつては都市の工業生産物を購入した農民は、今や必要な商品を農村地域の中で買い求めるに至った。かくて都市のツンフト経営の大部分は農村地域の市場を失うことになり、その市場的基盤は、厳重な流通規制――とくに市場規制――で農村の商品の流入から保護されている都市の内部市場に局限されることになった[13]。大多数の都市ツンフト経営を「生業不足」あるいは「販路停滞」の状態においやった第一の要因は、以上のような農村工業の展開と旧来の社会的分業の構造――都市＝工業、農村＝農業――の解体という事実であった。

三　都市ツンフトの変貌

農村工業の発達によって「販路停滞」に陥ったツンフト親方層は、このような事態に対処するため、一方では領邦君主に対して農村工業の抑圧ないし制限を強く要請すると共に、他方では、都市ツンフトの構成員の増加、とくに新規加入を極力阻止し、もって「手工業の過剰」の傾向を防止しようとした。いわゆるツンフトの閉鎖化 das Geschlossenheit der Zunft の傾向である。このようなツンフト閉鎖化あるいは既存ツンフト親方によるツンフトの排他的独占という事態は、一八世紀にとくに顕著に進行するのであるが、そのために親方がとった措置は、親方資格取得のための親方作品の審査強化、審査料引上げ、煩雑な出願資格――とくに出願者たる雇職人の出生あるいはその家族の営む職業に対する制限――などであった。その結果、一方ではツンフト親方の地位の世襲化と動産化が進行すると共に、他方では一定の修業を終えながら、正規のツンフト成員たりえない雇職人層が次第に増加する傾向が顕著に現われて来た[14]。正規の修業を終えながらツンフト親方たりえない雇職人層は、次第に一つの社会層として固定化する傾向を示すとともに、中世以来の雇職人組合 der Gesellenverband を中核にして全国的な組織化をおし進め、これを支えとして、都市ツンフト及びこれと結ぶ領邦君主に対抗しつつ、独自の社会的経済的利害を表面に打ち出すにいたった。[15] 彼らの運動は特に雇用条件の改善——労働時間の短縮、工賃引上げ、その他——に向けられ、その要求が容れられない場合には罷業等の手段も辞さなかった。[16]

一八世紀における農村工業の発達は、このような固定化した都市雇職人層の一部の農村への移住によって促進された。彼らは、半農半工の形をとりつつ、そこで手工業経営を営むに至り、都市ツンフト親方の競争者となるのであるが、しかし、この雇職人の農村移住と並んで重要なのは、都市内部における、雇職人層の「もぐり生産者」への推転という事実であった。正規のツンフト成員たりえない雇職人層の一部は、都市の内部において、ツンフト規制を密かにあるいは公然と侵害しつつ、「もぐり生産者」として、独立の産業経営を営むにいたったのである。[17]

一七八九年ミュンヘンの市参事会はツンフト的手工業の「生業」の狭隘化という事実に関連して次のように指摘している。「市民の中で、彼らの仲間の福祉を配慮するようなものは殆んどいない。それどころか一部の市民は他の市民の生活と生業とを少なからずせばめている。かつて他所ものであったもので、現在ツンフトに加入しない職業人あるいは資格のない手工業者が、うぬぼれの極、非常に低廉な価格で労働や仕事を行っている。この有害なもぐり生産者はますます増加しており、今や大変な数に膨れあがってしまった。[18]」(傍点は引用者) 同様の指摘は、一七九〇年同市のツンフトから市参事会に提出された訴えの中にも存在した。「もぐり生産者及び妨害者が厖大な数にのぼらない職業あるいはツンフトは全くない。市民の大多数はこのために大きな圧迫を蒙り、高い価格で購入した〔ツンフト組合員たる〕資格にひき合わないばかりか、自分達の家族の生計を維持してゆくことすら出来ない。[19]」(傍点は引用者)

みられる通りあらゆる手工業部門においてツンフト組合員でない、「もぐり生産者」が増大しつつあった。彼らはツンフト的手工業経営よりも遙かに低廉な商品を生産し、もって、都市のツンフト経営者の社会的経済的窮乏化を促進した。このような傾向に対して、領邦君主は一方ではツンフトの閉鎖化を「ツンフトの濫用 der Mißbrauch der Zunft」として批判し、その緩和を都市ツンフトに対して要請すると共に、他方では雇職人層の社会的運動及び「もぐり生産者」の禁圧をくり返し試みたのであった。しかしいずれの試みも実際には何の効果も示すことはなかった。

以上のように農村工業の発達と「もぐり生産者」の増大とは、ツンフト経営の大多数を経営困難に向わせ、ツンフト親方層の窮乏化を促進したのであったが、他方、ツンフト手工業経営の他の一部は、このような中で、かえって富を蓄積して経営的に向上しはじめていた。このような動向は、後述するように一九世紀に入って一層顕著になるが、すでに一八世紀後半にそのきざしがみえはじめていた。たとえばヴュルテムベルクでは、都市ツンフト親方の一部が、雇職人の雇用規制を廃棄するよう要求しており[20]、先のバイエルンのツンフト親方の訴えの中にあるような指摘――大部分の経営が生業の不足から僅か一人の職人すら雇用しえないという指摘――を認めるとすれば、当時かなりの数に達していた雇職人は、上の経営状態の悪い「大多数」のツンフト親方を除いた、残余の極めて少数の経営の下に雇用されていたことになり、これらのことから我々は、一八世紀におけるツンフト的手工業経営内部の階層分化がかなりの程度にまで進行していたものと推定できるのである。かなりの数の雇職人を雇用する経営が、他人労働を全く使用しない「大多数」のツンフト的手工業経営に対して、生産力的に優位に立っていたこと、そして、このような優位な経営を基礎にして、生産＝流通のツンフト的編成をツンフトの内部から解体させ、ツンフト経営の生業の基盤を掘り崩しはじめていたことを想定することは決して不可能ではなかろう。

生産＝流通におけるツンフト的編成の解体とそれに伴うツンフト手工業者の窮乏化過程は、領邦絶対主義にとって、一方ではそのツンフト的工業政策及びこれと結びつく都市ツンフト親方層の社会的把握の政策の破綻を意味すると共に、他方ではこれらツンフト親方層の租税負担能力の減退による財政的基礎の動揺を、従って、総じて領邦絶対主義の社会的経済的基礎の動揺を意味した。都市の大部分の手工業者は、その経営状態が劣悪になればなるほど、絶対主義が彼らに対して課す諸課税、諸負担を重圧と感ずるようになった。領邦絶対主義が、国内あるいは国外の諸事情により「上から」の原始的蓄積を推進せざるをえなくなると、また、そのために従来のツンフト的生産＝流通規制の緩和ないし廃止の動向をみせるや否や、都市の手工業者下層は、かかる政策体系に対する批判を強めると共に、その政策の推進者たる絶対主義的領邦権力(及びこれと結びつく、商人、地主)の対立者へと急転していったのであった。三月革命において、都市の下層手工業者は、絶対主義的領邦権力と真向から対立し、その自由主義的な営業政策――「営業の自由」――の廃棄とギルド的原理の復活を強く求めることになるのである。

（1） Gustav Schmoller, Zur Geschichte der deutschen Kleingewerbe im 19. Jahrhundert. Statistische und nationalökonomische Untersuchungen, Halle 1870, S. 14.
（2） Zit. in: Carl von Tyszka, Handwerk und Handwerker in Bayern im 18. Jahrhundert. Eine wirtschaftsgeschichtliche Studie über die bayerische Gewerbeverfassung im 18. Jahrhundert, München 1907, S. 93.
（3） Zit. in: ders., a. a. O., S. 93.
（4） Zit. in: ders., a. a. O., S. 97.
（5） Eberhard Gothein, Wirtschaftsgeschichte des Schwarzwaldes und der angrenzenden Landschaften, Strassburg 1892, S. 436.
（6） G. Schmoller, a. a. O., S. 19.
（7） 諸田実「一七・八世紀西南ドイツにおける特権コンパニーについて――『農村工業』と『問屋制度』との対抗の焦点――」『商学論集』第三〇巻第二号参照。
（8） Zit. in: C. Tyszka, a. a. O., S. 95.
（9） Zit. in: ders., a. a. O., S. 96.

(10) Zit. in: ders., a. a. O., S. 102.

(11) E. Gothein, a. a. O., S. 436; Leo Hoffmann, Das württembergische Zunftwesen und die Politik der herzoglichen Regierung gegenüber den Zünften im 18. Jahrhundert, Dissertation, Tübingen 1905, S. 37.

(12) Wiguleus Xaverius Aloysius, Freiherr von Kreitmayr, Anmerkungen über den codicem Maximilianeum bavaricum civilem, München 1821, Bd. V, S. 1045.

(13) Sigmund Riezler, Geschichte Baierns, Bd. VII, Gotha 1913, S. 114.

(14) G. Jahn, a. a. O., S. 53 ff.; J. Kulischer, a. a. O., S. 141 f.

(15) ドイツの職人組合については、Georg Schanz, Zur Geschichte der deutschen Gesellenverbände im Mittelalter, Leipzig 1876; Schönlank und Schanz, Artikel, Gesellenverbände (Deutschland und Frankreich), in: Handwörterbuch der Staatswissenschaften, Bd. IV, 3. Aufl., 1909 を参照されたい。

(16) 一七七二年のアウグスブルクの靴製造雇職人の全市的サボタージュはその規模と激しさとの点で最大のものの一つであった。G. Schanz, a. a. O., S. 129 ff.

(17) C. Tyszka, a. a. O., S. 83.

(18) Zit. in: ders., a. a. O., S. 83.

(19) Zit. in: ders., a. a. O., S. 84.

(20) L. Hoffmann, a. a. O., S. 21.

二　旧型の貿易体制とその生産的基盤の解体

マニュファクチュアの成長が最も早くかつ順調に進行したイギリスは、市民革命後、重商主義体制の下で、生産諸力を一層発展させ、一七六〇年代には、世界史上はじめて産業革命を展開させるにいたった。このイギリスの産業革命は、イギリス国内においては、機械制工場経営の展開及び資本・賃労働関係の確立の決定的な画期となるとともに、国際的には、機械制に基づく圧倒的な国民的生産力を基盤にして、この国の資本主義が世界的に進出し、同国資本主義を基軸にした世界市場の編成を創出してゆく起点ともなった。(1) イギリス産業資本のこのような世界的進出は、後進諸国に対して従来とは比較にならない大きな影響を与えることになった。ドイツは、このような後進国の一つとして、イギリス資本主義の世界的進出、イギリスを中心とする世界市場の編成というダイナミックな過程において、その影響を最も早く、かつ、最も決定的に蒙った国の一つであった。(2) 既に、「大陸制度」崩壊後、イギリスで生産された低廉な商品がドイツへ大量的に流入し、(3) 漸く成長しはじめたドイツ産業資本に極めて重大な影響を与えたこと、また、その結果、産業資本・商人層による統一保護関税設置の運動が惹起されたこと等々は研究史の指摘するところである。(4)

このようなイギリス産業革命のドイツ経済への影響は、しかし、何よりも、まずドイツの対外商業において最も早くかつ明白に現われるにいたった。「領邦重商主義」の最も重要な環をなし、かつこれによって支えられていたあの旧型のドイツ輸出貿易とその前期的独占体の解体がそれである。即ち、一七世紀以降、絶対主義的領邦体制の下で、これに支えられつつ、ドイツ各地の土着産業――特に繊維工業――を生産的土台として営まれた遠隔地商業は、一七七〇・八〇年代以降全般的に後退しはじめ、一八・九世紀交ともなるとその傾向はもはや決定的となるのである。(5) この旧型輸出貿易の衰退は、一方ではこの輸出貿易の生産的基礎としての工業――特に繊維工業――の衰退ないし停滞を、他方では輸出貿易を営む商業資本の衰退あるいは蓄積基盤の移行を伴いつつ進行し、ここに絶対主義的重商主義政策は事実上解体し、転換を余儀なくされることになったのである。ここでは、「領邦重商主義」の基軸を構成したこのような旧型貿易のあり方とその生産的基盤及びその解体について考察しよう。(6)

(1) 大塚久雄『欧州経済史』弘文堂、一九五六年、一五五頁以下。

(2) イギリス産業革命と同国資本主義の世界的進出は、一方ではドイツ経済を破壊し、「危機」に追い込むのであるが、他面、このような「危機」を契機にしてドイツ「産業革命」が展開し、ドイツ資本主義が確立するための歴史的条件となった。大塚久雄「産業革命の諸類型」『大塚久雄著作集』第五巻、岩波書店、一九六九年、所収。

(3) ナポレオン期のイギリス貿易については、松尾太郎「ナポレオン戦争下イギリスにおける貿易問題――古典派経済理論推転の背景――」『経済志林』第三三巻第四号を参照。

(4) 松田智雄「関税同盟前史序論(上)(下)」『史学雑誌』第五五編第一一・一二号、後に、同『ドイツ資本主義の基礎研究』に所収。なお、W. Sombart, a. a. O., S. 78 ff.; H. Olshausen, Friedrich List und der deutsche Handels- und Gewerbsverein, Jena 1935. 諸田実「同時代の論調からみた一八二五／二六年ドイツ取引所恐慌――原始的蓄積過程における擬制資本の過剰投機――」神奈川大学『商経論叢』第一号、同「産業革命期における諸『恐慌』」高橋幸八郎編『産業革命の研究』岩波書店、一九六五年、二九〇―二九一頁、をも参照。

(5) ザクセン・オーバーラウジッツの麻織物工業、南ドイツの毛織物工業及び亜麻織物工業、アウグスブルクの捺染工業等々をそれぞれ基盤とする旧型輸出貿易は、この時期にすべて衰退ないし停滞に陥ることになった。Wolfgang Zorn, Schwerpunkte der Ausfuhrindustrie im 18. Jahrhundert, in: Jahrbücher für Nationalökonomie und Statistik, Bd. 173, Heft 5, 1961, S. 430; Otto Reuter, Die Entwicklung der Augsbuger Textil-Industrie, Diessen 1915, S. 33 ff.; 戸原四郎「ドイツ産業資本の特質(上)――一九世紀の南ドイツ綿工業について――」『社会科学研究』第一四巻第一号、一四頁。

(6) この時期の貿易問題については最近次のような研究がでている。Gerhard Bondi, Deutschlands Außenhandel 1815–1870. Deutsche Akademie der Wissenschaften zu Berlin. Schriften des Instituts für Geschichte, Reihe 1, Berlin 1958; W. Zorn, a. a. O.; Hermann Kellenbenz, Der deutsche Außenhandel gegen Ausgang des 18. Jahrhunderts, in: Die wirtschaftliche Situation in Deutschland und Österreich um die Wende vom 18. zum 19. Jahrhundert. Hrsg. von Friedrich Lütge, Stuttgart 1964, S. 4 ff.

1　一七・八世紀の繊維品輸出貿易とその基盤

一　遠隔地商業の展開

中世以来、一五・六世紀にいたるまで、ドイツ国内の商品流通あるいは対外商業は、中世都市を拠点とした各種の特産物取引として展開して来たことは周知の通りである。(1) このような商品流通(及びその基盤となった「首都市場圏」)は、一五・六世紀以降の農村工業の発達とその結果たる中世都市の衰退及び絶対主義的領邦体制の確立の過程で大きな転換を経過した。

(1)　まず生産の重心が農村及び中小都市へ移行するにつれて、この農村・中小都市工業を生産的基礎とする商品流通が新たに展開し始め、従来の中世都市経済(及び「首都市場圏」)とそれを基盤とする流通の形態を解体させ、これと結合する前期的商人及びそのような商品流通の拠点となったメッセを衰退に向わせた。(2) しかし農民戦争と三十年戦争を経て絶対主義的領邦体制が確立する過程で、農村・中小都市の工業はその自由な発展を阻害され、絶対主義的領邦権力あるいは前期的資本によって「上から」掌握されることになった。その結果、商品流通(及びその市場的基盤)は、新たな生産的基礎を包摂した領邦国家を単位としつつ、領邦国家相互間あるいは領邦国家と諸外国との間に展開する商品流通という形をとるにいたった。(3) 同時にこういった新たな形態での商品流通と結びつきつつ、これを媒介する商業的拠点として、メッセ及びメッセ都市が再び興隆してきたのである。(4)

(2)　商品流通のシステムの転換に対応して、流通部面に登場する商品も、かつての貴金属、毛皮、獣皮、魚類に替って、農村・中小都市で生産された繊維品が表面に出てきた。(5) たとえば、ライン河下流左岸の毛織物、オーバーラウジッツ Oberlausitz 及びフォークトラント Voigtland の毛織物、シュヴァルツヴァルト Schwarzwald の毛織物、シュレージエン Schlesien 及びベルリン Berlin の毛織物、ヴェストファーレン Westfalen、ザクセン Sachsen、シュレージエン及び南ドイツの亜麻織物、シュワーベン Schwaben、ザクセン地方の綿織物などである。(6) 以上の繊維製品がイギリス産毛織物、東エルベ地方の穀物、フランスのブドウ酒及び絹織物などと共に広く国際的に取引された。(7) ここでは、そのような国際的商品流通に登場する商品の一つ、西南ドイツの繊維製品を取り上げ、その貿易の機構について考察しよう。

二　西南ドイツの繊維品輸出とその基盤

繊維工業の地域的不均等発展

一六世紀に「南ドイツ・マニュファクチュア期」(8) を迎えた西南ドイツ繊維工業は、三十年戦争期の一時的沈滞を経て、その後も農村・中小都市を基盤に顕著な展開を示したが、シュヴァルツヴァルト地方、シュワーベン地方及びヴィーゼンタール Wiesental 地方は、西南ドイツの中でも、とくに重要な繊維工業の中心地として浮び上ってきた。とりわけシュヴァルツヴァルト地方では薄布工業 Zeugmacherei が、又、シュワーベン地方では亜麻織物工業が、それぞれ、他の産業を圧して、とくに顕著な展開を示すことになった。

第一表はヴュルテムベルク、とくにシュヴァルツヴァルト地方における薄布工業の分布を示すが、この表からわかるように、とりわけ、薄布工の数が全体の約半分を占めるカルヴ Calw 及びヴィルドベルク Wildberg 両市及び両市周辺の農村地帯が、当該工業の中心地帯をなしていたのであった。(9) これらの地域の住民の経済生活の中で、薄布工業がいかに重要な位置を占めていたかは第二表が明らかにしている。

第1表　ヴュルテムベルク織布工の分布と推移[1]

地域	1663年	1674年		1687年	1730年頃	1787年
	総数	総数	営業中	総数	営業中	総数
(A) **全「モデラツィオン」地区**[11] (ヴュルテムベルクのみ)	714[2]	712[3]	665[3]	739	約630	866[4]
カルヴ市及び郡(Zevelstein, Hirsau を含む)	263	238	232	245	163	183[5]
カルヴ市	215	197	191	198	129	117
ヴィルドベルク市・郡(Neubulach, Altbulach を含む)	231[2]	246	236	274	222	307
ヴィルドベルク市	160	157	153	169	117	140
エブハウゼン Ebhausen	27	27	27	45	45	65[6]
ナゴールト Nagold 市・郡(Haitterbach を含む)	54	58	56	51	80	123
ナゴールト市	19	18	16	17	13	20[6]
ハイターバッハ Haitterbach 市	24	28	28	24	38	45[6]
アルテンシュタイク Altensteig 市・郡(Walddorf を除く)	14	18	18	21	18	87[4]
ワルドドルフ Walddorf	—	—	—	—	21[7]	53[8]
ヘレンベルク Herrenberg 市・郡	92	78	70	74	46	57
ヘレンベルク市	51	40	36	32	16	—
べブリンゲン Böblingen 市・郡(Sindelfingen を含む)	41	40[3]	28[3]	45	63	109
メルクリンゲン Merklingen 市・郡	17	34	35	30	31	—
(B)**「モデラツィオン」地区以外**	—	—	—	—	—	—
ゲッピンゲン Göppingen 市	—	—	—	—	73	107[9]
エービンゲン Ebingen 市	—	—	—	—	22	69[10]
バーリンゲン Balingen 市	—	—	—	2	—	18

(1) W. Troeltsch, a. a. O., S. 107, S. 176 u. S. 183 から作成.　(2) Merklingen は不完全, Neubulach, Altbulach は除く.　(3) Sindelfingen を除く.　(4) Walddorf を含む.　(5) Merklingen, Liebenzell, Heimsheim の各数は不確実.　(6) 1790年の数.　(7) Walddorf を除く.　(8) 1778年の数.　(9) 1769年の数.　(10) 1775年の数.　(11) 「カルヴ薄布会社」の規制が及ぶ地域(本文後述参照).

第2表　薄布工の住民に対する割合

	1655年	1730年	1769年	1787年
カルヴ郡				
カルヴ市	約50 %	25 %	25 %	19 %
ダハテル Dachtel 村	20	16	—	—
デッケンプフロン Deckenpfronn 村	15	5	—	—
カルヴ市・郡	約33	15	—	—
ヴィルドベルク郡				
ヴィルドベルク市	60	43	—	—
ズルツ Sulz 市	40	26	45	45
エフリンゲン Effringen 村	13	17	—	—
エプハウゼン Ebhausen 市	—	40	約40	—
ヴィルドベルク市・郡	約33	27	—	約27
ナゴールト郡				
ナゴールト市	—	5	—	5
シュワンドルフ Schwandorf 村	—	22	—	32
ハイターバッハ村	—	22	—	14
ナゴールト市・郡	—	9	—	—
ベプリンゲン郡				
ベプリンゲン市	—	1.5	—	—
アイトリンゲン Aidtlingen 村	—	14	—	—
ベプリンゲン市・郡	—	4	—	—
ヘレンベルク郡				
ヘレンベルク市	—	7	—	—
ゲルトリンゲン Gärtringen 村	—	14	—	—
ヘレンベルク市・郡	—	4	—	—

W. Troeltsch, a. a. O., S. 293 から作成.

同様にシュワーベン地方の亜麻織物工業においても、とくにウラハ Urach、ブラウボイレン Blaubeuren、ハイデンハイム Heidenheim の各都市及び農村地域に、当該工業が顕著な集中を示しつつあったことが指摘されている。(10)

以上のようにカルヴ、ヴィルドベルク地域及びウラハ、ブラウボイレン、ハイデンハイムの各地域では、それぞれ薄布工業及び亜麻織物工業が特に顕著な発展を示しており、その結果、これらの地域の社会的生産はいわば薄布工業あるいは亜麻織物工業を基軸に構成されるにいたったのである。特定の繊維工業が著しい不均等発展を示すことになったこれらの地域に対比した場合、それ以外の地域——特にヴュルテムベルク中央地域、ヴィーゼンタール地方——では、こういった特定産業部門の著しい不均等発展はみられず、むしろ亜麻織物工業、薄布工業、毛織物工業及び靴下製造工業などの諸繊維産業が、その他の産業部門と均衡をとりつつ展開をとげつつあった。(11)

第3表　「カルヴ薄布取引会社」の販売高　(年平均)

年　次	総売上高	メッセでの販売高と割合			
		ボーツェン Bozen	同割合	ボーツェン以外のメッセ	同割合
1711－17	194,000 fl	90,369 fl	47%	40,426 fl	21%
1723－29	233,000	132,175	57	32,816	14
1753－59	322,000	224,131	69	24,340	8
1761－64	389,000	258,000	66	22,987	6

W. Troeltsch, a. a. O., S. 180 ff. から作成.

第4表　「ウラハ亜麻織物取引会社」販売量

1787/88年　総輸出量	38,275反	
内　未検査分	16,140	
内訳　ウラハ地方	約 13,600	22,250
ハイデンハイム地方	4,500	
ブラウボイレン地方	4,150	

W. Troeltsch, a. a. O., S. 192 から作成.

特権的貿易会社の成立と輸出繊維工業の形成

農村及び中小都市を基盤とする繊維工業の発展と、特定繊維産業部門の地域的特化の過程は、遠隔地商業の新たな展開と不可分に結びつきつつ進行した。それは何よりも上の諸地方において、それぞれ特定の繊維工業を生産的土台として、遠隔地商業を営む商人を中心に、貿易会社が設立され、繁栄するという事実にはっきりと示されている。

「カルヴ薄布取引会社 Calwer Zeughandlungs-Kompagnie」はシュヴァルツヴァルト地方の薄布工業を生産的基盤として成立したもので、第三表が示すように、専らメッセ取引——特にイタリーのメッセ——に業務の中心を据えた遠隔地取引を営み、同会社の所在地たるカルヴは、西南ドイツにおける一大商業中心地として、一七・一八世紀の二世紀間に亘って繁栄を続けることになった。(12)

シュワーベン地方では、この地方の亜麻織物工業を基盤として「ウラハ亜麻織物取引会社 Uracher Leinwandhandlungskonpagnie」が設立され、この地方の亜麻布を「カルヴ薄布取引会社」と同じように大量的に遠隔地へ輸出していた(第四表参照)。

更に、シュヴァルツヴァルト地方西北のプフォルツハイム Pforzheim では、同地方の毛織物工業を基礎にして同市の商人が輸出組合を結成しているし[13]、北部ヴィーゼンタール地方ではイタリー人による商人組合が、ヴュルテムベルク中央部地域ではゲッピンゲン市の商人層による輸出組合が、それぞれ結成され、あるいはそれが企てられたりした[14]。

かくて、農村・中小都市を基盤とするこれら諸地方の繊維工業は、一六世紀以降、次第に、古い中世的商業を解体させつつ、新たな形の遠隔地商業を展開させてゆくと共に、逆に、その生産的基礎として、一層の拡大を示していった。このような状況に対応してこれらの繊維工業と結びつきつつ、その土台の上に遠隔地商業を展開するものとして、新たな商業資本が急速に成長をとげ、三十年戦争前後より、絶対主義的領邦権力と結びつきつつ、染色業者と共に、特権的貿易会社・商人組合を設立し、仕上げ＝染色工程及び製品の買入れ販売に関する広汎な独占をつくりだし[15]、ついには、農村・中小都市におけるマニュファクチュアの自由な発展を阻止することになった[16]。上述したいくつかの大貿易会社・商人組合は、その典型であり、ここに、ドイツの「重商主義」は、最も集約的に実現されることになった。このようにして領邦権力は、こういった繊維工業の地域的不均等発展を「上から」把握し、それを遠隔地向商業へと編成することに成功するのであって、「領邦重商主義」は、従って、まず何よりもこのような、遠隔地商業——で述べた新たに再編された遠隔地商業——と結びついた輸出貿易体制として現われることになった。その内容は、「初期独占」とりわけ、流通独占(貿易独占)に他ならない。

ところで繊維工業が不均等に発展したシュヴァルツヴァルトやシュワーベンの地方は、一般に山岳地帯で、平野部に比較して農業生産力も低く、また、交通条件も極めて劣悪な状態にあった。[17] このため農民層分解は遅れ、農民は一般に貧しく、繊維工業(薄布工業あるいは亜麻織物工業)は、貧しい農民の家計を補充するものとして、領邦政府の保護の下で発達した。[18] しかしそれらは、内部市場の狭隘さと、また薄布の場合には、奢侈品的性格の故に、早くから外部市場と結びついて展開しなければならなかった。しかし交通条件の劣悪さは生産者層に対してその生産物の販売あるいは原料の購入を都市商業資本に全面的に依存させることになり、このような事情を背景に、商業資本家の生産者に対する問屋制前貸が強化されることになった。[19] 生産者層の商人への依存関係は、商業資本を中核とする商人組合・貿易会社の設立及び絶対主義的領邦権力を背景とするその生産＝流通規制と「独占」とによって、一層強化されることになった。前期的資本とその結合体——「カルヴ薄布取引会社」及び「ウラハ亜麻織物取引会社」——は、一方ではそういった生産者の商人への依存関係を全面的に利用しつつ、他方では領邦君主の賦与する諸特権に支えられて、上記諸地方の農村・中小都市の生産者に対する生産＝流通独占を強力に維持することができた。領邦君主は、また、このような特権的貿易会社(及び商人組合)の営みを通じて、農村・中小都市の繊維工業に従事する多数の中小生産者層をがっちりと把握し、これを領邦体制の社会的基盤として編成すると共にそれを土台として遠隔地取引を強力に推進することができたのである。[20]

　このようにして、カルヴ、ヴィルドベルク地方の中小都市・農村の薄布工業、ウラハ地方、ブラウボイレン地方の農村亜麻織物工業は、西南ドイツの内部市場の深化と発展からは相対的に独立しながら、むしろ、特権的貿易会社の支配の下で、より多く、遠隔地市場へと結合され、専ら輸出工業としての性格を全面的に帯びるようになった。その結果これらの地方の生産者層の経済的社会的状態は、外国市場の市況の変動に応じて変化し、[21] 一八世紀初頭以降は、市況の悪化によって、その経済的状態は劣悪化の一途を辿ることになった。[22] 遠隔地市場の市況の悪化は、問屋制商業

第5表　「モデラツィオン」地区の薄布工羊毛消費量
（但し織布工１人年平均）

年　次	羊毛消費量（ツェントナー）
1710－30	3.4
1740－50	2.1－2.7
1750－63	3.5－4.3
1774－80	3.3－3.6
1780－90	2.1－2.7

W. Troeltsch, a. a. O., S. 210 f. から作成

第6表　ゲッピンゲン薄布工の階層別羊毛消費量（1769年）

階　層	年間平均羊毛消費量（ツェントナー）
上　層（12人）	25
中　層（25人）	11－12
下　層（40人）	4－5
その他（30人）	3

W. Troeltsch, a. a. O., S. 211 から作成

資本ないし、特権的貿易会社による生産者支配の強化に帰結し、かくて、これらの地方の織布工の生産力水準は、次第に停滞していった。たとえばカルヴ、ヴィルドベルクの薄布工業は、同地方以外——たとえばゲッピンゲン、テュービンゲン等——の薄布工業に比して、第五、六表にみられるように、明瞭な生産力の低下を生じることになり、かくて、ここではマニュファクチュアの形成は殆んど全く困難な状態に立ちいたったのである。しかも薄布工業あるいは亜麻織物工業の生産者層の経営悪化あるいは貧困化は、当該工業におけるマニュファクチュアの発展を阻害したばかりでなく、広く、同地方の産業一般で産業資本が発展するのを困難にした。既に触れたように、カルヴ、ヴィルドベルク地方で、薄布工業が、また、ウラハ、ブラウボイレン地方で、亜麻織物工業が、不均等発展をとげればとげるほど、他の諸産業は、薄布工業あるいは亜麻織物工業の発展と、これらの工業を営む生産者層の購買力に依存する度合が強まっていった。従って薄布工業あるいは亜麻織物工業が、特権的貿易会社の支配を通じて、遠隔地市場に結びつけられているということは、とりも直さず、それらの輸出工業を基軸に編成された諸産業も、間接的に、外国市場へ依存していることを意味した。遠隔地商業を営む前期的商人あるいは特権的貿易会社は、亜麻織物工業あるいは薄布工業を、その生産的土台として、強力に把握することによって、他の諸産業とその編成の

あり方に、従ってこの地方の産業構造全体に、間接的に影響力を及ぼすことができた。輸出工業を営む生産者の全体としての経営的劣悪化、購買力の減退は、この地方一帯の産業における「販路停滞」へと帰結していったのである。[23]

だが、一七世紀にみられたような前期的資本とその結合体＝特権的貿易会社の生産支配の体系は、一八世紀に入るといたる所で動揺し始め、その支配は次第にシュヴァルツヴァルト地方、シュワーベン地方の特定地域——山岳地帯——に局限されるようになった。各種の繊維産業が比較的均衡をとりつつ発展をとげた地方——特にヴュルテムベルク中央部、ヴィーゼンタール地方等の平野部地方——で、特権的貿易会社の独占が、一層顕著に解体をとげたことはいう迄もない。[24]「カルヴ薄布取引会社」の直接的支配(いわゆる「モデラツィオン」)の下にあったベブリンゲン、ジンデルフィンゲン Sindelfingen 及びヘレンベルク等のいわゆる郡都市及び農村の織布工・商人たちは、すでに一八世紀初頭以来特権会社の諸規則を無視して取引を展開し、メッセへも進出していった。[25]同会社の間接的影響下[26]にあったゲッピンゲン、メッチンゲン、エービンゲン等の薄布工及び商人も同様に、同会社の規制を無視してメッセへ進出しつつあった。[27]このような動向はバーリンゲン、トゥトリンゲンを始めヴュルテムベルク中央部を中心として展開してゆくのであるが、かかる発展の基盤は、これらの地方の、繊維工業を始めとする各種産業部門の比較的均衡のとれた組合わせとそれがつくり出す内部市場の深さにあった。生産者層は、これを基盤として、前期的資本の支配から次第に自立していったばかりか、更に遠隔地あるいは他の諸ドイツ領邦の市場へも進出し、特権的商人・貿易会社の直接的競争者として、特権的商人層の存立基盤たる商品流通のシステムを解体させていったのであった。[28]もとより、一八世紀においてはこのような発展はなお未成熟であり、それだけでは、こういった「初期独占」を決定的に解体させることは出来なかったばかりか、逆に、新たに興隆してくる商人、生産者の一部は、常に「初期独占」結成への志向をさえ示すことになった。まことに、ドイツの「初期独占」に最も重要な打撃を与え、その解体を直接に強制したのは、ドイツ内部における発展ではなくて、むしろ、ドイツの外部で進行しつつある一連の世界史的事実であった。

(1) 大塚、前掲『欧州経済史』八八頁以下。

(2) Hugo Kanter, Die Entwicklung des Handels mit gebrauchsfertigen Waaren von der Mitte des 18. Jahrhunderts bis 1866 zu Frankfurt a. M., Tübingen u. Leipzig 1902, S. 16.

(3) この時期の領邦国家が、その基礎に、領邦的規模での統一された市場圏を形成していたと考えることはできない。寧ろそれはいくつかの局地的市場圏によって構成されていたと考えるべきであって、それらが統一的な領邦的市場に、更にドイツ「国内市場」——さし当って西ドイツ的規模の「国内市場」——の一環に編成・統合されていくのは一九世紀に入ってからであろう。後述参照。

(4) H. Kanter, a. a. O., S. 16 f. なお、このような変化に対応してメッセ商人層に新旧の交替が生じ、そこに系譜の断絶があることに注意されたい。一七世紀における衰退期の後、新たな発展を包摂することによって復興した一部の中世都市——たとえばアウグスブルク——においても、中心的な商人・生産者層の間に一七世紀を画期として、その前後に明白な系譜的断絶が存する。O. Reuther, a. a. O. を参照。

(5) 一七七一年におけるフランクフルト・アム・マインのメッセ商人三六五人の内、三分の一以上が繊維品取扱商人であったといわれる。因に、ワイン取扱商人三三人、香料商人六五人、銀行家二五人。H. Kanter, a. a. O., S. 18.

(6) W. Zorn, a. a. O., S. 10 ff.

(7) J. Kulischer, a. a. O., S. 270.

(8) 「南ドイツ・マヌファクトゥア期」については、松田智雄『新編「近代」の史的構造論』ぺりかん社、一九六九年、を参照。

(9) シュヴァルツヴァルト地方の薄布工業についてはWalter Troeltsch, Die Calwer Zeughandlungskompagnie und ihre Arbeiter. Studien zur Gewerbe- und Sozialgeschichte Altwürttembergs, Jena 1897 及び諸田、前掲「一七・八世紀西南ドイツにおける特権コンパニーについて」、松田智雄「領邦都市カルヴとその産業的発展——都市産業の近代化——」『西洋経済史・思想史研究(本位田祥男博士古稀記念論文集)』創文社、一九六二年、後に、同『資本主義の基礎研究』に所収、を参照。

(10) W. Troeltsch, a. a. O., S. 295; Rudolf Kahn, Die Leinenweberei auf der Schwäbischen Alb, Jena 1924, S. 14 ff.

(11) W. Troeltsch, a. a. O., S. 294.

(12) W. Troeltsch, a. a. O., S. 190; 諸田、前掲論文、二八五頁、松田、前掲論文、参照。

(13) E. Gothein, a. a. O., S. 75 f.

(14) Ders., a. a. O., S. 738 ff. ゲッピンゲンの薄布工業については、W. Troeltsch, a. a. O., S. 227 ff.; ders., Die Göppinger Zeugmacherei im 18. Jh. und das sog. Veihyngerbuch, in: Jahrbuch für Gesetzgebung, Verwaltung und Volkswirtschaft, 1896.

(15) Ders., a. a. O.; 諸田、前掲論文、松田、前掲論文。我国の研究は、農村工業を基盤とする小ブルジョア=ブルジョア的発展と特権コンパニーとの対抗関係を明らかにした。それは事実上トレルチに対する正しい批判になっているのであるが、しかし、反面、トレルチが強調した事実——特定地域における薄布工業の不均等発展と問屋制の拡延及び一八世紀末葉における同工業の衰退の事実——、また、一八世紀中葉以降の他の地方での新たな発展の事実などをいかに整合的に理解するか、という点で問題をもっていたといえよう。ここでは、シュヴァルツヴァルト地方の特定地域——カルヴ、ヴィルドベルク地方——では、農村工業の発達が産業資本の発達と結合せず、むしろ一八世紀末に構造的「危機」に陥るというトレルチの指摘した事実を、停滞型の農村工業の一つの例として把えた。

(16) プフォルツハイムの商人組合は、「ウラハ亜麻織物取引会社」及び「カルヴ薄布取引会社」と同様の特権を獲得している。絶対主義的領邦君主は、特権的貿易会社の設立あるいは関税障壁を通じて土着産業の一定度の発展を促進し、領邦体制の経済的基礎を確保するとともに、他面、このような政策を通じて小生産者層の両極分解を阻止することができた。ヴュルテムベルクの「重商主義」については、Wilhelm Söll, Die staatliche Wirtschaftspolitik in Württemberg im 17. und 18. Jahrhundert. Ein Beitrag zur württembergischen Wirtschaftsgeschichte, Tübingen 1934 を参照。

(17) W. Troeltsch, a. a. O., S. 307; Richard Dietsche, Die industrielle Entwicklung des Wiesenthales bis zum Jahre 1870. Wirtschaftsgeschichtliche Studien, Schopfheim 1937, S. 1.

(18) トレルチは、カルヴ、ヴィルドベルク地方への薄布業集中の原因として、薄布業以外の生業の欠如、手工業者子弟の就業困難等をあげている。W. Troeltsch, a. a. O., S. 292.

(19) 北部ヴィーゼンタールについては、E. Gothein, a. a. O., S. 739 ff.

(20) トレルチは、薄布工が「カルヴ薄布会社」の規制から離脱し独立してゆく方向に働く力を「遠心力 die Centrifugigkeit」と呼びその強さを、中心地カルヴへの距離とその地方の「販路の状態 die Absatzgelegenheit」の大小に帰している。Ders, a. a. O., S. 81. つまり同会社の生産＝流通独占を支える条件は、単に同会社が領邦権力と結びついて実現しえた経済外的諸規制に止まらず、その規制の対象となった諸地方の内部的構造に規定されたとするのである。勿論、ジンデルフィンゲン、ベプリンゲン等の薄布工のすべてが会社と対立し、独立していったのではなかった。これらの地方においても生産者層の両極分解の過程で、没落する小生産者は貿易会社の下に編成されていったものと思われる。

(21) W. Troeltsch, a. a. O., S. 200 ff. 諸田、前掲論文、二九八頁。

(22) ウラハ及びブラウボイレン諸地方の亜麻織工もカルヴ、ヴィルドベルク地方の織布工の状態とほぼ同じであった。W. Troeltsch, a. a. O., S. 294.

(23) 一八世紀におけるヴィルドベルク地方の乞食及び租税滞納者の増大はこのような事情に基づくといわれている。W. Troeltsch, a. a. O., S. 385.

(24) ゲッピンゲンの薄布業の事例については、前出の ders., Die Göppinger Zeugmacherei im 18. Jh. 及び Die Calwer Zeughandlungskompagnie., S. 81, 176, 183, 191 などを参照。

(25) 「カルヴ薄布取引会社」は「モデラツィオン」地区以外の薄布業に対して一定種類、染色とメッセでの販売とを禁じることができた。

(26) Ders., a. a. O., S. 191.

(27) Ders., Die Göppinger Zeugmacherei im 18. Jh. なお、ゲッピンゲンの薄布工業のように内部市場を基礎とした上で遠隔地あるいは領邦市場間取引が行われる場合でも、そこに進出して行く商人・生産者の一部が、特権的貿易会社あるいは商人組合の設立を絶えず試みるという現象がみられる。しかし、それにもかかわらず内部市場の深化・拡大は最早阻止することはできない。このような傾向は西南ドイツばかりでなく、ライン下流地帯及びザクセン地方でも明らかになって来る。ライン下流地帯については、川本和良「一八世紀におけるライン繊維工業の展開と『営業の自由』の前提条件㈡」『立命館経済学』

第九巻第六号、後に同『ドイツ産業資本成立史論』未来社、一九七一年に所収、ザクセンについては福応健「ザクセン綿紡績業における機械制工場経営の成立」『商学論究』第一一巻第四号をそれぞれ参照。
(28) たとえば、ゲッピンゲンについては、ders., a. a. O.

2 旧型の貿易体制及びその生産的基盤の解体

一 繊維品輸出の衰退と前期的資本の「危機」

繊維品輸出の衰退

絶対主義的重商主義と結びついて発達をとげて来た旧型の貿易体制――特に繊維品輸出――は、一八世紀の末葉から一九世紀の初頭にかけて、ドイツの各地で衰退し始めた。たとえば、ライン地方のモンシャウ Monschau を中心とする毛織物輸出は、一九世紀初頭に、(1) ザクセンのフォークトラントのモスリン輸出は一七九〇年頃から、(2) また、シュレージエン地方の貿易を手広く営んでいた「プロイセン王立海外貿易会社 das Königliche Preußische Seehandlungs-Institut」の貿易業務も同じ頃、(3) それぞれ衰退に向った。西南ドイツの繊維品輸出も例外ではなかった。「我々の農産物輸出に対していかなる国も市場を開いているところはない。今まで最も重要な市場すら閉鎖されてしまった。我国の工業生産物輸出は農産物のそれほどではないとしても益々悪化して行く点では全く同じである。」(4)(傍点は引用者)

亜麻織物輸出の衰退について時人は次のように述べている。「我々の亜麻織物取引は、次々に起る複雑な政治的事件と外国の保護主義の圧力の下で困難に直面している。フランスのナポレオンによるスペイン侵入以前、あるいはスペイン領アメリカが、その結果奪取される以前には、ヴュルテムベルクの亜麻織物取扱商人は、毎年大量の亜麻布を、

第7表「カルヴ薄布取引会社」売上高の推移

(年平均)

年 次	売上高
1711－17	194,000fl
1723－29	233,000
1753－59	322,000
1761－64	389,000
1764－69	294,000
1769－74	268,000
1774－79	314,000

W. Troeltsch, a. a. O., S. 180 f. から作成.

一部は直接に、一部はフランスの商社を通じて、カディール及びビルバオに送っていた。[5]」(傍点は引用者) ところが上のような「政治的事件」の結果、「海の盟主たるイギリスが南アメリカ市場並びにスペイン市場を支配し、同市場へアイルランド製亜麻織物あるいは綿製品及び麻綿混織織物を大量に輸出することになった。[6]」この為「ドイツ及びヴュルテムベルクの亜麻織物の販売は急速に衰えていった。[7]」

みられる通り、シュトラスブルク Straßburg のメッセを経由してフランス、スペイン、更に南米へ輸出された亜麻織物は、一方ではイギリス産綿布あるいは亜麻綿混織織物、アイルランド製亜麻織物との競争に直面すると共に、他方では後進諸国の保護関税政策によってこれらの市場から遮断された。同様に、ボーツェンあるいはツルツァハ Zurzach のメッセを経由して南ヨーロッパ——特にイタリー——へ、あるいはそこから更にアジア、南米に向けられたシュワーベン産亜麻織物は、イギリス資本主義の進出に伴って、急速に市場から後退しなければならなかった。[8]更にフランスにおける禁止的関税は、「ツェントナー当り二六三フランの関税を〔外国産亜麻織物に対して〕課し、この結果かつてフランスへ輸出されたヴュルテムベルク産亜麻紋織の輸出は極端に減少した[9]」といわれるほど、シュワーベンの亜麻織物輸出に決定的な影響を与えた。[10]

亜麻織物と並んで西南ドイツにおける最も重要な輸出品目である薄布、毛織物においても同様の事情がみられた。第七表が示すように[11]薄布輸出の停滞は早くも一七六〇年代に開始されていたが、この傾向は一八世紀末葉以降も変ることはなかった。「フランス革命は、フランス市場を、ナポレオンの大陸封鎖令は、イタリー市場を、一八一七年及び一八一九年のオーストリー輸入禁止令は、オーストリー市場を、一八一九年のバイエルン関税法は、バイエルン市場を、〔ヴュルテムベルク産薄布の輸出に対して〕それぞれ閉鎖することになった。また、ヴュルテムベルクにおけるこの種の工業部門の技術的立遅れとドイツ、イタリー、スイスにおける軽くて優雅な流行の綿製品の氾濫は、我々の薄布工の生産物を流行遅れにしてしまった。特にスイスの工場で製造された薄布の類似品たる低廉な綿製品は、我々の薄布業に対して決定的な打撃を与え、これまでの伝統的な人々の衣服が、我々に市場を提供していた地方をも、奪い取ってしまった。[12]」(傍点は引用者)

以上のように西南ドイツの二大輸出部門たる亜麻布及び薄布輸出は、一八世紀の末葉から一九世紀の初頭にかけて重大な「危機」に直面することになった。[13] その直接の原因は、いずれの場合もドイツの外で進行しつつある画期的事実の中にあった。即ち(1)イギリスにおける産業革命の展開とその結果としての機械制工場経営の設立、(2)高度な生産力を背景とするイギリス産業資本の世界的進出とそれに対する後進諸国の保護主義体制の強化、及び(3)イギリス産業革命を歴史的前提として展開される後進国自体の「産業革命」の進行、こういった一連の世界史的事実である。カルヴ、ヴィルドベルク地方、あるいはウラハ、ブラウボイレンの各地方の労働生産性の低い薄布工業あるいは亜麻織物工業を生産的基礎として営まれる旧型の輸出貿易は、このような一連の世界史的事実の進行する過程で、「危機」に直面することになった。

前期的資本の「危機」と外国商品取扱業

海上貿易あるいはメッセ取引の衰退に伴って、右のような商業取引を営む前期的資本家の獲得する利潤(前期的利潤)は急速に減少していった。彼らは、このような「危機」を、当初は、生産者に対する工賃あるいは製品買付価格の切下げをもって乗り切ろうとした。しかし、このような試みは、生産者層の技術的水準を一層低下させるに止まり、これを生産的土台とする遠隔地商業を、一層衰退させることになった。このような事態に直面した商人層の一部は、今や自らその営みを停止し、新たな商業分野、イギリス品の輸入商業へと転換をとげていったのである。「王国の商人の大部分は、たとえば、ウルム Ulm やブラウボイレン等々の商人階級にみられるように、かつては国内産の亜麻布を大量的に取引していたのであるが、そのような困難な事情〔先進国との競争及び保護主義体制の強化〕によって、彼らの母国の商品をもってしては、外国市場において最早競争しえない状態に立ちいたった。その結果、彼らは〔その資本を、土着産業を基礎とする遠隔地取引から〕引上げ、それをドイツ産商品の取引にではなく、逆に、外国産商品の売買に投下するにいたった。このような動向は、ヴュルテムベルクの商人層の中に、次々に浸透して行き、現在、彼らの倉庫の中は、外国産商品で満ち満ちている有様である。」[14]（傍点は引用者）

右の引用史料からわかるように、国内生産を基礎にして外国商業を営む商業資本は、先進国（特にイギリス）との競争と後進国の保護主義体制が強化され、劣悪な技術水準にある「母国」の亜麻織物工業（及び薄布工業）の製品が、「外国産商品」と競争しえなくなると、資本を「引上げ」、逆に「外国産商品の売買」に投下するにいたった。このような動向は、「ヴュルテムベルクの商人層の間に広がって行くことになった」というのである。

土着産業を基礎とする遠隔地商業から、商業資本が引上げられるという事実を、もっとも顕著な形で、かつ、最も決定的に示す現象は前期的資本の集中形態たる特権的貿易会社あるいは商人組合の解組であろう。ウラハ及びブラウボイレンの各地方に根強い基盤をもっていた「ウラハ亜麻織物取引会社」の一七九五年の解散に始って、一七九七年、「カルヴ薄布取引会社」が、続いて一八〇四年、プフォルツハイムの毛織物「ファブリーク」が、相継いで、解散ないし破産していった。そこで「カルヴ薄布取引会社」の解散のプロセスを例にとって、この時期のドイツ「初期独占」の「解体」過程をたどってみよう。

「カルヴ薄布取引会社」の諸特権とそれに支えられた生産＝流通独占に対する批判は、一七世紀以来、繰返し行われて来た。しかし、同会社の「解散」、あるいは特権の「廃棄」が、現実の問題として本格的に登場して来たのは、一七七四年の同会社の重役による「解散」申入れを起点としている。即ち、この年、会社重役は、政府に対して、貿易業の不振を理由として、会社の解組と「より新しい事業」への資本投下とを求めたのであった。(15) これに対して会社の問屋制的支配の下に編成されていた織布工達は、直ちに政府に対して、会社と薄布の買付との存続を要求した。(16) 政府は、会社側の要望を却下し、その結果薄布の買付は、なお暫く継続するのであるが、会社重役は、数年後、再び以前と同様の要望を文書をもって提出した。これに対して、織布工は、生活資料の価格の高騰に伴う生活困難を理由に、むしろ「買付量の増大」と「工賃引上げ」を要求したのであるが、結局、政府内部における長期間にわたる討論の結果、一七九三年三月二九日をもって会社は解散することになり、それに伴ってここに会社のもつ諸特権も廃棄されることになった。(17)

「カルヴ薄布取引会社」の「解体」過程と類似の現象は、「ウラハ亜麻織物取引会社」の「解体」過程にもみることができるのであり、一般に、西南ドイツにおける特権的貿易会社――「初期独占」――の「解体」過程は、イギリスやフランスのそれと、次の点で決定的に異なっていたのである。(1)イギリスやフランスにおいては、「初期独占」の廃棄は、ブルジョア革命の基本的な課題として、従って、小ブルジョア＝ブルジョア層による「反独占運動」と結びついて展開し、かつ、徹底的に闘い抜かれたのに対し、(18) ドイツにおいては、小ブルジョア＝ブルジョア層による「反独占運動」は、なお未発展であって、それらが、ブルジョア革命へと展開し、その結果として、「初期独占」が廃棄されるというまでには成長していなかった。(2)従って、ドイツで特権的貿易会社の「解組」が、深刻な政治的問題として登場してくるためには、ドイツの外部において前述したような世界史的事実が展開しなければならなかった。(3)

かかる場合、そのような「解組」の要求は、小ブルジョア＝ブルジョア層によってではなく、むしろ逆に前期的資本の側から提起され、下層小商品生産者はかえってその存続を強く求めたのである。以上のようにドイツの「初期独占」の解体は、イギリスやフランスの市民革命のそれの場合とは全く転倒しており、従って、ドイツでは、その後も「初期独占」の条件はなおも存続しえたのであった。

ところで、国内の産業を土台とする遠隔地商業の分野から引上げられた資本は、そのかなりの部分が「外国産商品の売買」に投ぜられることになった。一八世紀の末葉、特に大陸制度崩壊後、イギリス産商品はドイツ内部へ大量的に流入することになった。その結果、ドイツ産業は決定的な打撃を受けることになるが、同時に、前節でみたようなドイツ内部の商品流通——領邦国家間の商品流通——も「危機」に追い込まれることになった。ハンザ・メッセ諸都市に陸上げされたイギリス産商品は、フランクフルト・アム・マインのメッセを集散地として、西ドイツ一帯に広く販売された。西南ドイツの商人の多くは、このような外国産商品の輸送業務あるいはその売買に、新たな利潤獲得の場を見出し、次々にこの分野に資本を投下するにいたった。その結果、これらの商人と西南ドイツ内部の生産者層とは、決定的に対立するにいたった。「今日国内〔ヴュルテムベルク王国内〕の商人達は、ヴュルテムベルク商業の媒介者としての役割を、外部に対しては失ってしまった。思わしくない事態〔国際的環境の変化〕によって、商人達は、従来の極めて有益な役柄を捨て去り、国内の農業及び工業生産に対立することになり、利益の続く限り外国の生産の仲介者となるという状態が生じて来た。[19]」（傍点は引用者）西南ドイツ内部における外国商品取扱商人と生産者・商人との対抗関係が、研究史[20]が明らかにしているような全ドイツ的規模での対抗関係——ハンザ・メッセ都市商人・「トラフィーク」的生産者とドイツの「国民的」商人・生産者との対立——と関連し、その一環をなしていたことは勿論である。[21]

ところで外国産商品を取扱うこれらの商人層は、絶対主義的領邦政府の遂行するツンフト的工業規制を巧みに利用して、小規模な「カルテル」を結成していた模様である。以下の引用史料はこの点について触れている。「営業の自由とその結果高めらた母国〔ヴュルテムベルク王国〕の工業活動は、多くの小売商人の利害と対立することになった。なぜなら多くの小売商人は、国内の工業とその興隆とに対立する決定的な敵対者であるからである。もし遠隔地の工業だけが行われるとすれば、ツンフト商人は商品の生産者と、消費者とを結合する不可欠の仲介者となり、ツンフトに依拠する結合 der Zusammenhalt を通じて価格を一方的に定めることができる。ツンフト商人はこのことを実によく知っている。」(22)(傍点は引用者) 以上の引用文から推定されるように、(1)ヴュルテムベルク王国において、「小売商人」あるいは「ツンフト商人」と呼ばれる商人層は、「遠隔地の工業」と「母国の消費者」とを結合する商人、即ち外国商品取扱商人に他ならず、(2)ツンフト的営業規制を利用しつつ、ツンフトを結成し、価格カルテルを結成しようとしたのであった。(3)かくて、西南ドイツ商人・生産者とこういった外国商品取扱業者とは、ツンフト的営業規制の廃棄＝「営業の自由」をめぐっても対立関係にあったのである。

二　旧型繊維工業の衰退

旧型の輸出貿易が衰退するのに伴って、その生産的基礎である繊維工業も停滞に陥った。一九世紀に入るとこのような停滞の様相は一層強まり、たとえば亜麻織物工業の停滞的状態について時人は次のように述べている。「ヴュルテムベルクの亜麻織物輸出が全般に低下しつつある事実を示す好事例は、生活困難に陥った織布工の数と、僅かな収入しかえられない人々の数〔の大きさ〕である。かつては、ウルム及びその周辺には数百人の織布工が住んでおり、チロルやロンバルディーの諸地方に向けて販売される亜麻布、袋、その他多くの亜麻製品の生産に十分な仕事を見出していた。しかし今日では、同市とその周辺、あるいはその他の村々で、数百の亜麻織工が日雇労働者 Taglöhner に転落したり、あるいは公共救貧施設の世話になっている。またブラウボイレン、ハイデンハイム、ミュンジンガー Münsinger 及びウラハ等々の郡においては、数百の、否、数千の亜麻織工がじめじめした地下室で、水腫に悩まされつつ、たった一五クロイツェルの工賃で働いている。」[23]（傍点は引用者）右の引用文からわかるように、かつてあのように繁栄した亜麻織物輸出は、今や全く停滞の状態にあり、その結果、遠隔地市場に結合されることによって増加して来た農村・中小都市の織布工——特にウラハとブラウボイレンの諸地方のそれ——の経済的社会的地位は著しく低下することになった。彼らの一部は、賃金労働者に転化したり、あるいは救貧施設の扶助によって辛じて生活を維持しえたが、大半は、依然として低い技術的水準の下で、問屋制商業資本の激しい工賃切下げの圧迫を蒙りつつ、亜麻織物業を継続し、貧困化の様相を一層強めることになった。

　同じ事情は、薄布工業においても見られた。「何ほどかの販路をダンピングによって奪い返すために、薄布の価格はいよいよ低落し、薄布工は一反に付き一五クロイツェルしか得ることができない。自分でも織りかつ彼の（いわゆる下請）親方のために糸を染色する問屋商人 der Verleger ですら、たった二四クロイツェルを儲けるだけである。薄布工の大部分を占める下請親方 Façonsmeister ともなれば、たった一六クロイツェルが日々の労働の収入であるに過ぎない。」[24] とくにカルヴにおいては、「この工業部門を営む商社 das Handlungshaus が若干は存在するが、今では、ツルツァハのメッセに三〇—四〇ツェントナーの商品をもって訪れる程度であり、直接の輸送も極めて小さい」[25]という有様であった。みられる通り薄布工業においても、外国商業の「販路停滞」が薄布工に対して与える影響は大きかった。薄布工は、この頃から急速に減少しはじめ（第八表参照）、他の手工業・商業へ推転したり、賃金労働者へと転落していったが、残りの部分はその後も劣悪な条件の下で薄布工業を継続していた。[26] 一八四五年に時人は、次のように指摘している。「今日、数多くの貧しい薄布工達は、工業の知識の不足と、ツンフト規制及びツンフト的障害の束縛とによって、破産に瀕している。このような場合には、仮に救貧所の扶助を受けないとすれば、工場労働者に身を落すのが最も良策である。」[27]（傍点は引用者）このように、カルヴ、ヴィルドベルク地方においては、他の諸地方で事実上解体してしまった[28]ツンフト的規制が、一九世紀中葉にいたるまで存続し、薄布工の社会的経済的貧困化をもたらすことになった。特に輸出工業としての靴下製造業及び薄布工業の中心地カルヴでは、両品目の輸出停滞によって、多数の貧困者層が蓄積された。「薄布工業と靴下製造業とが同時に衰退したために、八〇〇人の市民の内、三〇〇人は工業労働者 Gewerbs = Arbeiter に転落するか、救貧施設に収容されることになり、なお一五〇人はそれを必要としている。」[29]

第8表　薄布工の減少[1]

（単位：人）

	カルヴ郡		ナゴールト郡		ベブリンゲン郡	ヴィルドベルク郡
	親方	職人	親方	職人		
1787年	170	—	584[2]	—	109	134[4]
1813年	57	5	290	22	80	56
1829年	—	—	189	29	50[3]	45[5]

(1) W. Troeltsch, a. a. O., S. 336 f. から作成. (2) ヴィルドベルク郡その他を含む. (3) 1820年. (4) 1792/93年. (5) 1826年.

以上みて来たように、一七世紀以来特権的貿易会社の下で遠隔地市場に販路を見出し、従って、輸出工業として発展を示して来た、カルヴやヴィルドベルク地方の薄布工業、ウラハ地方、ブラウボイレン地方の亜麻織物工業は、一八世紀に入ると、著しい技術的停滞に陥ったが、このような動向は、一八世紀の末葉以降、一連の世界史的事実の展開する過程で、それらの工業を基礎とする輸出貿易が停滞するに及んで、いよいよ決定的となるにいたった。その結果、上記諸地方の直接生産者の一部は、賃労働者に、一部は救貧施設に収容されることになったが、なお数多くのものは劣悪な条件の下で従来の生産を継続しなければならなかったのである。

（1）川本、前掲論文(二)、一九〇頁。
（2）Albin König, Die sächsische Baumwollindustrie am Ende des vorigen Jahrhunderts

und während der Kontinentalsperre, Leipzig 1899, S. 9. 福応、前掲論文、一四四頁。

(3) 「プロイセン王立海外貿易会社」については、肥前栄一「ドイツ『三月革命』期の独占問題(一)——『プロイセン王立海外貿易会社』をめぐって——」『立教経済学研究』第一七巻第四号、住谷一彦・肥前栄一「ドイツ保護主義政策論——フリードリヒ・リストを中心に——」『経済政策講座』第二巻、有斐閣、一九六四年、一七七頁以下、をそれぞれ参照。

(4) Moriz Mohl, Über die württembergische Gewerbs = Industrie, Stuttgart u. Tübingen 1828, S. 68.

(5) Ders., a. a. O., S. 68 f.

(6) Ders., a. a. O., S. 69.

(7) Ebenda.

(8) W. Zorn, a. a. O., S. 431. また次のような指摘もある。「大陸制度の実施によって、スペイン領アメリカとの取引や東方への大量的輸出がイギリスの手に帰してしまったので、この分野の商業〔イタリー市場〕は完全に停滞している。」M. Mohl, a. a. O., S. 70.

(9) Ders, a. a. O., S. 73.

(10) アメリカ市場のばあいも同じ事情である。「ヴュルテムベルク産亜麻布取引にとってもう一つの重要な市場である北アメリカは、大陸制度とアイルランド産亜麻布及び麻綿混織織物の氾濫とによって失われてしまった。後者はその低廉さと優雅な外観で我々の亜麻織物を圧倒している。」Ders., a. a. O., S. 74.

(11) 薄布反当りの単価上昇を考慮すれば「販路停滞」の様相は一層深刻であった。

(12) M. Mohl, a. a. O., S. 78.

(13) 西南ドイツのもう一つの重要輸出品目たる靴下についても同様の事情があった。M. Mohl, a. a. O., S. 82.

(14) Wilhelm Jung, Der Gewerbsmann und die gewerblichen Verhältnisse Württembergs, Ulm 1845, S. 45. 「ドイツ商人は今や外国におけるドイツ商品の販売あるいは輸出から利益をあげることが最早困難な事態に立ち至った。」ebenda.

(15) W. Troeltsch, a. a. O., S. 327. なお、同会社の解散については、ders, a. a. O., Kapitel X, 諸田、前掲論文、三一一頁、松田、前掲論文、一九一頁以下、を参照。

(16) Die Vereinigte Deckenfabriken Calw AG. und ihre Vorläufer in dreihundert Jahren, Calw 1955, S. 19.
(17) W. Troeltsch, a. a. O., S. 330.
(18) 田中豊治「独占体系の解体」大塚久雄・高橋幸八郎・松田智雄編『西洋経済史講座Ⅳ』岩波書店、一九六〇年。
(19) W. Jung, a. a. O., S. 37.
(20) この対立関係については、松田、前掲「関税同盟前史序論(上)(下)」を参照されたい。
(21) 「ドイツ商人・工場主協会」の有力な構成員が、西南ドイツを基盤としていたことを考えれば、西南ドイツにおける両者の対立は、ドイツの他の地域以上に特に激しかったものと推定される。
(22) M. Mohl, Aus den gewerbswissenschaftlichen Ergebnissen einer Reise in Frankreich, Stuttgart 1845, S. 6.
(23) M. Mohl, Über die württembergische Gewerbs＝Industrie, S. 75 f.
(24) Ders., a. a. O., S. 79.
(25) Ders., a. a. O., S. 80.
(26) 当時の紡績工場(毛織物工業)の紡糸工の日給が二七―四〇―五〇クロイツェルであったことを考えれば、薄布工の工賃が賃労働者の賃金以下の水準であったことがわかる。
(27) M. Mohl, Aus den gewerbswissenschaftlichen Ergebnissen., S. 456.
(28) W. Jung, a. a. O., S. 27.
(29) M. Mohl, Über die württembergische Gewerbs＝Industrie, S. 80.

おわりに

以上、「領邦重商主義」によって支えられ、また逆にかかる政策を実現し、その基軸を構成した旧型の貿易体制とその解体過程を考察してきた。要約すれば次のようになるであろう。

一六世紀に農村・中小都市を基盤として展開したマニュファクチュアは、農民戦争及び三十年戦争を経て絶対主義的領邦体制が成立する過程で、前期的資本の下に問屋制的に掌握され、遠隔地商業あるいは領邦国家間の商業の生産的土台として据えられた。ところが、このような前期的資本の生産支配の体系は、一八世紀に入ると、いたる所で動揺し、解体してゆき、その支配は、ついには、シュヴァルツヴァルト地方、特にカルヴやヴィルドベルク地方及びシュワーベン地方、特にウラハ地方、ブラウボイレン地方に局限されることになった。これらの地方では、それぞれの地方の固有の条件――とりわけ自然的条件――に規定されて、薄布工業や亜麻織物工業が、特権的貿易会社の支配の下で、輸出産業として異常なまでの不均等発展を示していたのであったが、特権会社の苛酷な問屋制的支配によって、こういった工業に従事する中小の生産者層は、全体として経営条件を悪化させ、労働の生産性を低下させていったのである。

一七六〇年に始るイギリス産業革命とその結果としてのイギリス資本主義の世界的進出及び後進国の保護主義体制の強化という一連の国際的事件は、このような脆弱な生産力的基礎の上に成り立つ旧型のドイツ輸出貿易に決定的な打撃を与えることになった。それはまずこのような生産的土台の上に遠隔地商業を営む前期的商人の「危機」と、それに伴う彼らの資本引上げないし営業停止となって表面化した。「大陸制度」の解体の後、イギリスの工業製品が流入する中で、彼らはこのように引上げた資本を、ハンザ・メッセ都市に荷上げされたイギリス産商品の売買に投下した。こうして、西南ドイツの内部に「国民的」生産者・商人と外国産商品取扱業との鋭い対抗関係が発生する。輸出貿易の衰退という事実は、他面、輸出工業として発達して来たカルヴ、ヴィルドベルク地方の薄布工業及びウラハ地方やブラウボイレン地方の亜麻織物工業における問屋制下の生産者の経済的社会的地位の低下を更に一層促進し、その技術水準を劣悪化させることになった。絶対主義的重商主義の基本的原則は、ツンフト手工業及び農民の小商品生産の維持、分解の阻止にあった。とくに、農村工業の不均衡な発達を背景とする前期的な対外商業、及びこれを営む前期的資本とその結合体＝貿易会社などに対する領邦君主の保護及び特権賦与は、農民層分解を阻止し、更にまた、中小生産者を領邦体制の基盤として編成するねらいをもつもので、「領邦重商主義」の中核をなしていた。今や、このような旧い貿易機構は、その生産的基礎と共に、一八世紀末以降の世界史の画期的変革の中で、「上から」かつ「外から」解体を余儀なくされ、農村の小商品生産＝農民的経営は「危機」に陥ることになった。このことは、領邦絶対主義体制の「危機」を意味する。「領邦重商主義」政策の転換――「上から」の――が必然となる。

しかし、このような状況とは全く対照的に、上の諸地方の外部――とくにヴュルテムベルク中央地帯、バーデン南部――においては、内部市場を基盤にして、マニュファクチュアが形成され、その発展を開始していた。ここでは、大陸制度消滅後の一時的沈滞を経て、一八三〇年頃からは「産業革命」すらも開始され、その高度な生産力的基礎に立って、この地方のマニュファクチュア主・商人は、特権的貿易会社の流通独占を解体させつつ、遠隔地取引・領邦国家間の商業を営むにいたり、一九世紀前半期には後者を圧倒して「国内市場」――西エルベ的規模の「国内市場」――形成への志向を強力に展開させたのであった。

以上のような一般的情勢の中で輸出貿易を営んでいた商業資本の一部は、輸出商業部面から引上げた資本をもって外国から機械を輸入し、貧困化した生産者を労働者として雇用しつつ、産業資本へ推転しはじめる。その最も顕著な例が、「カルヴ薄布取引会社」解散後、カルヴ市において同会社重役が設立した紡績工場、[1] あるいは、ヴィーゼンタール北部、ザンクト・ブラジエン St. Blasien にかつての修道院建築物を利用して設立された巨大紡績工場であろう。ここでは、イギリス・フランス型のあの蝸牛的な原始的蓄積過程ではなく、寧ろ、一方では生産者層の全般的貧困化を、他方では、また、イギリス産業革命の成果を条件として、前期的資本主導の下で「工業化」が行われることにな

る。(2)

(1) W. Troeltsch, a. a. O., Kapitel IX.

(2) E. Gothein, a. a. O., S. 745 ; Wolfram Fischer, Ansätze zur Industrialisierung in Baden 1770-1870, in : Vierteljahrschrift für Sozial-und Wirtschaftsgeschichte, Bd. 47, 1960, S. 196.

第二章　産業資本の発達

ドイツにおけるマニュファクチュアは、すでに一六世紀頃、農村工業を基盤にして各地で展開していたのであるが、[1] その後、農民戦争及び三十年戦争を経過する中で、次第に停滞に向った。[2] この停滞の状態は、一七・一八世紀の約二世紀間にわたって続き、グーツヘルシャフトの支配的なエルベ河以東の地域では、小商品生産者の両極分解に基づく産業資本の形成は殆んど完全に阻止された。しかし一般に封建的土地所有の構造が、東エルベに比して弱体なエルベ河以西では、一八世紀の末葉頃から、農村や中小都市を基盤にして、再びマニュファクチュアが形成されはじめた。[3]

西南ドイツ地方(バーデン及びヴュルテムベルク)は、ライン下流地方及びザクセン地方とともに、一八世紀末葉から一九世紀初頭にかけて、このようなマニュファクチュアが展開し、さらに、それを基盤にして、「産業革命」が進行していった地方の一つである。従ってこの地方は、ドイツ資本主義発達過程の重要な一局面を形成するのである。[4]

マニュファクチュアの形成は、それ自体、ドイツ国内における生産諸力の内部的発展過程の新たな段階を表示し、封建的土地所有制を根底から動揺させる方向をもつものである。しかし、一八・一九世紀交のこの時期にあっては、その発展の度合は未だ幼弱であり、その内部的発展のみをもってしては、産業革命を展開させえなかったばかりでなく、イギリス(及びフランス)においては、その産業革命の前提条件となった市民革命すら遂行しえないような状態であった。[5] ところが、一八世紀六〇年代に開始されるイギリス産業革命と、その結果としてのイギリス資本主義の世界的進出、後進諸国の保護主義体制の強化、フランス革命とそれに続くナポレオンのドイツ支配、これら一連の国際的諸条件の急速な変化は、ドイツのマニュファクチュアに対して次の点で決定的な意味を与えることになった。まず、マニュファクチュアの発達は、イギリス(フランス及びスイス)の産業革命で創出された機械技術が、ドイツへ輸入され、そこで継承されるための(6)、主体的、客観的諸条件をつくり出していた。ドイツのマニュファクチュアは、イギリスにおけるマニュファクチュアの発達が示したような、長期間にわたる内部的発展を経過せず、むしろ、いわばその萌芽的状態から、一挙に工場制度へ移行したのであり、このような意味で、マニュファクチュアの形成は、それがなお未成熟であったとはいえ、ともかくも、ドイツの「産業革命」の歴史的前提条件となったのである。つぎに、上の国際的諸条件の急速な変化が、ドイツの絶対主義的領邦体制を、外側から動揺させ、「危機」に追い込んだことは、前章で述べたが、このような絶対主義的領邦体制の「危機」を更に一層促進し、かつ、その「危機」の内容を、封建的「危機」あるいは構造的「危機」たらしめ市民革命(三月革命)へと連繫させる諸条件をつくり出す基礎過程こそ、幼弱であるとはいえ、同体制の内部において進行するマニュファクチュアの歴史的形成及び工場制への移行過程に他ならなかった。保護主義運動の展開、それと結びついて行われる民主主義的運動、一八四八年「三月革命」を主導した階級は、まさにこのようなマニュファクチュア・工場経営の担い手、産業資本家達であった。

(1) 松田、前掲『新編「近代」の史的構造論』参照。

(2) 大塚、前掲『欧州経済史』一〇四頁。

(3) 松田智雄編『近代社会の形成』要書房、一九五五年、一一六頁以下。

(4) マニュファクチュアについての欧文研究には、G. Krauter, Die Manufakturen in Herzogtum Württemberg und ihre Förderung durch die württembergische Regierung in der zweiten Hälfte des 18. Jahrhunderts, in: Jahrbuch für Statistik und Landeskunde von Baden = Württemberg, 1954/55 があるが、ここで分析されているマニュファクチュアは絶対主義的領邦権力と結びついた特権マニュファクチュアである。それは西南ドイツ「産業革命」の一つの重要な系列をなすものではある

が、ここではそのような特権マニュファクチュアと対立しつつ発達して来た中小のマニュファクチュアについて論ずるつもりでいる。なお、戸原、前掲「ドイツ産業資本の特質(上)」で言及されているマニュファクチュアも同じく特権マニュファクチュアであろう。松田智雄氏はその労作「ウュルテンベルク王国内の『工場・マヌファクトゥア目録』分析・解題」『経済学論集』第三〇巻第一号、前掲『ドイツ資本主義の基礎研究』所収、で「マヌファクトゥア・工場」の広汎な展開を数量的に示されている。

(5)　松田、前掲書、一七四頁。

(6)　世界史の発展過程における生産力の不均等発展と後進国への移植と継承に関する方法論的説明については大塚・高橋・松田編、前掲『西洋経済史講座Ⅰ』大塚久雄「緒言」一二頁以下、を参照されたい。また一八世紀の末葉以降の国際的諸条件の激しい変動とそのドイツへの影響については次の文献を参照されたい。W. Sombart, a. a. O., S. 75 f.; W. O. Henderson, Britain and Industrial Europe 1750–1870. Studies in British Influence on the Industrial Revolution in Western Europe, Liverpool 1954; 松田、前掲「関税同盟前史序論(上)」。

一　小ブルジョア経済の成長

1　「農村都市」・「市場町」の発達

三月革命前の経済的発展の状態について、E・バウムシュタルク Baumstark なる時論家は、一八三六年に発表した時論、「週市における流通について」なる論文において、当時の西南ドイツの状態を説明しつつ、興味ある事実を紹介してくれている。

「生産及び商業に関していえば、都市と農村の中間にいわゆる農村都市 die Landstadt や市場町 der Marktfleckenという存在があることに気がつく。今日これらの農村都市や市場町は、かつて都市でだけ営まれ、都市にのみ制限されていた工業と商業及び市場とを併せもつにいたった。同時に、それらが、農村と同じように、あるいはこれと同程度にまで、農業と牧畜を営んでいることに注意が向けられねばならない[1]。」(傍点は引用者)

農村地域の商品生産＝流通は、すでに一八世紀に、都市ツンフト経営の没落をひき起すほどの展開をみせるにいたったことは前章で知ったが、一九世紀にはいると、このような農村工業はもとより、これと並んで、「農村都市」や「市場町」が、人々の注目を集めるほどに、急速な成長をみせはじめた。これらの「農村都市」及び「市場町」は、上の引用文から明らかなように、農業及び牧畜を営む点では、農村に極めて近似的であったが、商工業の著しい展開という点では、都市とほぼ同程度の経済的機能を果し、かかる意味で正に都市と農村との「中間項」をなすものであった。もともと西南ドイツには古くから夥しい数の極小都市・市場町が広汎に展開していた。これらの極小都市・市場町は、産業のツンフト的編成と市場特権の存在という点でその他の都市と全く同じ性格を有していたのであるが、普通の都市に比して商工業の発達は未成熟であり、農業の比重も大きいという点に特徴があった[2]。先の引用文で示された「いわゆる農村都市及び市場町」はこういった農村的色彩をもった古くからの極小都市及び市場町と同一の系譜を有するか、あるいは全く同一の存在であったものと思われる。このことは、「ツンフトは決して都市だけのものではない。それは農村にも存在するし、また、農村都市及び市場町には一層はっきりした痕跡を残している」[3](傍点は引用者)という説明からも推測することができる。しかし農村都市・市場町に残るツンフト的編成は、最早「痕跡」としてのみ残存しているのに止まり、大勢は既に解体に向っており、とくにかつての市場特権及びこれと結びつく流通規制はほぼ完全に消滅していた。「[市場町における]市場制度は農村との交通 der Verkehr に何らの制限をも設けていない。市場の管理・運営についても都市が農村・市場町に対してとる厳格さを殆んど全く備えていない[4]。」(傍点は引用

者）

以上のように、西南ドイツの農村都市・市場町は、商工業の展開の程度に関しては、一般の都市と肩を並べるにいたったのであるが、農業・牧畜を営む点で、しかし、とりわけツンフト的諸規制あるいは市場規制の消滅という点で、工業化した農村と全く同一の性格を有していたのであり、それ故にまた、当時の人々はこれらの都市・市場町を「農村及び市場町」として農村と一括して取り扱ったのである。一九世紀三〇年代には、いくつかの都市で、なおツンフト的諸規制が残存して、生産＝流通をツンフト的に規制してはいたものの、農村、市場町及び農村都市などの広汎な地域においては、商品生産と流通はもう何の制約をも受けることなく、自由に展開していたのである。

このような広い地域に及ぶ自由な商品流通の背後には、諸産業のめざましい発展があった。バウムシュタルクは次のように指摘している。

「今日市場町や村々では次のような諸工業を営むものがいる。帽子製造工、鞣皮工、紡糸工、織布工、編物工、靴下織工、製綱工、藁・靱皮編み工、篩製造工、刷子製造工、桶工、車大工、指物師、轆轤工、籃製造工、靴工、馬具師、革紐製造工、石鹸製造工、錠前師、鍛冶工、ブリキ工、スズ容器製造工、時計製造工、煉瓦積工、陶工、石工などで、その他、パン屋、肉屋など一般の手工業は数え切れないほどである。[5]」

それ故、都市と農村との経済的機能の差異は殆んど全く解消していた。「都市工業と農村工業との違いは近年ますます消滅し、かつては都市においてのみ生産された商品が今日ではすべての農村で生産されている。[6]」

農村・市場町・農村都市などで、自由な商品流通が展開するのに伴って、かかる商品流通を媒介する商業的組織の拠点として重要な役割を担って登場して来るのが、「市場 der Markt」、とくに農村都市・市場町の「週市 der Wochenmarkt」であった。たとえば、毛織工は、その製品の「大部分を国内の市場にまで肩に担いでもってゆき販売する[7]」

という指摘にみられるように、古くからの「市場」所在地としての農村都市・市場町は、こういった自由な商品流通を媒介する商業的拠点として重要な意義を与えられることになった。マニュファクチュア及び近代的商人層はまさにこのような商品生産＝流通の中から、またそれと結びつきつつ、成長してくるのであるが、[8] 農村・市場町・農村都市の生産者・商人層は、経済的実力を備えたこれらのマニュファクチュア主・商人達を先頭にして、ツンフト的諸規制のなお残存する大・中都市の「市場」へと進出し、都市の内部の購買力を自由な商品生産＝流通の循環の内に包摂しようとした。「こういった工業町としての農村都市及び市場町はその生産物・製造品を都市に大量的に持ち込みたいと希望している。」[9](傍点は引用者) あるいは、「上の〔農村、市場町の〕すべての工業生産物は都市の生産者・消費者との自由な交換 freier Verkehr を要求している。」[10] 都市の「市場」への進出を求める農村都市・市場町及び農村の生産者・商人にとって、都市の内部市場をツンフト手工業経営のために保護する市場規制は撤廃されねばならなかった。ツンフト的市場規制の撤廃(「国内商業の自由」)は、都市のツンフト的手工業経営にとっては、その経済的実現を支える、最後に残された市場的基盤の消滅を意味した。かくて都市内部の購買力をめぐって、流通規制の維持・強化を要求する大多数のツンフト手工業経営と、かかる規制の撤廃、「商業の自由」に利害を見出す農村都市・市場町・農村の生産者・商人の利害とが、正面から対立することになった。[11]

(1) E. Baumstark, Über den Wochenmarktverkehr, in: Der Nationalökonom. Monatschrift über Volksreichtum, Finanzwesen und Oekonomiepolizei für Geschäftsmänner und Theoretiker. Herausgegeben von Rudolf Moser, Bd. I, Heft I, 1836, SS. 1–50.

(2) Ludwig Köhler, Das württembergische Gewerbe-Recht von 1805 bis 1870, Tübingen 1891, S. 45 f.; W. Troeltsch, a. a. O., S. 382.

(3) E. Baumstark, a. a. O., S. 11.

(4) Ders., a. a. O., S. 12.

(5) Ders., a. a. O., S. 12.

(6) Ders., a. a. O., S. 10.

(7) M. Mohl, a. a. O., S. 192.

(8) 西南ドイツのマニュファクチュアについては、松田、前掲論文及び本章、二参照。

(9) E. Baumstark, a. a. O., S. 10.

(10) Ders., a. a. O., S. 11.

(11) ツンフト親方と共に商品流通のツンフト的規制に利益を見出すもう一つの社会的利害は、かかる規制を利用して都市の商品取引を独占する都市小売商 Spezialhändler である。これらの商人層の経済活動に関連する記述として、E. Baumstark, a. a. O., S. 33; M. Mohl, Aus den gewerbswissenschaftlichen Ergebnissen einer Reise in Frankreich, S. 6 がある。なお農村都市の発達についての同じような事情は、やや時代は後になるが、バイエルンについても指摘されている。「農村都市の営業状態は特徴的である。これらの農村都市では、日常生活及び農業に不可欠な必要品を製造する営業は概して非常によい状態にある。パン屋、肉屋、蹄鉄工、車大工、靴屋などの他にたくさんの営業がこれらの場所で良質のしばしば都市のそれよりも優秀な労働を提供しており、どれも十分な収入を見出している。」August Freiherr von Holzschuher, Die materielle Noth der unteren Volksklassen und ihre Ursachen, Gekröhnte Preisschrift, Augsburg 1850, S. 108. 農村都市の経済的繁栄の基盤は、当該都市とその周辺地域における、農業をも含めた社会的分業の展開と地域的再生産圏にあり、このことは、次の指摘からもわかる。「農村都市では、〔外国〕商業と結びついた別の営業はますます衰え、大都市に移りつつある。すべての大都市があたかも磁石のように重要な商業的営業を引き寄せ、農村から最上の果汁とエネルギーを奪いとりつつあるという事実を、我々は交通の法則として残念ながら認めないわけにいかない。かくして特にニュルンベルク Nürnberg とフュルト Fürth は近隣地域から豊かな利益をもたらす一群の活動的な企業を自己のもとに引きよせている。比較的簡単な運送業の利益がこれらの企業をそこにおびきよせているのである。」A. a. O. ――大都市＝遠隔地市場向生産、農村都市＝内部市場向生産。

2　ツンフト手工業経営の分解

一八世紀において、都市のツンフト的経営の大部分が経営的に衰退し、ツンフト親方層の大量的貧困化が生じて来たことについては前章でみたが、かかる現象は、実は、他面では、都市手工業経営の一部の経営的向上とツンフトの外側における「もぐり生産者」の成長という事実と深い連関を有していたのである。一九世紀にはいるとこのような傾向——都市手工業経営の分解——は一層進行し、いまや当時の人々の眼にはっきり認識されうるほどとなった。一八五〇年、A・コーテルマンは、「ドイツ手工業者の貧困の諸原因」という時論の中で、過去を回想しつつ、次のように述べている。

「手工業者の過剰状態と貧困化を生み出した原因は、手工業の外にあるのではなく、寧ろ手工業それ自体にある。貧困問題の最も重要な原因とみなされる事態がこの手工業の内部で明白に進行しているのである。それは小経営の大経営への移行 Übergang des kleinen Betriebs in den großen、大資本の進出 Eindringen bedeutender Kapitalien 及び資本と労働の分離開始 die beginnende Trennung zwischen Kapital und Arbeit である。」(1)（傍点は原文イタリック）

みられる通り、「小経営の大経営への移行」、「大資本の進出」及び「資本と労働の分離開始」などといった事態が、「手工業それ自体」の内部で進行しつつあり、このような事態の進行こそ手工業経営の「過剰」と「貧困化」を生みだすとみなされたのである。このような手工業内部の階層分化、とくに小経営の大経営への成長という事実は、三月前期のドイツに現われてくる一般的現象のようであり、たとえば「何人かの毛織工は、その活動力と良質・低廉な粗質毛織物の製造とによって、比較的大きな経営 der größere Betrieb にまで上昇し」(2)たなどと指摘されている。このような小経営の経営的向上は、まず経営内部における雇用労働力——とくに雇職人層——の拡大という形をとって現われる。「工業経営者の大部分が貧困化しているにも拘らず、あらゆる手工業部門で、多数の雇職人を雇入れ、労働者に豊かな賃金を支払うという現象がでて来ている。」(3)（傍点は引用者）上の引用文からも明らかなように、「あらゆる手工業部門」で雇職人を「多数」雇用する経営が成長しはじめており、マニュファクチュアは、従って、三月前期ともなると、農村あるいは市場町・農村都市はもとより、都市の内部においても成長しつつあったのである。

雇用労働力を導入しつつある都市の一部の手工業経営が、他人労働力を全く雇用しえない普通のツンフト経営に対して、生産力的に優位に立っていたことはいう迄もない。彼らは、経営的に劣悪な親方層の「貧困化」を促進する。コーテルマンは次のように述べる。「経営は比較にならないほど拡大した。その結果若干の大経営が他のものを破滅に追いこんでいる。」(4)（傍点は引用者）都市内部における手工業経営の両極分解と、それに伴う大多数の親方層の「貧困化」は、とりわけ不況の時期において顕著に進行するのであるが、しかし、それは、不況期にのみ限定されるものではなく、むしろ、景気の変動に拘らず恒常的に進行する一般的過程であった。「産業が最も好況の時期ですら多くのものが没落してゆく。労働の停滞が始るや否やその一部は、確実に乞食に転落する。貧困の泉は絶え間なく溢れ出ている。」(5)（傍点は引用者）かくて、都市手工業親方の内部分解とツンフト手工業親方の大量的没落の過程は、雇職人層の蓄積と並んで、ドイツにおけるプロレタリアート形成の重要な局面を構成することになった。「独立の手工業者層 der Stand der selbstständigen Handwerker は、次第に無一文のプロレタリアート ein besitzloses Proletariat に転落してゆく。」(6) しかし、貧困化しつつあるツンフト親方層のプロレタリアートへの推転は極めて緩慢な過程をとった。没落しつつある手工業者は、旧来の地位を維持ないし回復するため、彼らの経営の実現を媒介して来たツンフト的産業編成及びツンフト強制を維持ないし強化しようと試みた。他方、産業資本への推転過程にある一部の経営は、同じく都市の内部に存在しながら、資本への推転を阻害するツンフト的生産＝流通規制の残滓を最終的に廃棄しようと試み、

第9表　プロイセンの主要な手工業

	1822年		1837年		1846年	
	親方・自営者	被雇用者	親　方	被雇用者	親　方	被雇用者
靴　　工	56,724	27,976	73,706	30,316	85,163	48,363
仕　立　工	49,298	18,959	59,207	27,913	59,053	37,738
釘製造工 蹄　鉄　工	27,310	11,701	32,578	15,671	37,285	23,205
製　粉　業	23,962	—	24,830	—	26,370	—
パ　ン　屋	19,654	6,853	23,437	10,452	29,604	10,452
指　物　師	18,720	12,573	30,855	21,494	40,804	31,495
肉　　屋	14,871	4,864	16,853	6,987	19,296	9,090
刀物・兵器 道具・鍛冶	12,800	9,223	17,621	15,157	17,933	18,400
車　大　工	11,780	3,826	15,170	5,318	17,915	7,484
大　　工	10,201	18,299	10,129	27,218	10,423	40,312
桶　　工	10,404	3,046	13,237	5,597	14,793	6,443

E. Heitz, Studien zur Handwerkerfrage, Stuttgart 1889, Tafel I, S. 144 f. から作成.

大多数のツンフト親方と対立することになった。「大経営は、機械あるいは分業によらなくとも、小規模な手工業経営の全く手の届かないような利益をえている。この大経営が圧倒的地位を獲得するのは、特別な障害——たとえば小都市、農村における販売の制限、商品輸送を困難にする交通手段の不完全さ——が、これを阻止しない場合である。[7]」

一般に、旧来の手工業は、第九、一〇、一一表のように、なお圧倒的な大きさを示していたが、以上にみて来たように、すでにツンフト的諸規制は殆んど全面的に解体し、農村地域を中心にして自由な商品生産＝流通が顕著に展開しており、都市＝工業、農村＝農業なる社会的分業の封建的構成は最終的な解体に向いつつあったのであった。とりわけツンフト的諸規制の弱体な「農村都市」、「市場町」では、産業のツンフト的編成は決定的に解体し、周辺の農村地域と共に、自由な商品生産＝流通を展開させるにいたった。今や、これらの農村都市・市場町は、それらと農村とを含む広い地域に展開する、商品流通の商業上の中心地としても重要な意義を担うにいたった。また、こういった自由な商品生産＝流通に基礎を置く商人・生産者層は、マニュファクチュアを先頭にして、ツンフト的諸規制のなお残存する都市の市場へ進出し、その購買力を自由な商品生産＝流通の循環の中に捲き込もうとした。このような都市の外部における生産諸力の発展（マニュファクチュアの発達——その一部の工場経営への推転）と並んで注意すべきことは、都市内部におけるツンフト的手工業経営の両極分解の決定的な進行の事実であった。一部の手工業経営の雇用労働力の拡大とマニュファクチュア（及び工場）への推転は、都市のツンフト的産業編成をその内部からつき崩してゆくものであった。三月革命期の手工業者運動の背景をなす、都市手工業者層の窮乏化なる事実は、このような歴史的過程——総じて資本の原始的蓄積過程の進行と生産＝流通のツンフト的編成の解体——の中で、はっきりと表面化してくるのである。

第10表　ザクセンの主要な手工業

	1835年	1847年	
	親方・自営者	親方・自営者	被雇用者（小経営）
靴工	10,085	10,944	10,334
仕立工	10,110	9,224	10,608
肉屋	5,158	3,653	2,636
パン屋	3,631	3,334	3,734
指物師	2,356	3,717	4,539
蹄鉄工	1,246	3,101	2,760
車大工	1,577	2,077	1,162
レース編工	1,246	3,101	2,760

E. Heitz, a. a. O., S. 146 f., Tafel II から作成.

第11表　ヴュルテムベルクの主要な手工業

(1835-36年)

	親方・自営者（小経営）	被雇用者（小経営）
靴工	11,880	3,685
左官・れんが積工・石工	8,469	2,493
仕立工	7,420	2,193
パン・菓子工	7,415	1,393
肉屋	5,425	868
大工	5,231	1,735
指物師	4,237	1,649
釘・蹄鉄工	4,287	2,271
桶工	4,190	1,135

E. Heitz, a. a. O., S. 148 f., Tafel III から作成.

（1）Albert Kotelmann, Über den Ursachen des Pauperismus unter den deutschen Handwerkern, in : Deutsche Vierteljahrschrift, 1850, Heft 4, 1851, Heft 1.
（2）M. Mohl, a. a. O., S. 224.
（3）A. Kotelmann, a. a. O., Deutsche Vierteljahrschrift, 1850, Heft 4, S. 163.
（4）Ders., a. a. O., S. 148.
（5）Ders., a. a. O., S. 152.
（6）Ders., a. a. O., S. 152.
（7）Ders., a. a. O., S. 148.

二　マニュファクチュアの形成と工場制への移行

1　小商品生産の解体とマニュファクチュアの形成

三月革命期にフランクフルト・アム・マインの「国民議会」において、ブルジョア民主主義者・保護主義者として活躍することになるモリッツ・モール Moriz Mohl は、まだ彼がヴュルテムベルク王国の自由主義官僚であった一八二八年に『ヴュルテムベルクの工業』なる著書を、更に、一八四五年にはフランス経済とヴュルテムベルクとを対比させた『フランス旅行で得た工業学上の成果』という著書を公にしている。(1) この二著は、彼の経済政策上の立場、「営業の自由」と「保護主義」を理論的に主張するために書かれたものであるが、しかし、その際、当時のヴュルテムベルクの経済事情、とりわけ繊維工業の経営形態に関して彼の行った分析と、そこから引き出された独自の「発展の理論」と「国内市場論」とは、リストのそれと並んで、第一級のもので、本章ではその内容の分析を通じて、繊維工業の経営形態、とくにマニュファクチュアの形成過程について考察しよう。

一　地域的市場の形成と小規模なマニュファクチュアの発達
——「小工業」の経営内容の分析——

一八世紀及び一九世紀前半期における工業経営様式の中で、いわゆる「小工業」あるいは「小工業経営」の占める位置は著しく重要であり、(2)モールは、機械制度の導入がすでに行われている一八四〇年代において、「中小工業経営 der kleinere Gewerbebetrieb は今なおヴュルテムベルク製造業の主要な基礎である」(3)(傍点は引用者)と指摘しているほどである。彼はこの「小工業」の経営内容について次のように説明している。

「小工業 die Fabrikation in Kleinen は、エービンゲン、バーリンゲン Balingen、ナゴールト、エブハウゼン Ebhausen、ロールドルフ Rohrdorf、メッチンゲン Metzingen、ゲッピンゲンなどの靴下編業及びフランネル織業の工業経営の一部に見出すことができる。それらは製造及び販売をファブリカント der Fabrikant あるいは問屋商人 der Verleger から独立して unabhängig 全く自己の計算で〔経営を〕行っている。彼らはせいぜい一人あるいは数人しか雇用していない。即ち一人あるいは数人の職人、徒弟及びその他の若い人々である。但し、ここでは家族及び農村の羊毛刷毛工及び紡糸工を一応考慮していない。彼らは羊毛を羊毛生産者あるいは羊毛商人から購入し、彼の家族あるいは紡糸工に紡がせ、しばしば自分で染色しかつ〔織物に〕加工し、製品の一部を自宅で販売したり、他人の注文に間に合せたり、あるいは一部を在郷の小売商人——これらは安くしか買わないが——に販売する。しかし大部分は国内の市場 die inländischen Märkten にまで〔生産物を〕肩にかついでもってゆき販売する。彼らの外部市場での販売はあまり重要ではない。というのは彼らには十分な商品の量と資本と商業知識及び縁故などが不足していて大規模な取引を行うことを妨げているからである。彼らはせいぜい近隣諸国 der benachbarte Ausland の市場を訪れ、その商品を当地の商人に販売するのみである。しかしこれはかなり危険である。というのは工業家 der Gewerbsmann は貨幣を少額しか持っていない上、行商禁止令を利用して商人達が貧しい工業家達を手玉にとるからである。最後に彼は商品の一部を外国のメッセへもってゆく。そこでは彼は投げ売りを余儀なくされた上、商品の量が少ないため常に損失を蒙ることになる。(4)」(傍点は引用者)

以上から次の事実が明らかになる。

(1) 「小工業 die Fabrikation in Kleinen」は、エービンゲン、バーリンゲン、ロールドルフ、ナゴールト、エプハウゼン、メッチンゲン等々ヴュルテムベルク中央部地方の靴下編業やフランネル工業(毛織物工業)の経営形態の一つとして存在していた。

「小工業」の経営者は、まず原料たる羊毛を生産者から直接に、あるいは羊毛商人から購入する。当時、キルヒハイム Kirchheim、ハイルブロン Heilbronn、ゲッピンゲンの各地で、羊毛市場 Wollmarkt が開かれ、この地方の羊毛が織布工あるいは各地の商人によって買付けられていた。(5) 次の引用文はこの間の事情をよく現わしている。「我国〔ヴュルテムベルグ〕の毛織物製造所 die Tuchfabrikation 及び織布工 der Tuchmacher は……その羊毛を牧羊業者から買うが、羊毛商人からは買わないのが普通である。(6)」

さて以上のようにして購入した羊毛は、「彼の家族」及び「農村の刷毛工及び紡糸工」によって糸に加工された。つまり「小工業」経営者は、これらの地域で農民の副業として営まれている紡糸業を、問屋制的に支配していたのである。「小工業」経営者は、これらの農村の紡糸工あるいは経営者の家族によって生産された糸を、時には染色業者を通じて、時には「自分の家」で染色した後、自分自身の職場で、織物あるいは靴下に製造した。このようにして製造された毛織物あるいは靴下は、経営者自身によって国内の市場(ヴュルテムベルクの内部市場)で販売されたり、あるいは毛織物商人、小売業者を介して販売された。「小工業者」は、「ファブリカント」あるいは「問屋商人」に「従属」せず、「自己の計算」で経営を行っていたのであり、自から所有する生産手段をもって生産し、その生産物の販売を自ら遂行する、独立自営の経営であった。その限りで「小工業」は、後にのべるような「下請親方」と区別される。

(2)　次に「小工業」の経営規模についてみるならば次の事実が明らかとなる。「小工業」として一括される独立自営の経営の中にも、織布工程、あるいは靴下製造工程のみを自己の職場で営む最小の経営から、織布工程を中心に、紡糸工程、染色工程をも自分の仕事場に統一しているかなり大規模な経営まで存在した。そしてそのような職場の規模あるいは内容に応じて、労働力の面において、単なる家族的協業から、そのような家族的協業を基盤として「職人、徒弟その他の若い人々」を「一人から数人」まで雇用する経営まで存在した。換言すれば「小工業」なる経営形態は、家族協業に基づく独立自営の小商品生産を最小の経営規模として、その頂点に、織布・染色・紡糸の諸工程を包摂し、数人の労働者を雇用するマニュファクチュア経営を含んでいた。そしてこの独立の小生産とマニュファクチュア経営との間には種々の異なった内容をもつ中間的経営がさまざまな形をとって多数含まれていたのである。

(3)　「小工業」(小商品生産、小マニュファクチュア)の市場的基盤は、ヴュルテムベルク領邦国家の中に形成されつつある領邦的・地域的市場＝再生産圏に置かれていた。「小工業」の経営者は、原料である羊毛を牧羊業者から直接購入することができたばかりか、彼らが生産した毛織物あるいは靴下などを、彼らの「自宅」や「週市」等々で販売したり、「行商」を行ったりした。とくに、その大部分を「国内の市場にまで肩にかついで持ってゆく」といわれているように、領邦国家内における「市場」＝「週市」での販売は極めて大きな位置を占めていた。「自宅」販売、行商、

「週市」等の商業組織の発達とそこにおける商品流通の展開が、後に述べるように地域的・領邦的市場圏の形成を意味するとすれば、「小工業」の市場的基盤はそのような領邦的・地域的市場＝再生産圏に置かれていたのである。これに対して「彼らの外部市場での販売はあまり大きくない」という叙述が示すように、ヴュルテムベルク王国に接するバイエルン、バーデン、スイス等の諸国との間の商品取引は、行われたとはいえ決して大きくはなかった。ただその場合注意すべきは、彼らの市場的基盤が領邦的・地域的市場にあり、領邦外の市場になかった原因として、「彼らには十分な商品の量と資本と商業知識及び縁故などが不足していて大規模な取引を妨げている」という事実が挙げられているということである。このことはヴュルテムベルクの領邦的・地域的市場と、他の領邦的・地域的市場、遠隔地、メッセとの間に行われる商品取引が、かなり「大規模」であり、「十分」な「商品の量」と「資本」と、「商業知識」あるいは「縁故」を必要としていたという事実を示す。と同時に、「小工業」(小商品生産、小マニュファクチュア)は、その経営的限界の故に、ヴュルテムベルクの領邦的市場の外部に進出することが困難であり、その活動範囲を同地方の内部に局限せざるをえなかったということをも意味した。「小工業」のこのような経営的限界に対して、上のような経営的諸条件を備えた「ファブリカント」及び「問屋商人」は、領邦的・地域的市場はもとより、その外部へも進出し、同市場と他の領邦的・地域的市場、メッセ、遠隔地市場との間の商品流通を媒介していたのであった。

以上、主として毛織物工業あるいは靴下製造業における「小工業」の経営内容について、史実をみて来たのであるが、要約すれば次のようにいえるであろう。「小工業」は、ヴュルテムベルク中央部地方において発達をとげつつある毛織物工業、靴下製造工業に広くみられる経営形態の一つであり、当時形成されつつあった領邦的・地域的市場に主要な基盤を置き、自分自身の生産手段をもって、商品生産を営む独立の経営であった。その一部は、紡糸、あるいは染色過程を、農村の紡糸工への問屋制前貸、あるいは染色業者への工賃支払をもって遂行するものもあり、経営内容はさまざまであったが、しかし、最小のものは、織布工程のみを自己の職場において家族協業に基づいて遂行する小商品生産で、逆にその規模の大なるものには、問屋制的支配を随伴しつつ、数人の雇用労働力に基づいて、紡糸・染色・織布工程を一貫して自己の仕事場で営む、マニュファクチュアが含まれていたのである。「小工業」は、その経営規模に大小の差異が存在するとしても、いずれの場合も自己の生産手段をもって生産し、常に市場と接触を保っていたのであり、その限りで、「ファブリカント」あるいは「問屋商人」に従属する、「下請生産者」から区別された。しかし、「小工業」の基盤である市場は、空間的に限定され、せいぜい地域的・領邦的規模であり、より遠隔地への進出は、殆んど不可能であった。「小工業」のうちで最も経営規模の大きなもの、マニュファクチュアも、その限りで、決して大規模とはいえず、むしろ、小マニュファクチュアに過ぎなかったのである。

このような「小工業」(小商品生産及び小マニュファクチュア)は、決して毛織物工業あるいは靴下製造工業に限られていたのでなく、むしろ各種の産業——とくに繊維工業——に広く見出され、やはり同じような経営的特徴を備えていた。このことは次の引用文からも推定できると思う。

「小工業経営 der kleinere Gewerbsbetrieb は、毛織工、薄布工、靴下編工あるいは鍛冶工にみられるように、大規模な取引を営まず、自分と大衆との間にいかなる仲介者も必要としない。彼らは、彼らの自宅で、メッセで、また市場で、彼らの工業生産物を消費者に直接販売するからである。」[7](傍点は引用者)

みられる通り、毛織物工業及び靴下製造業はもとより、各種の繊維工業に広く見出される、「小工業経営」(小生産者及び小マニュファクチュア)は、「大規模な取引」、即ちメッセ・遠隔地取引を営むことができず、主として自宅での小売、「市場」での小売などを通じて、自分の生産物を「消費者」に「直接販売」していたのである。一八世紀に入って農民層の分解が再びはじまり、その中で、領邦内部における農民、手工業者、賃労働者層のつくり出す社会的需要は拡大しつつあった。「小工業経営」は、このような地域的・領邦的市場に足場を置きながら、各種産業に広く展開することができた。このような「小工業」の展開は、逆に、それらが生みだす購買力の増大を通じて、領邦的・地域的市場を更に一層深化させた。自宅での小売、行商、「週市」等の取引の展開は、このような地域的・領邦的市場の展開と関連しており、特に生産者が彼の生産した商品の「大部分」を、「肩にかついでもって」ゆき、販売する「週市」は、領邦的市場における商品流通を媒介する配給組織の一環として、もっとも重要な機能を果したのであった。「あらゆる都市に、またほとんどあらゆる重要な地点に存在する」(8)と指摘されているこの「週市」については、前に述べたのでこれ以上述べる必要がないと思う。

以上領邦的市場の形成と「小工業」(小商品生産、小マニュファクチュア)について分析して来たが、次にこのような「小工業」と並んで存在する、家内工業についてみておこう。

二　小商品生産者の分解の進行
——「下請親方」の分析——

問屋制家内工業の展開は、ドイツ繊維工業を特徴づける一般的現象であり、特に、シュヴァルツヴァルト地方あるいはシュワーベン地方の薄布工業あるいは亜麻織物工業における家内工業の展開と商人層による問屋制的支配の拡延とは研究史の指摘するところである。(9) このような事情は、独立の小商品生産者や小マニュファクチュアが広く展開したヴュルテムベルク中央部においても同じであった。

「カルヴ近辺、特にユグノーの住む村落及びヴァイル・デア・シュタット Weil der Stadt に住む大部分の靴下編工は自己の計算で働かず、カルヴ市のファブリカントの為に働いている。エービンゲン、メッチンゲン等々においても同じような現象がみられ、半数以上の靴下織工は独立の親方 der einzelne Meister 即ちファブリカント der Fabrikant の為に働いている。というのはこの労働者（いわゆる下請親方 sog. Façonsmeister）は、資本 das Kapital、商品生産 die Warenproduktion 及び商業知識 die Handels-Kenntnisse が、極度に貧弱であって、外国のメッセを訪問したり、〔商用の〕旅行を行ったり、商人に対してかなりの量の商品を送る、などということが到底不可能であるからである。靴下製造業についていえることはエービンゲン、メッチンゲン、ゲッピンゲン、カルヴ、ロールドルフにおける薄布業、レース業及びマンチェスター織業にもみることができる。そしてこの状態は小工業がより広い範囲の販路を見出そうとするとき必らず生じてくる現象である。」(10)（傍点は引用者）

以上の引用文から次の事実が明らかになる。

(1)　いわゆる「下請親方」は、「自己の計算」ではなく、「ファブリカント」の為に働く生産者である。かれらは自分自身の生産手段を全く所有しないか、あるいは部分的にしか所有せず、もっぱら「ファブリカント」あるいは「問屋商人」の問屋制的支配の下に置かれている手工業者ないし家内工業労働者であって、シュヴァルツヴァルト地方の靴下製造業、薄布業、ヴュルテムベルク中央部地方の薄布業、靴下製造業、レース業及び綿織物工業に広く存在していた。しかし、シュヴァルツヴァルト地方では、「大部分」の生産者がそのような状態にあったのに対し、ヴュルテムベルク中央部地方の、問屋制度の展開は、前者に比較すれば、相対的に弱かったのである。

(2)　「下請親方」は、その「資本」、「商品生産」及び「商業知識」が「極度に貧弱」であったために、メッセ取引及び通常の商業取引を遂行しえなかった。つまり、「下請親方」が、「下請親方」として、「ファブリカント」及び「問屋商人」に対して従属を余儀なくされた条件は、「資本」、「生産」、「商業知識」の規模が小さいという経済的条件であった。「生産」が生産過程、従って産業経営を、また、「商業知識」が販路その他に関する商業的、技術的知識をそれぞれ意味し、しかも、それらが、「資本」、経営資金の大きさによって規定されるとすれば、「下請親方」の「従属」は、産業経営及びそれに向けられる資本の規模が小さいことの中にその原因が求められよう。換言すれば、「下請親方」(問屋制支配の下にある小商品生産者)と「ファブリカント」あるいは「問屋商人」(問屋制度を展開している商人、生産者)との関係は、シュヴァルツヴァルト地方にみられた問屋制度のように、絶対主義的領邦政府の施行するツンフト的工業規制を支柱としていたのではなく、むしろ、基本的には経営に向けられる資本の大小と経営条件とに規定された経済的関係へ移行していたのであった。そのような場合、問屋制支配の下にある家内工業労働者が、一定の条件の下で、経営的に向上することは容易であった。「何ほどかの資本を有するような場合には、国内の市場で消費されるような商品を、販売することは可能[11]であり、「下請生産者が活動的であるならば、あるいは、彼の工賃が良好なる時には、また、彼が独立の工業経営に成功するならば、彼は問屋商人にも上昇することが可能であった。[12]」(傍点は引用者)

みられる通り、問屋制支配の下にある小生産者が、問屋制の支配を脱して、自主的な経営を営むことは阻止されることはなかったばかりか、「何ほどかの資本」を所有しているような場合、経営的に向上し、問屋商人にも上昇しえたのである。その為には、しかし、生産者は「活動的」であらねばならなかったし、また、「工賃が良好」でなければならなかった。以上のように、生産者が一定の資本を有する場合、彼らは、領邦的・地域的市場を足場にして経済的に上昇し、独立自営の工業経営を営むことが出来たし、また、問屋商人として、貧しい小生産者を支配するようにもなったのであるが、逆に、独立自営の「小工業」(小商品生産及び小マニュファクチュア)が、何らかの条件の下で、経営的に劣悪化し、「下請親方」へ転落する場合も多かったのである。「資本と販路 Absatzweg 及び商業上の景気について知識と関連を欠如している労働者は問屋商人の下に必然的に従属してゆく。[13]」(傍点は引用者)

以上のように、地域的・領邦的市場の深化・拡大を背景に、生産者は、それぞれの経済的条件（とくに資金と産業経営の規模）に基づいて、相互に自由な競争を展開しつつあった。このような中で生産者は、その経営が、市場における一定の競争条件を備えているかいないかによって、あるいは経営的に向上することが可能となり、あるいは経済的没落を余儀なくされたのであった。

(3)　さて、生産者は、この領邦的・地域的市場において、独立の経営者として自らを再生産するために、一定規模以上の資本を有し、一定の産業経営（及び商業的、技術的知識）を保有していなければならなかった。このことは商品市場における生産者相互の競争を通じて（市場価格法則を媒介にして）、要請されてくるのであり、従って、ここには、すでに小規模な経営――「小工業」――を、とくに、その下層部分たる小商品生産を解体させうるほどの、大きな規模の資本を有し、かつそれに基づいて行われる一定規模の産業経営の存在が前提とされていた。その経営で生産された商品の個別的価値は、市場価値を規定し、従ってそのような経営が当時の平均的かつ支配的生産条件として存在していたのであった。小マニュファクチュアあるいはそれ以上の経営である。このことから、西南ドイツの繊維工業の経営形態においては、マニュファクチュアあるいは、それ以上の経営規模の産業経営が支配的であったと推定することができる。

(4)　「下請親方」あるいは「小工業」の下層部分は、地域的・領邦的市場において、マニュファクチュアあるいはそれ以上の経営との競争に敗れ、問屋制支配の下に従属しつつあった。問屋商人は、これらの経済的実力をもたない小生産者に対する収奪を強め、彼らの窮乏化を一層促進する。この間の事情を以下の引用文は如実に示している。

「貧しい下請親方はその製品を外部市場 der auswärtige Debit へ直接もってゆくことはできない。多くの問屋商人はこのような〔下請親方の〕欠陥を巧みに利用する。彼らはメッセから帰ってくると、メッセの商業事情について出来る限り悪く説明し、好況期において工賃 der Arbeitlohn が上昇するのをできるだけ予防しようとする。[14]」経済的実力をもたない「下請親方」の多くは、問屋商人の工賃切下げによって、その経営状態を更に悪化させ、次第に貧困化し、ついには、乞食あるいは労働者へ転化しなければならなかった。「ヴュルテムベルクでは、問屋商人の為に働く下請親方の殆んどの部分は、極めて貧しい。[15]」(傍点は引用者)

「ファブリカント」あるいは「問屋商人」に従属するこういった「下請親方」は、しばしば、零細な土地を保有していた。[16] とりわけ旧ヴュルテムベルクに属する地方は、リストが『農地制度』で述べているように、零細農が支配的な地域であったが、これらの零細農の多くは、家計維持の為、零細な家内工業を営んでおり、[17] 問屋制度の展開の基盤を提供していた。以下の引用文は、このような零細な家内工業の状態について物語っている。

「通常彼〔下請親方〕が、何ほどかの土地を所有して、そこで馬鈴薯やパンの原料を生産しうる場合、彼は、その為に製品を非常に低廉な価格で販売しなければならない。その低廉な価格は、単なる工業労働者 der bloße Gewerbs=Arbeiter が、辛じて生活を維持しうるに足る賃金と同じぐらいの大きさである。しかし、この価格にも下限がある。というのはその中から羊毛や棉花及び染料の費用を支出しなければならないからである。この限界以下に低落した価格の製品の生産は、中止されなければならない。これらの工業労働者の多くは、今や工業を捨て、自分の土地で働きながら、同時に農業日雇労働者 der Feldtagelöhner として雇われ、貧弱な生活費をやっと獲得する。[18]」(傍点は引用者)

上の引用文にみられるように、半農半工の零細家内工業経営者は、土地を保有しているために、かえって問屋商人の買い叩き、あるいは、工賃切下げに直面し、彼らとその家族の再生産の為に必要な、最低の生活費用すら獲得出来ないというような状態にまで追いやられた。彼らは、市場におけるマニュファクチュアとの競争、あるいは、問屋商人による経済的収奪によって、貧困を余儀なくされたばかりでなかった。彼らは、その収入から、彼らの経営あるいは土地に対して課せられた、種々様々な封建的貢租や租税を、支払わなければならなかった。換言すれば、隷細農＝家内工業労働者は、領邦的市場におけるマニュファクチュアとの競争あるいは問屋商人による経済的収奪と、封建的権力による封建的収奪という二重の関係に置かれていたのであり、このような経済的及び経済外的収奪を通じて、彼らは経済的にも、社会的にも没落を余儀なくされることになった。[19] このようにして貧困化した小生産者は、結局「工業を捨て」て、「農業日雇労働者」として、あるいは彼らとの競争に打勝って、経営を拡大しつつあるマニュファクチュアの労働者として、雇用されることになった。しかし、大農あるいはマニュファクチュアに賃労働者として雇用された彼らは、従来迄彼が保有して来た土地を手放さず、依然として保有し、農耕を継続した。このことは、当時進行しつつある土地の細分化・零細化と結びつきながら、後のいわゆる「労働者農夫」[20]の原型をつくり出すことになる。

要約すれば次のようになるであろう。「下請親方」と呼ばれる生産者は、一般に生産手段を部分的にしか保有せず、「問屋商人」あるいは「ファブリカント」と呼ばれる、富裕な生産者・商人の展開する、問屋制的支配の下に置かれていた。彼らと「問屋商人」、「ファブリカント」との関係は、シュヴァルツヴァルト地方の繊維工業にみられたような、経済外的強制に基づく支配・従属関係ではなく、むしろ、基本的には領邦的・地域的市場圏と、そこでの自由な競争の展開及びマニュファクチュアの一般的形成、という歴史的条件を前提とした、経済的関係に移行しつつあった。従って、そこに展開する問屋制度も、シュヴァルツヴァルト地方にかつて展開した問屋制度にみられたような、前期的なものではなく、むしろ、市民革命後のイギリスで典型的な形態で展開する、あの近代的問屋制度と同じ性格をもっていた。このような近代的問屋制度の下にあっては、家内工業経営者は、一定の条件さえあれば、経営を拡大し、独立の経営へと成長してゆくことが可能であった。しかし、大部分の家内工業経営者は、「ファブリカント」及び「問屋商人」の経済的収奪によって経営を一層悪化させ、賃労働者――「土地持ち労働者」――へと転落していったのである。

ところで、以上の過程は、西南ドイツの中小領邦都市における、ツンフト制度の解体過程に対応している。元来、西南ドイツの中小領邦都市は、農村的性格を有し、(21) ツンフト制度も、都市成立当初から、弱体であった。(22) 農村工業の展開に伴って、一八世紀後半になると、農村の生産者が、これらの都市の「市場」へ進出し、都市の生産者あるいは消費者一般（史料にいう「大衆」）と直接的な商品交換関係に入りこむことになったことは、既に述べた通りである。このような事実は、ツンフト親方を、農村手工業者との直接的な競争関係に追い込むとともに、既に始っていた、都市ツンフト制度の解体過程を、更に促進させることになった。

このような傾向は、一八二〇年代になるともはや決定的となり、一八二八年のヴュルテムベルク王国工業条令は、上のような事実をかなりの程度まで認めざるをえなかった。(23) これに対して、都市のツンフト親方は、ツンフト擁護運動を展開した。「都市の親方は農村の親方を認めようとしない。彼らは、農村の親方は、消滅するべきであり、彼らが都市で販売することを、禁止しなければならない、と主張する。(24)」（傍点は引用者）

以上、ヴュルテムベルク中央部の中小都市・農村を基盤として進行する、小生産者層の両極分解と、マニュファクチュアの形成過程についてみて来た。ところでこの時期は、領邦的・地域的市場が拡大してゆき、他の地域的・領邦的市場と融合し、いくつかの地域的諸市場から構成される、より統一的な市場へ包摂されてゆく時期に該当している。以下、このような過程について、「ファブリカント」及び「問屋商人」の営みの分析を通じて、簡単にみておこう。

（1） モール（一八〇二―一八八）は王国税務官僚としてリスト亡命後のヴュルテムベルク王国にあってリストの主張を継承した革新的官僚であり、一八四八年には民主党穏健左派の一員として、フランクフルト・アム・マインの国民議会に参加し「国民経済委員会」において、ザクセンのファブリカント・アイゼンシュトゥックと共に、保護主義経済論を展開した。彼の経済政策の基本線は、ツンフト的工業規制の撤廃＝「営業の自由」、工場制度の導入及び強力な保護関税の設定にあり、これによってヴュルテムベルクの「危機」は救済されると考えた。その著書『ヴュルテムベルクの工業』Über die württembergische Gewerbs＝Industrie, Stuttgart u. Tübingen 1828 は W. Stieda, Die deutsche Hausindustrie. Literatur, heutige Zustände und Entstehung, Leipzig 1889, S. 1 ff. に紹介されている。また、もう1つの著書 Aus den gewerbswissenschaftlichen Ergebnissen einer Reise in Frankreich, Stuttgart 1845 とヴュルテムベルク政策史におけるモールの位置付けについては Paul Gehring, Von List bis Steinbeis. Aus der Frühzeit der württembergischen Industrialisierung, in: Zeitschrift für württembergische Landesgeschichte, Jhg. 1943, S. 436 ff. を、普仏通商条約にかんするモールの見解については、春見濤子「普仏通商条約と南ドイツ保護貿易論」『文化』第三四巻第四号、を参照。

（2）　G. Schmoller, a. a. O., S. 104, 10).

（3）　M. Mohl, Aus den gewerbswissenschaftlichen Ergebnissen einer Reise in Frankreich, S. 6.

（4）　M. Mohl, Über die württembergische Gewerbs＝Industrie, S. 185 f.

（5）　Cannabisch, Statistisch-geographische Beschreibung des Königreichs Württemberg, 1828, § 19, S. 10.

（6）　M. Mohl, Aus den gewerbswissenschaftlichen Ergebnissen einer Reise in Frankreich, S. 469.

（7）　M. Mohl, a. a. O., S. 6. なお、綿織物工業においても「小工業」の形成がみられる。Ders., a. a. O., S. 467.

（8）　Cannabisch, a. a. O., S. 10. なお、以下のような市場が形成されていた。穀物市場：Riedlingen, Biberach, Ebingen, Ravensburg, Friedrichshafen. 亜麻市場：Ravensburg, Welzheim, Calw, Nagold, Tübingen. 家畜市場：Heilbronn, Backnang, Leonberg, Ebersbach, Ellwangen.

（9）　E. Gothein, a. a. O., S. 725 ff.

（10）　M. Mohl, Über die württembergische Gewerbs＝Industrie, S. 192.

（11）　Ders., a. a. O., S. 196.

（12）　Ders., a. a. O., S. 196.

(13) Ders., a. a. O., S. 193.

(14) Ders., a. a. O., S. 193.

(15) Ders., a. a. O., S. 196.

(16) P. Gehring, a. a. O., S. 425.

(17) 「職業人の大部分は、多かれ少なかれ耕地を保有している。彼らは、それによって生計費をある程度獲得する。」Anonym, Zunftzwang oder Gewerbefreiheit mit besonderer Beziehung auf Württemberg, Ulm 1847, S. 15.

(18) M. Mohl, a. a. O., S. 190 f.

(19) 小生産者層の分解は絶対主義的領邦体制の社会的経済的支柱を動揺させる重要な要因となった。ツンフト的工業規制はこのような分解を阻止するという目的をも有していた。

(20) いわゆる「労働者農夫」については、松田智雄「いわゆる『工業化』の歴史的過程について――資本主義の南ドイツ的基盤――」『思想』一九六三年一一月号、八七頁、及び同、前掲「ウュルテンベルク王国内の『工場・マヌファクトゥア目録』分析・解題」三一頁、共に、前掲書所収、を参照。

(21) L. Köhler, a. a. O., S. 45 f.; W. Troeltsch, a. a. O., S. 382.

(22) L. Köhler, a. a. O., S. 27; E. Gothein, a. a. O., S. 724.

(23) L. Köhler, a. a. O., S. 108 f.

(24) Zunftzwang oder Gewerbefreiheit., S. 14.

2 地域的市場の拡大とマニュファクチュアの成長、工場制への移行

一 地域的市場の拡大とマニュファクチュア及び近代的商人層の成長
――「ファブリカント」及び「問屋商人」の分析――

シュヴァルツヴァルト地方の薄布工業及びシュワーベン地方の亜麻織物工業が、一八世紀中頃から、深刻な技術的停滞の状態に陥り、それを基礎として行われる遠隔地取引、とくにメッセ取引が衰退に向ったことは、すでに第一章二で述べた。ところがシュヴァルツヴァルト地方やシュワーベン地方の繊維工業が解体に向った、その一八・九世紀の交に、内部市場に主要な足場をもつヴュルテムベルク中央部地方の繊維工業——とくに毛織物工業及び綿織物工業——は、かえって発展を示し、古い輸出工業に替って、新たな輸出工業として登場してくることになった。第一二表は、ヴュルテムベルク王国の「輸出入統計」であるが、みられる通り亜麻布、薄布に替って、新たな発展の担い手たる毛織物及び綿織物両部門が、ヴュルテムベルク外部への、輸出の重要な商品として擡頭してきていた。いう迄もなく、ヴュルテムベルク中央部の毛織物及び綿工業の急速な成長と、ヴュルテムベルク王国外の市場(近隣の領邦的市場、メッセ、遠隔地市場)への進出がその背後にあったのである。

第12表 ヴュルテムベルク王国の貿易
(1811－12年平均*)

品目	輸入	輸出
毛織物	1,086,600	2,019,500
亜麻布	236,400	1,481,130
絹織物	452,330	2,117,500
綿製品	213,334	749,700
皮革製品	360,350	1,089,340
絹糸	407,400	848,100
金属細工	290,000	360,000
タバコ	117,500	230,000
毛皮	104,000	158,400
香料類	106,774	190,126
金属製品	150,980	301,280
家畜	1,360,758	3,418,270
羊毛	165,000	508,990
穀物	1,104,563	2,483,828

* Cannabisch, Statistisch-Geogaphische Beschreibung des Königreichs Württemberg, SS. 1-13 から作成，なお，L. Köhler, a. a. O., S. 98 f. の記載は輸出入が入れ替っている．ミスプリントであろう．

ところで、このような地域的・領邦的市場を基盤に成長をとげて来たヴュルテムベルク中央部地方の繊維工業と結びつきつつ、これを生産的土台としつつ、そこで生産された織物の外部市場への輸出を担当したのが、「ファブリカント」あるいは「問屋商人」であった。[1] 引用した史料からも明らかなように、「ファブリカント」あるいは「問屋商人」は、「小工業」(小商品生産、小マニュファクチュア)の生産した商品を、「外部市場」即ち、近隣領邦市場、メッセ、遠隔地市場へもってゆき販売するという機能をもっていた。また、内部市場においては独立した経営を営むことができる「小工業」も、「より広い範囲の販路を見出そうとする時」(傍点は引用者)には、「ファブリカント」、「問屋商人」に、従属しなければならなかった、という指摘、あるいは、「富裕な下請親方 der einzelne wohlhabendere Façonsmeister は、靴下編工がそうであるように、近接した市場における需要 der Marktbedarf für den näheren Absatz に対しては、自ら生産しかつ自ら販売する selbstständig fabrizieren und verschließen が、遠隔地での販売 für den entfernten Debit に対しては、下請生産者として、問屋商人の下で働く」(2)(傍点は引用者)という指摘などから、「ファブリカント」と「問屋商人」は、一方では、経済的没落過程にある小生産者に対して、これを問屋制的に支配し、彼らが生産した商品を販売するとともに、他方では「近接した市場における需要に対しては、自ら生産しかつ販売する」ことのできる「富裕な親方」、従って「小工業」経営に対しては、彼らの生産した商品を、「より拡大された販路」あるいは「遠隔地」に販売するという二重の機能をもっていたと考えられる。「ファブリカント」及び「問屋商人」は、その経営的限界の故に地域的・領邦的市場のみを基盤としつつ商品生産＝流通を営む「小工業」、あるいは、それにも至らない「下請親方」(家内工業労働者)等々の生産した商品を、他の領邦市場、あるいはメッセ、あるいは、外国へ持ってゆき販売するという、商業資本としての性格を備えていたのであった。

このような近隣の領邦市場、あるいは、メッセなどへ進出し、そこで商業を営むためには、「十分」な「資本」と、それに基づく商品の大量的買付、あるいは、大量的生産、そして豊かな商業知識が必要であった。「ファブリカント」及び「問屋商人」はそのような条件を備えたような資本であった。

「もし彼〔小工業経営者〕が、彼を支配する問屋商人の販路——問屋商人はこれを巧みに隠そうとするのであるが

——を知りえたとしても、彼は顧客を満足させるのに必要な、各種の商品を生産することも出来ないし、また必要な信用を与えることも困難なのが普通である。彼がその商品をメッセへもって行き販売しようとすると、彼は、ファブリカントに較べて常に不利な立場に置かれることになる。というのは彼が完全な形であれ不完全であれ信用を〔顧客に〕与えることができないということ、彼が持参した僅かな商品では大商店との取引を行うこともできず、その商品の販売に当って、小売商、行商、ユダヤ人及び密貿易業者に足元をみられ、その立場を悪用されるという事情があるからである。このような悪条件の下で行われる僅かな量の商品の販売からは、自分の旅費すらつくり出すことが出来ないからである。[3]」(傍点は引用者)

上の引用文を、前の史料と併せて考えるならば、次のことが指摘されよう。まず、生産者、商人は、彼らがメッセあるいは遠隔地市場へ進出し、そこにおいて取引を行うには、「顧客を満足させるのに必要」な「十分」の資本と、それに基づくかなり大規模な産業経営、あるいは商品の買付、及び売手(生産者、商人)の買手に対する信用の授与、が必要であった。換言すれば、地域的市場相互の流通あるいはメッセ取引を遂行するためには、一定規模の資本と、その資本によって行われる一定規模以上の、商品売買あるいは産業経営、及び売手→買手の信用授与、という経済的諸条件が必要であり、またこの経済的条件を備えた商人、生産者ならば誰でも自由にメッセあるいは他の地域的市場へ進出することが可能であった。上のような事実は、従来これらの商業取引を独占的に営んでいた前期的商人層(いわゆる「ツンフト商人」)の流通独占の解体の事実に対応しているとともに、従来まで一応自立的であった地域的・領邦的市場圏が、この時期に拡大し、いくつかの地域的・領邦的市場圏を包摂し、統一する、より拡大された市場圏へと発展をとげていく過程を背後にもっていたと思われる。それに伴って、これまでは前期的商業の重要な拠点であったメッセは、上のようなより統一的な市場圏において、その商品流通を媒介する近代的商業組織の一環としての意味を与えられた。(4) またこのような傾向に対応して信用の形態も、従来の商人→生産者という形式に代って、売手(商人、生産者)→買手という近代的商業信用の形式が次第に一般化する傾向を示したのである。(5)

つぎに、上の事実との関連で、次の事実が指摘されよう。諸領邦市場を包摂するかなり大規模な市場においては、一定規模の資本と、それに基づく一定規模の産業経営あるいは商品取引、及び商業信用の授与等の条件(競争の条件)を備えていることが前提とされた。「ファブリカント」及び「問屋商人」は、このような経済的条件を備え、上のような市場へ進出してゆくことができたが、そのような経済的実力をもたない「小工業」(小商品生産、小マニュファクチュア)は、市場において、ユダヤ人、小売商等々によって買い叩きに直面しなければならなかった。このことは、「ファブリカント」及び「問屋商人」が、「小工業」の上層たる小マニュファクチュアの経済的実力を圧倒しうるだけの資本を有し、それをもって産業経営あるいは商品取扱業を行っている、中位以上の産業資本あるいは大商人であったということを意味している。

それでは「ファブリカント」と「問屋商人」の営みにはどこにちがいがあったのだろうか。モールはこの点につき次のように指摘している。

「販路停滞が生じた場合、商人 Kaufmann あるいは問屋商人 Verleger は、何も失うことなく工業労働者 Gewerbs=Arbeiter の生産した製品の購入を停止できる。工場が空になったり工場設備が使用不能に陥ることはない。しかしファブリカントは全く違う。彼の仕事が停止したり縮小したりした場合、彼は機械、工場設備、全工業施設に投ぜられた資本を失うことになる。(6)」(傍点は引用者)

以上の引用からわかるように、「ファブリカント」は、機械や、工場設備を所有し、かつ、労働者を雇用する「工業資本」即ち、産業資本であって、経営規模もかなり大きく、活動範囲を地域的に限定されている「小工業」をはるかに凌駕した中位以上のマニュファクチュア経営、あるいは機械をすでに導入し、設備した工場経営に他ならなかった。これに対して「問屋商人」は、生産過程には直接の関心をもたず、もっぱら、経済的に実力のない小生産者に対する問屋制支配と、「小工業」の生産した商品の外部市場への販売という商業資本としての機能を全面的に備えていたのである。

二　マニュファクチュアの工場への推転

すでにみたように「ファブリカント」なる経営は、一方では、商品流通の深化・拡大を媒介し、促進する商業資本としての機能を随伴するとともに、他方では、かなり大規模な産業経営(中位以上のマニュファクチュア・工場)として存在した。このような経営形態は、一九世紀初頭のヴュルテムベルクの各種の産業において見出された。たとえば、毛織物工業、亜麻織物工業、綿織物工業などの繊維工業、染色工業(トルコ赤染工業、綿糸・絹糸染色工業)、製紙工業、タバコ工業、化学工業及び金属工業等で[7]、このような産業資本発展の先頭に立つ産業こそ、繊維工業、とくに毛織物工業であった[8]。そこで以下、この毛織物工業における「ファブリカント」の経営内容について追求してみよう。

毛織物工業は、大陸制度の下で急速な発展をとげた産業の一つで、すでにマニュファクチュアを広く展開させつつあり、その一部は、すでに一八二〇年代に、機械を導入し、工場経営を建設し始めていた。

「何人かの毛織工はその活動力と良質・低廉な並製毛織物の製造とによって比較的大きな経営 der größere Betrieb にまで上昇し emporarbeiten その中の何人かはエスリゲンに紡糸工場 Woll-Spinnerei をも設立し、一部は自分〔の織布生産〕の必要の為に、一部は工賃で、糸を紡ぐ、というような営みをはじめた。また毛織物商人及び染色業者がさまざまな形で毛織物製造 die Tuch-Fabrikation に乗り出して来た。これらのファブリカントの一人は、羊毛を自分の染色所で染色し、それを工賃で紡糸に加工させ、工賃で織らせ、自分自身の仕上げ工場において剪毛機械をもって仕上げを行い、一部を小売で、一部を卸売している。別の人は、工賃を支払って、染色及び紡糸させるが、自分では織布作業場を所有し、剪毛工あるいは新設の仕上工場を通じて剪毛させ、プレスは自分自身の仕事場で行っている。」[9]（傍点は引用者）

みられるように、毛織物工業の織布工・染色工は、領邦的・地域的市場を基盤にして経営を拡大し、次第に織布マニュファクチュアあるいは染色マニュファクチュアを設立するまでに上昇し、その一部は、紡糸機械あるいは剪毛機械を備えつけ、紡糸工場あるいは仕上げ工場を設立しさえしたのであった。紡糸工場・仕上げ工場は、単に彼ら自身の毛織物製造の為に設立されたばかりでなかった。それは、他の毛織物織布工あるいは織布マニュファクチュアの為にも仕事を行ったのである。マニュファクチュア（織布マニュファクチュア、染色マニュファクチュア、織布、プレスマニュファクチュア等各種のマニュファクチュア）と、紡糸機械・剪毛機械の導入による工場の設立を背景に、ここに各種のマニュファクチュアと工場の複合体が形成されるにいたるが、このことは逆にマニュファクチュアの発達をより一層促進することになった。「機械紡糸工場の工賃は当初は高かった。このことはこの種の工場をより多く設立させることになり、遂に彼ら相互の競争によって紡糸工賃を低下させた。」[10]あるいは「毛織物製造はこのことによって利益のみを獲得した。機械糸を加工する多くの毛織工の数はいよいよ増大し、そこに幸福をもたらし、ヴュルテムベルクの上質以下の必需品をほぼ完全に生産している云々。」[11]（傍点は引用者）

毛織物工業におけるマニュファクチュア・工場の展開ほど顕著なものではないとしても、同様の発展が綿工業、靴下製造業等々においてもみられたことはすでに述べた。これらの繊維工業においても、紡績・紡糸工程及び仕上げ工程がまず機械化され、織布工程にはマニュファクチュアが形成されていた。その際に注意すべきことは織布工・染色工の一部が地域的市場を基盤にして経営を拡大し、マニュファクチュア・工場に成長していったという事実である。このような事実こそ、ヴュルテムベルク中央部地方とシュヴァルツヴァルト地方との地域的差異をつくり出したのであった。それは、あるいは「初期独占」を解体させ、あるいは、内部市場を深化・拡大し、メッセ取引すら資本主義的なものに推転させてゆく条件となったのである。

第一三表、一四表は、ヴュルテムベルクの羊毛紡糸工場及び綿紡績工場の年次別設立数と錘数を示すものであるが、上に指摘したようにこれらの工場経営の形成過程の特徴は、工場経営が向上的な小ブルジョア層を母胎とし、その中から成長して来たことにあった。史家ヘルメスは「ここに成長して来た新しいファブリカント達は、向上しつつある小市民、生き生きと活動的で技術過程のどこにでも自分から関わりをもつそれであり、強い封建的伝統における社会的序列におけるつつましやかな中間層であった(12)」と指摘している。小ブルジョア層の経営的向上、産業資本への成長なる特徴的事実は、三月革命期のブルジョア民主主義運動の担い手達の意識と社会的変革運動の方向に大きく作用することになるのである。

第13表 ヴュルテムベルクの羊毛紡糸工場

年次	設立経営数	設立時錘数	1861年現在の錘数
1816－1829	10	5,210	12,360
1830－1839	16	7,280	12,120
1840－1849	19	5,730	10,220
1850－1861	26	10,700	16,422

L. Köhler, a. a. O., S. 195 から作成.

第14表 ヴュルテムベルクの綿紡績工場

年次	設立経営数	設立時錘数	1861年現在の錘数
1812－1829	5	5,860	16,600
1830－1839	2	3,780	20,102
1840－1849	3	7,948	—
1850－1862	13	89,328	—

L. Köhler, a. a. O., S. 197 f. から作成.

フランスの大革命後の経済的発展を目のあたりに見たM・モールは、『フランス旅行で得た工業学上の成果』において、独自のエートス論を展開する。彼は、フランスにおいて典型的に、また西南ドイツにおいても現実に、進行する事実を基盤にして、次のように指摘している。「合理的な工業学的教養」を実現できるのは「中小のファブリカント達の努力と名誉心とである。何故なら彼らこそ、その製造過程に協働するすべて〔の要素〕を整合させることができるからである。羊毛の買付、選毛から最後の艶出しに至る織物製造がもつすべてを、その特殊な意図と彼が製造しようとする毛織物の種類とを考慮しつつ配置することができる。[13]」その為には、「もっとも有益な工業経営形態は工業家が彼の製造しようとする商品とその販売の主人であるような場合」、つまり、生産＝流通過程を自ら把握する独立(自営)の生産者であることが望ましいとしている。

これに対して「商人、問屋商人、代理商」などの商業資本家は、モールによれば、「販売が全面的にあるいは主として彼らに依存している地域では、流通の危険な仲介者 ein gefährliches Mittelglied im Verkehr であり、小ファブリカント達にとって搾取者となることができる。[14]」しかも、これらの地域では、「この営業〔商業〕を行う問屋商人は比較的少数で、常に資産家である。彼らはその資本をさまざまな方法で投資しうる。〔しかし〕工場の建物、機械等には貨幣を投下しない。彼らは常にその資産に損失を与えずに織物の買付と営業を好むだけ制限しうるし、あるいは全く停止することができる。……彼らは工業経営者と顧客の犠牲とによって利益を得ることができる」のであり、このような状態は、「商品生産に必要な労働が法律によって相異なるツンフトに分化」し、そのため、「同一人の下での商品の製造手段と販売の協働」が阻止されているような場合で、ここでは生産者の経営と向上は阻害され、生産と流通の分断を利用した商人の結合＝独占が生ずるというのである。[15] モールの「営業の自由」論は、まさに、小商品生産の経営的、生産力的上昇及び(前期的)商業資本の独占の解体という観点に立っていたのである。

(1) 「ファブリカント」の用語法については、松田、前掲「関税同盟前史序論(下)」を参照。そこにみえる「ファブリカント」とモールの用語法のそれとの間には若干の違いがある。モールの場合は主として産業資本を指しているのに対し、松田教授の分析されたそれは、問屋制度をも包摂するより広い概念である。

(2) M. Mohl, a. a. O., S. 196.

(3) Ders., a. a. O., S. 194.

(4) このような発展にとって、従来領邦国家が遂行して来た通行税・河川税の徴収あるいは、領邦国家単位の関税は大きな障害となった。西南ドイツ・ブルジョアジーが、国内商業の自由及び統一的国境関税を要求したのは、上のような事情に基づくのであり、一八二八年のヴュルテムベルク、バイエルンの関税同盟、及び一八三三年ドイツ関税同盟の成立は、このような障害を排除した限りで、統一的国内市場形成の歴史的前提条件となった。松田、前掲論文、参照。なお、上のような要求の実現の為「ドイツ商人・工場主協会」が、フランクフルト・アム・マインで設立されたことは、メッセ取引の近代化を示す重要な証左であろう。H. Olshausen, a. a. O., S. 18 f.

(5) 近代的商業信用の形成については、大塚久雄「信用関係の展開」同編『資本主義の成立』河出書房、一九五一年、所収、を参照。

(6) M. Mohl, a. a. O., S. 197 f.

(7) Ders., a. a. O., S. 221 f.

(8) Ders., a. a. O., S. 222.

(9) Ders., a. a. O., S. 224.

(10) Ders., a. a. O., S. 224.

(11) Ders., a. a. O., S. 224.

(12) G. Hermes, a. a. O., S. 143.

(13) M. Mohl, Aus den gewerbswissenschaftlichen Ergebnissen einer Reise in Frankreich, S. 449.

(14) A. a. O., S. 449.

(15) A. a. O., S. 454.

おわりに

一六世紀に農村工業を基盤として展開した西南ドイツ繊維工業のマニュファクチュアは、その後、封建的土地所有の再編過程で、前期的資本、とくに特権的貿易会社の支配の下に置かれた。とくにシュヴァルツヴァルト地方では、繊維工業は輸出工業として編成され、前期的資本の強力な支配の下で、小生産者層は全体として貧困化していった。かくて一八世紀ともなると、小生産者の技術水準は著しく低くなっていた。ヴュルテムベルク中央部、バーデン南部の繊維工業は、これとは、全く対照的であった。ここでは、一八世紀には、すでに事実上特権的貿易会社の支配は解体しており、むしろ、内部市場を基盤に、マニュファクチュアの展開がみられるのである。

イギリス産業革命の進行、イギリス資本主義の世界的進出、後進国の保護主義体制の成立という画期的事実が展開する中で、劣悪な技術による、シュヴァルツヴァルト薄布工業、あるいはウラハ、ブラウボイレン地方の亜麻織物工業を土台にして営まれていた遠隔地取引は、衰退し、これを営む前期的資本は、「危機」に直面した。これらの繊維工業の技術的停滞の状態は、いよいよ深刻化した。ここでは、小商品生産者層の分解に基づく産業資本の形成はみられず、むしろ前期的商人層の側から、「危機」への対応として、機械技術が導入されるという事態が進行する。これに対して、内部市場を基盤にして発達してきたヴュルテムベルク中央部、バーデン南部の繊維工業は、上述したあの世界史的事件の側圧を直接に蒙ることがなく、一九世紀初頭には市場の深化・拡大及びそこにおける生産者相互間の自由な競争をもたらしつつ、小商品生産者層の両極分解が進んだのであった。市場での競争に敗れ、没落した小生産者層(零細農=家内工業労働者を含む)は、(近代的)問屋制度の下に編成され、問屋商人・生産者の収奪によって、一層窮乏化し、賃金労働者(いわゆる「土地持ち労働者」)へと転落を余儀なくされた。

上の過程は一方では地域的・領邦的市場を更に深化させ、近代的商業組織の整備を促進するとともに、他方では中小都市、農村都市、市場町をその中に捲き込み、流通機構の一構成要因として編成していく過程でもあった。領邦市場の形成と生産者層の両極分解の進行に伴って、地域的・領邦的市場相互間の商品流通あるいはメッセ取引も、マニュファクチュアや工場の経営者・商人を担い手として拡大され、その結果、ここには、より拡大され、統一された市場の形成への方向が打ち出されて来たのである。一九世紀二〇年代には、マニュファクチュア、近代的商人層の一部は、機械を導入して、紡糸・紡績工場あるいは仕上げ工場を設立していった。イギリス、フランス型の原始的蓄積過程と、このような原蓄過程を背景とする、先進国からの機械技術の移植と、工場経営の形成。

ところで繊維工業におけるマニュファクチュア・工場の展開に伴って、他の諸産業においてもマニュファクチュア・工場が展開しはじめるのであるが、このことは、絶対主義的領邦権力の施行する産業規制、とくにツンフト的工業規制を解体させるとともに、このような規制を利用しながら、遠隔地取引、メッセ取引において流通独占を展開していた前期的資本の基盤を根底から動揺させることになった。

「営業の自由に対する敵の中でももっとも決定的なものはツンフト商人 die zunftige Kaufleute つまり王国の小売商人である。というのは、彼らは彼らが属する身分をツンフトとして独占し、これによって地域的独占権 das örtliche Alleinrecht をヴュルテムベルクでは恐れ気もなく利用する。名を挙げうる諸都市において、彼らは、熱帯品商業や鉄製品取引その他の商業分野で、砂糖や鉄製品などを、価格協定罪を回避しようとすれば到底販売しえないような価格で、互に協定して一般大衆に販売することがしばしばある。[1]」あるいは「多数のツンフト商人は小工業経営 der kleinere Gewerbebetrieb……と完全に対立する。というのは小工業家は、毛織工、薄布工、靴下編工及び鍛冶工にみられるように、大規模な商業を営みえないが、自分自身と大衆との間にいかなる仲介者をも要せず、彼の家やメッセや市場で、彼の工業生産物を消費者に直接販売するからである。以上の事実は、小売業の地域的独占 das örtliche Monopol が危機に陥るのではないかという危惧と相俟って、多くのツンフト商人をしてメッセ及び市場があたかも〔国民にとって〕不利益であるかのように嘆かせ、それらの禁止あるいは可能な限りの制限を、声を大きくして強調させた所以であり、工業家が直接大衆に販売する機会を奪おうとさせた理由である。また多くのツンフト商人は、我国でもっとも有益なヘミンガーの小売商人の商業機能と販売の機会を、できる限り弱め、あるいは完全に剝奪しようと試みた。というのはヘミンガーの小売商人は、我国の小工業家の製品のもっとも重要な購入者であり、販売者であるとともに、関税同盟及び外国の製造品取引に従事しているからである。(2)」

上の引用文にみられるように、西南ドイツの生産者・商人は、「ツンフト」商人(「小売商人」)と対立しつつ、自由な商品生産＝流通を推進していった。このような過程で小ブルジョア＝産業資本家及び商人層の中から、絶対主義的領邦政府の産業規制を揚棄しようという要求が、盛り上ってくるのである。

国際的条件の変化に起因する西南ドイツ繊維品輸出の衰退、これを営む前期的商人、特権的貿易会社の「危機」、輸出繊維工業の衰退、「大陸制度」消滅後のイギリス製商品の氾濫とドイツ産業の「不況」、これらの事実は、絶対主義的領邦体制の社会的経済的基礎――都市ツンフト的手工業及び農村の農民的小商品生産――を解体させた。そればかりでない。それは、領邦体制の内部で、ツンフト的手工業・封建的土地所有を解体させつつ成長しはじめた、小ブルジョア＝ブルジョア層をも「危機」に追い込んだ。保護主義運動は、まさに、これらの向上しつつある、小生産者、産業資本家層によって推進されることになった。商人、生産者層によって展開された保護関税設置の運動は必然的に絶対主義の商業政策への批判として、更に、絶対主義的領邦政策一般あるいは同体制そのものに対する批判へと発展し、あるいは結合してゆかねばならなかった。(3)

一九世紀前半における西南ドイツの小ブルジョア＝ブルジョア的発展は、この地方の外側に進行する世界史的事実がもたらす、領邦体制の「危機」を、内部的構造的「危機」たらしめ、同体制を根底から揚棄する為の、三月革命のための、基礎的諸条件をつくり出した。西南ドイツが、東エルベと構造的に異なる所以はこの点に存在する。しかしこのマニュファクチュアの形成と工場経営への推転なる事実は、資本主義的矛盾を深刻化し、「三月革命」の過程で資本主義そのものの否定と結びつく運動を展開させることになるのである。

（1）　M. Mohl, a. a. O., S. 6.
（2）　Ebenda.
（3）　Karl Obermann, Deutschland von 1805 bis 1849. Von der Gründung des Deutschen Reiches bis zur bürgerlichdemokratischen Revolution, Berlin 1963, S. 194.

第三章　「関税同盟」の危機

絶対主義的領邦体制の社会的経済的基盤は各地で解体しつつあった。領邦権力は、このような危機に対して、従来までの「重商主義」の経済政策――ツンフト的諸規制、独自の対外商業――を転換し、「自由主義」的経済政策を導入しようとした。封建的土地所有の有償解放＝「農民解放」と、ツンフト制のなしくずし的解消＝「営業の自由」の政策である。封建的土地所有の内部的機構が強固で、産業資本の成長が未発展であったプロイセン――東エルベ――の場合には、「農民解放」は、領主＝グーツヘルによる農民保有地の収取をその内容の一部に伴いつつ、地主的経営に立つユンカー的土地所有を創出するものとして、また「営業の自由」は、あるいは、領主層による「貴族的経営」の創出、あるいは、特権的国家的企業・問屋制商業資本の工場制への移行、という形をとった独自の「工業化」、「資本主義化」を可能にするような「前進的」ものとして、いずれも強力に実施された。[1] これに対して、小商品生産の一般的展開とその解体の中から産業資本――マニュファクチュア・工場経営――を分出しつつあったエルベ以西における領邦絶対主義の場合、「農民解放」の政策は、農民的土地所有の直接的な収取を伴わず、むしろ貨幣収取による領主・農民関係の解体を、また、「営業の自由」は、ツンフト制の部分的、なしくずし的解消を内容としていたのであった。[2] ここでは、封建的土地貴族や独占商人、特権企業家の主導する「資本主義化」は、鉱山業などの特殊な部門を除けば、エルベ以東に比して著しく弱体であり、領邦権力の行う経済政策も、その基本線は、よりツンフト制的ないし農本主義的であった。[3] 以上のように、「農民解放」(封建的土地所有の「上から」の廃止)及び「営業の自由」(ツンフト制度の廃止)の内容という点からみるならば、領邦権力の危機への対応の仕方は、二通りの方向があった。即ち東エルベを基盤とするプロイセン国家のそれと、エルベ河以西の経済構造を基盤とする西南ドイツ諸領邦国家のそれとであり、この領邦絶対主義の危機への対応の二つの方向は、相互に対立することになる。

「農民解放」、「営業の自由」の政策が、それぞれの封建的土地所有の内部的構造とその解体のあり方に規定され、かつ、それに一定の方向を与えるものであるとすれば、領邦体制の商業・関税政策――国内商業及び貿易制度――の面での対応は、諸領邦権力が、各領邦経済圏を商業的に結合させてゆく過程として現われてくる。一八二八年に現われた三つの関税同盟――プロイセン・ヘッセン関税同盟、中部ドイツ商業同盟、南ドイツ(ヴュルテムベルク及びバイエルン)関税同盟――ついで、一八三四年の「ドイツ関税同盟」は、危機に直面した領邦政府が、相互に対立しつつも、共通の商業・関税をもとうとしたものであり、単にこの時期の領邦体制の商業・関税政策の現われであったばかりでなく、更に、危機への対応として、領邦権力が分立的状態を「上から」揚棄し、ドイツ絶対王制へ移行してゆく、第一歩をなすものでもあった。(4)

周知のように「関税同盟」は、対内的には同盟内部の関税障壁を除去し、国内商業の自由を実現させ、又、対外的には統一関税制度を設定したが、それはプロイセン国家の主導の下で行われ、従ってプロイセンの商業・関税政策が貫徹していった。とりわけ、その関税制度における「中位」の関税率――完全な自由貿易でもなく高関税でもない――は、東エルベの特殊な経済構造に規定された、プロイセン国家の経済的利害の実現に(5)他ならず、まさにこの点に、危機の産物としての「関税同盟」のもつ決定的な矛盾が潜んでいた。その第一。それは、一方では、国内市場の保護の観点からするツンフト手工業者、とりわけ産業資本の利害から、他方では、イギリスとの対外商業の利害と結びついた仲継商業資本の自由貿易主義の利害から、共に攻撃され、その廃棄が要求されたことである。「関税同盟」に対する、これらの諸利害の攻撃は、三月革命の最も重要な局面をなし、プロイセン絶対主義の創出した「関税同盟」は、ここに、最も深刻な危機に直面するのである。「関税同盟」とその「関税率」のもつ第二の問題点は、それが、「関税同盟」を構成する領邦権力相互の内部対立、より具体的には、プロイセン権力と西南ドイツ領邦権力との対立をその内に含んでいたことにある。「関税同盟」のこの内部対立は、繊維品・鉄関税の引上げを求める西南ドイツ政府と、現行関税率の維持に利害を見出すプロイセン政府との対立として、一八四〇年代に表面化してきた。そもそも関税率のあり方は、イギリス資本主義の世界的進出と世界市場の編成替えの中で、領邦権力が、関税同盟とそれに結合している各領邦経済をいかに関わらせてゆくか、世界市場の巨きな転換の中でこれに如何に対応してゆくか、という問題を集約的に表現するものであり、四〇年代に表面化してくる上の対立は、このような世界市場の編成替えに対する「上から」の対応の二つの方向、プロイセン的方向と西南ドイツ的方向、との対立に他ならなかった。両政府の対立は四四年鉄関税引上げ及び四六年綿糸関税引上げによってプロイセン政府の西南ドイツ政府への妥協という形をとって一応落着をみるのであるが、しかし、このことは、「同盟」内部で、プロイセンが主導的地位から後退してゆくことを意味していたのである。

以上のように、「関税同盟」の関税率をめぐる四〇年代の領邦政府間の対立は、それ自体、同盟の危機ないし動揺に他ならないが、同時にこの対立過程において、「関税同盟」とこれを主導するプロイセン領邦国家がとる商業・関税政策、即ち、世界市場への関わり合いのあり方の基本的方向が、また、その背後にある経済的利害が、浮き彫りにされてくることになるのであった。

(1) 松田、前掲『新編「近代」の史的構造論』。大野英二『ドイツ資本主義論』未来社、一九六五年、第一部第一、二章。藤瀬浩司『近代ドイツ農業の形成——いわゆる『プロシャ型』進化の歴史的検証——』御茶の水書房、一九六七年、第二部、などを参照。
(2) 大月誠「西南ドイツにおける『農民解放』——ヴュルテンベルクを中心に——」『経済論叢』第八九巻第一号、一九六二年。松田、前掲『ドイツ資本主義の基礎研究』。
(3) L. Köhler, a. a. O.; P. Gehring, a. a. O.
(4) 「関税同盟」の成立に至る各領邦政府間の政治上の対立と結合については、とくに、W. O. Henderson, The Zollverein, London, 1st. ed., 1939, 2nd. ed., 1959 を参照。
(5) G. Hermes, a. a. O.; 諸田実「『プロイセン関税法』(一八一八年)の成立過程」『経済貿易研究』四。同「国民経済の建設における関税・貿易政策」川島武宜・松田智雄編『国民経済の諸類型』岩波書店、一九六五年、所収。

一 「関税同盟」の二重構造

1 西エルベ「内部市場」の成立
——近代的商業組織の形成——

ドイツ各地において、それぞれ領邦的規模で形成されていた多かれ少なかれ自立的な再生圏は、「ドイツ関税同盟」によって、その自立性を多分に残しながら、統合され、まとまりを与えられた。いくつかの経済的再生産圏で構成されるこのドイツ「内部市場 der innere Markt」(1)は、大ざっぱにいって、東エルベ地域と、西エルベ地域という、その内容と方向を異にする二つの経済圏に区分される。大土地所有・大農場制による東エルベの農業生産が、イギリス資本主義の経済循環に編成される傾向をもつのに対し、すでに一定の社会的分業を展開し、それを基盤として資本制生産が発展しつつある西エルベにおいては、前章で述べたように、農村都市、市場町を商業的拠点としながら、近代的な商品生産＝流通が展開し、すでに、いくつかの市場圏をつくり出しつつあった。これらの地域的市場は、「関税同盟」の下で、イギリスの経済循環から、一応自立しつつ、次第に「内部市場」を形成していった。(2) とくに、鉄道、河川航行などの交通運輸機関が発達してくると、自立した諸再生産圏は、次第に融合し、西エルベ的規模ではあるが、統一的市場圏を構成する傾向を示していったのであった。かかる過程は、地域的、分散的な価格体系が解体し、統一的価格を形成してゆく過程(3)であると共に、同時にそれは、メッセを基盤とする旧い商業組織が解体し、近代的商業組織が形成されてくるプロセスでもあった。

一　大市取引＝前近代的商業機構とその解体

「首都市場圏」を基盤としつつ、中世的商品流通を媒介する商業的拠点として、重要な位置を与えられていた「大市」(4)は、すでに第一章で述べたように、一五・六世紀以降、農村工業の発達と中世都市の衰退の中で、暫くの間停滞するのであるが、三十年戦争後、絶対主義的領邦体制の下でかかる農村工業が前期的商人によって遠隔地市場向生産へと編成されてゆくと、再びかかる事態に対応して、こういった新たな前期的商業を媒介する機能をもつにいたった。イギリス「産業革命」の展開、イギリス工業製品のドイツへの大量的流入という事態は「大市」＝前期的商業に対して再び転換を迫った。前期的商人・問屋商人は、土着の農村工業を生産的基盤とする商業取引から「資金」を引き上げ、これを、イギリス工業製品の輸入と農産物・特産物輸出という、新たな形の遠隔地取引へと投下したのである。(5) ハンザ諸都市に陸上げされた外国商品は、フランクフルト・アム・マイン、ライプチッヒ、フランクフルト・アン・デア・オーデルなどの「大市」(都市)を通じて、各地の「年市 Jahrmarkt」で売却され、かわって、ニュルンベルクの小間物、シュヴァルツヴァルトの時計、シュレージエンの亜麻織物及びテューリンゲン Thüringen の玩具などといった家内工業による特産物が輸出された。(6) ハンザ諸都市・メッセ諸都市の商人層や彼らから買入れた商品を「年市」で売る中小の商人が、こういった商業取引から巨きな利潤を引出した。外国商品取引と結びつくこれらの商人層は、価格体系を異にする市場間の商品流通において、あるいは独占的価格の設定や投機、あるいは運送業から、「高い利潤」を獲得し、また、かかる前期的商業利潤を維持するために、しばしば地方的な「独占 das örtliche Monopol」、「地域的カルテル eine regionale Kartellierung」を結成した。(7)「ナポレオン戦争後の恐慌」を背景にして「ドイツ商人・工場主協会」に結集した「国民的産業」の諸利害が直面していた市場組織の状況は以上のようなものであった。ドイツの「産業革命」は、このような状況の下で、主としてライン下流地方、ザクセン及び西南ドイツ等を中心に開始された。機械制生産を背景に、これらの地域の産業資本家層は、漸次、イギリスの工業製品をドイツ市場から駆逐していった。

「そこ〔フランクフルト・アム・マイン〕は、フランス、イギリス及びスイスの工業生産物が展示される巨大な商品展示場である。否そうではない。量からいえば、まさに圧倒的な大きさで、ドイツのファブリカント達の工業労働の産物が、とくに現在の関税同盟の国々のそれが、展示されており、プロイセンのライン州、バイエルン、ヴュルテムベルク、バーデン、両ヘッセン及びその他の小さな近接諸国からやって来た購買者達を満足させている。」——フランクフルトについて時人はこのように指摘している。(8)

かかる事態は、フランクフルトの旧い商業資本家にとって打撃であった。一八三六年同市の調査報告は、このような商品流通が「関税同盟」による「商業の自由」の帰結であり、それが大市に与えた活気は、これを否定できないとしても、メッセの本来の機能たる卸売業 Großgeschäft に対しては利潤の増大ではなく減少をもたらすことになった、と述べている。「〔営業は〕交通が一般に上昇する度合に応じて、確実に減少していることは否定できない。ここでいう卸売業とは、イギリスの木綿・羊毛製品の卸売り Grosshandlungen のことである。その原因は関税率によって優遇された関税同盟の製造品の競争にある。かつては巨大な量の商品、とくに普及品のそれが取引され、関税同盟の販路に向けられていたが、今では市場から完全に追い出されている。[9]」(傍点は引用者)

二　近代的商業組織の成立

ドイツ工業製品によるドイツ市場確保の過程は、この工業商品が流通する商業機構の「近代化」を伴っていた。すでに前章でみたように、ドイツの各地で、市場町・農村都市が、近代的商業機構の拠点として発展をとげ、領邦的・地域的市場における商品流通を媒介するにいたっていた。このような状況に対応して、今や、メッセ自体がその機能を転換させて来るのである。

「すべての大商人及びファブリカント」は「あらゆる地方を旅行し、その企業の商品を、かつてはメッセだけしか訪問しなかった買手達に……売り歩く。[10]」「独立した商品 selbstständige Ware を製造できるものは誰でも、ファブリカントの名前で、小売商人 Detailhändler と直接の取引(営業的交流)関係をつくろうとしている。出張員 Reisende は遠い地方のもので、出張活動のあらゆる手段の完成によって、殆んど毎月のように顧客を訪ね、注文はありませんかと尋ねてまわるのである。……かくてフランクフルトでは大市が衰退するにいたった。……[11]」(傍点は引用者)

上の引用文が示すように、産業資本家(「ファブリカント」)は、その経済的実力を背景にして、その商品を、自分で、あるいは出張員を通じて、消費者、「小売商」あるいは彼らに商品を卸す地方の「卸売商 Engroßsortimenter」に売り捌こうとした。交通機関、とくに鉄道の発達は、かかる傾向を促進し、今や「大市」、「年市」は、イギリス工業製品の取引の中心地としてではなく、むしろ、各地の小売商、卸売商及びとくに産業資本家（その「出張員」）が自由に取引し合う場所となり、新たな商業的意義を与えられることになった。このことはいわゆる「即時取引 Lokogeschäft」の衰退と、「見本取引 Probehandel」、「定期取引 Lieferungsgeschäft」なる近代的商業取引形式の成立と結びついている。ゾムバルトの言う「新しい商業形態 die neue Form des Handelsgeschäfts」である。一八五〇年、当時の人は、この時期のメッセについて次のように指摘している。「メッセの活動のもう一つの面は、小規模取引である。これは……、より早い循環によって、数倍の大きさをもつにいたっている。中小の農村都市、市場町が、更に一層顕著なことは、これ迄殆んど訪れる人もなかった遠隔地が、その循環の中にひきこまれている。」[12]

かくて「欺瞞 Übervorteilung」と結びついた前期的商業利潤は解体し、「市場の公開 Publizität des Marktes, Öffentlichkeit des Marktvorgangs」、新聞等による「規則的な価格表示」（ゾムバルト）が行われることになる。商業資本は、「大商人 Grosshändler」の場合でも、「工場・マニュファクチュアの商品を卸売り」することが営みの中心を占め、「ファブリカント」と小売商との間を仲介する機能をもつにいたった。かれらのえる利潤は、今や、産業資本の流通過程を媒介する機能と結びつく、剰余価値の単なる一分岐に過ぎなくなった。このことは、西南ドイツ、ライン下流地域及びザクセン等の自立的再生産圏――「地域的市場」（E. Maschke）――と、市場のかかる分散性の上に成り立っていた、前近代的商品流通機構が解体し、統一的内部市場（西エルベ）が成立しつつあったことを意味している。[13]「三月革命」期の産業資本家層は、すでに以上のような市場的状況をつくり出していたのである。[14]

（1） 「内部市場」と「国内市場 nationaler Markt」との区分については、クチンスキーの次の研究を参照。J. Kuczynski, Zur Studien über Handels- und Marktprobleme, in: Jahrbuch für Wirtschaftsgeschichte, 1960, Teil II.

（2） それにも拘らず、ライン・ヴェストファーレン地域で経済的自立性が再生産されようとした事実については、渡辺尚「産業革命期ライン・ヴェストファーレンにおける社会的分業の展開——国内市場のドイツ的形態に関する一考察——」『土地制度史学』第三二号を参照。なお、ドイツ市場構造については、肥前栄一「産業革命のドイツ的形態——産業構造把握の視点からの一試論——」『土地制度史学』第三九号、春見濤子「ドイツ産業資本確立期における貿易構造」『土地制度史学』第四三号、を参照。

（3） Ludwig Pohle, Die Entwicklung des deutschen Wirtschaftslebens im 19. Jahrhundert, Leipzig 1904, S. 10; Hermann Levy, Monopole, Kartell und Trusts in der Geschichte und Gegenwart der englischen Industrie, 2. Aufl., Jena 1927, S. 82; J. Kuczynski, a. a. O.

（4） 大塚、前掲『欧州経済史』。

（5） W. Jung, a. a. O., S. 37 u. 45.

（6） J. H. Clapham, Economic Development of France and Germany 1815–1914, Cambridge, 4th ed., 1963, p. 118.

（7） M. Mohl, Aus den gewerbswissenschaftlichen Ergebnissen., S. 6; W. Sombart, Die deutsche Volkswirtschaft im 19. Jahrhundert, Kap. X, S. 206 f.; Erich Maschke, Deutsche Kartelle im späten Mittelalter und im 19. Jh. vor 1870, in: Wirtschaftliche und soziale Probleme der gewerblichen Entwicklung im 15.–16. und 19. Jahrhundert, Stuttgart 1968.

（8） Zit. in: H. Kanter, a. a. O., S. 119.

（9） Zit. in: H. Kanter, a. a. O., S. 120.

（10） Zit. in: H. Kanter, a. a. O., S. 126.

（11） 「国内産業の興隆、交通手段の増大及びそれが呼び起す、ファブリカント・大商人達による厖大な数の出張員の派遣は、いかなる場合でも、商人・消費者が選択して購入することを可能にした。このため大市の性格は殆んど一変した。現在、メッセは商品倉庫の在庫に基づいて大規模な世界取引を仲継するということは少なくなり、その活動は、むしろ、より狭い範囲の小規模取引におちぶれてしまった。人は商品倉庫をみる替りに、主として見本展示場をみる。」Zit. in: H. Kanter, a. a. O., S. 130.

（12） A. von Holzschuher, a. a. O., S. 88.

(13) エルベ以東ではまだこういった近代的商業組織は成立していない。商品価格の地域的相違はなお強固に残され、かかる状況と結びついたフランクフルト・アン・デア・オーデル、ライプチッヒの前期的な大市取引は一九世紀後半にまで存続した。Vgl. H. Kanter, a. a. O., S. 126.

(14) もちろん、西エルベの内部市場にあっても、市場価値法則が完全な意味で貫徹していたというわけではない。それどころか、各地で、小規模ながらも、「局地的独占」――とくに農産物、家畜、外国商品取引――がつくり出されていたばかりでなく(W. Sombart, a. a. O., S. 336 f.)、とくに、封建的土地所有と不可分に結合した鉱山業や森林所有＝経営においては、鉱産物――塩、鉄、銅他――や木材の生産＝流通に関して、経済外強制を背景とした、強固な「初期独占」が存続しえたのであった。製鉄業について、マシュケは次のように指摘している。「ランデスヘルシャフトは、独占、特権、認可を通じて、法令を決め、組織形態を指示した。あるいは、それは、これらを確認し、また、自身の企業活動を通じて、鉱石の採掘から鉄の販売までの経済過程に介入した。この伝統は一九世紀においてもずっと作用しつづけた」と。E. Maschke, a. a. O., S. 113. 鉱山業での「初期独占」は、鉱山小経営の分解阻止と財政的基盤の確保という二重の視点に立った領邦権力の経済外的強制と結びつきつつ、一九世紀六〇年代まで存続した。H. Levy, a. a. O., S. 73; E. Maschke, a. a. O., S. 105. この「初期独占」の問題は、三月革命の基本問題の一つをなすのである。

2 東エルベの産業構造と「関税同盟」の対外商業
――外国貿易の構造――

資本制生産＝流通は、エルベ以西の地域を中心に、地域内部の社会的分業と資本・賃労働関係を一層進展させ、拡大させつつ、内部市場を深化・拡延させていった。これに対し、ユンカー的土地所有に立脚した地主的経営が形成されることになった東エルベ地域の経済循環は、内部市場を基盤とする上のような資本主義的再生産＝流通からは相対的に自立しつつ、むしろより多くイギリス資本主義の経済循環に編成される傾向を示しつつあった。(1) この地域の産業的編成は、(1)穀物を中心とする農産物生産、(2)農産物加工――火酒、製粉、製油、甜菜糖など――、(3)シュレージエンを中心とする亜麻工業、(4)森林経営、鉱山業及び(5)ベルリンを中心とする各種工業、などによって構成されていた。東西プロイセン、ポムメルン、ポーゼンなど各州の小麦、ライ麦、えんどう豆、菜種、亜麻、羊毛、アルコール飲料(火酒、ビール)、小麦粉などは、ドイツの各地――たとえばシュレージエン、ザクセン、ブランデンブルク、ライン下流地方――にも向けられた。(2)『ラインの工業』の著者、バンフィールド Banfield は、鉄道の発達、河川・海上交通の改善とによって中央穀倉地帯と結びつけられた四〇年代のライン地方で、農民経営に基づく火酒製造や穀物生産が、大きな打撃を受けた事実を指摘している。(3)従って東エルベの経済循環は、四〇年代にもなると、エルベ以西の経済循環とも関連をもつようになるのであるが、にもかかわらず、西エルベの穀物不足と東エルベの過剰とが同時に併存するという状況は、なお存続し、東エルベの経済循環はなおしばらくの間対外商業、とりわけ対イギリス商業と結びついていたのである。(4)

ユンカー的土地所有＝経営の上に立つ東エルベの農産物生産及びこれと結びついた農産物加工――とくにザクセン州、シュレージエン州を基盤とする製粉業、火酒醸造業、甜菜糖製造――は、「関税同盟」の商業政策の下で、対英輸出商業と結びついて発展し、「旧い貴族層」に対して「若返えりの輸血」(5)として作用した。

シュレージエンの亜麻織物工業は、同じ地方の鉱山業と共に、東エルベの産業構造を支える重要な工業であるが、この時期には、すでに全面的な衰退過程に入っていた。もともと亜麻糸・亜麻布生産は、農民の副業ないし家内工業として農民経営の再生産を支える決定的な要素をなしていたばかりでなく、一八世紀末・一九世紀初頭には、農村内部市場を基盤に、小ブルジョア経済をつくり出す要素となった。(6)しかし、外国産亜麻糸ないし織布の輸入、あるいは亜麻糸の機械制生産によって、他方では「農民解放」による、共同地用益権の喪失、保有地の減少及び貨幣支払いな

第15表　「関税同盟」の主要輸入品目　(1837－39年)

品目	輸入量(ツェントナー)	平均価格(ライヒスターラー)	金額(ターラー)		%
1　綿　糸(白・未撚糸)	319,000	50		15,950,000	22.79
2　砂　糖	1,012,000	10		10,120,900	14.46
3　コーヒー	556,000	18		10,008,000	14.30
4　薬品・薬種	507,000	8		4,056,000	5.79
5　棉　花	173,000	20		3,460,000	4.94
6　獣皮・毛皮	137,000	25		3,425,000	4.89
7　鉄・銅・黄銅					
(a)　銑　鉄	445,000	5	2,225,000		
(b)　錬鉄・薄鉄・針金	23,000	12	276,000	3,401,000	4.86
(c)　銅・黄銅	30,000	30	900,000		
8　インジゴ	21,000	150		3,150,000	4.50
9　南方産果実・農産物				2,971,000	4.25
10　その他(絹・家畜・タバコ・ピッチ・にしん・ワイン・亜麻・バター・チーズ・他)				13,459,000	19.22
計				70,000,900	100.00

W. Sombart, Der moderne Kapitalismus, Bd. II, S. 1038 f. から作成.

どの要因によって、この農民的ないし小ブルジョア的経営が解体してゆくと、商業資本は、あるいは、機械制紡績の導入によって、あるいは、外国産亜麻糸の輸入を背景に、織布工に対する問屋制前貸支配を拡大・強化して、亜麻織物業を輸出向加工業(トラフィーク)として編成していったのである。亜麻織物業での旧型貿易は、このようにして、世界市場の編成替えの中で、これに対応した新たな形をとることになった。

「関税同盟」の関税政策は、対英貿易と結びついた東エルベの独自の産業構造を更に一層強化しこそすれ、これを解体させることはなかった。第一五、一六表は、「関税同盟」の主要な輸入、輸出品目であるが、この二つの表から次のような特徴をあげることができる。

(1)　小麦を中心とする穀物、その加工品(小麦粉)及び豆類の総輸出における比重の高さである。これらの大部分は、エルベ以東の地域、プロイセン、ザクセン各州のユンカー的大土地所有＝経営の生産物で、ハムブルク及びバルト海沿岸諸港から主にイギリスに向けられていた。四〇年代に

第16表 「関税同盟」の主要輸出品目

(1837－39年)

品目	輸出量(ツェントナー)	平均価格(ターラー)	金額(ターラー)		%	
1 綿糸・綿製品						
(a) 綿糸(撚糸・漂白・染色)	14,000	100	1,400,000	15,800,000	2.00	22.58
(b) 綿製品	72,000	200	14,400,000		20.58	
2 穀物・豆類・種子・農産物加工品				13,238,500	18.91	
3 羊毛製品	44,500	200		8,900,000	12.71	
4 亜麻製品						
(a) 包装用粗布	31,000	8	248,000	8,648,000	12.35	
(b) 漂白亜麻布	84,000	100	8,400,000			
5 鉄・銅・黄銅・鉛製品				4,206,000	6.01	
6 木材・木材製品				3,923,900	5.61	
7 絹・半絹製品						
(a) 絹製品	2,700	1,200	3,240,000	3,760,000	5.37	
(b) 半絹製品	1,300	400	520,000			
8 雑 貨	18,900	150		2,835,000	4.05	
9 その他				8,688,600	12.4	
計				70,000,000		

W. Sombart, a. a. O., S. 1040 f. から作成.

なるとまた同じようにユンカー経営によって生産された火酒及び甜菜糖の輸出が急速に増大してくる。(7)

(2) これに対して輸入の一位を占めたのは綿糸(全輸入額の二三%)で、その主要な輸入先はイギリスであった。輸入量は増加の一途をたどった(第一七表参照)。

(3) 「関税同盟」の貿易構造は、(1)、(2)にみたように、東エルベの農産物・同加工品の対英輸出と、逆にイギリスからの綿糸(工業製品)輸入を基軸としており、その限りで、「関税同盟」は、大きくみれば、イギリス資本主義の世界市場を構成する要素として存在し、従ってその経済循環に組み込まれていたといってよいであろう。このようなイギリス資本主義と「関税同盟」との経済的結合を媒介したのは、旧ハンザ都市の一つ、ハムブルクとその商業資本であった。

しかし、先の一五、一六表をもう少し詳細にみるならば、次の事実に気づく。

(4) 輸出の第一位を占めていたのは綿製品、とくに綿織物であり、毛織物及び亜麻織物をも含めた全繊維製品の輸出は、総輸出額の半分近くを占めていた。この繊維品輸出は、機械制を基礎にもつ綿製品、羊毛製品の増加と、亜麻製品の減少という全く対照的な動向を含みつつ、全般に拡大の傾向を示した(第一八表)。更に、金属製品その他を含めれば、この時期のドイツ諸邦の工業品輸出は、いよいよ大きな位置を占めることになり、イギリス工業製品の氾濫とドイツ産業の全面的危機が大きな問題となったナポレオン戦争直後の状況とは全く異なっていたのである。いうまでもなくそれは、この間ライン下流地方、西南ドイツ及びザクセンなどの諸地域において、繊維工業を中心的部門として「産業革命」が進展していたことによる。

(5) しかも「関税同盟」の工業品輸出において注意すべきことは、その輸出先が南北アメリカ大陸及びその他の後進諸国であったこと、その対価として熱帯産品及び原料が輸入されており、またその貿易港がハムブルクではなくブレーメンであったことである。(8) 換言すれば、「関税同盟」は、アメリカ大陸その他の後進国に対しては、イギリスがドイツに対してもった同じような商業関係をとったのである。

以上のように「関税同盟」の貿易構造は二系列の貿易関係からなり立つ。その一つは農産物輸出と工業品輸入を基軸とする対英貿易であり、もう一つは工業品(繊維製品)輸出と熱帯産品・原料輸入を基軸とする対米ないし対後進国貿易である。「関税同盟」は、前者にあっては、イギリス資本主義の経済循環に編成される方向をもち、後者においては、後進諸国をドイツ資本主義の循環に編成する方向をもった。

「関税同盟」の上の二系列の貿易関係は、機能を異にする全く別個の旧ハンザ貿易港、ハムブルクとブレーメンによって媒介されていた。ハムブルクの貿易業務はナポレオン戦争後シュテッティン、ダンチッヒ、ケーニヒスベルクなどのバルト海

第17表 「関税同盟」の綿糸輸出入

(年平均)

年次	輸入	輸出
1836－40	171.5	23.3
1841－45	231.1	24.5
1846－50	240.7	18.4
1851－56	250.5	18.3

単位1000dz. G. Hermes, a. a. O., S. 138 から作成.

第18表　「関税同盟」の主要繊維品輸出推移

	1836－40	1841－45	1846－50
羊毛製品・毛混織	31.5	36.0	47.4
綿製品(靴下を含む)	42.3	39.2	45.8
亜麻製品	73.2	57.7	55.9

単位1000 dz.　G. Hermes, a. a. O., S. 127 から作成.

沿岸諸港と同様に、イギリス工業製品の大陸への輸入と、エルベ以東の穀物・木材の対英輸出という仲継商業――「イギリスの代理商」(ラウアーズ)――の機能を果しつつあった(9)(第一九表参照)。しかも、エルベ河口のハムブルクに陸上げされたイギリス工業製品の多くが、穀物・木材その他農産物と引きかえに、エルベ河の上流地方、東エルベ一帯に運搬された(10)ことを考えるならば、ハムブルクとその商業資本は、バルト海沿岸諸港とその仲継商人と同様、イギリスと東エルベの商業的関係を媒介し、東エルベの産業構造をイギリス資本主義の経済循環に編成する媒介的機能を営んでいたものと考えることができる。かくて、「関税同盟」の貿易構造を特徴づける対英貿易は、より正確には、「関税同盟」ないしドイツ全体のそれではなく、むしろ、これを構成する東エルベ特有の産業構造に規定され、その経済循環に直接かかわっていたと考えることができる。「関税同盟」の商業・関税政策――関税率に表現されるそれ――の下で展開する、イギリスからの工業製品の輸入とドイツ農産物の対価としての輸出という特徴的な対英貿易(第一系列)は、実は、東エルベの経済的再生産を、イギリス資本主義を基軸とする世界市場へ編成してゆく役割をもったのである。東エルベの農業的、ユンカー的利害が、ハムブルクやバルト海沿岸諸都市の仲継商業資本と共に、イギリスの「自由貿易体制」とその自由貿易主義的原理に結びついていった反面、保護主義には極力反対し、結局は「関税同盟」を支持するにいたった理由は、この点にあるといえよう。

　ブレーメンの商業資本の機能は、仲継商業を営む点ではハムブルクと同じであるが、しかし、その内容はハムブルクと全く異なっていた。ブレーメンの海外商業においては、対英貿易、特にイギリス工業品輸入商業の比重は極めて

第19表　ハムブルクの商品別海上取引（直接）

（単位：M K Bco.）

	1845年		1848年	
輸入総額				
飲食品	43,841,075	27.1%	36,205,870	31.9%
原料・半製品	69,697,630	43.2	50,364,660	44.3
工業品	47,949,995	29.7	27,071,315	23.8
計	161,488,700	100.0	113,641,845	100.0
イギリスからの輸入				
飲食品	4,306,690	4.6	4,510,210	6.8
原料・半製品	52,056,360	55.5	38,993,740	58.9
工業品	37,449,690	39.9	22,645,660	34.2
計	93,812,740	100.0	66,149,610	100.0
輸出総額				
飲食品	12,747,715	16.4	19,574,425	28.8
原料・半製品	35,022,730	45.0	22,791,823	33.6
工業品	30,123,340	38.7	25,487,570	37.6
計	77,893,785	100.0	67,853,820	100.0
イギリスへの輸出				
飲食品	5,584,550	14.9	16,165,410	40.5
原料・半製品	27,942,930	74.6	19,063,970	47.8
工業品	3,937,230	10.5	4,685,470	11.7
計	37,464,710	100.0	39,914,850	100.0

B. von Borries, Deutschlands Außenhandel 1836 bis 1856, Stuttgart 1970, S. 122 f., Tab. 25 から作成.

小さく、逆に「関税同盟」の工業製品、特にエルベ以西の機械制生産物——綿製品、毛織物製品——の米大陸への輸出と、そこからの原料、熱帯産品輸入が特徴的であった。ブレーメンを通じて「関税同盟」に輸入された、北アメリカ産棉花は、ケムニッツを中心とするザクセン地方、ベルク、ライン地方に、又、コーヒーは、南ドイツ、ハノーファー、カッセル、ゲッティンゲン、ブラウンシュヴァイクにもたらされた。かわって、エルベ以西の工業製品——綿製品、毛織物を中心に、亜麻織物、ライン・ベルク地方のビロード、絹、リボン、鉄製品、トルコ赤染、羊毛紡糸、ワイン、バイエルンの鏡・木工芸品・玩具・金属製品、ザクセンの綿製品・毛織物・亜麻織物、ヘッセン、ハノーファー、ヴェストファーレンの亜麻織物など——が輸出されたのである。(11) かくて、アメリカ大陸との商業関係に代表される「関税同盟」のもう一つの貿易構造、第二系列のそれは、より正確には、エルベ以西の産業構造を背景にもち、この地域の資本制生産＝流通と結びついたいわばイギリス型、内部成長型の貿易構造という特徴を備えていたのである。一八四〇年代は、「関税同盟」の下で、東エルベの産業＝経済構造によって規定される対英依存型ないし後進国型貿易と、西エルベの資本制生産を基盤とする内部成長型ないし先進国型貿易とが、対立しつつ、しかも前者の優位のもとで共に成長を遂げつつあった時期であった。「関税同盟」の変革をめぐる三月革命の商業・関税問題の中心は、結局は、このような貿易構造のあり方に直接関連していたのである。

(1) G. Hermes, a. a. O., S. 134. 肥前、前掲「産業革命のドイツ的形態」。毛利、前掲論文。
(2) G. Hermes, a. a. O., S. 134.
(3) T. C. Banfield, Industry of the Rhine, London 1846–48, Series I, Agriculture, p. 24, 55.
(4) G. Hermes, a. a. O. なお J. Kuczynski, a. a. O. をも参照。
(5) G. Hermes, a. a. O., S. 135.
(6) 本書Ⅱ、第1章〔補論〕参照。
(7) G. Hermes, a. a. O., S. 124 f. の表を参照。
(8) A. a. O., S. 137.
(9) Friedrich Rauers, Bremer Handelsgeschichte im 19. Jahrhundert, Bremen 1913, S. 11, 13.
(10) F. Rauers, a. a. O., S. 62, Tab. 3 (Schluß).
(11) F. Rauers, a. a. O., S. 14, 16 f.

二 「関税同盟」の危機

1 綿製品関税をめぐる西南ドイツ政府とプロイセン政府の対立

一八四二年から三月革命にいたる時期は、ドイツ関税同盟史上、西南ドイツ諸政府の関税引上げ論とプロイセン政府を代表する現行関税率維持＝低関税政策論が対立した時代であった。「関税同盟」と、関税率に集約的に表現される関税政策は、同盟を構成する西南ドイツの領邦諸政府から批判され、プロイセン主導の「関税同盟」は内側から動揺するにいたった。ここで分析しようとする「第六回関税同盟会議議事録[1]」は、一八四三年ベルリンで開かれた「第六回関税同盟会議」にかんするもので、その焦点は繊維製品の関税率引上げにあった。

しかし、「産業革命」の第一段階にあるこの時期において、社会的生産の中で占める繊維工業(消費手段生産部門)の位置は、関税引上げのもう一つの焦点である製鉄・鉄鋼業(生産手段生産部門)以上に基軸的であった。いう迄もなく資本制生産の発達と機械制への移行はこの産業部門に最も顕著に展開していたが、同時に、「領邦重商主義」と結びついた旧型貿易構造の解体が最も明白に現われて来たのもこの部門であった。領邦体制の危機への対応として創出された「関税同盟」において、この繊維製品の関税問題は、領邦権力の危機への対応のあり方を集約的に表現する決定的な問題であった。当然ここでは、機械制生産がダイナミックな展開をみる綿工業と、旧型輸出工業として衰退過程にある亜麻織物工業とが、発展方向の全く対照的なこの二部門が、焦点となって登場してくることになる。

未漂白撚糸

すでに、前年一八四二年の「第五回関税同盟会議」に関税引上げを求めた西南ドイツ(バーデン、ヴュルテムベルク)政府は、翌四三年ベルリンで開催された「第六回関税同盟会議」において、綿工業のための関税引上げを提案した(2)。西南ドイツ政府の代表は、まず、「同盟内における綿紡績業の一層の拡大はあらゆる点で望ましい」と指摘し、その根拠を列挙した。(1)綿紡績業の発達は、他の一連の諸産業、とくに機械製造業の発達と「完成」の牽引力となる。(2)関税同盟の住民の経済生活の向上。大資本と厖大な数の労働者に「新しい活動領域」が拓かれることになる。(3)外国商業の促進。棉花の大量輸入によってドイツと海外諸国との商業的関係は強化され、その分野に豊かな利益がもたらされよう。(4)綿織物業の振興。綿織物工業は、その主要原料たる織糸の多くを外国から輸入しているが、国内での入手は、織糸の必要に応じた適切な選択を可能にし、織布工達は、必要な糸を遠い将来のために予め大量に買い込んでおく必要がなくなり、従って、外国の仲介商人も不必要となり、その利益部分の経費を節約できることになろう。――綿紡績業の拡大→綿織物業及び機械製造業、その他の諸産業の発展→それによる資本＝賃労働関係の展開及び外国商業の拡延、以上が西南ドイツ政府の綿糸関税引上げ論の観点であった。

西南ドイツ政府代表は綿工業の状況を次のように述べている。関税同盟内の綿紡績工場の中には、旧式の設備をもった営業状態の悪い経営もみられるが、一般的には、十分に進歩しており、かなり大きな資本も投下されている。だが最高の設備と、最高の経営をもつ紡績工場もその状態は決して最良ではない。製品が、その品質と名声とによって、豊かな販路を見出す場合でも、外国品との競争のために、価格を低廉にしなければならず、従って投下された資本の大きさと企業家の努力とリスクに比して、えられる利益は、著しく小さなものとならざるをえない。「このため完全な設備をもち、最大の見通しをもって経営され、一見豊かな繁栄を見せている工場の多くにも明らかに営業不振の状態が生じている。」このような「不況」は、「外国の厳しい競争」の結果であり、その要因は、「年輪を積んだ実績、巨大な資本主義的致富」及びその他の利点に基づく「過剰なほどに拡大された生産」と、その必然的帰結としての輸入撚糸の低価格の中にある。つまり、イギリスの資本主義的生産の発展とその必然的産物たる過剰生産恐慌と商品価格引下げこそドイツ紡績業の「一層の拡大」を阻害する要因であり、「関税引上げ」は、このようなイギリスの過剰生産恐慌がドイツへ波及するのを阻止する唯一の手段であるというのであった。しかし、ここで問題となる関税引上げは、「外国の競争を完全にか、あるいは殆んど全く不可能にするような」「禁止的関税」ではなく、同工業の発展の度合に対応した「合理的関税制度 das rationale Zollsystem」、「国内産業に対する適度な保護」を原則とする「著しく中位の保護関税 der sehr mässige Schutzzoll」であった。[3]

綿織物

ヴュルテムベルク及びバーデン政府代表は綿織物工業について次のように指摘する。棉花、綿糸は、その買付先が遠方であればあるほど、また輸入量が大きいほど、それらの価格の変動がもたらす影響は大きい。ドイツ国内の紡績業の発達は、織布業に対して、近隣の安定した織糸市場をつくり出し、織布工はそこで自由に選択し、適切な量を買付ることができるから、遠隔地の仲継商人とその利潤とを節約しうる。「四ターラーの適度な関税」は、織糸価格と織物価格、紡績業者と織布業者の利益を均衡のとれたものとしよう。つまり、遠隔地・イギリスの紡績業→仲継商人→ドイツ織布業という関連は、価格変動とそれと結びつく投機とを伴い、織布業に対してマイナスの影響を与えるものとされ、それとは全く逆に、ドイツ国内において紡績業と織布業とが結合すべきであるというのである。そのかわり外国向織布業に対して、国内産綿糸、外国産綿糸を問わず、関税引上げ分に相当するものを「輸出奨励金」として支払うべきであると提案した。(4)

経糸用撚糸 das zu Zetteln angelegte ein = und zwei drähtige Baumwollengarn

西南ドイツ代表は、輸入経糸が、手織物業の基礎になっている事実を指摘しつつ、一般に「機械織布業」の展開が、「工賃 Arbeitslohn」を著しく引下げ、手工業を競争困難な状態に追いこんでいること、従って平滑撚糸の関税を低いままに固定化し、手織生産をそれによって存続させようとする政策はもはや綿工業一般の利益に反することになり、事実、ツェントナー当り三ターラーの低関税は、機械織布業に損失を与えていると述べる。――このような指摘から、我々は、手織生産が、イギリス綿紡績業、イギリス製輸入綿糸に依存し、その利害が、関税引上げに反対していること、しかし手織生産は、織物業の「機械化」の中で次第に駆逐されつつあることを知ることができる。

普通、機械制織布業は、手織に比して品質が劣るから、輸出用よりも国内消費向けの生産と結びつくが、しばしば紡績業との兼営という形態をとり、この場合、自らの紡績工場で製造した織糸の織布への加工という方法が採用された。このような場合、紡績・織布兼営工場の利害は、紡糸及び織布の両者の関税引上げを求めることになる。(5)なお、織糸関税の措置に対応した、織物輸出促進のための「戻税」、「輸出奨励金」の制度は、輸入綿糸に依存せず、自分の工場で生産した糸を織物にする紡績・織布兼営工場に対して、綿糸関税と輸出奨励金等という二重の保護を与えることになるのであり、西南ドイツ政府の立場は、従って、このような機械制織布業、紡績・織布兼営工場の利害と結びつくものであった。

二　プロイセン政府その他の低関税政策論
――手織生産維持、輸出向加工業助成――

西南ドイツ政府の提案に対する反論は、プロイセン、ブラウンシュヴァイク、フランクフルト、ヘッセン大公国及びテューリンゲン諸国の政府代表等によって展開された。

撚糸関税引上げ論に対して、クーアヘッセンの代表が行った反論は次のようなものであった。(6) 綿織布業は海外諸国からの生産物輸入に対する対価を提供し、その意義は極めて大きい。撚糸の関税引上げは、海外市場でのドイツの競争を困難なものとし、織布業、染色業、捺染業及び商業の分野における資本活動を停止させ、もってドイツ綿業を全面的に後退させるであろう。仮にドイツ紡績業が関税引上げ論の主張する段階にまで達したとしても、過剰資本相互間の殲滅戦がはじまり、資本と工場労働者の状態は、現時点のそれとは比較にならないほど悪化することだろう。イギリスが示す事実はそのよい先例であり、すでにドイツの多くの工業地帯ではその徴候が現われはじめている。――このようなクーアヘッセンの保護関税論批判の中で評価されている方向は、イギリス＝紡績業、ドイツ＝輸入外国糸の加工という特有の分業関係及び、その上になり立つドイツ織布業の輸出向生産ないしトラフィーク工業への編成という方向である。その生産のあり方は、過剰生産が予想される機械制生産ではなく、小商品生産であることが望ましい。(7) ここに西南ドイツ政府＝保護関税論・機械制生産の承認、とクーアヘッセン＝低関税政策論・輸出向加工業・小商品生産(ないしマニュファクチュア)とが対立することになる。

プロイセン政府代表は、経糸用綿糸の輸入におけるプロイセンの圧倒的な比重を強調すると共に、特にこの輸入糸の大半が手織業の展開する地域の関税局で取扱われており、従ってこの織糸がもっぱら手織生産の不可欠の原料である事実を指摘した。「先に指摘があったように、機械織物に対抗して手織を存続させることが仮に困難であるということが正しいとしても、事態の自然の経過を先取りし、人為的な手段によって手織業の解体を促進するいわれをそこに見つけることはむずかしい。それゆえ本政府は……関税引上げの提案に反対せねばならない。(8)」

経糸用綿糸の輸入関税引上げ提案に反対するプロイセン政府の立場は、(1)同種綿糸が手織生産の原料として不可欠であるという観点から、(2)手織生産を維持するためには、綿糸の関税を現行通りとするものである。同政府は、将来、機械制生産が優位をしめることを予想しながらも、それを積極的に促進するのに反対し、むしろ手織生産の存続をはかろうとするもので、いわば原始蓄積政策への反対の立場である。(9) 結局、西南ドイツ政府の関税引上げ提案は、このようなプロイセン政府その他の反対によって、否決されることになる。

(1) Verhandlungen der sechsten General = Konferenz in Zollvereins = Angelegenheiten, Berlin 1843. (以下, Verhandlungen. と略す。) なお、同会議に出席した諸政府代表は次の通り。プロイセン——プロイセン王国枢密上級大蔵顧問官 Pochhammer。バイエルン——バイエルン王国内閣顧問官・一般関税管理官 von Bever。ザクセン——ザクセン王国関税・租税局長官 von Zahn。ヴュルテムベルク——大蔵顧問官 Bayhinger。バーデン——バーデン大公国内閣長官 Regenauer。クーアヘッセン——クーアヘッセン上級鉱山・塩田長官 Schwedes。ヘッセン大公国——ヘッセン大公国上級大蔵顧問官 Sartorius。テューリンゲン諸国——ザクセン大公国枢密顧問官 Thon。ブラウンシュヴァイク——上掲 Pochhammer(プロイセン)。ナッサウ——ナッサウ公国枢密顧問・一般税務局長 Magdeburg。フランクフルト——市参事会 Dr. Sonchay。

(2) A. a. O., S. 33.

(3) 「フランス及びオーストリーでは、外国織糸高率関税が紡績業にとって必要でなかった、それは紡績業を育成しなかったという考えは危険である。……しかし外国の競争を全くか、殆んど全く不可能にする高率関税と、ここで問題にしている、外国との競争を容認する非常に適度な保護関税とは本質的なちがいがある。……国民経済学の正しい原理によれば、半製品への適切な課税の欠如は明らかに政治的配慮の欠如を意味する。緊急かつ大量に必要な半製品で、かつ、全く適度な関税があれば整った装置によって十分な製造が可能な半製品を、保護しようとしないのは少なからず無謀である。」A. a. O., S. 35 f.

（4） A. a. O., S. 36 f.

（5） 本書Ⅲ、第一章参照。

（6） A. a. O., S. 39.

（7） かかる見解に対して西南ドイツ政府代表はイギリスの「工業人口」の「貧困」についての誤解を指摘し、むしろイギリスの「工業人口」は関税同盟の多くの地域の一般的な手工業者よりも遙に高い生活を行っていること、また、保護関税の設定は、過剰生産恐慌に直接結びつくほどの急激な成長をもたらすことはないと反論した。A. a. O., S. 33.

（8） A. a. O., S. 46.

（9） プロイセン政府の、手工業生産維持・低関税政策及びこれと結合した独自の「工業化」政策――「上から」のそれ――については、肥前、前掲「ドイツ『三月革命』期の独占問題」参照。

2 亜麻製品関税に関する西南ドイツ政府の見解

一 紡糸関税引上げ
――旧型貿易構造の解体――

西南ドイツの政府代表は、亜麻製品、とくに粗亜麻糸、加工糸及び亜麻布については、ツェントナー当り二ライヒスターラーまで関税率を引上げるよう求めた。この提案も、前項で述べた綿製品関税引上げ提案と同様に、プロイセン政府の反対にあって否決されるのであるが、プロイセン政府＝「関税同盟」批判として展開されるこの西南ドイツの亜麻製品関税論は、「関税同盟」の政策的志向をはっきりと浮き彫りにさせることになった。

亜麻織物工業は——西南ドイツ政府代表は述べる(1)——「最も古くからの重要工業」であるが、とくに紡糸は、その原料、亜麻の生産と直接関連するので「農業の基本的礎柱」として決定的に重要である。しかし、現在、同工業は後退しつつある。それは、外国の機械制生産によるドイツの手工業的亜麻織物業の駆逐として現われており、従って今や「関税同盟内での機械紡糸工場の拡大は大きな利益」となろう。

アイルランド亜麻栽培と結びついたイギリス及びアイルランド紡糸業は、低利子、高度な技術、保護された広大な市場、著しく巨大な国富と運輸手段の条件の下で圧倒的優位を占めるのに対して、ドイツ亜麻工業は、機械の多くをイギリスに依存し、七割以上高い価格でこれを買い入れている。このような状況における関税引上げは、紡糸業を発達させるばかりか、亜麻生産(従って農業)の発展にも寄与するであろう。逆に、亜麻糸の輸入増大は、「資本の利潤」と「労賃」及び「亜麻、麻」生産に対する打撃となる。

西南ドイツ政府代表は、更に、亜麻糸(漂白・染色糸、撚糸)の輸入超過と輸出の顕著な後退の事実を指摘しつつ、亜麻紡糸、染色・漂白糸の生産、撚糸加工業の衰退の傾向を明らかにすると共に(2)、亜麻織物生産についても、輸出高の急速な減少と、染色・漂白亜麻布、テーブル掛け以外の亜麻布の全般的な輸入増加と輸出減退の事実を指摘し、綿工業の発展と対照させながら亜麻織物工業の全面的な危機の状況を次のように論述した。

「木綿工業が示す事実はこうである。その価値に従って高率の課税がなされる紡糸を加工して製造される商品〔綿織物〕についてみた時、その輸入があまり大きくないのに対して、ツェントナー当り二ターラーの糸関税で、〇・五%の課税しか行わない〔亜麻〕製品の場合には、それに対応して、輸入は非常に大きく輸出は非常に僅かとなっている。」

綿工業の興隆と、亜麻織物業の衰退、綿製品の輸入減少と輸出増大、亜麻製品の輸入増大と輸出減少——西南ドイツ政府代表は、両繊維工業の全く対照的な発展傾向を指摘した。

以上のような状況認識に立ってヴュルテムベルク、バーデン両代表は、次のように主張する。(3) (1)麻織物工業の関税引上げはこれ以上延期することはできない。(2)その際、「亜麻工業全体の第一の基礎」としての機械紡糸業こそ、手紡では最低生活の維持も困難な「労働者」に、「十分な労賃」を提供するものであり、また農業生産へ好影響を与えるものであって、従って十分な配慮を与えるべきである。機械制織物工場は、「農民」から亜麻、麻を「近隣」で買付けるから、機械制工場の発達は、亜麻栽培の発達と、更にはブドウ栽培などの農業生産の発達と分化を促進する。(3)関税引上げによって外国との競争が惹起する「商業恐慌」から「国内市場 der einheimische Markt」を守ることは、「国民経済学」の基本的原理にかなうばかりでなく、「自国の大市場 der eigene große Markt」を確保し、「自国産の糸」を保護することによって、外国糸の加工織布業を駆逐することになろう。(4)国内の紡糸業の発達によって、織布工は、原料たる織糸を「糸商 Garnhändler」＝輸入外国糸取扱商人の手を介せず、紡糸工場主から「直接に unmittelbar」買うことができるようになる。「祖国の産業の活動をせばめ、外国製品を不可欠のものたらしめんとする」「糸商」や「仲介商人 Zwischenhändler」は、「ドイツ紡糸業の最大の敵 der größte Gegner der einheimischen Spinnereien」に他ならない。(4)

以上のように亜麻糸関税の引上げは二重の意味をもつものとされた。第一にそれは国内の紡糸業の発達と機械制への移行を促進し、賃労働者の雇用を拡大すると共に、第二に、亜麻生産を促進し、農業を発達させ、亜麻織布業を発展させる条件となる。かくて織布工に対する「糸商」、「仲介商人」の原料・織糸前貸制度は解体し、織布工の経営的上昇が可能となる。

西南ドイツ政府の関税引上げ論＝保護関税論は、以上のように、綿工業の場合と同様、亜麻織物工業においても、紡糸工程における「機械化」を促進しようとする観点に立っていたが、更に、それをテコとして織布部門、農業部門で、直接生産者層が経営的に向上し、それによって、小商品生産者(織布工)に対して外国糸を前貸し、織物を海外へ輸出する、「仲介商人」、「糸商」(自由貿易・低関税政策への志向)を排除しようという内容をもっていたのである。西南ドイツ政府のこのような保護関税論はプロイセン的低関税政策、「関税同盟」の現行関税率への批判に他ならなかった。我々は、上の批判から、プロイセン主導の「関税同盟」の低関税政策が、外国(イギリス)から輸入された亜麻糸を取引する商業資本、この輸入亜麻糸を小生産者に前貸する問屋制商業資本――「糸商」、「仲介商人」――の経済的利害と結合していたことを知ることができる。西南ドイツ政府のプロイセン的な「関税同盟」への批判及び、西南ドイツ保護関税論とプロイセン低関税政策論の対立は、繊維工業における産業資本と、外国織糸の輸入を行うハンザ・メッセ諸都市商人、輸入織糸の織布工に対する問屋制前貸を営む問屋商人との対立、前者の後者批判を背景にもっていたのである。

旧型輸出工業として解体過程にあった亜麻工業は、問屋制商業資本による、外国(イギリス)紡糸輸入及び手織生産への問屋制前貸支配の拡延を通じて、輸出向加工業へと、再編成されようとしていた。四〇年代に問屋制前貸支配が強化されるという現象は、シュレージエン及びヴェストファーレン亜麻織物工業にみられる共通の現象であるが[5]、問屋制支配の再編を可能にした条件こそ、イギリス紡績業の存在であった。これは「危機」に直面したドイツ亜麻工業の、このような世界的状況への対応であり、その再編の上に、旧型貿易構造を再構築しようとする方向である。外国製亜麻糸の輸入を可能にする、「関税同盟」＝プロイセンの低関税政策は、亜麻織物工業のかかる形での再編を促進する。西南ドイツ政府の亜麻糸関税引上げ論は、事実上、旧型貿易構造のかかる再編を阻止し、逆に保護関税によって「国内市場」を確保し、紡糸業における産業資本を基軸に、新たな貿易体制を創出していこうという方向をもっていたのである。

二　亜麻布関税引上げ
――輸出向加工業(トラフィーク)批判――

西南ドイツ政府は、綿布の関税を引き合いに出しつつ、亜麻布の関税引上げの根拠を次のように説明している。粗綿布に対する関税(ツェントナー当り五〇ターラー)は、同商品の輸入を殆んど阻止することになった。しかし、粗綿布の価格、あるいは綿製品一般の価格を人為的に高騰させることも、「国内市場」における消費者の被害を惹起することもなかった。それどころか、「関税保護は、綿織物工業に、比較的短い年数で、改良された製造方法を採用させ、また機械織布を導入させることによって、関税同盟諸国が示した顕著な進歩の、第一の、そして唯一の要因」であったと強調し、(6) 綿布と同様の「関税保護」を亜麻布に対しても採用すべきであると主張した。

粗亜麻布の関税率は、ツェントナー当り二ターラーであったが、しばしば多くの国々で免税措置がとられ、一八三九―四一年にクーアヘッセン及びプロイセンに輸入された無関税の麻布は、年平均二万九七七〇ツェントナーに及んでいた。このような低関税ないし免税措置は、「境界商業」、シュレージエンとヴェストファーレンの亜麻商業及び漂白業の利害に結びついていた。つまり、外国粗布の輸入とその加工(漂白、仕上げ)及び再輸出の利害である。「関税同盟」の「関税法」は、「外国の原料、半製品」(亜麻糸、亜麻布)の、「再輸出の条件 unter der Bedingung der Wiederausfuhr」の下での加工を「優遇」している――西南ドイツ政府代表はこのように指摘した。(7) シュレージエン及びヴェストファーレンを中心に、輸出向加工業(トラフィーク工業)として発達してきた、漂白・仕上げ業を育成すること――亜麻布に対する「関税同盟」の低関税政策ないし免税措置のめざす方向はこの点にあった。

外国(イギリス)製粗布の輸入を前提とする、輸出向加工業＝漂白・仕上げ業の展開は、亜麻織物工業の全般的な衰退の中で現われてくる旧い経済的利害の対応に他ならない。一八三〇、四〇年代における外国産粗布の輸入の増大と、漂白・染色布の輸出の増大という傾向は、ドイツ亜麻工業を、このような輸出向加工業へ転換させること、従って、旧型貿易構造をかかる方向で転換し、再編成することを意味していた。外国製粗布の輸出向加工業の経済的利害が、粗布を輸入し、漂白・染色亜麻布を輸出する、旧ハンザ・メッセ諸都市商業資本の自由貿易主義的利害と結合するにいたることは容易に推測することができよう。と同時に、トラフィーク工業としての漂白・仕上げ工業の資本と、ハンザ・メッセ諸都市の仲継商業資本の営みがドイツ国内の経済循環というより、より多くイギリス資本主義の経済循環に編成されていたことも論を俟たない。(8) 亜麻織物に対する「関税同盟」の低関税ないし自由貿易の政策は、ドイツ亜麻工業の輸出向加工業への転換、イギリスの経済循環への編成——従って、国内紡糸・織布業の切り捨て——を志向していたのである。

西南ドイツ政府は、「関税同盟」の低関税政策、自由貿易への傾斜と、その背後に控える経済的利害(トラフィーク工業、仲継商業)を批判しつつ、上の論点を更に敷衍する。——仮に綿織物関税が低い水準に固定されていた場合、イギリスは機械織物工場に糸を売るかわりに、捺染工場及びその他同種の工業部門に対して、粗布を輸出していたであろう。関税同盟の綿織物業は、このような場合、進歩するどころか、後退していたであろう。まことに「関税保護による大市場の確保」こそ、改良された技術の採用を可能にし、綿工業を「今日の高度な段階」に引上げたのである。その結果、この産業部門では、「旧来の商業」＝旧型の貿易構造は解体せねばならなかった。外国製粗布の「漸次的排除」が、旧い「商業関係」に基礎をおく「多くの企業」——仲継商業資本及び問屋制商業資本——に対して「不利」に働いたことは否定できないが、しかしそれは「木綿工業一般」にとって「極めて有益」であった。亜麻織物に対す

る関税引上げは、同工業を綿工業と同じような、むしろそれ以上の、発展に導くことになるであろう。(9)

この「旧来の商業 ein altgebrachter Verkehr」は、「永い間存続して来た商業的結合 die längst bestehende Handelsverbindung」及び「最古の商業関係 die ältesten Verkehrsverhältnisse」などとも呼びかえられているが、その内容は、領邦体制下で、いわゆる「重商主義」の経済政策に支えられ、また、小商品生産(農村工業)とそれへの問屋制支配を土台として営まれた、遠隔地商業＝旧型輸出貿易に他ならなかった。綿製品に対する関税措置は、綿工業――紡績業、織布業――の「機械化」を、従って、小商品生産とそれへの問屋制前貸制度の解体を促進し、確保された「国内市場」を土台にして、新たな外国商業の発展を可能にした。綿工業の急速な成長をみた西エルベの各地では、従って、上のような旧い商業組織は次々と解体し、資本主義的貿易構造へと推転していったのであった。「旧来の商業」は――と西南ドイツ政府代表は指摘する――すでに「同盟諸国の大部分、とくに南ドイツ諸国のすべて」で解体に向った。「かかる商業関係の変革の中で、関税同盟外の工業生産と結びついていた、多くの仲介商人が決定的な打撃を蒙ったことは事実である。しかしこの損失は、関税同盟諸国における工業の成長という巨大な利益と対比するとき、全く無視してもよいのである。(10)」機械制大工業とこれを基礎にする国内商品流通機構及び(イギリス型)近代的貿易体制の形成――「関税同盟」の下で創出されたこのような経済構造は、外国(イギリス)から工業製品を輸入し、ドイツの特産物、農産物を輸出する仲継商業資本及び問屋制商業資本を、またその「結合」(「独占」)の存立基盤を根底から解体させることになった。(11)

しかし、東エルベ地方、とくにシュレージエン及び西エルベの特定の地域、たとえばヴェストファーレンでは、「旧来の商業関係」は、新たに再編成――トラフィーク工業とこれと結びつく遠隔地商業として――されつつあった。イギリス、アイルランドは、仲継商人(ハンザ・メッセ諸都市商人)、問屋制商業資本家の手を通じて、シュレージエン、ヴェストファーレンの「市場」と「漂白業」に結びつこうとしている。だが、イギリスからの粗布輸入とその加工、その製品の輸出は、いずれはイギリスの圧力の下に敗北することになるだろう。西南ドイツ政府はこのような見通しの上に「後退しつつある輸出貿易を再びかつての繁栄と広がり」にするためには、旧来の諸関係、旧来の貿易体制を存続させ、再編成を可能にするような、「関税同盟」の低関税政策を廃棄し、関税を引上げねばならないと説いたのである。イギリス資本主義の再生産構造＝循環に組み込まれるような、トラフィーク工業と仲継商業及びかかる形態での貿易構造を解体し、国内工業のための「国内市場」を確保し、その基礎の上に新たな貿易構造を打ち立てること、これが綿織物及び亜麻織物の関税に関してとった西南ドイツ政府の観点であった。

西南ドイツ政府の以上のような批判に対して、プロイセン政府は「関税同盟」の現行税率の維持の線を打出す。「外国亜麻製品の関税引上げが、同種製品の対外輸出——その拡大はしかし最高に望ましい——を何らか促進する効果をもつということはとても信ぜられない[12]」と。

プロイセンのこの方針に対して、ザクセン、ブラウンシュヴァイク及びフランクフルトが賛同し、西南ドイツ政府提案は否決される。プロイセン政府は、当該問題が、すでに前年一八四二年に開かれた「第五回関税同盟会議」において論じ尽されたという観点から、もはやそれ以上の反論を展開せず、むしろ低関税政策の立場を、強く堅持しようとしたのであった。

(1) A. a. O., S. 61ff.

(2) 「一五年前には、関税同盟の殆んどの国々で麻糸のめざましい輸出商業が営まれ、輸出向亜麻織物の大部分は自国で製造した手紡糸で織られていた。今日、紡糸商業はその大半が消滅した。手紡糸は極端な低価格をもってしても機械糸と競争できなくなり、多くの亜麻織物製造にとって、また、大規模な市場取引に重要な各種亜麻織物の製造には最早利用されなくなった。」Beilagen zu dem Haupt = Protokolle der sechsten General = Konferenz vom Jahre 1843, S. 9.（以下 Beilagen. と略す）

（3） Verhandlungen., S. 66 ff.

（4） Beilagen., S. 18.「あれこれの半製品の外国からの輸入を制限することは工業に対して大きな損害を与えることになる、という仲介商人及びそれと結合する営業者の主張が、いかに無意味であるかは、重要な工業部門での経験が示している。」Vgl. a. a. O., S. 22. なおこのような「半製品」輸入に利害をもつ、ハンザ・メッセ諸都市、北東沿岸諸都市商人の自由貿易論については、本書Ⅲ、第一章を参照。

（5） Horst Blumberg, Ein Beitrag zur Geschichte der deutschen Leinenindustrie von 1834 bis 1870, in: Motek, Blumberg, Wutzmer und Becker, Studien zur Geschichte der industriellen Revolution in Deutschland, Berlin 1960, S. 90 ff., SS. 115–119.

（6） Beilagen., S. 22.

（7） 西南ドイツ政府代表は、しかし、この問題への深入りを避けて、もっぱら「粗布の自由輸入」への批判に論点を集中していく。A. a. O., S. 22.

（8） 毛利、前掲論文参照。

（9） A. a. O., S. 23.

（10） A. a. O., S. 23.

（11） 本書I、第二章を参照。

（12） Verhandlungen., S. 67.

おわりに

「関税同盟」の内部における関税率をめぐる西南ドイツの領邦政府とプロイセン政府との対立は、一八四六年から四七年にいたる関税率の改正＝引上げによって一応結着をみるのであるが、このことは、「関税同盟」においては、その主導者＝プロイセンが後退し、かわって西南ドイツ領邦が擡頭して来たことを意味した。ここにプロイセンの主導の下で創出された、領邦権力の商業的結合としての「関税同盟」は、内部から動揺することになった。

繊維品関税についての西南ドイツ政府の関税引上げ論は、外国製繊維品（現実にはイギリスのそれ）の関税引上げを骨子としているが、そこには、かかる関税引上げを通じて、先進資本主義（イギリス）の側圧から、ドイツの内部市場を保護し、機械制大工業（産業資本）と、それを基軸とする国内での再生産＝流通及び外国への進出を促進しようとする方向が打ち出されていた。西南ドイツ政府の保護関税論の背後には、いう迄もなく、原始蓄積過程の産業資本、とくに機械制大工業の経済的利害があり、領邦権力の商業・関税政策は、その土地政策、ツンフト政策とは対照的に、かかる利害を事実上認め、むしろ、その限りで一定の保護を与えようとしさえしたのであった。(1)

関税率をめぐるこのようなプロイセンと西南ドイツの対立は、プロイセンの関税政策とプロイセンに主導される「関税同盟」の関税政策の基本的原理が、低関税ないし自由貿易の原則に立っていた事実を明らかにした。いう迄もなくかかる方向を決定しているのは、対英穀物輸出に利害をもつ東エルベのユンカー的地主的層である。(2)だがそれだけではなかった。そこには、外国製「半製品」＝織糸・粗布の輸入を前提とする手工業的な繊維品加工業、とりわけ輸出向の織物生産、漂白業、仕上げ業（トラフィーク）及びこれを問屋制的に編成しようとする商業資本の経済的利害があった。このような経済的利害と絡みあって、イギリスの工業製品を輸入し、ドイツ農産物、原料及び特定の加工品を輸出する、ハンザ・メッセ諸都市の仲継商業資本が、低関税ないし自由貿易主義を支えるもう一つの経済的利害をなしていた。これらの経済的利害の営みが、ドイツ国内の社会的分業の展開と、これを踏まえた資本主義的生産＝流通（国内市場）から、相対的に自立し、むしろ、これに対立しつつ、イギリス資本主義の経済循環＝「自由貿易体制」に積極的に結びついてゆく傾向をもっていたことは、研究史の示す所である。(3)

繊維製品関税におけるプロイセン＝「関税同盟」の低関税・自由貿易の志向は、イギリス＝紡糸業・織布業(機械制大工業)、ドイツ＝イギリス製「半製品」の加工(輸出向の手工業的織布生産及び漂白・仕上げ業、即ちトラフィーク工業)なる分業体制を、またかかる体制の上に立った繊維品の対外輸出という固有の構造をつくり出すもので、これによってドイツ経済をイギリス＝工業、ドイツ＝農業・特産物加工、という国際分業に、またその上に成り立つイギリス中心の貿易体制に編成してゆこうとするものに他ならない。それは、同時に、亜麻工業をはじめとする旧型の輸出工業とその輸出貿易が衰退し、その中で、小商品生産(とくに手織生産)が解体してくるという危機の状況を克服し、旧型の輸出工業＝輸出貿易と小商品生産をもう一度編成しなおそうとする(問屋制的再編)ものでもあった。

第二〇表は、三月革命前夜の繊維(織布)工業における亜麻織物工業の比重の高さを、第二一表はそこにおけるプロイセンが占める位置の高さを示すものである。プロイセン政府の低い亜麻関税が、このような亜麻織物業――とくにシュレージエンとヴェス

第 20 表　部門別織機台数

(1846－47 年)

亜麻工業	432,907
綿 工 業	121,453
羊毛工業	2,007

H. Blumberg, a. a. O., S. 72 より作成.

第 21 表　亜麻工業の分布状況

(1846－47 年)

邦　名	織機台数	従業者	副業用織機	関税同盟内での生産の比重
プロイセン	45,029	50,772	278,122	43.10
諸 小 邦	132	1,309	1,008	0.88
バイエルン	29,499	32,154	8,411	19.08
ザクセン	16,122	22,205	—	10.18
ヘッセン大公国	6,734	7,316	852	4.29
テューリンゲン	3,293	2,176	3,685	2.28
バーデン	12,968	12,944	2,116	8.31
ナッサウ	1,254	1,248	725	0.83
クーアヘッセン	3,393	3,689	4,743	2.42
ヴュルテムベルク	13,651	14,172	—	8.63

H. Blumberg, a. a. O., S. 67 から作成.

第22表　「関税同盟」の関税率

（単位　ツェントナー当りターラー・銀グロッシェン
39年までプロイセン・ツェントナー）

品　　目	1834－36	1837－39	1846－48
鉄			
銑　　鉄	—　—		—　10
棒　鉄(grob)	1　—		1　15
鉄製品(grob)	6　—		
〃　(fein)	10　—		
綿製品			
低番手糸	2　—		3　—
高番手糸	6　—	8　—	
織　　物	50　—		
亜麻製品			
手紡糸	—　10		
機械糸	—　10		
撚　　糸	1　—	2　—	4　—
粗　　布	2　—		4　—
漂白布	11　—		20　—
羊毛製品			
低番手糸	—　15		
高番手糸	6　—		
捺染品	30　—		(1843－45) 50　—

B. von Borries, a. a. O., S. 18 から作成.

第23表　主要商品価格変動指数

	1836－38	1839－41	1842－44	1845－47
綿　　糸	100	96	73	76
綿　　布	100	93	85	77
亜麻糸	100	95	97	96
亜麻布	100	90	80	71
羊毛糸	100	89	82	89
羊毛製品	100	93	85	77
銑　　鉄	100	92	62	95
〃　(英)	100	76	50	68
棒　鉄(英)	100	93	85	77

B. von Borries, a. a. O., S. 72 から作成.

トファーレン——の商業資本（問屋制資本）の経済的利害を配慮したものであることは十分推測できよう。ドイツ「関税同盟」の商業・関税政策の基本線が、低関税ないし自由貿易の原則に立っていたことは、あるいは少なくともその方向を志向していたことは、保護関税論からする、「関税同盟」の関税政策批判によって明らかになった。しかし、「関税同盟」は、元来、ブルジョア諸勢力からの保護主義の要求に対応するために、ハンザ・メッセ的自由貿易主義とは区別された、一定の輸入関税措置をとっていた。すでにみたように、西南ドイツ政府代表は、現行関税率の低関税、自由貿易主義の基調を批判するに際して、その論拠としてしばしば現実の「関税同盟」が果した一定の保護主義的機能の効果を提示し、とくに、一八三四年以来、「関税同盟」の関税が、綿紡績業、綿織物業の発達に対して与えた意義を評価し、それによって、「国内市場」が確保され、機械制大工業が発展し、これを生産的基礎として、新しい貿易体制へ移行しつつある事実を指摘した。「関税同盟」の関税（第二一表）は、重量に基づいて課税されたが、第二三表に現われたような商品価格の急速な低落によって、実質上の関税引上げをもたらしていた。このような一定の関税措置とその実質上の引上げがもたらした成果、即ちエルベ以西の綿工業における機械制生産の発展と「国内市場」の整備という事実こそ、西南ドイツ政府の関税論が根拠とした事実であった。このような発展は、すでにみたように、旧型貿易構造を解体させつつ、先進国型の貿易構造をつくり出しつつあった。「関税同盟」に最も決定的に対立してくる保護主義は、まさに、このような発展を基盤とする小ブルジョア＝ブルジョア層によって担われていたのであった。

以上のように「関税同盟」の商業・関税政策は、全体としてみれば、プロイセン主導の下で、低関税、自由貿易主義の基本的原則が貫かれ、あるいは少なくともその方向が志向されてはいた。しかし、同時に、それは、一定の関税措置の採用を余儀なくされており、しかも、それは、実質上、漸次強化される傾向をとった。かくて、「関税同盟」の関税政策は、元来、それによってドイツ経済を、イギリス資本主義の経済循環に結びつけ、農業、原料生産、輸出向加工業を基軸とする産業構造へと編成しようとする志向をもってはいた。しかし、このような政策的志向は、当該政策が客観的に実現される過程で、かかる方向とは全く対立した方向、ドイツ経済の資本主義的再生産＝流通（「国内市場」）の発展への方向を強め、「関税同盟」という形をとった絶対主義的領邦権力の結合体に対決する社会層、ドイツ産業資本家層を強めた。産業資本家の実力は、四〇年代には、西南ドイツ政府をして、保護経済論を展開させるまでになった。四四年の鉄関税引上げ及び四六年の綿糸関税等の引上げは、結局はかかる勢力への対応であり、「関税同盟」の基本的原理＝低関税、自由貿易主義の一層の後退と、ブルジョア的勢力の経済的実力の一層の強化を意味していた。それは「関税同盟」とその商業政策がいよいよ危機を深めたことを意味する。絶対主義的領邦体制の全面的変革と統一ドイツ国民国家の建設が課題となる三月革命においては、商業・関税問題は、もはや「関税同盟」の関税率引上げの問題という枠を越えて、産業資本家自らによる経済的統一・国民経済建設の問題という形をとるのである。それは「関税同盟会議」においてではなく、「ドイツ立憲国民議会」の中で処理されることになる。四〇年代の「関税同盟」の内部解体の危機は、その限りで三月革命の前夜をなすといってよい。

(1) ヴュルテムベルクでは、一八二〇年代よりその経済政策のあり方をめぐって「農業国」か「工業国」かの鋭い対立があった。二〇年代、時の大蔵大臣 Weckherlin に代表される同政府の政策の基本線は、農業生産優先、「農業国」への方向であり、工業は二義的位置を与えられていたに過ぎない。「農業国」の構想は、その後深刻化した同国経済の危機の中でも継承され、かかる方向に対立するF・リストは同国より追放された。リストの保護主義経済論・工業化論は、M・モールらに継承されていったが、その後、同国の政策は、一八二八年バイエルンとの関税同盟、更に三四年「ドイツ関税同盟」への参加を経る中で次第に転換し、特有な「工業化」の方向を打出してくる。四〇年代の関税問題で、反プロイセンの急先峰に立った同政府は、商業・関税政策に限っては、明らかに旧来の政策の転換を完了しているように思われ、むしろリストの経済理論の強い影響をみることさえできるのである。なお、以下の文献を参照。W. Troeltsch, a. a. O.; W. Söll, a. a. O.; P. Gehring, a. a. O.; 松田、前掲書、とくに後篇。

(2) G. Bondi, a. a. O., S. 67 f., S. 85 f. 諸田、前掲「『プロイセン関税法』(一八一八年)の成立過程」。

(3) 松田、前掲「関税同盟前史序論」。肥前、前掲「産業革命のドイツ的形態」。毛利、前掲論文を参照。

II　三月革命の変革運動

序章――三月革命の政治過程

1　三月革命の位置

フランス大革命にはじまり、ナポレオン戦争、一八三〇年の七月革命を経る中で、ヨーロッパの殆んど全域に広がっていった、封建制度廃棄をめざす革命運動は、旧体制、旧権力機構――各国の封建的ないし絶対主義権力、あるいはかかる革命運動に対する封建的対応としての「メッテルニッヒ体制」――を次々に動揺させつつ、一八四八―四九年において最高頂に達する。フランス革命に起点をもつ、このヨーロッパ革命の高まりは、その規模と激しさの点で、一五・六世紀の領主制の危機・封建的危機の時代のそれと比べることができる。というよりそれは、むしろ、この時期に始り、イギリス市民革命を画期とする、封建的支配＝隷属関係の変革過程、あるいはそれをめざすブルジョアジー主導の変革運動を継承し、これを実現しようとするものに他ならなかった。一五・六世紀の封建的「危機」が、結果的には、封建的再編ないし絶対王制へ帰結したのに対して、この変革過程は、再編成された封建制、あるいは封建的集中を媒介にして成立した絶対王制の変革を内容とする点で、一五・六世紀の変革過程と区別される。つまり、一八世紀末―一八四八・四九年の変革は、封建社会の最終段階としての絶対主義の構造的危機に対応した、封建制の廃棄、そのブルジョア的変革の、最終的段階を意味していた。しかし、一七八九年のフランスに始り、ドイツ、オーストリー、ポーランド、イタリー等々に波及していった変革運動＝過程は、イギリス産業革命の展開、プロレタリアートの大量的形成、産業資本の確立という世界史的環境——それ自体、かかる変革過程が契機となって生み出した必然的産物——の中で、フランス革命、次いでベルギー革命などを最後に、自己の歴史的課題の達成が次第に困難となり、ついに挫折するに至る過程でもある。ブルジョア的変革運動に本来内在する諸矛盾——とりわけ、ブルジョアジーとプロレタリア、下層小生産者の対立——が、この段階でいよいよ深刻化するからである。一八四八年六月のパリ労働者の蜂起は、このような対立が決定的なものとして示された最初の事例に他ならない。この時点を一つの画期にして、ブルジョア的変革に突入していたヨーロッパ諸国——ドイツ、オーストリー、イタリー等々——では、変革過程は停滞し、挫折する。フランス革命を契機にしてヨーロッパ全土に波及していった封建制ないし絶対王制の変革運動＝過程が、単に各国の封建的ないし絶対主義的権力の変革に止まらず、かかる個別の変革を通じて、旧権力・旧勢力のヨーロッパ的支配体制——フランス革命後は「メッテルニッヒ体制」——の総体的変革をめざす連続的過程として、またその最終的段階として、遂行された限り、ドイツをはじめとする後進諸国の革命の挫折とその必然性は同時に、ヨーロッパ的規模での連続的変革運動＝過程そのものの挫折とその歴史的必然性を意味したといえよう。(1)

封建制廃棄の連続的、世界史的過程が、自己を完結しえなくなるという事情は、このような世界的状況の中で、封建的、絶対主義的権力の打倒が一八四八年になってはじめて現実の問題として登場していたドイツにおいて集約的に示される。ドイツの絶対主義的領邦体制は、内外の危機に対して、あるいは、メッテルニッヒ体制の結成、ドイツ内部のブルジョア民主主義的運動の抑圧、あるいは、「上から」の「農民解放」と「工業化」及び「関税同盟」の結成などを通じて、対応をはかりつつあった。しかし、隣国フランスにおいて大革命が、つづいて七月革命が起り、それがドイツに波及し、その変革運動に影響を与えると、そのたびに危機の状況は深まっていった。一八四〇年代は、まさにドイツ社会のブルジョア的変革の内的諸条件が十分に成熟しつつあった時期であった。一八四八年二月に勃発したフランス二月革命はドイツに直接の影響を与え、ここに、絶対主義的領邦体制の打倒とそのブルジョア的変革が開始された。三月革命である。しかし、革命は、その後四八年六月パリ労働者蜂起を画期にして停滞し、結局封建的反動の勝利とプソイド・ボナパルティスムス Pseudo-Bonapartismus の成立に帰結していった。(2) ドイツ三月革命が「未完成の革命」あるいは「挫折した革命」とされる所以である。三月革命の実証的研究の最高峰の一人、ファイト・ファレンティン Veit Valentin は、その大著『ドイツ革命史(一八四八―四九年)』(3) の中で、この点について、次のように述べている。

「これらすべての中間層は、その起動力を大衆運動 Volksbewegung との結合によってえていた。彼らはこの革命的手段を利用し、革命から成果を引き出した。革命は今や一層進行し、秩序 Ordnung、所有 Eigentum および一切の権威 Autorität をおびやかした。社会革命主義者 Sozialrevolutionär は全くの少数派であり、共産主義者 Kommunist は更に少なかった。しかしその爆破力は、すべての市民的中間派 die gesammte bürgerliche Mitte を震撼させた。(4)」

「一八四八・四九年の革命は、普通、『プロレタリア的 proletarisch』あるいは『社会主義的 sozialistisch』な革命に対比して、このように〔『市民革命 die bürgerliche Revolution』として〕呼ばれている。運動の前景には都市市民層 das städtische Bürgertum が、もう少し正確に表現すれば、分解しつつある都市中間層 der in Zersetzung begriffene städtische Mittelstand が立っており、その主要な闘争目標は、明らかに、ドイツの憲法改革に置かれていたのである。しかし、それと並行しつつ、また、その背後に展開していた事実こそが正に運動の運命を決定した。農民蜂起 die Agrarevolten、手工業者及び労働者の団結 Handwerker- und Arbeiterassoziation である。ドイツの社会的共同生活の新たな形態と条件に対する追求である。それはしばしば世界観によって強固に基礎づけられ、批判的に鋭く研ぎすまされ、革命的に鼓舞されていた。憲法をめざす闘争は、それ自体としては、決して見込のないものではなく、恐らく、純粋の『市民的 bürgerlich』な領域の内においてならば、成果をもたらさないはずはなかった。『非市民的 unbürgerlich』な思想と人間が、たとえそれが少数派であったとしても、至る所で一緒になって騒ぎ立て、事態を混乱させ、『市民的なもの der Bürgerliche』が反革命によって分裂させられ、弱体化するのを容易にした。(5)」

上の指摘からわかるように三月革命の変革運動は二つの系列をもっていた。その一つは、都市の「市民的中間層」の変革運動、即ち憲法作成(「法律革命」)の運動と、もう一つは農民、手工業者、労働者らの大衆運動ないし民衆運動＝社会的経済的変革(「社会革命」)の運動である。前者は、後者を起動力としていたが、しかし、後者こそが、全変革過程の方向を左右したというのである。「農民蜂起」、「手工業者団結」と「労働者団結」として現われる「民衆運動」及びこれらと結びつき、あるいは、これらを指導した(または、そのようにみえた)「共産主義者」(K・マルクス、F・エンゲルスなど)、「社会革命主義者」(ヘッカーなど)は、「秩序」、「所有」、「権威」の解体、「非市民的 unbürgerlich」な思想と行動にまで進むことになった。このような「大衆運動」こそが「反革命の勝利」を「決定」したとするV・ファレンティンの、あるいは一般にワイマール期の、三月革命研究の政治的立場は、ドイツ十一月革命把握との関連で重要な問題を含んでいるが、しかし、先の指摘から、我々は次のことを知ることができる。(1)都市の「市民的中間層」(ブルジョアジー)と「大衆運動」――具体的には「農民蜂起」、「手工業者及び労働者の団結」、それと結びつく「共産主義者」、「社会革命主義者」――との関係は、三月革命の過程で、結合的関係から決定的な対立関係へと推転した。(2)一七八九―九五年のフランスにおいて、絶対王制を打倒し、フランス革命を「市民革命」たらしめる決定的な契機として存在した「農民蜂起」あるいは「手工業者」、「労働者」の運動は、一八四八・四九年のドイツにおいては、都市市民層(ブルジョアジー)を「市民革命」から遠ざけ、封建的諸勢力との妥協に追いやった基本的要因となったこと、さしあたってこの二点である。この違いは、フランスとドイツの革命が、それぞれの国の内部的条件――生産諸力の発展の歴史的段階――に規定されて、現実の問題として登場してくる時点の世界史的状況のちがいに、またそれに規定されたそれぞれの国の内部の事情の相違に、あるいはより具体的には、資本主義の歴史的発展段階の相違――マニュファクチュア段階と機械制段階とのちがい――にもとづいている。一八世紀末葉から一九世紀中葉にいたる資本主義の飛躍的発展が、フランス革命と、このフランス革命から波及したヨーロッパの一連の変革過程を、とりわけ、それが最高頂に達した一八四八・四九年の革命の帰結とその歴史的内容を全く異なったものとしたわけである。従って三月革命の帰結は、単に一八四八年の、ドイツの社会的変革の帰結に止まらないで、一七八九年に始るヨーロッパ旧体制の連続的革命過程の必然的帰結を、更には、一五・六世紀に起点をもつ、ブルジョア的変革の世界史的過程の帰結をも意味しているといいえよう。同時に、このことは、一八四八・四九年が、とくに三月革命が、パリ・コミューン、ロシア革命、中国革命を経て今日にいたる「プロレタリア的」ないし「社会主義的」変革運動の世界史的過程における転機となる所以でもある。(6)

(1) 一八四八・四九年の革命的高揚、それによるヨーロッパの支配機構・体制の危機の歴史的構造については、とくに、山之内靖『マルクス・エンゲルスの世界史像』未来社、一九六八年、第一、二部を参照されたい。

(2) 松田、前掲『新編「近代」の史的構造論』九〇頁以下。

(3) Veit Valentin, Geschichte der deutschen Revolution von 1848–49, 2 Bde., Berlin 1930–31, Neudruck, 1968.

(4) Ders., a. a. O., Bd. II, S. 181.

(5) Ders., a. a. O., Bd. II, S. 555.

(6) イギリスやフランスの古典的ブルジョア革命と区別される三月革命の特殊性については、K・マルクスの周知の指摘がある。K・マルクス「ブルジョアジーと反革命」『新ライン新聞』一八四八年一二月一〇日、大月版『マルクス・エンゲルス全集』第六巻、九七―一二一頁。マルクス・エンゲルスの見解に立つ三月革命把握としては、Franz Mehring, Geschichte der deutschen Sozialdemokratie, Dietz Verlag, Berlin 1960, Erster Teil, 足利末男・平井俊彦・林功三・野村修訳、F・メーリング『ドイツ社会民主主義史(上)』ミネルヴァ書房、一九六八年、がある。ヴィルヘルム・ブロスが「一八四八年の運動の経過はフランスのような古い型の革命 die Revolution alten Stils の終りを意味した」ders., Die deutsche Revolution. Geschichte der deutschen Bewegung von 1848 und 1849, Stuttgart 1893, S. 631 f. と述べる場合も、同じような理解に立っている。

2 三月革命の政治過程

三月革命の政治過程は次の段階をとって経過した。(1) (1)一八四八年三・四月―六月。(2)同年七月―一一月。(3)同年一一月―四九年四月。(4)四九年四月―六月。

(1) 四八年三月に始る第一段階は、「民衆運動」ないし「大衆運動」の展開とこれを背景とする「自由主義的内閣」及び「ドイツ立憲国民議会」の成立を内容とする。二月末から三月にかけて南ドイツの各地では、小市民、労働者、学生等によるデモンストレーション、集会及び請願行動が始った。続いて、この民衆運動は、ザクセン、テューリンゲンなどの中部ドイツ、バイエルン、クーアヘッセン、ナッサウ、シュレージエンなどに波及し、各地の領邦君主は、憲法制定を約束し、陪審裁判制度、出版の自由、政治犯の釈放等を認めた。「自由主義者」が入閣し、官僚機構へ進出していった。プロイセンでは、まずカムプハウゼン Camphausen とハンゼマン Hansemann の内閣が、続いてアウエルスワルト Auerswald とハンゼマンの内閣が成立する。ここで旧政治機構は大きく動揺するが、最終的な解体はまだ行われない。このような状況を背景に、革命を一層推進し、ドイツ人の「自由」と「統一」を実現するために、フランクフルト・アム・マインにおいて「ドイツ立憲国民議会 die deutsche constituierende Nationalversammlung」(以下「国民議会」と略)が発足した。しかし、この革命の政治機関に、主導的勢力として登場して来たのは、「市民的中間層」の大半を占める「自由主義者 Liberalen」たちであった。彼らは、「市民的中間層」のもう一つの潮流、即ち旧体制の全面的廃棄と国民主権に立ったブルジョア民主主義＝共和制とを実現しようとする「民主主義者 Demokraten」「共和主義者 Republikaner」たちを圧倒しつつ、旧領邦体制のなしくずし的廃止、「国民議会」と領邦権力との妥協――「協定」――を実現しようとした。

(2) 第二期は、「国民議会」が、封建制の廃止を遂行しえないことが明白になった時期で、一方では、旧勢力が擡頭し、「国民議会」に対立すると共に、他方では「革命思想の担い手達 die Träger der revolutionären Gedanken」(V・ファレンティン)即ち「民衆運動」が反革命勢力に対抗しつつ、「国民議会」に対して変革過程とくに「社会革命」の実現を求めた時期である。「手工業者・営業者会議」の開催、「労働者・雇職人」の組織化、「新ライン新聞」によるマルクス、エンゲルスの活動、フランクフルトとベルリンの「民主主義者会議」の開催、また、ライン、マイン、南ドイツなどにおける民衆の「九月蜂起」は、この時期を特徴づける出来事である。

(3) 四八年一一月から四九年四月にいたる時期は、民衆運動が再びドイツ各地で盛り上り、それが反革命勢力ないし三月内閣によって鎮圧されることになった時期である。「憲法闘争」である。「社会革命」をめざす「民衆」は、それぞれ独自の利害と観点から、四八年三月の蜂起が提示しながら具体化されなかった課題を実現しようと試みた。

(4) 四九年四月から六月にいたる時期は、ザクセン、バーデンの内乱、バイエルン、ヴュルテムベルク、テューリンゲン及びラインラントの民衆運動が、反革命勢力＝プロイセンによって次々に弾圧され、かくて反革命が最終的に勝利を確定した時期であった。

以上の諸画期において、三月革命の「帰結」に直接関わってくる時期は、特に、「民衆運動」と「国民議会」の関係が結合から対立へ移行する第二段階である。旧体制の打倒という点に関して共通の基盤に立っていた革命諸勢力のうち、「国民議会」の主導的勢力＝「市民的中間層」（産業資本家、小ブルジョアジー）は、この段階において、「社会革命」――絶対主義的領邦体制の社会的経済的構造の変革――をめざす民衆――農民、手工業者、雇職人・労働者――の変革運動を支持し、かかる変革を実現するどころか、逆にこれらと対立し、その運動を抑圧し、それによって結果的には、「国民議会」成立の社会的基盤を自ら解体させたばかりか、反革命の擡頭を容認したのである。フランス革命と同じようにブルジョア革命として始ったドイツ革命が、フランス革命と全く異なった経過と帰結をもたらすことになった決定的な転換点はこの第二段階にあったといえよう。以下、本篇では、このような「民衆運動」を構成する、農民、手工業者及び雇職人・労働者の、それぞれ独自の内容と形態をもった変革運動をとり上げ、その中に表現されたこれらの社会層・階級の固有の社会的経済的利害の内容と方向を解明してゆこう。

（1）　三月革命の政治史的ないし政治思想史的研究は、三月革命研究の主流をなすといってよい。V・ファレンティンの研究はその最高峰をなすと思われるので、以下、その研究成果に従って整理を行った。V. Valentin, a. a. O. なお以下の研究も参照。W. Blos, a. a. O.; Rudolf Stadelmann, Soziale und politische Geschichte der Revolution von 1848, München 1948, 2. Aufl., 1970; Gerhard Schilfert, Sieg und Niederlage des demokratischen Wahlrechts in der deutschen Revolution 1848/49, Berlin 1952. 上杉重二郎・伊東勉訳『ドイツ三月革命の研究』日本評論社、一九五六年。Theodor S. Hamerow, Restoration, Revolution, Reaction, Princeton, 1. ed., 1958, Paperbackedition, 1966; Karl Obermann, Einheit und Freiheit. Die deutsche Geschichte von 1815 bis 1849 in zeitgenössischen Dokumenten, Berlin 1950; ders., Deutschland von 1815 bis 1849. Von der Gründung des deutschen Bundes bis zur bürgerlich-demokratischen Revolution, 2. Aufl., Berlin 1963; ders., Flugblätter der Revolution. Eine Flugblattsammlung zur Geschichte der Revolution von 1848/49 in Deutschland, Berlin 1970; 矢田俊隆「ド

イツ三月革命と自由主義」『年報政治学　近代革命の再検討』岩波書店、一九六四年、所収。広実源太郎「ドイツ三月革命」『岩波講座　世界歴史19（近代6）』岩波書店、一九七一年、所収、など。ほかに政治史的な研究は、非常に多い。こういった三月革命の研究動向については次の文献を参照願いたい。V. Valentin, a. a. O., Bd. II, S. 595 ff.; T. S. Hamerow, History and German Revolution of 1848, in: American Historical Review, 60, 1954; do., Restoration, Revolution, Reaction, p. 265 ff.; 矢田俊隆「一八四八―四九年のドイツ革命の研究について」『歴史学研究』第一三六号、一九四八年。林健太郎「一八四八―四九年のドイツ革命に関する最近の研究」『史学雑誌』第六二篇第一〇号、一九五三年。増谷英樹「最近のドイツ三月革命研究の問題点――特に視点の問題に関して――」『人文学報』第八九号、一九七二年。

第一章 「農 民 革 命」

一 農民蜂起とその社会的経済的内容

1 研究史の整理

封建的土地所有の規定とその支配体系の廃棄は、ブルジョア革命の不可欠の条件であり、その際、農民層自身による封建制の廃棄、封建的支配＝隷属からの自主的解放、即ち「農民革命」は、「封建的土地所有の体系を全面的・全機構的に排除し、その限り絶対王政の諸規範を剰すところなく払底せしめる」[1]ものとして、西ヨーロッパのブルジョア革命の基底をなすものであった。

ドイツ「農民革命」にかんする研究は、K・ライス[2]、E・ヨルダン[3]、F・ラウテンシュラーガー[4]の二〇世紀初頭に現われた一連の研究に始った[5]。これらの研究は、三月革命史の実証的研究の端初をなすばかりでなく、政治史的、思想史的研究への批判的潮流をもなしているのであるが、この時期の農民運動について次のような事実を明らかにした。

(1) 一八四八年の革命運動は、「二つの相異なる強力な潮流 die zwei allerdings verschiedenen starken Strömungen」からなっていた。一つは、既存の絶対主義的国家を否定し、国民主権・国民代表制に立脚した「全能」国家 „omnipotenter“ Staat の樹立を志向する「市民 Bürger」の運動系列。もう一つは、「社会の社会的経済的構造 die soziale und

wirtschaftliche Struktur der Gesellschaft」の変革を志向する運動系列である。(2)「農民革命 Bauernrevolution」、「農民蜂起 Agrarrevolt」、「農村運動 Agrarbewegung」は、都市の労働者、雇職人、手工業者の社会的運動と共に、後者の系列を構成した。(6) (3)「農民革命」は、封建的土地所有の軌範から、「実力」を背景にしつつ、「非合法的」に、「自らの力」で auf den Weg gesetzloser Selbsthilfe und Gewalt 自己を解放することをめざした、「農村の経済的運動 die ländlich = wirtschaftliche Bewegung」に他ならず、(7) その力点が農村の封建的収取関係からの自己解放を基本的内容とする「社会的経済的要求」にあった点で、「政治的自由・政治的統一」を主要目標とする、「市民」の「政治的運動」から区別されると共に、他方、それが主として「農村」を基盤とする農民層自身による自己解放の運動として展開した限り、都市を主要な舞台とする労働者、雇職人、手工業親方の革命運動と区別される。換言すれば、「農民革命」は、「市民の政治運動」及び「都市の労働者、雇職人、親方の社会的運動」と並行しつつ進行しながら、しかもその内容と方向を異にした、農民自身の自主的、自律的変革運動に他ならなかった。(4)ところで「強力」または「実力 Gewalt」を背景としつつ自らの解放をめざす農民の独自的運動は、西南ドイツ、ザクセン、シュレージエンを中心に、グーツヘル、グルントヘルに対する直接的闘争として、個々ばらばらに展開した。革命の結果成立した「三月内閣」は、グーツヘル、グルントヘルに対決するこの地域的、分散的運動を、武力をもって鎮圧した。かくて、農民運動の形態は、議会制度が導入される過程で、武力的、直接的な行動から、選挙運動、議会における民主主義者・共和主義者との結合あるいはそれへの働きかけへ、またその為の農民組織の結成、あるいは集会と請願活動などへと、転換をとげていった。この過程でシュレージエンや南ドイツでは都市の共和主義的運動と「農民運動」の結合が進んだ。(8) (5)それは、同時に、封建的土地所有の変革の問題が、農民自身によるグルントヘル、グーツヘルあるいはランデスヘルの打倒を通じて直接的に解決されるのではなく、むしろ、議会を舞台として、政党、セクト相互の政策立案をめぐる対立、あるいは、議会(立法府)と政府(執行府)との対立を通じて処理されることになったことを意味する。「議会」——各邦の立法議会及びフランクフルト・アム・マインの統一「立憲国民議会」——は、都市の「市民的中間層」によって占められており、農民あるいはその利害を直接代表する部分は極めて少数か、皆無に近かった。結局、議会は、旧体制とその社会的経済構造の変革を遂行しようとせず、そのために封建的反動的勢力は力を盛り返してくるのであり、その中で、執行府はいくつかの農業立法——シュレージェンの場合、一八四八年一二月二〇日法——を施行することになるのである。農業改革である。農民はこれを受け容れ、「農民革命」はここにおいてほぼ終了する。(9)

(1) 高橋幸八郎『市民革命の構造』御茶の水書房、増補版、一九六六年、二五頁以下。

(2) Karl Reis, Agrarfrage und Agrarbewegung in Schlesien im Jahre 1848, Breslau 1910.

(3) Erich Jordan, Die Entstehung der konservativen Partei und die preußischen Agrarverhältnisse von 1848, München u. Leipzig 1914, S. 117 ff.

(4) Friedrich Lautenschlager, Die Agrarunruhen in den badischen Standes= und Grundherrschaften im Jahre 1848, Heidelberg 1915.

(5) 農民運動史研究については、上記研究の他に、V. Valentin, a. a. O.; Hella Mohrdiek, Die Bauernunruhen in Württemberg. Ein Beitrag zur Geschichte des Revolutionsjahres 1848/49, Diss. Tübingen 1949; Theodor S. Hamerow, op. cit. が、また最近の研究としては、Günther Franz, Die agrarische Bewegung im Jahre 1848, in: Zeitschrift für Agrargeschichte und Agrarsoziologie. Jg. 7, H. 2, 1959; Roland Zeise, Die antifeudale Bewegung der Volksmassen auf dem Lande in der Revolution 1848/49 in Sachsen, Potsdam 1965; Helmut Bleiber, Lage und Kampf der schlesischen Bauern und Landarbeiter in Vormärz (1840–47), Diss. Berlin 1963; ders., Bauern und Landarbeiter in der bürgerlich-demokratischen Revolution von 1848/49 in Deutschland, in: Zeitschrift für Geschichtswissenschaft, 1969, H. 3; Gerhard Becker, Antifeudale Petitionen preußischer Bauern vom März 1848, in: Zeitschrift für Geschichtswissenschaft, 1968, H. 2; 末川清「三月革命期における封建的賦課廃

棄の運動――シュレージェン州を中心として――」『西洋史学』第三八号、一九五八年。大月、前掲「西南ドイツにおける『農民解放』――ヴュルテンベルクを中心に――」。坂井栄八郎「クールヘッセンにおける農民と農民解放㈠㈡」『史学雑誌』第七六編第六号、七号、一九六七年。松尾展成「三月革命期およびフランス革命期のザクセンにおける農民運動」『岡山大学経済学会雑誌』第三巻第一号。

(6) K. Reis, a. a. O., S. 1 f., S. 23; F. Lautenschlager, a. a. O., S. 4.

(7) K. Reis, a. a. O., S. 1; F. Lautenschlager, a. a. O., S. 1.

(8) 要約的記述としては、K. Reis, a. a. O., S. 138 ff.; F. Lautenschlager, a. a. O., S. 63 ff. を参照。この段階においても、民主主義的セクトと農民組織の「直接的結合 eine direkte Verbindung」は、農民自身がこれを拒否したという。K. Reis, a. a. O., S. 67.

(9) 農民の不満は、その後、一八四九年においても部分的に爆発した。しかし、「本来の農村運動 die eigentliche Agrarbewegung は、一八四八年と共に、終りを告げる。」K. Reis, a. a. O., S. 137. 北バーデンの場合はもっと早い。F. Lautenschlager, a. a. O., S. 73.

2　「農民革命」把握の視点

三月革命期の農民運動は、以上のように、農村の社会経済的諸条件、即ち封建的支配＝隷属関係を廃棄しようとする、農民の自主的運動に他ならず、その限りで、「農民革命」と呼ぶことができる。武力的行動を背景とする農民の変革運動は、その後、議会制度が導入され、封建制廃棄の問題が、議会内の、あるいは「議会」と「執行府」との対立の局面に移行するに及んで、運動の形態を転換し、議会内急進派＝「民主主義者」との結合、ないし農民代表の議員を通じて、自己の利害を、「議会」での農業・土地問題の審議に、反映させようとした。逆に、議会内の「民主主義者」、「共和主義者」は、「農民革命」を背景とし、また農民層をその社会的基盤、社会的エネルギーの一つとして前提することによって、はじめて力を発揮しえたのであった。K・ライスに始る「農民革命」の研究は、以上の事実を明らかにした。しかし、これら一連の研究には重要な問題点が含まれていた。それは、「農民運動」と、議会内の「民主主義者」及び革命の結果としての「農業改革」(の一層の進展)という三つの要素を直接結びつけようとしたことであった。「農民運動」の独自の内容と方向——「民主主義者」との対立の局面、更に、「農業改革」との対立——が、無視されたことである。東独の「マルクス経済学者」H・モテクの「民衆運動」の理解はこの点で全く誤っている。彼は、ドイツのブルジョア革命をその結果の経済的内容から一九世紀初頭、四九年、六〇年代の三つの段階を設定し、次のように述べている。

「確にドイツでは政治的基本問題は解決されなかった。しかし、市民革命における上述の三つの経済的基本問題〔封建的土地所有の廃止、中世的営業制度の廃止、封建的分裂の止揚〕は解決された。〔この点において〕国民大衆 Volksmassen はその蜂起において勝利をえることができなかったにも拘らず、ブルジョア歴史学が指摘している以上に、まことに決定的な役割を果した。(1)」

「農民革命」(「大衆運動」一般)はあたかも、シュタイン＝ハルデンベルクの改革と、その延長上にある三月革命後の「ブルジョア的」な「農業改革」＝「プロシア型」の「農民解放」、の実現のために、「決定的な役割」を果したかの如き理解がここに示されている。たしかに、「農民革命」が、結果的には、民主主義者や共和主義者の社会的基盤、あるいは「行動部隊 verfügbare Macht」(K. Reis)として存在し、かかる社会的基盤に立った急進主義者が、「農業・土地改革立法」の実現のために尽力したこと、あるいは、「農民革命」への対応として、農業・土地改革が政府によって強力に推進せられたことは事実である。(2) しかし問題は「農民革命」がもつ独自の内容と方向である。「農民革命」は、急進主義者の社会的エネルギー源になるために、また、政府の農業・土地改革を推進するために、行われたのではなかった。「農民革命」は、農村の封建的支配＝隷属関係を破砕し、封建的土地所有の軌範から自らを解放することを目的とした、農民の闘争であった。それは、封建的諸賦課・領主特権の根底的変革を、「有償解放」方式に立つ「上から」の「農民解放」の廃棄を、基本的な内容とするものであった。「農民革命」のこのような方向は、それ故に、都市の「市民的中間層」にとっては、「封建的」な「秩序」の変革の枠を通りこして、「市民的」、「ブルジョア的」な「秩序」あるいは「所有」への侵害として現象してこざるをえなかったのである。都市の「市民的中間層」が多数を占める、あるいは、その利害が支配する「議会」と、「農民革命」との関係は、対立的関係に発展せざるをえない。(3)三月革命において、封建的土地所有の変革に関して「議会」が行ったことは、封建的支配＝隷属関係から「実力」をもって自らを解放しようとする農民運動を弾圧するか、あるいはその弾圧を黙認することであった。そしてこのような、「農民革命」の弾圧ないし弾圧の黙認の上、議会主義的な法律改革あるいは改革原則を提示することであった。しかも、この「改革」の経済的内容は、「所有権の保護」、「私的所有の不可侵」の原則に立った、封建的諸権利の「有償解放」である。(4)このような「議会」の措置は、客観的には、封建的勢力の経済的基盤を温存し、その再生（「反革命」）を事実上許容するばかりでなく、封建的土地所有者との決定的な対立者であり、また「議会」存立の事実上の社会的エネルギー源として存在した農民層を、「革命」から、更に、「議会」からも遠ざける結果となり、(5)かくて、「反革命」の勝利の為に、二重、三重に寄与することになった。だから、「農民革命」と「議会」との関係は、客観的には、封建的土地所有、封建的諸関係を根底から変革するか、それとも、かかる関係を温存し、「反革命」を許容するか、という革命の方向と帰結にかかる決定的な対立関係にあったということができる。

三月革命過程における「農民革命」の意義について、凡そ以上のような理解に立って、以下「農民革命」の経済的内容とその歴史的意義を更に具体的に解明してゆこう。(6)

(1) Hans Mottek, Wirtschaftsgeschichte Deutschlands. Ein Grundriß, Bd. 2, Berlin 1964, S. 4.

(2) 末川清氏の研究、前掲「三月革命期における封建的賦課廃棄の運動」は、シュレージエンの農民運動と「革命期ないし直後の改革立法」との内的関連を解明された労作であるが、その際に、次のような指摘が行われている。「この闘争は、あるいは暴動、あるいは賦課の不履行、あるいは領主特権の侵犯のかたちで四八年を通じて持続していたが、この内に盛り上った変革のエネルギーは、主として民主派と上層農民の手で結集され、組織されて(農民協会)、農業改革立法を推進するための起動力となった。」「四八年の農民運動は革命の所得を活用しつつ逆にそれに作用を与えることによって、すなわち国民代表機関と結合することによって、運動と立法との距離は著しく短縮され、農村住民の変革への希求は一段と効果的に政治の場に反映されることとなった。」(傍点は引用者) このような観点に立って氏は次のように述べられている、「我々は、シュレージェン州の革命期の農民運動が、約五〇年にわたるプロイセン農業改革の過程で、特に強力な下からの改革運動であったと評価することができる。」同氏、前掲論文、一七頁。なお、シュレージエン農民運動の限界性についての興味ある指摘は、一八頁、一九―二〇頁。末川氏の指摘が、K. Reis, や F. Lautenschlager の研究の延長上に、その論理を一層展開させたものであることはほぼ間違いないところであろう。しかし、「農民革命」の評価について重要な問題点が含まれているように思う。「農民革命」は、元来、封建的土地所有から自己を解放する農民自身の革命運動でこそあれ、「農業改革立法」をめざす「下からの改革運動」ではないのではないか。本論で述べるように、プロイセンの農民運動は、シュタイン=ハルデンベルクに始まるあのプロイセン「農民解放」=「農業改革」に対立し、これを否定することを経済的内容として、かかる経済的利害の達成のためにグーツヘル、グルントヘルと武力的対決にまで進んだ、正に「革命」運動であった。それは「民主派」のためにではなく、また「議会」の「改革立法」のためにではなく、「変革のエネルギー」を放出したのではなく、グーツヘル的支配を根底から(「革命的」に)変革するために行われたのである。(農民の経済的要求が、末川氏御自身が指摘されているように、封建的賦課・特権の無償廃棄、三月前期の調整・償却処置の修正並びに償却費と領地使用権の返還というすぐれて革命的内容をもっていたことに注意されたい。同氏、前掲論文、二、五、一五頁参照。) 我々は、このような「農民革命」が、封建的収取関係の農民自身による「革命的」変革が、「三月政府」によって弾圧され、その上で封建制廃棄の問題が、封建的諸関係(グーツヘル=農民関係)そのものには手を下されないまま、議会における農業立法=政策上の、あるいは、議会と政府(執行府)

との対立の問題に解消されねばならなかった、歴史的条件こそ問題とすべきではなかろうか。換言すれば、「農民革命」を「改革運動」に歪曲させた、主体的、客体的条件は何か、という問題である。

(3) 三月革命における「議会」と「大衆」との政治的関係のダイナミズムを見事に指摘したのはT・S・ハメロウである。彼は次のように述べている。「ドイツ自由主義の指導者は、しかし、ジャコバンでもボルシェヴィキでもなかった。彼らは勤勉なブルジョア政治家 industrious bourgeois politicians に過ぎなかった。彼らは十分に良心的で、誠実ではあったが、機会を把えた大胆な行動をとることは全く出来なかった。彼らは流血と暴動を怖れた。一たび民衆が平素の恭順さの鎖を断ち切るやその止まる所を知らないと考えたからである。革命は彼らの理論を行動に移す機会を与えた。だが彼らは自分達の権威が非合法的根拠に由来することを恥じいるのを常とした。」T. S. Hamerow, op cit., S. 161.

(4) 「立憲国民議会」(フランクフルト・アム・マイン)の経済政策ないしその方向については以下の研究を参照されたい。Paul Albrecht, Die volkswirtschaftlichen und sozialen Fragen in der Frankfurter National-Versammlung, Halle 1914; Walter Schneider, Wirtschafts-und Sozialpolitik im Frankfurter Parlament 1848–49, Frankfurt a. M. 1923; Hans Krause, Die demokratische Partei von 1848 und die soziale Frage, Breslau 1921; V. Valentin, a. a. O., Bd. II, S. 317 ff.; T. S. Hamerow, op. cit., p. 128 f.; プロイセン国民議会については、Verhandlungen der constituirenden Versammlung für Preußen 1848, 9 Bde., Berlin 1848–49; 末川、前掲論文、を参照。産業ブルジョアジーの社会的動向については次の研究を参照されたい。Adolf Finger, Die Schutzzollfrage 1848/49 und der allgemeine deutsche Verein zum Schutze der vaterländischen Arbeit, Gießen 1937.

(5) 「春の蜂起によって内面に注ぎこまれた情熱を農民は徐々に失なっていった。自由主義は反動勢力との闘争を自らの力でやりくりする以外に道がなかった。」T. Hamerow, op. cit., p. 172.

(6) 都市の市民的中間層と「農民革命」の対立関係は、封建的、絶対主義的権力の政治的打倒の方法、政治的行動のあり方をめぐっても存在する。「農民革命」は、すでに述べたように、グルントヘル、グーツヘル、更には、政府との、「武力的」、「非合法的」闘争として開始される。都市の中間層は、これに対して、「合法的」な議会代表制を通じて、「立憲国家」設立をめざす。旧権力が動揺しつつもなお強固に生き永らえており、かかる権力の打倒とブルジョア権力の樹立が緊急の問題として登場している一八四八年の革命状況において、「農民革命」の志向する武力的行動と、これを回避した都市市民の議会主義的方法とは、革命権力の樹立の問題との関連で、客観的には対立関係に置かれていたのではなかろうか。

3　農民蜂起とその内容

一八四八年三月、農民運動は、西南ドイツ、中部ドイツ及びシュレージエンを中心に、グルントヘル、シュタンデスヘルあるいはグーツヘルに対する、武力的、直接的な抗争――農民蜂起――として始り、同四、五月、ランデスヘルないし「三月内閣」による武力的弾圧によって、一段落した。以後、運動の形態は、選挙活動、集会、請願等の合法的形態へ転換をとげていった。以下、農民運動の第一段階としての農民蜂起の経過と内容を、西南ドイツ、シュレージエンを中心にみておこう。

一　西南ドイツ(1)

北バーデン――オーデンヴァルト Odenwald 及びクライヒガウ Kraichgau――

シュタンデスヘルシャフト(等族領主) Standesherrschaft やグルントヘルシャフト Grundherrschaft の支配的なこの地域では、既に三月革命の以前から、封建的賦課の軽減あるいは廃止を目的とする農民の反領主運動が行われていた。それは、さしあたって、グルントヘル、シュタンデスヘルあるいはランデスヘルの封建的賦課に関するラント議会への請願という形をとって現われたがとくに、次のような賦課租、特権が、批判された。

(1)　十分の一税　一八三一年、一八三三年の法律によって、十分の一税は有償で廃止されたが、償却元金とその利子支払は、旧来の現物形態での十分の一税の大きさを上回り、農民にとって、従来よりも大きな負担となったばかりでなく、償却額の決定が領主の一方的な措置によってなされ、農民の十分の一税に対する反感は強まった。

(2) 保有変更税 Drittel, Stockdrittel, Ehrschatz, dritter Pfennig, Zehnter, Handlohn, Güterfall などと呼称され、相続、交換、売買など、保有権の変更・移動に際して課せられた。

(3) 領主裁判権に由来する各種貢租、特権 Abzugsrecht――移民、移住などに際して、家屋・土地の売却・譲渡を行った場合、農民は国外(バーデン外)に持ち出す財産の一〇％を領主に支払わねばならなかった。市民権税、移転税――これは家父長的裁判権及び警察権の廃止に対して、ランデスヘルがグルントヘルに与えた補償である。領主特権――Bannrecht、狩猟権 Jagdrecht、漁業権、放牧権等々。とくに、狩猟権は、農産物への野獣害の原因として、その廃止が強く要求された。(2)

封建的賦課租、領主的特権に関する要求と並んで、かかる封建的収取関係を支える政治的、行政的機構の改革が提起されたことは注意さるべきである。グルントヘルは、村 Gemeinde から選出された候補者の中から、村長 Bürgermeister を指名する権限を有し、これを通じて、村の行政に自己の利害を反映させることができた。この問題は、教会、学校、河川、橋梁、道路などの公共施設の建設、補修、維持に関する経費の負担とその分配のあり方に直接関連してきた。グルントヘルは、村の行政機構の掌握を通じて、このような諸経費を農民に対して全面的に転嫁しようとしたのである。農民は、村の行政とその機構をグルントヘルの影響から自律させ、行政費を公平に配分するように要求した。(3)

このような事情を背景にして、オーデンヴァルトの農村では、三月革命の前年の一八四七年には、貴族制の廃止、ユダヤ人追放、君主制国家の廃止と自由主義国家の建設、官僚の打倒を求めるビラが配られるほど緊張が高まっていたという。(4)

翌四八年三月、フランス二月革命の影響の下で、オーデンヴァルト及びクライヒガウの農民はついに蜂起した。それは、三月四日、ユダヤ人高利貸資本に対する闘争を契機に始った。ユダヤ人家屋の破壊と財産の没収、未払債務に関する領収証作成の強制などが主な内容である。ユダヤ人高利貸資本に対する闘争は、三月六日、グルントヘルに対する抗争へと転化していくと共に、地域的には、ネッカー Neckar 河から、タウバー Tauber 河、マイン Main 河にいたる、バーデン大公国北部地域の三分の一に広がり、ここから更に、ヘッセン・オーデンヴァルト hessischer Odenwald、ヴュルテムベルク北部のホーヘンローヘ Hohenlohe 地域、ナッサウへと拡延していった。農民は貴族制度の廃止を求め、租税・賦課文書を破棄あるいは焼却し、地代徴税官への暴行を行った。(5) グルントヘルは、武力を背景とする農民の要求に対して、次々に譲歩していった。アーデルスハイム Adelsheim の場合、(1)グルントヘルは租税 Steuerkapital を村の必要に応じて、市民に公平に提供すること。(2)小売市場 Krämermarkt や家畜市場 Viehmarkt などで課せられる、各種の市場税 Marktstandgeld の廃棄。(3)市民税 Bürgerannahmetaxen の廃棄。(4)狩猟権・漁業権の賃貸と賃貸料の村への納入。(5)市長選挙における推薦権の廃止。(6)移住者への移住税 Abzugssteuer の廃止。(7)あらゆる種類の旧い貢租の廃止。

三月八日のボックスベルク Boxberg(ライニンゲン Leihningen)の武装農民集会とその後の徴税庁急襲、文書焼却(6)に続いて、一〇日、オーデンヴァルト一帯の農民は、アモルバッハ Amorbach に集り、領主ライニンゲンに対して、農民戦争の故事に倣った、一二ケ条の要求を提示した。(1)これまでに提示した一切の要求を承認すること。(2)森林用益権 Waldberechtigungen をクーアマインツ Kurmainz と同じように保証すること。森林法は変更しない。(3)ムダウ Mudau 村の債務を支払うこと。(4)ハールト Haard 及びランゲンツォル Langenzoll の森林地は村の所有物とする。(5)シュロサウ Schlossau 近在ホーヘンヴァルト Hohenwald の木材は、従来長期に亙って、その用益権の行使を妨げられていた村に対する補償とする。(6)これまで施行された一切の裁判 Prozess の取消。(7)ムダウ牧師館の建設に際して提供された手賦役、畜役に対する即時支払。(8)教会、牧師館の建設費遅滞に関する説明。(9)一切の延滞貢租、狩猟賦役の償却地代 Jagdfrohnablösungsrenten に対する権利の放棄。(10)あらゆる種類の寄金を村の金庫に納入すること。(11)牧師職手当 Pfarreikompetenzgefälle の即時供出 Ablieferung。(12)シュタンデスヘルの側から、オーデンヴァルトの村に対する要求事項は一切廃止される。(7)

以上の要求事項から、われわれは、オーデンヴァルトの農民が、さしあたって彼らとグルントヘルやシュタンデスヘルとの収取関係を改革し、変革しようとしていたこと、またその運動の直接の契機が「社会経済的要求」にあったことを確認することができる。その内容は大体つぎのように整理できる。(1)十分の一税。(2)保有変更税、移住の際に徴収される移住税、狩猟賦役償却地代、市場税、その他の貢租。(3)狩猟権、漁業権、森林用益権、牧野用益権などの問題、即ち領主特権の廃止及び共同地の用益権・所有権の確認。(4)村の行政経費——とくに教会、牧師館建設費——の公平負担。この問題は、純粋の「社会経済的要求」とは云えないが、村の行政的自律＝自治の要求と結びついている。

保有変更税廃止の要求は、この時期に顕著に進んでいた農民保有地の細分化の事実と深く結びついていた。(8)土地細分化は、いうまでもなく、保有者の変更を伴う、農民相互間の土地分割、売買、相続が極端に進行した結果であった。土地価格の一〇％前後に及ぶ保有変更税は、零細化しつつある農民には、著しい重圧と感ぜられた。また、土地細分化、土地不足に伴って増大する国外移民にとって、移民に際して国外に帯出される総財産の一〇％に及ぶ移住税は、著しく大きな負担であった。以上のように、保有変更税、移住税の廃棄を求める農民の要求は、土地零細化、国外移民の増大という西南ドイツに固有の事情を背景としていたのである。「市場税廃止」の要求も、「市場」とくに「週市」

の著しい展開とそこにおける商品流通の発達という、西南ドイツの特殊的事情に関連していたのである。(9)

オーデンヴァルトの農民運動は、以上のように、グルントヘル＝農民関係の変革あるいは改善をめざす運動として始ったのであるが、その直接の攻撃目標は、農民の剰余労働の直接の収取者としてのグルントヘル自体に向けられており、領邦権力、領邦体制の変革を目的とするものではなかった。しかし、グルントヘルの封建的支配の変革を目的とする農民の抗争は、当初から、領邦権力との対立・抗争へ発展する契機をその中に含んでいた。十分の一税に対する農民の批判はその一つである。十分の一税は、すでに述べたように、一八三一・三三年の領邦立法を通じて有償で廃止され、農民は、償却金の支払を義務づけられていた。農民は、償却金の支払のために、現金を入手しなければならず、この過程で、多くの農民は高利貸資本――とくにユダヤ人高利貸人――から債務を負い、彼らの下に従属していった。従って、ユダヤ人の追放、家屋破壊、債権証書の破損など、ユダヤ人に対する農民の闘争は、農民の封建的諸関係からの「有償解放」過程を背景にして展開されたのであり、それ自体、「解放過程」への批判を内包するものであった。十分の一税に対する農民の批判は、従って、領邦権力の「農民解放」＝有償解放政策への攻撃をも意味していた。

さて、バーデンの新政府は、農民の武装反乱に対して、直ちに軍隊を投入し、その鎮圧をはかるとともに、農民の武装反乱の結果破壊された財産の補償は、村が行うよう求める布告を出して、村を構成する農民の内部的分裂――農民自身が、その突出部分を内部的に抑制すること――をはかった。同時に、新政府は、封建的権利の廃止あるいは償却に関する改革案を提示した。それは次の二点を原則とする。(1)現在法律によってまだ廃止されていないすべての封建的権利は、今後廃止されたものとする。(2)（封建的）権利者に対する補償は低額で、その大きさは後日特別の法律によって逐次決定される。権利が私法的根拠を有さない場合に限り、補償は全額国庫から支払われる。(10)

蜂起地域における軍隊の投入と駐在とによって、農民運動はその一層の展開を阻まれたのであるが、しかし、軍隊の導入・駐在は、この地域の農民運動を封建的諸関係の変革をめざす、グルントヘルとの闘争から、グルントヘルの背後にあって彼らを支えているランデスヘル権力あるいは領邦政府それ自体との対決へと発展させた。と同時に、このような中で、農民の一部、とくに上層農民は運動から脱落する傾向がみられた。すでに、グルントヘルとの対決が、ユダヤ人高利貸資本との闘争と結びつき、更に所有一般への攻撃に転化する傾向を示してくると、とくに下層農民が運動の先頭に立つ傾向を示していったのとは対照的に、上層農民は、逆に、バーデン政府の封建制廃止の改革案を歓迎し、運動から後退していった。(11) 農民運動の共和主義的、反政府的傾向は、四八年三月一九日のオフェンブルクの集会以降、とくに顕著になった。(12) 四月一日のボックスベルクにおける突発事件を契機として、反ユダヤ人、反グルントヘル闘争は、再び盛り上り、クライヒガウ一帯に広がったのであるが、バーデン政府軍の増強とバイエルン軍の支援による威嚇とによって鎮圧されることになった。(13)

南バーデン

オーデンヴァルトとクライヒガウの農民運動が、主としてグルントヘルとの闘争という性格を強くもっていたのに対して、バーデン南部の農民運動は、スイス在住のドイツ人の政治的運動の影響の下で、領邦権力に対する共和主義的、政治的運動として展開した。(14) もとよりバーデン南部シュヴァルツヴァルト――もとの Vörderösterreich――の農民運動も、当初は、グルントヘル、とくにフュルシュテンベルク Fürstenberg 侯に対する、封建的支配＝隷属関係からの自己解放の闘争として始ったが、フィクラー Fickler などの共和主義者の指導の下に、次第にランデスヘル、政府に対する共和主義的運動へと発展していった。しかし、シュトカハ Stockach、エンゲン Engen などの農民集会において、急進主義者は蜂起に反対し、狩猟権、市民税、移住税、バンレヒト、十分の一税の廃止を求めるのに止まり、結局、フュルシュテンベルク侯の譲歩によって、オーデンヴァルトにみられたような武装闘争の激しい盛り上りをみせるにはいたらなかった。

ヴュルテムベルク(15)

ヴュルテムベルク北部ホーヘンローヘ地方の農民運動は、北バーデンの影響の下に始った(16)。農民蜂起の中心地は、ゲラブロン Gerabronn、キュンツェラウ Künzelsau、エーリンゲン Öhringen などの旧ホーヘンローヘ領の諸郡、ホーヘンローヘ・レーヴェンシュタイン Löwenstein 領、ゲミンゲン Gemmingen 及びヴァイラー Weiler の騎士領などが入りくむ、ヴァインスベルク Weinsberg 郡などのグルントヘル領、騎士領である(17)。三月五・六日、ニーダーシュテッテン Niederstetten の蜂起、ホーヘンローヘ侯の屋敷焼打に始った農民運動は、同地域一帯に広がった。いたる所で領主屋敷、徴税庁が襲われ、農民の債務、義務、負担に関する文書が没収された(18)。ホーヘンローヘへの農民蜂起と併行して、三月一二日、ヴァインスベルクでも農民運動が始り、とくに、ヴァイラー領ノイヒュッテン Neuhütten では、租税台帳の没収と共に、グルントヘルの官僚機構に対する攻撃がなされた(19)。ヴュルテムベルクでは、三月初め、国王が「出版の自由 Pressfreiheit」を認め、続いて、「三月内閣」は、「集会の自由」、「市民武装」、「軍の憲法宣誓」、「土地所有の解放」及びその他の要求を認めていた。「三月内閣」は、同時に、大衆に対して「秩序と平静」を要請し、農民運動を武力的に弾圧しようとしたのである。農民運動は、このような武力的弾圧と、他方では領主の譲歩とによって、ほどなく沈滞するが、ノイヒュッテンの農民運動は、バーデン南部の共和主義者と連絡をとりつつ、五月迄続くことになった。ここでは、領主の森林は盗伐され、軍隊は、六月中旬まで駐在しなければならなかった(20)。

ヴュルテムベルクの農民の要求はおおよそ次のように整理することができよう。

(1) 領主特権の改革

(イ) 騎士領免税特権の廃止

村民は、救貧税、道路建設や警察の経費、その他の村の行政に関する諸経費を負担しており、その負担量は、領邦政府の諸賦課と同じか、あるいはそれ以上にも及んだ。騎士領は、このような負担から免除されており、農民は、こういった騎士領の免税特権を廃止し、負担を公平に配分すること、新たな課税を中止すること、を求めた。[21]

(ロ) 領主の警察権、森林行政の廃止[22]

(ハ) 狩猟権、漁業権の廃止[23]

(2) 諸貢租の廃止

(イ) 土地保有の変更の際に徴収される保有変更税(ラウデミエン)の廃止が重要である。保有者の死亡の場合、地価の五％以上、譲渡の場合及び売買、交換の場合、それぞれ五％の手賦役と手数料が徴収される。土地の細分化が進行し、地価が高騰していた当時の農民にとって、このラウデミエンの負担はとくに重圧と感ぜられた。[24]

(3) 十分の一税の固定化または軽減[25]

教会、学校の整備、修繕に際して農民に転嫁された賦課は、十分の一税領主がこれを負担すべきである。[26]

(4) その他、グルントヘルが取得して来た、市民税 Bürgerannahmegebühr は、村に納入さるべきこと。[27]

たとえばホーヘンローヘ領ゴッゲンバッハ Goggenbach の農民(戸数三五)は、グルントヘルに対して、つぎのような諸貢租(年額)を支払っていたという。[28]

十分の一税　　一六三七グルデン Gulden

貢租	二五一グルデン
死亡税	二三〇グルデン
学校経費	二四〇グルデン
保護税	三五グルデン
合計	二三九三グルデン

この村の住民のグルントヘルへの支払額は、領邦政府への支払よりも、三分の二だけ多く、更にその他に、封建的関係の廃止のための償却元金として、六〇〇〇グルデンがあり、村の債務となっていたという。

　さて、ヴュルテムベルクの農民は、先に述べたように、グルントヘルの諸特権の廃止、ラウデミエン(保有変更税)の廃止、十分の一税の軽減ないし固定化などを求めたが、このような要求と並んで、村の行政の自律性の要求も提示されている。(1)グルントヘルによる村長の推薦権の廃止。村民に対し村長の選出・任命権を賦与すべきである。(2)村会の終身制廃止と公開。(3)村相互間の差別廃止。(4)国家の監督制による諸制約及び後見制の廃止などである。[29] 領主的強制の集約的表現としての領主裁判権をランデスヘルに吸収されたグルントヘルにとって、村の行政の掌握は、グルントヘルが、農民から賦課租を収取するために、不可欠の条件の一つであった。従って、村の自律性の確保、従ってグルントヘルの行政的介入の廃止という政治的要求は、究極的には、封建的諸賦課、領主的特権の廃止と密接に結びつき、封建的支配＝隷属関係からの解放をめざす「農民革命」の重要な一環をなしていたといえよう。

　ところで、領主特権、封建的諸賦課の「廃止」はいかになさるべきであるか。農民は、ここでは、まだ「有償」廃止、補償の国庫代行、を要求したに止まった。[30] しかも、その「廃止」は、グルントヘル＝農民の特殊的関係にかかわるに止まり、かかる特殊的関係を背後から支えているランデスヘル・領主政府と農民との関係は、何ら変革されようとしなかった。つまり、ヴュルテムベルク北部の農民運動のめざした方向は、封建的土地所有の一般的変革ではなく、農民とグルントヘルの特殊的関係を廃止し、これを絶対主義的領邦体制へ編入しようということに過ぎない。農民は次のように述べている。「我々はあらゆる意味でヴュルテムベルクの住民になることを欲する。我々は二人の主人に仕えることは出来ないし、そうしたくもない。[31]」封建的諸関係の「有償解放」、「国庫負担」方式の提起が、農民の領邦国家に対するこのような期待と密接な関係にあったことは容易に推測されるであろう。

四月一四日、領邦政府は、次のような原則に基づく法案を提示する。(1)レーエン制、グルントヘルに対する農民の隷属制は無償で廃棄する。(2)ラウデミエン、Teilgebühren、花嫁十分の一税は、それぞれ一二倍で償却。(3)地租など諸貢租は一六倍で償却される。(4)償却元本にはすべて四%の利子が付き、二五年間で償却される。多くの農民は、この法律の施行に満足し、かくて運動は停滞していった。農民運動と急進主義的政治運動との結びつきは、バーデンの場合よりも、遙かに弱かった。[32]しかし、このことは、ヴュルテムベルクの「農民革命」が領邦権力の打倒・変革過程と関連がなかったということを意味するものではない。ナポレオン戦争後、ホーヘンローへをはじめとする北部地域が、ヴュルテムベルクに編入されて以来、領邦権力は、「農民解放」政策を通じて、グルントヘルの抵抗と闘いつつ、徐々にグルントヘルの独自の権力——とくに、領主制的強制の法的表現としての領主裁判権——をグルントヘルから奪い領邦権力に吸収・集中していった。[33]グルントヘル＝農民関係は、三月前期においては、なお領邦権力からある程度自律した社会的関係として存在してはいたが、しかし、究極的には、領邦権力によって支えられ、領邦体制の下でのみ存立しうる存在に過ぎなくなっていた。[34]しかも、領邦政府は、三月前期においては、「農民解放」の内容が示すように、封建的土地所有を基本的には維持・温存することをめざしていた。だから、グルントヘル＝農民関係は、領邦体制に編成され、かつ、これを支える基本的契機の一つとして存在していたわけであり、グルントヘル＝農民関係の変革をめざす農民の闘争は、事実上、領邦体制を揺がせる闘争として、あるいは、そのようなものへ発展する契機を内包するものとして、展開したのである。領邦体制を実質上継承した「三月内閣」が、「農民革命」に対して、直ちに武力的弾圧を加えたことは、このことを示すものといえよう。

二　シュレージエン

シュタイン＝ハルデンベルクの改革を起点とするプロイセン「農民解放」は、シュレージエンでは、グーツヘルの抵抗によってなかなか進まなかった。とくに大土地所有が強固に支配するオーバーシュレージエン Oberschlesien では、旧来のグーツヘル＝農民関係が色濃く残されていた。「所有権、永代賃借権、永小作権」による農民（「自由農民」）は、一八二一年の償却立法を通じて封建的賦課租から解放されることになり、一八二一—四六年に、六万二六四三の農民が償却過程に入ったが、東エルベの他のプロイセン諸州に比較して、償却に入った農民の割合は小さかった。この償却は、農民にとって、負担の軽減を意味しなかった。この種の土地保有農民の支配的なニーダーシュレージエン Niederschlesien 及びミッテルシュレージエン Mittelschlesien では、償却額の軽減と裁定のやり直しを求める声が強かった。[35] ニーダーシュレージエンの高原地帯では、グーツヘルシャフトの強力な規制を背景にして、麻織物工業にたいする問屋制的支配が展開していた。半農半工の織布工は、グーツヘル的支配と問屋制的支配の二重の支配の下で、Weberzins をはじめ諸賦課の支払によって、窮乏の度を深めつつあった。一八四四年のシュレージエンの織布工一揆は、このような事情を背景として勃発した。四八年の革命運動の中にも、これらの織布工、紡糸工が加わっていた。[36] ドレッシュゲルトナー Dreschgärtner 及びロボトゲルトナーは、それぞれ、ニーダーシュレージエン及びオーバーシュレージエンに特徴的な存在である。ドレッシュゲルトナーは、一定の保有地をもち、一定の時期——収穫・脱穀期

――に特定量の労役を提供する義務を負っていた。それへの対価として一定の賃金が支払われ、また、彼らは収穫あるいは脱穀された農産物の一定量(十分の一)の取得、領地内耕地の一部利用、雑木等の採取権などの権利をもっていた。一八三五年の立法は上層のゲルトナーを手賦役から解放し、更に四五年一〇月三一日の法律は、これをドレッシュゲルトナー全体に拡大した。これらの法の適用によって、農民は雑木・拾木採取などの権利を消失したので、彼らは、それに対する補償の増額と裁定のやり直しを求めたのであった。小面積の土地と家屋を保有するホイスラー Häusler は、ディーンストロイテ Dienstleute と同様、あるいは地域によってそれ以上に、状態は決してよくはなかった。アインリーガー Einlieger は、副業たる紡糸業の衰退によって、最も悪い状態にあった。これらの「自由な農業賃労働者 der freie ländliche Arbeiter」は、土地要求を打ち出したが、革命運動へ全面的に参加することはなく、むしろ、共同地分割 Gemeinheitsteilung をめぐって、富裕な農民層と対立さえ生じたのであった。[37]

このような「農業改革」にもかかわらず、シュレージエンでは、依然として古い封建的賦課租は大きな比重を占めていた。賦課租の価額は、四〇年代において、二七―三〇万ターラーに及び、王国全体(償却地代も含む一〇〇万ターラー)のそれの二七―三〇%に及んだ。ドレッシュゲルトナーは、賦役及び貢租の支払を、農民(自由農民)、フライゲルトナー Freigärtner、ホイスラーは、若干の賦役と現物・貨幣貢租を、それぞれなお義務づけられ、又農村の製粉業者、Kretschmer 及び鍛冶工は、現物・貨幣貢租の他に営業税を負担していた。この他に、狩猟賦役、狩猟貢租、鶏税、卵税、Robotgelder、紡糸税、保有変更税(ラウデミエン)などの給付が義務づけられていた。なかでも、最後の保有変更税は最も重い負担であった。[38]

封建的諸貢租の徴収及び償却に関して、グーツヘルと Generalkommission 及びその官僚機構との結合は明白であった。冗漫な事務取扱い、経費の増大、不正――これらに対する農民の不満は強かった。

オーバーシュレージエンの農民の状態は、ニーダーシュレージエンよりも遙かに劣悪であった。ここでは、グーツヘル＝農民関係の「規制」は、グーツヘルの反対にあって、殆んど進行しなかった。ポーランド人ロボトゲルトナーRobotgärtnerは、領地における賦役義務――対価は殆んどない――を負わされたままであり、アインリーガーの労賃は著しく圧迫されていた。(39)

さて、シュレージエンの農民蜂起は、ヒルシュベルク Hirschberg、シャフゴチュ Schaffgotsch 伯、マツシュカ Matuschka 伯の各領、シェナウ Schönau、ランデスフート Landeshut、レーヴェンベルク Löwenberg、ボルケンハイン Bolkenhain、ミュンスターベルク Münsterberg、ナイス Neiß、グロトカウ Grottkau、ヴォーラウ Wohlau、エルス Öls、ヴュルテムベルク Württemberg、オーラウ Ohlau などの諸地方で展開した。(40) 農民の武装行動は、直接的には、グーツヘル＝農民関係の変革をめざす、対グーツヘル闘争として行われた。各地でグーツヘルが所有する文書――封建的賦課に関するそれ――が没収され、焼却され、農民の要求を認めるグーツヘルの誓約書が作成された。たとえば、シャフゴチュ伯は、ラウデミエン、あらゆる種類の賦役、運搬税、塩税、Ehrung 及び紡糸税、小作料 Zinsgetreide 等の放棄を承認した。(41)

このグーツヘル＝農民関係は、しかし、すでに両者の直接的な収取関係そのままではなくなっており、むしろ、プロイセン絶対主義の権力機構によって支えられ、その下に編成されつつあった。グーツヘルの部分的な抵抗はあったが、彼らと農民の関係は、プロイセン政府の「農民解放」政策によって媒介され、支えられた関係としてのみ存立しうるものとなっていた。「償却金」の「返還」を求める農民の要求は、従って、客観的には、グーツヘルそれ自体との闘争を越えて、プロイセン政府の「農民解放」政策への批判となっていた。グーツヘルとの関係から自分自身を解放することをめざしたシュレージエンの農民運動は、グーツヘルを相手とする闘争から、グーツヘル＝農民関係の維持ないし改造をめざす「農民解放」政策、そして、かかる政策を実施する政策主体＝プロイセン国家権力を打倒する運動へと発展する内的契機を含んでいた。「平静と秩序」を望むカムプハウゼン内閣は、直ちに、グーツヘルに対する農民闘争に対して警告を発し、グーツヘルが農民に与えた誓約書を無効と宣言すると共に、軍隊を派遣して、運動を武力的に弾圧し、その方向を転換しようとした。[42] 他方、政府は、パトフ Patow 指導の下に、家父長制的裁判権、保護税の廃止を含む、封建的諸関係に関する法的、行政的措置[43]を講じ、あるいは、選挙による国民代表制を導入して、農民闘争が、グーツヘルとの直接的武力的闘争から、プロイセン政府それ自体との闘争へ発展するのを回避しようとした。

「農民革命」は、上に概観した西南ドイツ(バーデン、ヴュルテムベルク)及びシュレージエン――「農民革命」の二大中心地――の他にも、ヘッセン、ナッサウ、テューリンゲン、ザクセン等々で展開したが、[44] いずれも、「三月内閣」あるいは領邦政府によって武力的に弾圧され、その地方的、分散的状況を克服して、全国的運動へ発展しないまま沈静した。西南ドイツ及びシュレージエンの「農民革命」に共通してみられたことは、いずれのばあいも、グルントヘルシャフトあるいはグーツヘルシャフトが支配的で、それ故、領邦政府による「農民解放」政策が多かれ少なかれ遅滞している地域であったこと、従って、運動は、グルントヘルあるいはシュタンデスヘルまたはグーツヘルとの直接的な闘争として展開したということである。換言すれば、「農民革命」は、少なくとも当初は、グルントヘルやグーツヘルの支配から、自らを解放しようという目的をもってはいたが、しかし、かかる支配を支えている領邦体制、あるいは、領邦権力の変革を直接意図するものではなかった。「三月内閣」による「農民革命」の弾圧は、一方では、農民に、農民運動の形態を武力的、直接的行動から、合法的、平和的行動へ転換することを要請すると共に、他方では、農民に、「三月内閣」の限界を認識させ、かくて運動は、合法活動を通じての反政府活動へ向かうことになった。農民運動の議会主義への傾斜は、そのあらわれである。農民は、議会、立法府を執行府（「三月内閣」）と対立するものと考え、そこに、自己の利害――封建的土地所有の廃棄――を実現あるいは推進する手段を見出そうとしたのである。各邦議会及びフランクフルト・アム・マインの「ドイツ立憲国民議会」に対する請願行動も、このような農民の議会への期待の一つの現われであると共に、武力的、直接的行動を展開できないという状況のもとでとることを強制された「農民運動」の一つの形態に他ならなかった。[45] 以下、議会――まず「立憲国民議会」、ついでプロイセン「立憲議会」――への請願書の分析を通じて、農民の要求を一層具体的な形で把握してみよう。

（1） 西南ドイツについては次の研究を参照した。F. Lautenschlager, a. a. O.; V. Valentin, a. a. O., Bd. I, S. 344 ff.; Hella Mohrdiek, a. a. O.; T. S. Hamerow, op. cit., p. 98, p. 158 f.; 大月、前掲論文、とくに七五頁以下、坂井、前掲論文(I)、とくに二九頁以下。

（2） F. Lautenschlager, a. a. O., S. 24 ff.

（3） Ders., a. a. O., S. 33.

（4） Ders., a. a. O., S. 37.

（5） Ders., a. a. O., S. 43; V. Valentin, a. a. O., Bd. I, S. 344 ff.

（6） F. Lautenschlager, a. a. O., S. 49.

（7） Ders., a. a. O., S. 54 f.

（8） 西南ドイツの土地細分化については、松田、前掲書。小林昇『フリードリッヒ・リスト研究』日本評論社、一九五〇年、同『フリードリッヒ・リスト論考』未来社、一九六六年、ほかを参照。

（9） 本書I、第二章、を参照。

（10） F. Lautenschlager, a. a. O., S. 57.

（11） Ders., a. a. O., S. 64, 66.

(12) オフェンブルクの集会には、共和主義者ヘッカー Hecker の他に、シュトルーフェ Struve、イッシュタイン Itzstein、ヴェルカー Welcker 及びソワロン Soiron などが関係していた。決議事項は次の通り。(1)上院の機構改革 (2)下院から反動分子を追放すること (3)兵制改革——既存軍隊と市民兵との融合 (4)旧賦課を累進財産税で置きかえること (5)教会と学校との分離 (6)扶持制 Abanage の廃止。Vgl., V. Valentin, a. a. O., Bd. I, S. 347 f.「国民は要求を実現し、自由を恒常的に基礎づけるための市民組織 Bürgerrchaft を全くもっていない。この組織は自分達で創り出さねばならない。」zit. in: V. Valentin, a. a. O., Bd. I, S. 348. 市民組織建設のために、大衆の武装、政治的社会的教育、権利の実現をめざすクラブ組織 Verein の結成が要請された。その中央委員会は、ヘッカーを長とする、一七人の急進主義者、民主主義者から構成された。

(13) F. Lautenschlager, a. a. O., S. 66 ff.; V. Valentin, a. a. O., Bd. I, S. 347.

(14) F. Lautenschlager, a. a. O., S. 68; V. Valentin, a. a. O., Bd. I, S. 346; 末川、前掲論文、四頁。

(15) V. Valentin, a. a. O., Bd. I, S. 346.

(16) ヴュルテムベルクの農民運動については、とくに、豊富な史料に裏づけられた、高度に実証的な H. Mohrdiek の研究を参照されたい。他に、V. Valentin, a. a. O., Bd. I; 大月、前掲論文、も参照。

(17) H. Mohrdiek, a. a. O., S. 61.

(18) V. Valentin, a. a. O., Bd. I, S. 351.

(19) Ders., a. a. O., Bd. I, S. 351 f.; H. Mohrdiek, a. a. O., SS. 96–110. とくにヴュステン Wüsten では、攻撃は、もっぱら、市長、及び終身の Gemeinderat に向けられていた。Dies., S. 104.

(20) H. Mohrdiek, a. a. O., S. 109.

(21) A. a. O., S. 62.

(22) A. a. O., S. 63.

(23) A. a. O., S. 63.

(24) A. a. O., S. 64, S. 96 f.

(25) A. a. O., S. 98.

(26) A. a. O., S. 63, 97.

(27) A. a. O., S. 62.

(28) A. a. O., S. 65.

(29) A. a. O., SS. 71–87.

(30) ヴュルテムベルクの農民の一部(とくにホーヘンローヘ地方)は、封建地代の無償廃棄を求めていた。A. a. O., S. 114.

(31) A. a. O., S. 103.

(32) 共和主義的運動の担い手は、ヴュルテムベルクの場合、都市の手工業親方・雇職人——とくに、肉屋、靴工、仕立工など——であった。Vgl., a. a. O., S. 117.

(33) 「農民解放」政策をめぐる「等族領主」と領邦権力との対立・抗争については、F. Lautenschlager, a. a. O. の他とくに大月、前掲論文を参照されたい。

(34) 「農民蜂起」に対して、グルントヘルが「譲歩」以外には何も行いえず、もっぱらランデスヘルの軍隊の出動を要請せざるをえなかったという事実が、このことをよく示している。

(35) K. Reis, a. a. O., S. 8 f.; 末川、前掲論文を参照。

(36) K. Reis, a. a. O., S. 9 f.; V. Valentin, a. a. O., Bd. I; 酒井良彦「ドイツ農村工業の性格」高橋幸八郎編著『近代資本主義の成立』東京大学出版会、第六刷、一九五九年、所収。

(37) K. Reis, a. a. O., SS. 11–13.

(38) A. a. O., SS. 14–19.

(39) A. a. O., SS. 18–21; S. 15 f.; 末川、前掲論文、四頁以下。

(40) A. a. O., S. 24 f.; E. Jordan, a. a. O., S. 119; 末川、前掲論文、二頁。

(41) A. a. O., S. 25 f.

(42) A. a. O., S. 26 ff.

(43) A. a. O., S. 29 f.; 末川、前掲論文。

(44) W. Blos, a. a. O., SS. 94-99; V. Valentin, a. a. O., Bd. I, S. 355 ff., 366, 370; 坂井、前掲論文。

(45) 勿論、三、四月以降も、農民の反乱はくりかえされた。オーバーシュレージエンの農民蜂起(四八年九月)はその一例である。また森林盗伐、グーツヘルの狩猟権行使への抵抗、賦課租の給付拒否なども、しばしば組織的に、行われた。K. Reis, a. a. O., S. 64 ff., S. 136 f.; F. Lautenschlager, a. a. O., S. 94.

二 「ドイツ立憲国民議会」への請願内容

——「国民経済委員会」の調査報告から——

一八四八年五月に、フランクフルト・アム・マインで開催された「ドイツ立憲国民議会」に対するドイツ各地からの請願書は厖大な数にのぼった。請願書はその内容に従って各種委員会に集約され、そこで整理・検討された後、その一部は、本会議において委員会報告として報告された。封建的関係の変革に関する請願書は、主として、これらの委員会の一つである「国民経済委員会 Ausschuß für die Volkswirtschaft」にまとめられ、ここで調査されるのが普通であった。本節では、同委員会が調査し、本会議で報告した、封建的諸関係の変革に関する請願書の調査報告を、国民議会議事録に収録されている限りで取り上げ、紹介しようと思う。(1)

(1) 諸願書そのものは、Bundesarchiv Frankfurt am Main に所蔵され、Akten der Nationalversammlung, 55 Bde. の一部をなしている。Vgl. O. P. Noyes, Organisation and Revolution, Princeton 1966. なお、吉野忠彦氏の調査によればこの文書は各々四冊のファイル(各ファイルは大体一〇〇枚位の文書がまとめられている)に分類された四四箱に収められており、マイクロフィルム化は部分的に可能であるという。「国民経済委員会」の本議会での調査報告については、とくに Stenographischer Bericht über die Verhandlungen der deutschen constituierenden Nationalversammlung zu Frankfurt a. M. Hrsg. von Franz

Wigard, Frankfurt a. M. und Leipzig 1848-1849, Bd. VII, S. 4924 ff.（以下、Stenographischer Bericht. と略す。）

1　プロイセン

一　ザクセン州

（1）　ヴァイセンフェルス立憲祖国協会 der constitutionelle Vaterlandsverein zu Weissenfels〔七月一〇日付記録〕

一切の封建的権利 Feudalrechte、諸賦課 Lasten の即時廃止。これらは政治的自由と適合しない。権利者に対する補償額は最低にして、しかも、各邦が調停に当るようにすべきである。

（2）　クヴェルフルト郡 Kreis Querfurt の大多数の村の村判事 Ortsrichter、村代表 Gemeindedeputierten が提出した文書〔七月二六日付記録〕

（i）　フライブルク Freiburg の地代徴収人、ナウムブルク Naumburg の大聖堂参事会、各種騎士領及び教会に支払う各種の現物・貨幣給付 Natural＝und Geldleistung の廃止。一八四五年プロイセン新営業法第四条によって廃止された強制権 Zwangsrecht に対する補償を行うこと。

（ii）　ブランデローダ Branderoda 村全地租関係の規制 Regulierung sämmtlicher Grundsteuerverhältnisse、とくに騎士領などの特権付土地への課税。狩猟権、牧羊地 Schaftrift などの廃止。特権及びそれに由来する貢租の廃止――皮剝権 Abdeckereigerechtigkeit、ボロ布蒐収権とその貸与 Recht und Verpachtung des Lumpensammelns、ダンス曲許可、狩猟犬税、刑吏人貢租 Henkengeld、領主館門番代納金 Schloßthorhütergeld、花嫁税 Brautzins、礼拝堂貢租 Kapelengeld、ワックス十分の一税 Wachszehnt、パン焼竈特権。

(iii) キルヒシュライトウンク Kirchschleitung の村判事――皮剝権、漁業権 Fischereigerechtigkeit は共に貸付けられているが、死体引上げ Leichnamen に関する経費負担と共に重荷となっている。またグーツヘルが、教会で新婦を祭壇に伴ってゆく儀式に関して取得する花嫁貢租 Beutelgeld もなお続いている。

(iv) ネブラ Nebra 市民協会 Bürgerverein――市参事会に与えられた裁判権、二度の年市における警察権 Polizei 及び騎士領による間接的都市支配等に対して、年々五一・五ターラーの地代を騎士領に支払って来たが、これは廃止されねばならない。

(1)―(2) Stenographischer Bericht., Bd. IV, S. 2394.

二 シュレージエン州

(1) メヘルスドルフ Mechelsdorf 村の村長、選挙人〔七月二六日〕

賦役代納金 Robotzins の廃止、永小作料・自由小作料 Erb＝und Freizins がなお残存している所ではその法的規制 gesetzliche Regulierung。学校、教師保持費分担金の配分についてグーツヘルと農民の土地所有の大きさに相応した分配。家父長制的裁判権 Patrimonialgerichtsbarkeit、警察行政 die dominialpolizeiverwaltung の廃止と村判事 Dorfgericht への移譲。農民保有地における農産物被害の原因たる野獣を自ら処理する権利。氾濫による破壊に対する補償として領内での漁業を認めること。窮迫織布工の即時救済。

(2) クラインロイトマンスドルフ Kleinleutmannsdorf の村判事 Ortsgericht 及び村民

全国均一の原則に基づいた地租規制。村・郡貢租 Gemeinde-und Kreislasten、道路工事 Wegebauten の平等な負担。移住税、沼地権 Auenrecht、狩猟権、学校税 Schulgeld、ラウデミエン、マルクトグロッシェン Marktgroschen、貨幣、現物貢租及び賦役 Frohnen は、その根拠の立証がない限り、廃止さるべきである。

(3) ニーダーザルツブルン Niedersalzbrunn の裁判官兼選挙人ランガー、及び (4) ゾルガウ Sorgau の選挙人

フュルステンシュタイン Fürstenstein 領における土地に対する各種貢租——その一部は貨幣地代 Geldrenten に転化している——の廃止、少なくともその制限。特に領主歩兵維持費、刑事裁判所維持費(いわゆる Kriminal-kassengelder)、無産者保護税 Schützgeld der besitzloser Einwohner、相続における保有変更税について。

(5) ニーダークンツェンドルフ Niederkuntzendorf 村の村判事、村民

立憲君主制 das constitutionelle Königtum の維持、平和の即時復活、法の前の平等 die Gleichheit vor dem Ge-setze、特権身分 der eximierte Stand の廃止、所有の軽微な違反に関する処罰の軽減、均一課税 gleichmäßige Besteuerung の採用、大商人の自由商業 Handelsfreiheit の制限、早婚の禁止、カトリック教会領・カトリック教会のプロテスタント的村落への返還 Rückgabe、土地所有に対する一切の封建的賦課の廃止、既に支払済の償却地代及び元金の返済 der Erstattung der bereits bezahlten Ablösungsrenten und Kapitalien、僕婢に対する雇主の権利を拡大する新僕婢条例の廃案、村に対して牧草の無制限・平等利用の権利を賦与すること。

(6) リーガースドルフ Riegersdorf、アイゼンベルク Eisenberg、グラムバッハ Glambach、ルイドルフ Louis-dorf、クレップレート Kreppreth、ウルシャ Ulscha、チャンシュヴィッチュ Tschanschwitsch、オルベンドルフ Olben-dorf、ルッパースドルフ Ruppersdorf、カーニッシュ Kanish の村々〔六月一九日〕

ドイツにおける一切の封建的諸賦課の無償廃止 die sämmtliche Feudallasten in Deutschland ohne Entschädi-gung aufzuheben。

（7） 水車貢租 Mühlenzins の廃止に関する請願

シュレージエン製粉業者の代表――グーツヘルに対して支払って来た水車貢租の廃止、過去二〇年間の訴訟記録の修正 Revision、製粉業においてすでに廃止されたグーツヘル的貢租に関して、これまでに結ばれた協定、調停、指示のうち、まだ未納のもの、支払期限に達したもの、将来達するものなどの元金・利子は廃棄されたものとする。

（8） シュトリーガウ Striegau の製粉業者 （7）と同様の内容。

（9） ヴァルデンブルク・シュヴァイトニッツ Waldenburg＝Schweidnitz（ランデスフート郡 Landeshuther Kreis）の製粉業者

水車貢租は今後無償で廃止すること。

（10） ドンネラウ Donnerau（ヴァルデンブルク郡）

ラウデミエン、マルクトグロッシェンの無償廃止。狩猟税、紡糸税、切株税 Klötzergeld・Brettgeld、運送税 Fuhrgeld、領主館見張代納金 Hofwachengeld、銃兵代納金 Musketiergeld、鶏税 Hühnergeld、木材伐採税 Holzschlagegeld 等の廃止。手賦役、紡糸賦役 Hand-und Spinndienst の無償廃止。グーツヘル地代 die gutsherrliche Zinsen の土地所有に応じた配分、償却資金の国庫肩替り。狩猟権の獲得、農民保有地内の河川における漁業権。

（11） ロムニッツ Lomnitz、フロイデンブルク Freudenburg の二村（ヴァルデンブルク郡）

農民から領主に支払われるすべての賦課は農民的土地所有の解放 Entlastung des bäuerlichen Grundeigentums に関する法律が公布されるまで停止すること。この件に関する一切の裁判、競売は国法の公布まで中止する旨、裁判所に指示すること。

(12) ミッテルオッヘルヘルムスドルフ Mittelochelhermsdorf の農民 (13) オーバーオッヘルヘルムスドルフの住民、(14) 同地方のホイスラー〔一〇月に委員会が提出〕

保有地に課せられたグーツヘル的賦課・権利の重圧と償却過程について陳述。

(15) ハーベルシュヴェルト Habelschwerdt 郡の選挙人、第一次選挙人の請願〔一〇月一二日、委員会が提出〕

封建的賦課、騎士領特権、地租の平等かつ正当な規制——課税の平等。

(16) オーバーシュレージエンの小土地保有者 die kleinen Grundbesitzer、アインリーガー、織布工 Weber、手労働者 Handarbeiter——いわゆる「小人」sog. kleine Leute たち。

世襲財産制に関する基本的人権の規定の欠陥について。一八〇七年一〇月九日のプロイセン勅令による家族世襲財産制の変更ないし廃止がいかに効果をもたらさなかったかを指摘した。

(1)—(8) A. a. O., Bd. IV, S. 2394 f.

(10)—(11) A. a. O., Bd. VII, S. 4924.

(12)—(16) Verhandlungen der deutschen verfassunggebenden Reichsversammlung zu Frankfurt am Main. Hrsg. auf Beschluss der Nationalversammlung durch die Redactions = Kommission und in deren Antrag von dem Abgeordneten, K. D. Hassler, Bd. IV, in: a. a. O., S. 201 f. (以下、Verhandlungen der deutschen verfassunggebenden Reichsversammlung. と略す。)

三 ラインラント及びヴェストファーレン州

(1) キルヒシュピール Kirchspiel(ヴェストファーレン)村の代表〔七月六日付〕

旧グラフシャフト修道院領、現在の王領地において穀物及び現金の形態で支払われている十分の一税貢租

Zehntabgaben は苛酷な負担となっている。租税、貢租に関する規定の審議に際してこの十分の一税が除去されることを要求する。それは今日地租 Grundsteuer の一部とみなされ、本来十分の一税が負担者とその家族に対してもっていた根拠を全く失っている。修道院等が、現在、ミサを唱えたり、貧困者に施しを行ったり、その他の善行を行ったりすることはない。

（2） アルマート Almert、ヴィンクハウゼン Winkhausen、ニーダーゾルゲ・オーバーゾルゲ Nieder＝und Ober Sorge の伯爵領の村長 Ortsvorstände

土地に対する貢租を最低の率で償却すること。その際、修道院が行った村の育英事業と同じように救貧施設、教育、中等学校に対してグーツヘルが行った反対給付を考慮すること。

（3） ベッシェルス Böschels、ブラベッケ Brabecke、ヴェスターベッシェルス Westerböschels、ゲリングハウゼン Gellinghausen、オスターヴァルト Osterwald、アルテンフェルス Altenfels 及びファルメ Falme の各分村

燃料木材 Brennholz 採取の制約、植林による牧草地 Viehweiden 利用の制限、スキー用木材 Schierholz 利用の制限などに対する不満。森林、荒蕪地、牧草地に対する補償 Realabfindung、すべての分離法 Seperationsgesetz の廃止、世襲貴族及び一切の特権 Vorrechte の廃止。森林監督官 Forstschutzbeamte に対する報償金 Prämien の廃止。運河航行船舶の船腹に関する規制の廃止。森林、荒蕪地への違反を行った下僕に対する主人の責任に関する規定廃止。盗伐木材の賠償として木材価格に応じて定められた罰金は村の金庫に委託されるものとする。

（4） ノイヴィート Neuwied 選挙区の村会員〔七月一四日〕

十分の一税償却法 Zehntablösungsgesetz の公布、償却比率は一二—一五倍。但しグーツヘルシャフトは教会、学校に対する義務遂行の怠慢への代償支払の義務を負う。狩猟権、漁業権の村への譲渡 Abtretung。従来領主の

金庫に払い込まれた耕地違反金 Feldrügestrafen を村の金庫に委託すること。領主、教会等の土地における地租特権の廃止。自治体行政 Kommunalverwaltung の簡素化及び役人の自主的選出 Selbstwahl der Beamten。

(5) シュレーブッシュ Schlehbusch、ルュツェンキルヘン Rützenkirchen、シュタインヒューゲル Steinhügel 等々の村〔七月九日〕

狩猟賦役制 Jagddienstbarkeit の廃止、それに対する低額補償の決定。

(6) アスバッハ Asbach の村長 Bürgermeister(ノイヴィート郡)

すべての狩猟権、十分の一税徴収権、漁業権等の廃止。貴族領、教会領、王領地、村領の免税特権 Steuerfreiheit の廃止。教会領で現われている小作制 Verpachtung について、その小作料を自治体金庫に納入させること。地域監督に際して裁判所役人が受取る手数料の軽減。

(7) ノイキルヘン Neukirchen(ゾリンゲン郡)

狩猟権、十分の一税等の無償廃止。十分の一税は、フランスの支配に際して教会を維持するために導入されたが、現在騎士領主、修道院、更に政府の手につぎつぎに移り、その反対給付も行われていない。

(8) フェルトキルヘン Feldkirchen、ニーダービーバー Niederbieber、アルトヴィート Aldwied(ノイヴィート郡)

十分の一税の最低率での償却。救済機関の設置、とくに国家による貧困者への補助。国税、地租についても同様の措置をとること。

(9) カンシュタイン Cannstein(プリロン Prilon 郡)の村々の村長〔一〇月一九日〕

グーツヘルシャフトにおける地代、貢租の重圧への苦情。グーツヘルの森林における農民の森林用益権 Forstberechtigung の制限。邦税、村税などの苛酷な課税への苦情。「国民議会」による救済を求めている。

(1)―(6) Stenographischer Bericht., Bd. IV, S. 2395 f.
(7)―(8) A. a. O., Bd. VII, S. 4924.
(9) Verhandlungen der deutschen verfassunggebenden Reichsversammlung., S. 202.

四 マグデブルク

(1) カルメローデ Kallmerode 村(ハイリゲンシュタット Heiligenstadt 近郊)
貧しい村々は、レーエンゲルト、貨幣貢租 baares Gefälle、収穫税 Fruchtzinsen の課税から免除さるべきである。

(2) エルベナウ Elbenau の住民多数〔一〇月五日提出〕
レーエン的関係の廃止 Aufhebung des Lehensverbandes。

(3) カーレンベルク Kalenberg の住民多数
王領地、農民保有地への平等な課税。

(4) シュテーセン国民協会会長 Vorstand der Volksvereins Stößen〔九月三〇日〕
騎士領、王領地、地代徴収人、その他の人の免税特権及び実質的には地代となっていない休止中の賦課の無償廃止。地代 Grundlasten の償却は適度な償却率で行うべきである。

(1) Stenograghischer Bericht., Bd. VII, S. 4924.
(2)―(4) Verhandlungen der deutschen verfassunggebenden Reichsversammlung., S. 202.

2　バーデン

（1）一八四八年一一月二八日、バーデンの南部にあるヒュフィンゲン Hüfingen で開催された集会には、同地方の都市、農村から多数の住民が参集し、「国民議会」に対する請願を決定した。同集会で作成された「国民議会」への請願書には、以下の都市、農村の署名が記録されている。

エハルツブレン Echartsbrenn（エンゲン郡 Amt Engen）、オーバーエッギンゲン Obereggingen、シュヴァニゲン Schwanigen、ウンターヴァンガウ Unterwangau、ヴァイツェン Weizen、マウヘン Mauchen、ウンターエッギンゲン Untereggingen、レーニンゲン Löhningen、エベルジンゲン Ebersingen、エンダーメッティンゲン Endermettingen、レムバッハ Lembach、エミンゲン Emmingen (ob d. Egy)、ツムホルツ Zumholz、マウハイム Mauheim、ホンシュテッテン Honstetten、ハッティンゲン Hattingen、レンハウゼン Renhausen、ヴェルシンゲン Welschingen、エンゲン Engen、シュトイディンゲン Steudingen、ムンデルフィンゲン Mundelfingen、グリメルスホーフェン Grimmelshofen（ボンドルフ Bondorf 郡）、ホッホエミンゲン Hochemmingen、アーゼン Aasen、ゲッギンゲン Göggigen、シュテューリンゲン Stühlingen、ボル Boll、シュネルキンゲン Schnerkingen、市長ヘンスラー及び有志 der Bürgermeister Hensler und Genossen（地名なし）、ランゲンハルト Langenhart、ロールドルフ Rohrdorf、クレンハインシュテッテン Krennheinstetten、ヨハン・メナーほか有志 Johann Menner und Genossen（地名なし）、ヘンドルフ Hendorf、メスキルヒ Meßkirch、エーインゲン Ehingen、クルムバッハ Krumbach、レーテンバッハ Röthenbach、ブルムベルク Blumberg、ランデン Randen、ユンゲン Jüngen、イメンディンゲン Immendingen、ラスト Rast、アルトハイム Altheim、ホールハイム Horheim、ズントハウゼン

Sunthausen、イピンゲン、Ippingen、ブベンバッハ Bubenbach、ブルメッグ Blumegg、ユーリンゲン Ühlingen、レッフィンゲン Löffingen、シュテッテン Stetten など、五二。

請願書は主張する――ドイツ国民議会が現在解決を迫られている問題は平等主義 Motto der Gleichheit の実現に関する問題である。平等主義は国民の基本的権利として提起されたにもかかわらず、なお未解決のままにおかれている。

議会は基本的権利に関する審議を更に推進し、直ちに次の事項を決定すべきである。

すべてのドイツ市民は平等であるという基本原理を実現するために我々は要求する。

(1) すべての封建的賦課は無償 unentgeltlich で廃止する。

(2) 償却金の受取人は、すでに償却された部分 die schon ausgelösten を、貨幣または有価証券で、返還すべきである。

(3) 非封所有地 Allodien は再び譲渡さるべきである。

(4) 学校、法人、教会等に支払われる十分の一税及び地代も同様に廃止される。これらに対して国家は現在あるいは今後の法律に基づき補償を行う。

以上の提案は、この集会に参加した人々の次のような理解に基づいていた。――一八四八年は全能な自然精神 die Allmacht des Urgeistes が地上の諸国民を、とくにドイツ国民を、知識の高みに推しあげた年である。この高みに立った時、ドイツ国民は、人間の権利と市民の権利が抑圧されていることを知った。この権利を今一度主張すること、これが偉大な民衆運動 Volksbewegung の課題であった。もし議会が躊躇しさえしなければ、封建的賦課の悪弊からの解放は少なくとも部分的には実現していたに相違ない。……狩猟賦役、その他の賦役、小作料、地代、謝肉祭の牝鶏、Leibhennen、鷹狩権、レーエン税など一寸注意するだけで眼にとまるものばかりである。これ以上列挙するのはやめるが、これらは封建制度の主要な構成部分をなしている。これらの賦課が、今日すでに解体し、買い戻されていることは事実である。だが不正はなお依然として存在している。なぜならそれが廃止されない限り、貨幣貢租の支払という形の賦課はなおも存続しているからである。

(2) ヴェルトハイム Wertheim 郡の一九ヶ村の市民

非レーエン的保有地について、レーヴェンシュタイン・ローゼンベルク Löwenstein = Rosenberg 侯に支払っている地代、一八三七年以来未納の手賦役、共有地における森林放牧権などを無償で廃止すべきである。最後の点につきレーヴェンシュタイン・フロイデンベルク Löwenstein = Freudenberg 侯はこれを拒否した。補償は村を破壊し、現在の苦しみを強めるだけであろう。

(1) A. a. O., S. 198, S. 202 f.

(2) A. a. O., S. 199 を参照。

3 ヴュルテムベルク

(1) クラインボットヴァル Kleinbottwar(モールバッハ Morbach 郡)の市民 Bürger 多数〔六月一七日〕

封建的賦課の廃止または軽減。十分の一税 Zehntabgabe の負担は重い。それは、ブドウ栽培地では四分の一から五分の一に達し、不作・雹害等についても税の軽減はない。更に地主のブドウ圧搾所では、ワイン生産の三〇分の一を領主に支払わねばならない。クローバ、ジャガイモなどを栽培し、耕作物を変更すると、新たに課税されることになる。貧しい土地保有者 armerer Besitzer にとっては、二五年賦、一二―一六%の償却は何の救済をも意味することにならない。

(2) エシェナウ Eschenau、エッシェルベルク Eschelberg、ヴァイラー(ヴァインスベルク市近郊)の市民

一切の対人・対物的賦課の無償廃棄 Aufhebung aller persönlichen und dinglichen Lasten ohne Entschädigung、均等に配分された財産税、所得税の採用とそれによる国家財政の建て直し。

(3) 旧ホーヘンロー領農業協会会員

現存の封建的賦課は一切廃止すること。それが公的性格 die öffentliche Natur をもつ場合、無償で、また、私法的あるいは明白 unzweifelhaft な性格をもつ場合、ドイツ各邦政府が決定する低率の補償 gegen billige, durch die Regierung der deutschen Staaten festzusetzenden Entschädigung で廃止される。同時にすべての邦の中央政府は国費によって、賦課の性格に関する全般的な調査を実施し、各邦にまかされた賦役廃止の詳細な方法を決定すべきである。

(1)—(2) Stenographischer Bericht., Bd. IV, S. 2394.
(3) A. a. O., Bd. VII, S. 4923 を参照。

4 バイエルン

(1) シリングフュルスト Schillingefürst の選挙人〔七月一七日〕

一八四八年七月四日に公布されたバイエルン償却法 Ablösungsgesetz für Bayern と同一七日の命令は欠陥を含んでいる。我々は、法律による長期の償却に反対し、有償・無償で償却・廃止さるべき項目の名簿を作成するよう求める。

（2）　同上〔七月二六日〕

農民が陪席する特別裁判所を設置し、それによって封建的権利者と被支配者との間の紛争を迅速かつ適切に処理すること。領主への給付の中でハウプトレヒト Hauptrechts、ベストハウプトあるいは Mortuarismus は特に重い。保有者が死亡した場合、一〇％の手賦役と、あらゆる保有者変更について、妻の一年一日間の手賦役、子供又は遺産相続人の四週間のそれ、をそれぞれ給付しなければならない。更に妻が死亡した場合、子供又は遺産相続人は、ベストハウプトの価値に従って、もう一度家畜を提供しなければならない。王国家族税 königliche Familiensteuer、宿泊税 Herberggeld、共同地分割によってえられた保有地に対する手賦役、人頭税 Kopfdienstgeld, Personal-Kopfdienstgeld, Galgenleiterfuhren などは重い負担である。

（3）　ヘッヒハイム Höchheim の村長

一七八九年の協定で規定された負担の部分的廃止又は変更。

（4）　ランゲンフェルト Langenfeldt、ナイトハルツヴィンデン Neidhardswinden ほか、ミッテルフランケン Mittelfranken の七ケ村

死亡税 Todfallhandlohn は、土地あるいは保有変更地片の価額の五、六、一〇％、更には一五％にも及び、しかも債務の控除はない。なお、死亡時の保有変更税の他に、生存者間の保有変更のすべての場合に、Besteh＝Austand＝Handlohn などと呼ばれる保有変更税が賦課されている。これらはグーツヘル的、保護領主的権利の濫用であり、隷属制に由来するものであるから廃止されねばならない。

（1）―（3）　A. a. O., Bd. IV, S. 2394.
（4）　A. a. O., Bd. VII, S. 4923.

5 クーアヘッセン

（1） ヴァルドカッペル Waldkappel の人民委員 Volksrat

地代・封建的賦課 Real-u. Feudallasten、とくに地租 Grundzins、レーエンゲルト（あるいは Zehntpfennigsgelder）、他の土地に対する狩猟権などの無償廃棄。——八月二六日の新ヘッセン償却法は、対人的賦課を二〇倍で、レーエンゲルトはその五分の四で償却することを定めたが、これは大部分不当である。償却に当って邦の信用制度の補助は意味をなさない。また、新狩猟権償却法は、耕地当り二 Sgr. の償却金を課したが、これは年賃借料よりも高い。

（2） シュルュヒテルン・ドイツ国民協会 deutscher Volksverein zu Schlüchteln （3） ブライテンバッハ村の村長、村役員 Bürgermeister und Gemeinderath zu Breitenbach （4） アーレルスバッハ Ahlersbach の村代表 Gemeindevertreter （5） ワルロート Wallroth の村役員及び役員会 （6） ラインハルツ Reinhards の村役員及び役員会 （7） シュヴァルツェンフェルス Schwarzenfels、モットガース Mottgers、アルテン・グロナウ Alten＝Gronau、ヴァイハーバッハ Weicherbach の村役員、役員会 （8） ヒンターシュタイナウ Hintersteinau の役員、役員会 （9） ザルツミュンスター Salzmünster の市参事会 Stadrath 及び委員会 Ausschuß

すべての封建的賦課の無償廃棄、とくにレーエン的関係に由来し、権利者又は義務者の異動の際に課せられる貢租、たとえば、レーエンゲルト、保有変更税（ベストハウプト）、対人的賦役（手賦役、畜賦役）その他の給付。

（1） A. a. O., Bd. VII, S. 4923.

（2）―（9） Verhandlungen der deutschen verfassunggebenden Reichsversammlung., S. 200.

6　ザクセン

（1）七一ヶ村、一七七〇人の土地保有者からの請願〔六月八日〕（2）一八ヶ村、六一三人の農民〔六月二八日〕——ブロインスドルフ Bräunsdorf bei Pönig、ロールバッハ Rohrbach bei Grimma、ベルヴィッツ Berwitz、デルンスドルフ Dernsdorf bei Leichtenstein、クナウトマンスドルフ Knautmannsdorf、ロシュコヴィッツ Roschkowitz、コステヴィッツ Costewitz、オイラウ Eulau、トラウチェン Trautzschen、エルスタトレプニッツ Elstertrebnitz、タンネヴィッツ Tannewitz、グライトシュッツ Greitschütz、クナウトクレーベルク Knautkleeberg、ヴァルトドルフ Walddorf bei Löbau、カトニッツ Kattnitz、ヴィトゲンスドルフ Wittgensdorf bei Chemnitz、リプティツ Liptitz、マンネヴィッツ Mannewitz （3）モースドルフ Mohsdorf、ブルックハイム Bruckheim、コルカ Kolka、オスタ Osta、オーバーグレフェンハイン Obergräfenhain、ヴィハースドルフ Wichersdorf、カーンスドルフ Kahnsdorf、ムッツシェローダ Mutzscheroda、ヴェニゴッサ Wenigossa、ブライテンボルン Breitenborn、カールスドルフ Karlsdorf、ザイファースドルフ Seifersdorf、ダウリッチュ Daulitzsch bei Rechlitz、グロスチェッパ Großzschepa bei Wurzen、エルチャ Ölzscha bei Leipzig の各村 （4）オーバーフローナ Oberfrohna 及びローダ Roda の二ヶ村、一一六人の農民 （5）マルケンシュテット Markenstätt の九六人の村民 （6）グロイチュ Groitzsch、ハルブリュッケ Halbrücke 及びトゥテンドルフ Tuttendorf の三ヶ村、農民一八二人、の各請願

以上（1）—（6）までの共通する内容——ドイツにおけるすべてのレーエン制 Lehenswesen の最終的、法的廃棄。一切の封建的諸賦課の廃止、従って、レーエン制と結びついた、グーツヘル的権利・権限及び農民的賦課・義務 die bäuerlichen Lasten und Pflichten の完全な廃止 die durchgreifende Abschaffung、その細目は以下の通り

――レーエンゲルト、永小作料 Erbzinsen、十分の一税、賦役代納金 Frohngelder、牧場使用税 Triftzinsen、鶏貢租 Zinshühner、マルチン祭の鵞鳥 Martinsgänsen、フーフェ税 Hufengelder, Patentdienst、台所賦役 Küchendienst、地下室賦役 Kellerdienst、穀物賦役 Getreidedienst、狩猟賦役などのすでに消滅した領主屋敷での賦役 Hofleistungsdienste、保護税 Schützgelder、衛兵代納金 Wachgelder、生業税 Nahrungsgelder、あるいは手工業税 Handwerksgelder、日雇賃金税 Tagelohngelder、狩猟税 Jagdgelder, Hundekorn, Hundezins, Flügelraumgelder、薪税 Holzhaugelder、恩寵税、認可料、分益貢租 Theil=Schilling、印章税 Siegelgelder、裁判及び取調べ税 Peinlich-u. Untersuchungskosten, Herrenzins、ミカエリス税 Michaeliszins、家族税 Hausgenossenzins、ワイン税 Weinzins、乗合馬車貢租 Kutschfuhrgeld, Federspulenzins、水流貢租 Wasserzins、水車貢租 Mühlenzins、麦芽貢租 Malzzins――以上の諸賦課はドイツ国民議会の国民的立法 eine volkstümliche Gesetzgebung によって廃止さるべきである。

レーエン制、上級所有権、それと結びついた古い保護=隷属関係の廃止によって除去される権利・権限のうち、合法的に取得され、かつそれが証明されうる場合には、低額の補償が行われる。但しそれはドイツ国家あるいは少なくとも国民全体によってなされる。しかし、レーエン制、裁判領主権の濫用により農民に不当に課せられた封建的諸賦課は、農民の土地に対する領主の狩猟権と共に、無償 ohne alle Entschädigung で廃止さるべきである。すでに高額地代の支払を通じて封建的賦課を償却したものに対しても何らかの配慮がなされること。家父長制的裁判権 Patrimonialgerichtsbarkeit の完全な廃止。教会、学校吏員との関係を法的に規制すること。彼らに対する現物貢租支払の廃止。聖職者からの土地剥奪と村による聖職者の自由な選出。行政・警察問題に関する煩雑な監督制度 Bevormundung in Verwaltungs-und Polizeisachen の廃止。村、その他のコーポレーションに対するより大きな自律性 Selbstständigkeit の賦与。
(7) 五四ケ村の土地保有者 Grundbesitzer 二八四五人〔六月二八日〕 (8) ヘヤースドルフ Heyersdorf、ホルスドルフ Holsdorf、モースドルフ Mohsdorf、ブルケルスドルフ Burkersdorf、ゲペルスドルフ Göpersdorf、タウラ Taura、ミューラウ Mülau、ハルトマンスドルフ Hartmannsdorf の村々(ロホリッツ Rochlitz 選挙区)の土地保有者四二〇人〔六月二一日〕 (9) ハゲネスト Hagenest、オーバーランゲンフンスドルフ及びニーダーランゲンフンスドルフ Ober-und Niederlangenhunsdorf、ラムスドルフ Ramsdorf、ヴィルデンハイン Wildenhain の村々の土地保有者二八九人、の各請願

一切のレーエン制 Lehnsverfassung、世襲財産制 Fideikommiß-Verfassung、すべての封建的賦課は名前をもつ限り、一切無償で廃止さるべきである ohne Gewähr einer Entschädigung aufzuheben——「最近のザクセン法は、若干の重い貢租から〔農民を〕解放したとはいうものの、それに代って、より大きな貨幣支払の負担をもちこんだので何の軽減にもならなかった。実質的給付を伴った償却 Ablösung の措置は現状に適していない。」

(10) ヴェルンスドルフ Wernsdorf 及びシュロイツィヒ Schleuzig の二ケ村〔六月八日〕 (11) シェンベルク Schönberg の村長〔六月一四日〕

一七八九年のフランス国民議会の例に従って全ドイツにおけるすべての封建的貢租を廃棄する旨、宣言すること。

(12) ミュルゼン Müilsen、ザンクト・ニクラス St. Niclas の村民一四〇人〔六月八日〕

(10)、(11)と同じ請願内容に加えて、つぎの要求が追加されている——全く例外的な場合に限り、少額の補償が国庫からなされる。賦課のうち現物地代 Naturalzins と賦役だけが貨幣地代 Geldrente に移行し、部分的には

元金Capital支払によって償却が完了しているが、その他の権利はなお残存している。例えば保護税、裁判経費peinliche Kosten、狩猟権、漁業権など。

(13) オーバープラニッツ・ニーダープラニッツOber-und Niederplanitz、ロトマンスドルフRotmannsdorf、ヴィルカウWilkau、フォクツグリュンVogtsgrün、カインスドルフCainsdorfの村々(ツヴィカウZwikau郡)〔六月七日〕 (14) ヴォルフラムスドルフWolframsdorf、シュトッケンStocken、トリンツィヒTrinzig、ヴァルトホイザーWaldhäuserの各村〔六月一九日〕 (15) ミュルゼンの村役人St. Jacok他三一五人の土地保有者〔七月一七日〕 (16) シュルンチヒSchlunzig、ニーダーミュルゼンNiedermülsen、ヴァルトザクセンWaldsachsen、トゥルムThurm(Glangen近辺)、ヴォルムWolm、ザンクト・ミヘルンS. Micheln の村々――以上の請願に共通する内容は以下の通りである。

農民は、苛酷な対人的賦役、人身的制約、過重な貨幣貢租unerschwingbarste Geldabgaben、賦役義務などの重圧の下にあり、これらの負担によって農業の全面的繁栄は著しく阻害されている。保護税、狩猟賦役及び同貢租はなお維持されているが、実際には領主からの保護及び獣害は消滅している。特権的身分制度の下で公布された償却立法は、過重な償却原則Grundsatz übermäßiger Entschädigungを確定するにいたった。しかも償却過程を側面から促進するために設立されたザクセンの土地・地代銀行Land-u. Rentenbankは、農民を全く救済しようとしない。農民は土地収益の一〇―二〇%を貨幣地代Geldrentenとして領主、教会に償還しなければならない。それればかりでなく、他の封建的貢租はなお存続し、またそれと並んで、貢租・租税Abgaben u. Steuernの国家への支払が義務づけられているからである。――すべての封建的権利、これと結合する権限・資格は今後全面的に廃止さるべきである。新しいものの導入は不当であり禁止される。補償問題は個々の邦に委せる。しかし補償額はいかなる場合も純益の半分を越えてはならない。この原則は既に開始された償却及び完了した償却にも遡及して適用される。

(17) アウアースヴァルデ Auerswalde、ブラウンスドルフ Braunsdorf、エバースドルフ Ebersdorf、ガルンスドルフ Garnsdorf、ニーダーリヒテナウ Niederlichtenau、オッテンドルフ Ottendorf、オルテルスドルフ Ortelsdorf、メルツドルフ Märzdorf の村々、四一九人〔六月二六日〕

国民議会は民法及び刑法の施行を通じてドイツ人の権利を確定すべきである。グーツヘルに対する義務の大部分は、すでに償却を強制された部分をも配慮しつつ、廃止するよう決定すべきである。——これまでの償却は負担の軽減を全く意味していなかった。償却元金の漸次的支払は、年々の課税を意味するからである。

(18) クロスヴィッツ Croswitz 村、六四人〔八月三日〕

騎士領所有者の特権を定める法律の廃止。狩猟権、漁業権、レーエン税、永借地料、フーフェ税、ワックス税、手工業税あるいは水車営業認可税 das gewerbliche Konzessionsgeld auf Mühlen の無償廃棄 der unentgeltliche Wegfall。私的権利名義の故に騎士領主に対して支払うべき貢租は、一五倍の金額により、無条件で廃止さるべきである。一八三二年三月七日の法律と土地・地代銀行の設立とを通じて農民は賦役の一部から解放され、現物貢租は貨幣貢租に転換した。しかし同時に貧しい住民に対する住居と生計の資を提供する義務、疾病の場合の医療措置その他の扶助義務、古い世襲隷属制の停止に対する過大な貨幣支払義務を負うことになった。一七八四年以来ラウジッツでは農民的土地保有者、王領地農民 Dominialbauer に対しても裁判所税が課せられており、また、世襲隷属制、保護隷属制の廃止に対して、毎年解放地代 Ablösungsrenten を支払わねばならない。更に裁判所から切り離された騎士領主は実は、罰金収入、裁判権その他の利益を享受し、最近では免税特権の廃止に対して補償すら行われているという。グーツヘルは永代借地料 Kanon 及びその他の貢租を受取って、営業、とくに製粉所、小売業、酒小売業などの権利を認可し、それによって既存の飲食店 Wirtschaften を間接的に苦しめている。土地に対する狩猟権は著しく重い負担となっている。グーツヘルは、野獣を保護することによって五一グロッシェンの価格のウサギが、われわれに対して、一ターラーの損害を与えていることに気がついていない。

（19） ラングヘンナースドルフ Langehennersdorf 及びボーラ Bohra bei Pirna の住民〔八月三一日〕

（20） フォークトラント Voigtland 二九ヶ村の村民〔九月二六日〕 （21） トーバーリッツ Toberlitz、シュヴァナウ Schwanau の住民〔一〇月三日〕 （22） ガイアシュテット Gierstädt の住民、リュチェナウ Lütschenau の家屋所有者 Hausbesitzer〔九月一二日〕

ガイアーシュテットの住民はレーエンゲルトとして、買入・相続に際して、一五％の支払義務を負っている。

（19）—(20)は、（1）—(6)と同一の内容である。

（1）—(18) Stenographischer Bericht., Bd. IV, SS. 2390–92.
(19)—(22) A. a. O., Bd. VII, S. 4923.

7 ザクセン・マイニンゲン

（1） 四〇ヶ村

封建的支配の全体系の廃止に関する正否、時期、方法については、その決定を個々の邦に委すべきではない。全国共通の一つの法律によって時期、方法、手段が決定さるべきである。

（1） A. a. O., Bd. IV, S. 2393.

8　ワイマール大公国

（1）ガイスマル Geismar ほか一三ケ村　（2）ダルムバッハ Darmbach ほか二〇ケ村　（3）ティーフェンオルト Tiefenort、キーゼルバッハ Kieselbach、ドルンドルフ Dorndorf、メルケライ Merkerei などの村々

村民は封建的賦課と国家租税、古い家父長制的支配と新しいランデスヘル支配の体系、という二重の体制の下に編成されている。それ故、前者が解体したとしても権利の不平等はなお存在している――封建的賦課、レーエン税、賦役、永借地料 Erbzins を廃棄し、すべての国民に対する、所得額に応じた nach Verhältniß des Einkommens 課税に基づいて国家財政を確立すべきである。

（4）プリプティス Priptis 近在ポルステンドルフ Porsstendorf 国民集会代表〔七月一〇日〕

一切の封建的諸賦課、その他不法不当な賦課の無償廃棄 die unentgeltliche Aufhebung、教会保護者の権利の廃止。聖職者の給与を平等とし、教区から耕地を分離すること Trennung der Feldgrundstücke von den Pfarreien、学校の育成、村長の自由な選出、村行政の解放、一切の長期的裁判の廃止。

（5）オップルグ Oppurg、コルベ Kolbe、ヴァイラ Weira、クヴァシュヴィッツ Quaschwitz、ダウミッチュ Daumitsch、ラントゲノムバッハ Landgenombach、クライデンバッハ Kleidenbach の選挙人〔七月一〇日〕

悪弊からの根本的解放はドイツ議会によってのみ実現されうる。救済は各邦に委すべきではない。議会は以下の決定を行うべきである――（一）(A)一切の封建的賦課の即時廃棄。レーエンゲルトの無償廃棄。野獣からの保護。他の特権については国庫による適当な補償が行われる。(B)ラント議会における騎士領特権 Bevorrechtung der Rittergüter の即時廃止。家父長制的裁判権の廃止。(C)村税に関する免税特権の即時廃止。村税は土地所有の

状態に応じて課税されねばならない。(D)すべての長子相続権 Majorate 及び世襲財産権の即時廃止、これらの土地は、今日、減少するどころか拡大するばかりである。償却金 Ablösungssumme によって農民保有地 Bauerhöfe が購入され、併合されている。数十年もすれば、一切の土地が少数の貴族的家族の犠牲になるだろう。(二) 土地所有のより平等な分割を準備するために zur Anbahnung einer gleichmäßigeren Verteilung des Grundbesitzes すべての騎士領所有者の権限を規定し、その所有物を自由に処理し、すべての土地を解体し、それによって中小の農民的農場をつくり出す kleinere bäuerliche Meiereien darauszubilden ようにする。(三) すべての村は、村長、牧師、教師を自ら選出する権利をもつ。――賦役の買戻しに関する決定は償却資本の借入れを通じて数え切れないほど多数の家族を債務に追いこんだ。放牧地用益権に関して牧野の三分の一が施肥され bedüngen、耕地の九分の一が荒れたままにされている。野獣による種子の被害に対する賠償は、土地保有者がその被害の大きさを確認することがむずかしいため、著しく不十分となるのが普通である。騎士領主によって皮剝権が貸付けられている場合には、一頭の家畜しか保有しない貧農は毛皮を手に入れることができない。永保有地の持主が死亡した場合、いわゆる死亡税として、土地相続者たる息子は、土地価額の一〇%を支払わねばならない。だから農民が死亡した場合、その遺族の生活は直ちに破滅に向い、仮に数年の間に保有地が数回にわたって保有者を変える場合、土地価額の全体が奪いとられてしまうことになる。しかも農民はかつてのように無償又は低廉な価格でグーツヘルの森林から木材をえることができない。教会又は学校の建設に際して、また、貧困者の救済、その他の自治体税の負担に際して、耕地の三分の二を所有する騎士領主は、その特権を理由に責任を免れ、一切を農民の上に転嫁している。

(1)―(5) A. a. O., Bd. IV, S. 2393.

9 ハノーファー

（1） グルトウ Gurtow の市民及び同裁判管区に所属する二五ヶ村の村長からの請願〔七月一七日〕

当地域の貧困状態、水害、獣害などを考える場合、さまざまなグーツヘル的賦課を現行法の二五％の率で償却することは不可能である。国民議会は、封建的特権者に対して最も低率で償却するための手段と方法とを追求すべきである。負担の中でとくに重いものの一つは未婚婦人税 Fräuleinsteuer である。また村あるいは私人が家屋建築の為に土地を購入する際に、新築者の義務として毎年四ターラーをグーツヘルの金庫に支払わなければならないがこれも大きな負担となっている。

（1） A. a. O., Bd. IV, S. 2392 f.

三 「ドイツ立憲国民議会」への請願内容の分析

武力的、非合法的行動の裏付けを背景に、封建領主支配からの直接的な解放をめざして始った農民の革命運動が、「三月内閣」による武力的弾圧と議会制度の導入とを経て一段落をとげたことは既に述べた。この過程で領主・農民の封建的収取関係、支配＝隷属関係は、動揺はしたが、しかし、その完全な解体は阻止され、以後、封建制廃止の問題は代議制に基づく議会での法的、政策的審議過程へと移行した。その一つは各邦の「議会」（及び邦政府＝「三月内閣」）のそれであり、もう一つは、本来分権的状況を止揚し、統一ドイツ国家をめざす「ドイツ立憲国民議会」、「臨時内閣」のそれである。これらの議会に対する農民の請願行動は、農民自身による領主・農民関係の解体が「三月内閣」

によって弾圧されるという状況の下では、封建制の法的、政策的変革をめぐる議会での審議過程に自らの利害を反映させる上で、最も重要な政治的手段の一つとなった。

前節で紹介したように、ドイツ各地の農村または農民、農民代表、農民組織は、「国民議会」に対して、数多くの請願を行ったのである。「農民革命」と各邦政府との対立が表面化しつつある当時の事情の下で、この「ドイツ立憲国民議会」暫定内閣は、農民にとって、封建的土地所有の解体を実現してくれる統一権力として、あるいは少なくともかかる方向をもったものとして、存在していた。「全国均一の原則に基づいた地租の規則」(シュレージエン)、「悪弊からの根本的救済はドイツ議会によってのみなされうる。救済は各邦に委ねすべきではない」(ワイマール大公国)、「……以上の封建的賦課はドイツ国民議会が国民的立法を通じて廃止すること」(ザクセン)などの要求はこのことを示す。バーデンからの請願書は、ドイツ「国民議会」の課題を「平等主義」の実現としてとらえ、「国民議会」はかかる目的の実現のために全力をあげるべきであると強調している。換言すれば、三月革命期の農民にとって、いわゆる「統一問題」は、封建的土地所有を廃止し、そのための国民的立法を実現する推進主体の問題として存在した。(1) それでは封建的諸関係の変革について農民のめざす方向はいかなるものであったのだろうか。

1　領主特権の廃止

一　家父長制裁判権 Patrimonialgerichtsbarkeit、領主的警察制度 Dominialpolizeiverwaltung の廃止

家父長制的領主裁判権は、領主・農民関係を支える経済外強制の法的根拠をなす。(2) 領主裁判権は、エルベ河以西で

は「農民解放」の過程で廃止され、ランデスヘルの裁判機構の下に編成されたが、エルベ河以東のプロイセン領、中部ドイツでは多かれ少なかれなお維持されていた。従って領主裁判権廃止の要求は、プロイセン、中部ドイツなどから提起された。「家父長制的裁判権、領主的警察制度の廃止」(シュレージエン)、「家父長制的裁判権の完全な廃止」、「邦議会における特権、家父長制的裁判権、騎士領主の廃止」(ワイマール大公国)など。

領主裁判権、警察権と並んで、領主による農民支配にとって重要な要素は、村民に対してさまざまな形で行われる行政的支配である。周知のように、領邦絶対主義の確立過程で、封建的領主層、とくに貴族層は、絶対主義の官僚機構、軍事機構の基幹的部分に配置、編成されてゆき、その中で旧来の政治的自律性を弱めていった。[3] しかし、村長、村役人の推薦、選出を通じて行われる領主及びランデスヘルの村落支配は、東エルベを中心になお根強く維持されており、村行政を領主・領邦君主の支配から解放する問題は、三月革命の基本問題の一つをなした。以下の請願は、この問題に関するものである。「村行政の簡素化、村民による官吏選出」(プロイセン)、「村長の自由な選出、村行政の解放」(ワイマール)など。「行政、警察問題に関する煩雑な監督制度の廃止、村及びその他の組織に対する自律性の賦与」(ザクセン)、「村長の自由な選出、村行政の解放」(ワイマール)など。みられる通り、村行政の領主的支配からの解放とは、具体的には村長、村役人の自由な選出、更には、村の行政的自律性 Selbstverwaltung の確立を意味した。[4] 村行政をめぐる領主・農民の対立・抗争は、その背後に、行政的経費の負担配分、森林牧野など共同地の管理・運営をめぐる両者の対立・抗争をもっていた。後に述べるように、村落維持のための行政的経費は、村税 Gemeindelasten として、もっぱら村を構成する農民の上に転嫁され、三月革命期の農民負担の基本的部分をなしていたが、村の官僚機構は、かかる負担配分の方法、仕方の決定に際して重要な意味をもっていた。だから、村の行政機構を領主・領邦君主から自律させる問題は、村税の公平な分配と密接な関係をもっていた。同じことは村落の共有地——とくに森林、牧野——の用益、その管理・運営に直接携わる森林監督官についてもいえる。一五・六世紀以降、ランデスヘルによる共同地支配は次第に強まっていった。とくに、木材需要の全般的な高まりに対応して、封建的領主層による森林用益権の拡大とそれによる農民の用益権の制限・排除は一般的な傾向であり、ランデスヘルによる森林監督官の配置・編成はかかる過程を促進する直接の要因となった。(5) 村を領主・領邦絶対主義支配から自律させることは、このような共有地の管理・運営権を領主・政府から奪還し、村民自身が森林行政を、従って、木材生産＝流通を把握することを意味していたのである。(6)

二 狩猟特権 das Jagdrecht auf fremdem Grund und Boden の廃止

農民保有地に対する領主の狩猟権の廃止と、農民自身による狩猟権把握は三月革命期の農民要求の基本的部分をなしていた。農民保有地、アルメンデにおける狩猟権は、一〇―一三世紀に、いわゆる禁猟林 Bannforsten として封建的土地所有の一環に編成されていった。禁猟権 Forstbann は、周知のように、排他的狩猟権と、かかる権利の実現に対する妨害を排除し、違反者を罰する権利、という二重の権限で構成される。(7) その後、絶対主義的領邦体制の成立過程で、ランデスヘルは、グルントヘル、シュタンデスヘルの抵抗を排除しつつ、この権利を集中・把握しようと試みた。(8) ランデスヘルによる狩猟権の掌握が、(1)野獣や、領主の狩猟によって、農産物に損害を与えることとなったこと、(2)領主の小動物捕獲によって、野獣肉、毛皮の生産＝流通独占を生み出し、「農民戦争」の要因の一つとなったこと、は研究が示す所である。(9) 一五・六世紀の封建的危機への対応として展開された狩猟規制 Jagdregal は、一方では、グルントヘル、シュタンデスヘルの手から、狩猟特権の全部あるいは一部を吸収し、これをランデスヘルのもとに集中させるとともに、他方では農民の自由な狩猟活動を阻止・規制し、更に農民からその狩猟権を奪うという結果をもたらした。一七世紀中葉以降、農民は自由な狩猟活動を阻止されたばかりでなく、自分の保有地における狩猟権をも失った。[10] しかし、領邦権力による狩猟権把握の過程は、現実には、上級狩猟(権) hoher Jagd と、下級狩猟(権) nieder Jagd を確立させることになった。ランデスヘルによる狩猟権の拡大、その専一的支配の試みは、狩猟特権の事実上の所有者たる貴族、教会などの強力な抵抗に会って実現せず、バイエルンをはじめ多くの地域で、ランデスヘルはグルントヘルと妥協していった。ランデスヘルは上級狩猟を、領主は下級狩猟をそれぞれ掌握し、ランデスヘルが領主から奪った上級狩猟に対する補償として、農民から奪った農民保有地の狩猟権が充当され、その結果、領主の狩猟権は、狩猟区の外部、とりわけ農民の保有地にまで拡大された。

一八世紀にはいると、しかし、狩猟権をめぐる領主・農民間の対立・抗争は再び表面化してくる。一八世紀半に著された書物は、領主の立場から次のように指摘している。

「隷民 Unterthanen は自分の土地 auf ihreren Grundstücken und Gütern における自由な狩猟権 die frreye Jagdgerechtigkeit をもっている。公共の土地 der öffentliche Grund und Boden における君主 Fürsten・国家 Staat の上級狩猟規制 das hohe Jagdregal と、上の自由な狩猟権とは、両立することはできない。ランデスヘルの猟区、森林、屠殺場、沼沢地、その他は、野獣、魚、野鳥が、近接する隷民の土地に全く入らないように厳重に管理することはできない……ところで自分の土地で自由に狩猟できる隷民の場合について考えてみよう。その場合、彼らは、国有林、Revieren で慎重に飼育され保存されている野獣、魚、鳥が、ほんの少しでもそこから離れると、これを捕え、殺す絶好の機会を与えられている。君主・国家は上級狩猟権によって生み出される利益と用益を完全に奪われることになる。[11]」

「無信仰で怠惰な連中が狩猟を口実に銃をもち、野原を徘徊し街々を不安に陥しいれ、共同体 Gemeinwesen は人殺し、強盗、略奪が横行することになる……かくて不穏な隷民 unruhige Unterthanen が暴動や一揆 Meuterey und Aufruhr を企てるのを容易にし、それに必要な武器を彼らの手に与えることになろう。[12]」

上の引用文からわかるように、農民による自由な狩猟は、農民に野獣、魚、鳥類の捕獲を可能にし、自身の農業経営を獣害から守りまた、彼らに肉類、毛皮類を確保させる。しかも、農民の狩猟を容認することは、農民の手に武器——とくに銃——の保有を認め、反領主闘争のための武力的手段を保持させることになる。領主にとっては、これは、狩猟によって示される貴族としての社会的身分と、かかる権利がもつ経済的内容——肉類、毛皮の生産＝流通独占——が消滅することを意味するに止まらず、更に彼らの支配を解体する為の武器を容認することでもあった。

狩猟権をめぐる領主・農民の対立・抗争は、農民の農業経営の向上にともなって激化し、たとえばミュンスター領邦高等裁判所における狩猟権をめぐる紛争は一時五〇〇件にものぼった。[13] 三月革命においても狩猟権の廃棄——とくにその無償廃止——を求める請願は全ドイツから提出された。[14]「狩猟権、漁業権……の無償廃棄」(ザクセン)、「保有地において農産物に被害を与える野獣を自ら処理する権利」(シュレージエン)、「野獣からの保護」(ワイマール)等々。[15]

狩猟特権の無償廃棄に対しては、特権保有者の側から有償解放の要求が出される。たとえば、チリカウ Zillichau 近郊ギプスタル Gipsthal の上級森林官 Oberförster は「狩猟権廃止に対する補償の確定 Festsetzung einer Entschädigung[16]」を、また、クチェラウ Kutschelau (Kreis Zillichau) の騎士領主アッカーマン Ackermann は「狩猟権の廃止に対する補償支払」を求めていた。[17]

その他のバンレヒト Bannrecht についてもその廃止を求める請願は多い。「皮剝権」、「漁業権」、「醸造特権」、「ボロ布回収権」などの廃止がそれである。これらの特権は、しばしば領主によって貸与されており、賃借者はかかる権利を支柱に、それぞれの分野の生産＝流通を独占することができた。「騎士領の皮剝権が貸付けられている所では、一頭の家畜しかもっていない貧しい農民は毛皮を手に入れることは出来ない。」(ザクセン) 皮剝権は、狩猟特権から派生したものだが、その特権を領主から賦与されたものは、皮剝業における生産＝流通を独占し、前期的利潤を収取しうる。だから皮剝権の廃止は、単に領主的特権の廃止を意味するばかりでなく、領主的強制に支えられる皮剝業の生産＝流通独占の廃止、この分野での「営業の自由」の実現を意味した。

三　免税特権 die Steuerfreiheit の廃止

領主の免税特権は、グルントヘル、グーツヘルの身分的特権の一部を構成する。免税特権廃止の要求も全ドイツから出されている。「貴族、教会、王領地の所有地及び村の免税特権の廃止」(ラインラント)、「村貢租の負担からの免除 Exemption の廃止、この負担は土地所有の状態に応じて分配さるべきである」、「教会又は学校の建設に際して、また貧困者の救済、その他の村の貢租負担に際して、耕地の三分の二を所有している騎士は、その特権を理由に、負担を免れ、一切を農民に転嫁している」(ワイマール)、「村、郡貢租、通行税のより平等な徴収。」(シュレージェン)貴族の免税特権の中で、とくに問題になったのは、地方自治体の諸行政――学校、教会、道路、河川、橋梁の建設・維持――のための経費である。これらの経費は村税 Gemeindelasten として農民の上に全面的に転嫁された。農民の要求は、このような貴族的免税特権を廃止し、村税の公平な配分を実現することにあった。(18)

四　世襲財産制 das Fideikomiß の廃止

家族世襲財産制(19)は、封建的領主層が封建社会の基本的富としての土地 Grund und Boden を、譲渡、売却あるいは分割することなく、維持、世襲してゆく制度として、絶対主義的領邦体制の下で徐々に形を整えて来た。十五・六世紀の領主制の危機の中で、封建的領主層は、旧来の社会的地位から転落し、絶対主義的領邦体制の軍事的、官僚的機構の中に編成され、「玉座の柱石 die Stütze des Thrones」として、封建的支配の一端を担う特権階層へと自己を位置づけていった。[20] 世襲財産制は、このような状況の中で封建的諸階層、とくに土地貴族層が自己の経済基盤たる土地所有を維持するために、また、封建的支配者層、社会的特権的階層として、自己とその家族を家産制的、伝統主義的に再生産させてゆくための制度的基礎として、かかる階層の内部から生み出されて来た。家憲 das Hausgesetz という形をとって固定化された世襲財産制が、領邦権力によって公認され、その立法を通じて整備されるにいたるのは、一七・八世紀においてである。[21] 世襲財産制は、その後、ナポレオンのドイツ支配の下で、ライン同盟においては、廃止されはしたが、フランスから独立した後には、再び復活して来たのである。[22]

三月革命において、世襲財産制は、封建的特権制、身分階層制、及びかかるものによって支えられる封建的支配機構、の変革の問題と関連しつつ、「国民議会」において取上げられるのであるが、[23] 農民の間からもその廃止を求める請願が多数寄せられた。「一切のレーエン制、世襲財産制の廃止。封建的賦課は、名前をもつかぎり無償で廃止すること」(ザクセン)、「すべての長子相続権及び世襲財産制の廃止」(ワイマール)、「世襲財産制に反対」(オーバーシュレージエンの小土地所有者、アインリーガー、織布工、手工業者)など。

この世襲財産制は、貴族的特権 Vorrecht をもった貴族的階層を主要構成要素とする「上院の反動 die Reaction in der ersten Kammer」をつくり出しつつ、一九世紀初頭に始る「農民解放」を契機にして、かえって拡大する傾向を示した。「農民解放」が有償償却方式に立っていたことは周知の通りであるが、封建的領主層は、農民が支払う多額の償却金 Ablösungscapital を、土地 Grund und Boden の拡大のために投下し、これを世襲財産に設定した。[24] たとえば西南ドイツの大所領で、三月革命の農民運動の中心舞台の一つとなったホーヘンローヘ領についてみると、同領主は一八三六年一〇月二二・二九日のヴュルテムベルク償却法によって第二四表のような償却金を獲得した。その償却

第24表

	Beeden	賦役		隷属税	合計
		対人的	対物的		
Hohenlohe-Kirchberg	9,833	102,807	2,893	—	173,534
Hohenlohe-Langenburg	12,578	188,125	2,575	—	203,278
Hohenlohe-Öhringen	55,255	403,302	14,435	—	472,992
Hohenlohe-Waldenburg	660	245,659	61	—	246,381
Hohenlohe-Bartenstein	16,997	193,601	11,005	—	221,653
Hohenlohe-Jagstberg	7,641	84,252	28,050	—	122,310
Geminsame Lehenskasse	—	78	542	—	621

単位　fl. E. Schremmer, Die Bauernbefreiung in Hohenlohe, Stuttgart 1963, S. 128 f. から作成.

金は、当該一族の申合わせに従って、一八三七年オーバーシュレージエンに、三万プロイセン・モルゲンのグーツ領を購入し、同地方の領地の拡大に向けられた。同領主はこの世襲財産を基礎にして同地方に石炭鉄鋼業を設立した。[25] レーヴェンシュタイン・ヴェルトハイム・ローゼンベルク Löwenstein-Wertheim-Rosenberg 家の場合、償却金の多くは、ベーメン Böhmen の所領の取得に向けられている。[26] 以上のように、高額有償解放方式に立つ西南ドイツの「農民解放」は、同地方の封建的領主が東エルベにおいて世襲財産を設定し、それによって彼らが封建的特権者層として存続することを可能にした。

　世襲財産の拡大は、以上のように、非分割・非売却の世襲的所有の拡大と、特定の家族による巨大な耕地、森林の独占的所有を意味したが、このことは、農民による農業経営の拡大＝小生産者的発展にとっては阻害条件とならざるをえなかった。「長子相続、世襲財産の障害は、自分の手と自分の労働で土地を耕作する階層が土地所有を購入し、入手することと対立する」[27](傍点は引用者)、「勤勉 Fleiß と倹約 Sparsamkeit によって土地所有を取得する権利は国民のすべてに広く与えられねばならない。しかし世襲財産制はこれと逆に作用する」[28](傍点は引用者)、「レーエン制は譲渡、売却に対する大きな障害であり、土地分割に対する無制限な妨害である。土地は農民の所にやって来ない」[29]などの時人の指摘は、以上のことを示している。

世襲財産の拡大は、以上のように、単に旧領主層の身分的、社会的特権の基礎になったばかりでなく、更に、彼らが、これを基盤に、農業及び鉱山業の分野で、領主的、貴族的経営を創出し、拡大する条件でもあった。このことは、同時に、農民の土地獲得と経営的発展に対して阻止条件となったのである。このような社会的経済的内容をもった世襲財産制の設定と拡大は、東エルベにおいては、「農民解放」とそれを契機として「上から」推し進められる、農民の生産手段・生活手段からの分離の過程と直接に結びついていた。農民の手を離れた生産手段は、とくにエルベ以東では、領主層のもとに集中され、また生産手段から遊離した農民は、賃労働者として貴族的経営の下に編成されていった。とくに、オーバーシュレージエンやベーメンの鉱山業、製鉄業においては、世襲財産としての大土地所有、とくに大山林所有を基盤にしつつ、一八世紀末から一九世紀前半にかけて、巨大貴族経営(マグナーテン経営)が形成されつつあったことは、大野英二、肥前栄一両氏の先駆的研究が示すところである[30]。それ故世襲財産制の拡大は、単に封建的特権的貴族層のかかるものとしての社会的、系譜的再生産の過程としてばかりでなく、封建的土地所有の有償解放過程、及びこれを基礎にして行われる資本のプロシア型の原始的蓄積過程と不可分に結びつき、農民的＝小ブルジョア的発展とは正面から対立するものであった。従って世襲財産制の廃棄を求める農民の請願は、封建的土地所有の無償廃棄要求と関連しつつ、客観的には、資本主義のプロシア型進化に対決するものであった。

貴族的特権身分と、かかる社会的身分・権利体系を支える領主制的強制の根底的な廃棄が問題とされるとき、封建社会のこのような身分的階層的構成を媒介するレーエン制 Lehenswesen は、当然廃棄されなければならない。とくに、それは、領主・農民のレーエン制的関係 Lehensverband の最終的廃棄、及びかかるレーエン制的関係に由来する農民の諸賦課、人身的拘束の廃止、の問題に集約して示された。「ドイツにおける一切のレーエン制の最終的、法的廃止」（ザクセン）、「レーエン制、上級所有権及びこれと結びついた旧い人身的支配の廃止」（同）、「一切のレーエン制、世襲財産制の廃止」（同）等々。[31]

農民がレーエン制、世襲財産制の無償廃棄を要求したのに対し、大土地所有者の側からは、それらの存続を要求する請願が行われている。ドイツのシュタンデスヘルの「家族世襲財産の維持 Aufrechthaltung」の請願、[32]多数の世襲財産所有者を代表するフォン・プロイシェン Freiherr v. Preuschen 及びフォン・ボデルシュヴィンク・プレッテンベルク Freiherr v. Bodelschwingh = Plettenberg zu Reichelsheim の提案などがそれである。[33]

（1） 農民運動は、共和主義的政治運動との結合の中で、ドイツ共和国の実現をめざす、共和主義的傾向を示すが、しかし、農民のすべてがかかる傾向を示したというのではない。それどころか、農民の請願書の中には、共和主義に反対し、立憲君主制を求めるもの、また、統一ドイツに反対し、分権的状態の強化を求めるものもかなりある。

（2） 高橋、前掲書、八五頁以下。

（3） F. Lütge, a. a. O., S. 325.

（4） この点に関して、ヴュルテムベルクについての詳細な記述は、H. Mohrdiek, a. a. O., SS. 71–88.

（5） 近世ヨーロッパにおける木材の重要性については、W. Sombart, a. a. O., Zweiter Band, Zweiter Halbband, S. 1143 ff.; J. Kulischer, a. a. O., S. 452 f. 森林監督官制度については、Adam Schwappach, Handbuch der Forst-und Jagdgeschichte Deutschlands, Berlin 1886, Bd. II, S. 775 ff.; W. Sombart, a. a. O., S. 452 f.; F. Lütge, a. a. O., S. 458 f.

（6） この点は、後に述べる共同地用益権をめぐる農民・領主の対立・抗争に関係してくる。

（7） A. Schwappach, a. a. O., Bd. I, 2. Kapitel.

（8） ランデスヘルは全ラントの政治的支配者であると同時にラントの土地所有者であり、それ故、狩猟権はランデスヘルに帰属するというのである。Vgl., a. a. O., Bd. I, S. 14, 35, Bd. II, S. 587 f.

（9） 諸田実『ドイツ初期資本主義研究』有斐閣、一九六七年、二八六頁以下の興味ある指摘を参照されたい。

(10) 狩猟規制は二重の内容をもつ。一つは狩猟令の布告、猟期の決定、特定の狩猟禁止、狩猟者の地位の決定等々。もう一つは狩猟権で、私人が狩猟権の所有を証明しえない場合には狩猟権を掌握できる。これは狩猟賦役への権利を含む。A. Schwappach, a. a. O., Bd. II, S. 508, 503 f.

(11) Zit. in: a. a. O., Bd. II, S. 592 f., Anm.

(12) Zit. in: a. a. O.

(13) Verhandlungen der constituierenden Versammlung für Preußen, Bd. IV, S. 2405.

(14) Stenographischer Bericht., Bd. IV, S. 2404; W. Schneider, a. a. O., S. 64 f.; K. Reis, a. a. O., S. 25; F. Lautenschlager, a. a. O., S. 30, 44, 70; H. Mohrdiek, a. a. O., S. 64, 68, 112, 166 f. 末川、前掲論文、二頁。大月、前掲論文、六七頁。松田、前掲書、三一六、三三〇頁。

(15) 「グーツヘルは野獣を保護することによって一五グロッシェンの価値ある兎が義務を負う農民に一ターラーの損害を与えている事実を知らない」(ザクセン)――従って、狩猟特権の廃止は、農民に一匹あたり、一ターラー十一五グロッシェンの利益を与えることになる。狩猟権廃止の請願については、その他に、Stenographischer Bericht., Bd. II, S. 1741, Bd. III, S. 2096, 2238, 2314, Bd. IV, S. 2504, 3021, Bd. V, S. 3262, 3428, 3581, Bd. VI, S. 4923 f.

(16) Stenographischer Bericht., Bd. II, S. 831.

(17) A. a. O., Bd. II, S. 1504; 他に Bd. III, S. 1621, 2096, Bd. V, S. 3936, Bd. VI, S. 4424 など。

(18) F. Lautenschlager, a. a. O., S. 67, 69; H. Mohrdiek, a. a. O., S. 62 ff.; T. Hamerow, op. cit., p. 160.

(19) プロイセン世襲財産問題に関する邦語研究は次の通りである。住谷一彦「マックス・ヴェーバーの『世襲財産論』――ドイツ資本主義と土地制度の思想史的研究――」『立教経済学研究』第一六巻第三号、一九六二年、後に同氏著『リストとヴェーバー――ドイツ資本主義分析の思想体系――』未来社、一九六九年、に所収。豊永泰子「プロイセン世襲財産問題――帝制期ドイツにおける土地政策の動向――」『西洋史学』第六八号。大月誠「初期マックス・ヴェーバーのドイツ農業論(2)」竜谷大学『経済学論集』第六巻第二号。

(20) F. Lütge, a. a. O., S. 208, 277, 327 f.

(21) August von Miaskowski, Die Gebundenheit des Grund und Bodens durch Familienfideikomisse, in: Jahrbücher für Nationalökonomie und Statistik, Bd. 21, 1873, S. 132 ff.

(22) 世襲財産制は、エルベ河以東でフランス法が適用された地域では、一八一八年三月の王国条例と一八二〇年六月、二七年六月の布告で復活してゆく。また、ベルク大侯国では一八二八年三月の布告、ヴェストファーレンでは一八一八年三月・一八二〇年の「宣言」・二九年四月・三一年三月・三二年四月・三四年八月の各内閣令、ライン・プロヴィンツでは、三七年一月、オルデンブルク大侯国では一四年三月の各布告、ヴュルテムベルクでは一七年の貴族令 Adelsstatut、二一年一二月の国王布告、バイエルンでは一八年五月の勅令、ヘッセン・ダルムシュタットでは五九年九月に、ザクセン・ワイマールでは二六年五月・三三年四月の Patent、ハノーファーでは三六年四月の法律、ブラウンシュヴァイクでは三七年三月の法律などで復活する。A. a. O., S. 142 f.

(23) 国民議会での世襲財産制廃止に関する討議については以下を参照。Stenographischer Bericht., Bd. IV, SS. 2541–44, 2548 f.; P. Albrecht, a. a. O., S. 19, 35 ff.; W. Schneider, a. a. O., S. 66 ff.; T. S. Hamerow, op. cit. p. 169 f.

(24) Stenographischer Bericht., Bd. IV, S. 2542.

(25) Harald Winkel, Die Ablösungskapitalien aus der Bauernbefreiung in West-und Süddeutschland. Höhe und Verwendung bei Standes-und Grundherren, Stuttgart 1968.

(26) Ders., a. a. O., SS. 112–114.

(27) Stenographischer Bericht., Bd. IV, S. 2543.

(28) A. a. O., S. 2542.

(29) A. a. O., S. 2542.

(30) 大野、前掲書、第一部、第一、二章。肥前栄一「プロイセン絶対主義の鉱業政策とオーベル・シュレージェン鉱山業」『経済論叢』第八七巻第五号。

(31) 他にカーレンベルク Calenberg の住民の「レーエン的関係の廃止」など、ザクセンからの請願に多くみられる。Stenographischer Bericht., Bd. I, S. 623, Bd. II, S. 831, 1046, Bd. IV, S. 2504.

(32) A. a. O., Bd. VI, S. 4136.
(33) A. a. O., Bd. V, S. 3426. 同じような請願は、ヴュルツブルク Würzburg からも来ている。A. a. O., Bd. V, S. 3794.

2 封建的諸賦課の廃止

「封建的関係の廃止 die Aufhebung der Feudalverhältnisse」を求める請願の中で、圧倒的部分を占めるのは、「封建的賦課の廃止 die Aufhebung der Feudallasten」に関するものである。(1)「一切の封建的権利及び諸貢租の即時廃止」(プロイセン、ザクセン州)、「すべての対人的、対物的賦課租の無償廃棄」(ヴュルテムベルク)、「一切の封建的諸賦課の廃止」(ザクセン)等々枚挙に暇がないほどである。

一 封建的諸賦課

「ドイツ立憲国民議会」への当該請願書の中で請願書数、署名地、人数の点で最も多数を占めるのはザクセンからのそれである。そこで、今、ザクセンからの請願書の中で、七一ケ村、一七七〇人の土地保有者ほか、の署名になるという請願をとりあげ、そこで列挙されている封建的賦課の名目を掲げておこう。——レーエンゲルト、永小作料、十分の一税、賦役代納金、家畜税、鶏貢租、マルチン鵞鳥、フーフェ税、Patentdienst、賦役、台所賦役、地下室賦役、穀物賦役などの屋敷奉公(但しこれは名目のみ)、保護税、徴兵代納金、生業税又は手工業税、日雇賃金税、狩猟貢租、薪税、恩寵税、認可税、分益貢租、印章税、罰金、審理税、ヘレンチンス、ミカエリス税、人頭税、ワイン税、乗合馬車税、羽根税、麦芽税、Blasenzins。

以上の他に目につく名目は、花嫁税、賦役地代 Robotzins、移住税、Marktgroschen、水車貢租、ベストハウプト、家族税、宿泊税、Handlohn、ラウデミエン、婦人税などである。

以上の中から、三月革命期に、全ドイツでその廃棄が求められた保有変更税(ラウデミエン、Handlohn)をとりあげ、簡単にみておこう。保有変更税は、売買、譲渡、相続等によって土地、家屋の保有権者に異動が生じた際に、土地価格の一定割合を領主が徴収するものであるが、土地価格の査定に関して領主の「恣意 Willkür」が入りこむのが普通であった。それ故、この賦課は「不定量」であり、農民保有地の細分化、流動化と土地価格の上昇に伴って、領主の「より豊かな収入源 eine reichere Einnahmsquelle」(2)となっていったのに対し、農民にとっては「年と共に一層重くなる」(3)傾向をもっていた。「ラウデミエンは……もっぱら不正 Unrecht と抑圧 Unterdrückung とに基づいて導入された。それは土地所有者の旧い権力 frühere Gewalt の発現以外の何ものでもない。」(4)「ラウデミエン制は、正に本来的な掠奪制度 Plünderungs = Institut であり、財産没収制度である。……一人の土地保有農民が死んだ。彼の死の二年前に彼の屋敷は火事に会い、その際農産物の貯えと家畜とをすべて失った。彼は新たに家を建て、家畜を備えなければならなかった。その結果債務を負った。死に際して彼の土地は一万ターラーの価値をもっていたが、同時に、七〇〇〇ターラーの抵当債務と三〇〇〇ターラーの個人債務を負っていた。彼は相続人を妻に指定していたので、未亡人が夫の財産を相続した。相続分はたった一〇〇〇ターラーであったが、国はそれに対して一〇ターラーの相続税 Erbschaftssteuer を請求した。しかしグーツヘルは保有地相続を理由に、一〇〇〇ターラーのラウデミエンを求め、かくて土地所有者はすべての相続分を失った。非人道的なグーツヘルは、未亡人が、一〇〇〇ターラー以上の抵当を土地に設定していることを知り、これを嘆いて、土地を競売に附してしまった。土地は七〇〇〇ターラーで売却された。夫とその相続人とに対する債権者の個人的債権は消滅した。そしてグーツヘルは取得した一〇〇〇ターラーのラウデミエンの他に、新たな保有変更に対して、七〇〇ターラーのラウデミエンを別にえることになる。」(5)

二 封建的賦課廃棄の農民的方式

封建的賦課の廃棄についての農民的方式は、一九世紀初頭に始り、「三月前期」において、推し進められた「上から」の「農民解放」とその有償解放方式への批判をなし、それと決定的に対抗するものである。領邦体制の下で始った「農民解放」＝「償却 Ablösung」は、——ザクセンからの請願によれば——農民を賦役からは解放したものの、一般に「過重な償却原則」に立っており、農民は「土地収益の一〇—二〇％」を「貨幣地代 Geldrente」として、領主、教会に支払わなければならなかった。(6) この二五年賦、一〇—二〇％の償却は、旧来の封建地代に比較した場合、「何の軽減をも意味しな」かった。「従来迄の解放は、負担の軽減を全く意味していない。償却元本の漸次的支払のために年々租税を支払わなければならないからである。(7)」だから、「償却」は、「現物貢租から貨幣貢租へ推転する aus Natural = in Geldfröhnen zuverwandeln」こと以外の何ものでもなかった。(8) 多くの農民、とくに下層農民は償却過程において、こういった「貨幣貢租」を支払うために、高利貸資本の下に従属することになった。——農民の「償却」についての理解は以上の通りであった。まことに、封建地代の「有償解放」は、封建地代の形態転換、労働地代・生産物地代の貨幣地代への転化に他ならない。農民は、このような有償解放体系に対抗して、次のような二つの方向を打ち出して来た。

償却額、償却率の軽減——低額有償方式——

その一つは、有償解放方式に立ちながら、償却額、償却率の軽減を要求するものである。「……補償額は最低でなければならない」(プロイセン、ザクセン州)、「十分の一税償却法の公布 Erlaß eines Zehntablösungsgesetzes、償却比率は一二—一五倍」(ラインラント)、「低額にして、かつ、廃止さるべき権利の対象に応じた、補償 eine billige, den Gegenstand des aufzuhebenden Rechts entsprechende Entschädigung」(ザクセン)等々。(9)(10)

低額有償解放方式に立つ場合でも、たとえば、ザクセンやワイマール、ヴュルテムベルクからの請願のように、農民はレーエン制、領主裁判権に由来する封建的賦課については、「無償」で廃止するように要求している。また、この方式は、しばしば、補償をドイツ国政府または各邦政府に肩替りさせる要求と結びついている(たとえば、ワイマール、ザクセン、バーデン)。

「農民解放」の対象とされていない賦課については、「規制 die Regulierung」または「軽減 die Ermäßigung」を求める請願も決して皆無ではない。「賦役地代からの解放、永借地料・地租の法的規制」(シュレージエンの村長、選挙人)、「グーツヘル＝農民関係の規制 die Regulierung der gutsherrlich＝bäuerlichen Verhältnisse」、「グーツヘル・領主に対する貢租・賦役の軽減」(プロイセン)などの請願がそれである。

以上からわかるように、請願書のすべてが、次に述べるような封建地代の無償廃棄を求めたのではなかった。この点は、後に述べる国民議会の措置、更にはプソイド・ボナパルティスムの農業・土地政策との関連で注意すべきであろう。

無償廃棄

封建的賦課の無償廃棄を求める請願はドイツ全土から出されている。シュレージエン州のリーガースドルフほか一〇ケ村、バーデン五二ケ村、ヴュルテムベルクのエシェナウほか三ケ村、クーアヘッセンのシュルヒテルン国民協会、ブライテンバッハほか一〇ケ村の代表、ザクセンの五四ケ村二八四五人の土地保有者、七ケ村四二〇人の土地保有者、五ケ村二八九人の土地保有者、八ケ村四一九人、ワイマールのガイスマルほか一三ケ村、ダルムバッハほか二〇ケ村、ティーフェンオルトほか四ケ村などである。——「ドイツにおける一切の封建的諸賦課は無償で廃止さるべきである」、「すべての対人的、対物的賦課の無償廃棄 Aufhebung……ohne Entschädigung」、「一切のレーエン制、世襲財産制、すべての封建的賦課は、……無償で廃止されること ohne Gewähr einer Entschädigung aufzuheben を要求する」等々。

封建地代の「無償廃棄」の体系は、高額有償解放体系に立つ領邦政府の「農民解放」政策と決定的に対立する。それは、客観的には、封建的土地所有の全面的否定と農民的土地所有＝分割地的土地所有の創出に帰結する。封建的土地所有の無償廃棄体系の要求が、とくに、シュレージエン、バーデン、ヴュルテムベルク、クーアヘッセン、ザクセンなどの農民蜂起の中心的地域から出されていることは注目に値する。無償廃棄の要求は、農民運動の一定の蓄積を前提にしているように思われるからである。

シュレージエン、バーデンからの請願書は、「無償廃棄」の原則を三月革命前に遡及して適用すべきであると主張する。これは、三月革命前に農民が支払った「買戻し金」、「償却金」、「償却地代」を領主、領邦政府から返還させることを意味する。シュレージエンのニーダークッツェンドルフの請願書は主張する。「これまでに支払った償却地代及び元金の返還 die Erstattung der bereits bezahlten Ablösungsrenten und Kapitalien」また、バーデンからは「すでに償却されたものについて、償却金取得者は貨幣または有価証券で返済すべきである」という要求が出される。

償却金の返還は、領主財産、国有財産の強制的分割あるいは没収を伴わざるをえない。これは、過去の償却過程＝「農民解放」過程の全面的否定である。かかる過程が、資本主義発展の特殊的、プロイセン的型に対応していた限り、これは、かかる歴史的形態での資本主義に対立し、これを否定する方向をもつものである。

なお領主財産への攻撃は、領主の非封領地 Allodien の分割要求という形でも現われる(バーデンの場合)。三月革命の目的を「平等主義」の実現に置くバーデン南部の農民にとって、領主所有地の分割と、自由かつ平等な農民的土地所有の創出は当然の要求である。同様の要求はワイマールからも提起されており、これらの要求は、フランス革命の修道院、亡命貴族領——国有財産——の分割要求に対応するものと言えよう。

(1) P. Albrecht, a. a. O., S. 30 ff.; W. Schneider, a. a. O., S. 62 ff.; V. Valentin, a. a. O., Bd. II, S. 3, 5 f.; T. Hamerow, op. cit., p. 159 f. ザクセンについては、特に、R. Zeise, a. a. O.; 松尾、前掲論文。プロイセンについては、G. Becker, a. a. O.; H. Bleiber, a. a. O. を参照。

(2) Verhandlungen der constituierenden Versammlung für Preußen, Bd. VI, S. 4103.

(3) A. a. O.

(4) A. a. O., Bd. VI, S. 4239. 次のようにも指摘されている。「シュレージエンにおけるラウデミエンの義務は、その大部分がグーツヘル的支配からの発生か、あるいは圧迫 Druck、強制 Zwang、欺瞞 Hinterlist あるいは脅迫等によって生じた。」a. a. O., Bd. VI, S. 4219.

(5) A. a. O., Bd. VI, S. 4217.

(6) Stenographischer Bericht., Bd. IV, S. 2394.

(7) A. a. O., Bd. IV, S. 2392.

(8) 「……これらの賦課は今日すでに解放され買い戻されてはいる。しかしそれが廃止されない限り、貨幣貢租支払を通じて負担は存続している。だから不正はなお依然として続いている。」(バーデン) Verhandlungen der deutschen verfassunggebenden Reichsversammlung, S. 198 f. も同じような趣旨であろう。

(9) 但し、この場合、「レーエン制、裁判領主制の濫用により農民に不当に課せられた封建的賦課は、農民の土地に対する領主の狩猟権と共に、無償で廃止さるべきである。」

(10) 同様の要求は、ワイマール、ハノーファー等からも提出されている。

3 共同地の問題

森林、牧草地、荒蕪地・沼沢地など共同地 Allmende は、農民の経済的再生産にとって不可欠の要素をなしていた。領主による共同地用益権の拡大、従って農民の用益権の制限ないし禁止は、中世以降の一般的傾向であり、共同地をめぐる農民・領主間の対立・抗争は、「農民戦争」の基本的な内容をなしていた。(1) 一八四八年の三月革命においても共同地の問題は決定的に重要な問題であった。既に四八年三月の農民蜂起において、各地で、森林、荒蕪地、牧草地などの所有権、用益権の帰属が問題となったことは前に述べたが、その後、「国民議会」に対する請願においても、この問題について触れるものが非常に多い。「村民に対する牧草の無制限、平等利用権の賦与」(シュレージエン)、「燃料木材の制限、植林による牧草地制限……に対する不満、森林、荒蕪地、牧草地に対する補償……」(ラインラント、ヴェストファーレン)、「グーツヘルの森林における森林用益権 Forstberechtigung への苦情」(ヴェストファーレン)など、プロイセンからの請願が多い。しかし、共同地に関する「国民議会」への要求は、他の要求に比較して数が少ない。恐らく、この問題は、「国民議会」ではなく、より多く各邦議会において処理されたものと思われるからである。ここでは以上の点の指摘にとどめ、次の「プロイセン立憲議会」への請願書分析において、改めて取り上げることにしよう。

(1) 諸田、前掲書、二八六頁以下。

四 「プロイセン立憲議会」への請願書とその分析
――いわゆる「農民解放」との関連で――

以上二及び三では、フランクフルト・アム・マインの「ドイツ立憲国民議会」への請願内容を紹介し、それを分析した。ここでは、一八四八年ベルリンで開催された「プロイセン立憲議会 die constituierende Versammlung für Preußen」に対するプロイセン住民の封建制廃止に関する請願をとりあげ、検討してみたい。すでにみたように、「ドイツ立憲国民議会」に対する請願においてプロイセン、とくにラインラント、ヴェストファーレン及びシュレージエンの住民からの請願はかなり重要な部分を占めていた。しかしプロイセンの住民は、「国民議会」への請願と並行しつつ、ベルリンの「プロイセン立憲議会」への請願活動をも活発に行った。それは、統一ドイツ国家がまだ実質的には成立しておらず、邦ごとに旧い権力が強固に残され、邦ごとに議会が開催されている状況の下では当然の成行であった。「国民議会」は、分権的状態を揚棄し統一権力を樹立させようとしつつも結局は、基本的にはこのような分権的状況を容認し、地域的、特殊的問題については勿論、基本問題の多くについてさえ、その検討、具体化、立法化と執行を各邦の立法府、執行府に依嘱した。封建制廃棄の問題の処理についても例外ではなかった。三月革命の農業・土地問題を地域的、特殊的問題をも含めて一層具体的に把握するためには、我々はどうしても各邦ごとに立入って考察することが必要になる。ここでは、さし当ってプロイセンのみをとりあげ、そこにおける農業・土地問題の特殊性を、同地方における農民の請願書がもつ特殊な内容に焦点をあてて把えてみようと思う。ここでプロイセンをとりあげる理由はさし当って次の点にある。

シュレージエンを中心に展開したプロイセン「農民革命」は、上述したように、西南ドイツ、中部ドイツのそれと併行しつつ、それらとは一応無関係に、地域的、分散的に進行した。農民運動に特有なこの地方的、分散的性格は、農民の社会的生産の孤立、分散性にもとづくものであるが、その状況は、地域によって大きく異なっていた。プロイセンでは、周知のように、封建的土地所有の「上から」の廃止――「農民解放」――が始っており、それを前提としてユンカー的土地所有＝経営が創出されていた。プロイセンの「農民革命」は、東エルベで典型的に進行する「農民解放」と資本主義の「プロイセン型進化」に直接に関連しており、その矛盾を集約的に表現するものに他ならなかった。しかも、プロイセンの革命過程の動向は、プロイセンはもとより、三月革命の全過程の方向とその帰結に対して決定的な影響力をもった。それ故プロイセンの「農民革命」の動向は、客観的には、三月革命の全体の動向に、間接的ではあるが、他の地域の農民運動以上に、大きな影響力を及ぼすことになった。

プロイセンの農民の請願は、「プロイセン立憲議会議事録」(1)第八巻末尾に掲載されているが、この一覧表をみて気がつくことは、その多くが封建的諸関係の変革に関するものであるということである。家父長制的裁判権、警察権、狩猟特権、世襲財産制、免税特権などグルントヘル、グーツヘル的諸特権の廃止、賦役 Roboten、ラウデミエン、Marktgroschen、地租 Grundzins、階級税 Klassensteuer、保護税 Schutzgelder、村貢租 Dominialabgaben (Kommunallasten) などの諸賦課・租税――これらの「廃止 die Aufhebung」、「軽減 die Erleichterung od. die Ermäßigung」及び「規制」などである。しかし、我々の関心をとくに惹くのは、プロイセン「農民解放」の有償解放体系への批判とその「修正 Revision der Ablösung und Seperation oder des Rezesses」、「償却金の返還」、「土地返還」の要求及び共同地用益権に関する要求とである。ここでは、後二者――「農民解放」問題と共同地用益権の問題――を中心にとりあげよう。

1 「農民解放」過程に対する農民の苦情

シュタイン＝ハルデンベルクの改革を起点とするプロイセンの「農民解放」政策が、農民からの土地切取りと償却金収取を通じて、直接生産者たる農民から、生産＝生活手段を切り離し、グーツヘル＝農民関係をユンカー＝インストロイテ関係へ推転させたことは、研究史の示すところである。(2)

ブレスラウ出身の議員は指摘する。「農民は過大な賦課租によって次第に没落し、最後には土地を売却するか放棄せざるをえなくなっている。賦課の付いた土地を買おうと申し出るものは勿論いない。そこで結局領主が多くの農民保有地を次々に自由にしてゆくことになる。その結果、農民保有地一〇戸以上の村がそっくり領地に併合されてしまった場合もある。嘗て何人かの農民はそれぞれ労働者を雇用し彼らに十分支払っていたのに、今では一、二の雇用者が支配し、全村が労働者になってしまった。そして労働者が多くなればなるほど賃金は下降することになる。(3)」

上の指摘から、封建的賦課、償却金支払などの「過大な賦課」によって、経済的実力のない貧農は勿論、「かつて労働者を雇用」していた上層農民すらも、経済的に没落し、遂には土地から分離し、賃労働者となっていった経過を知ることができる。一八世紀に始った農民層分解は、「農民解放」を起点にして、農民層一般の下降と、グーツヘルによる生産手段集中、ユンカー経営成立へと帰結したのである。

たとえば賦役 Robotlohn の償却は、当時の史料によれば、次のような形で行われたという。農民は、グーツヘルとの「協定」に従って、賦役として給付する労働の等価として、一日一―二グロッシェンの貨幣をえていたが、償却法の実施によって、逆に、最低三グロッシェン、一年五〇日で四―五ターラーの貨幣を支払わなければならなくなった。「四分の一モルゲンそこその土地しか保有せず、また、他に仕事を見つけることができない貧しい土地保有者

armer Stellenbesitzer には、とても調達することはむずかしい。だからこのような地代 Rente が決定され、実施される場合、償却がもたらす結果は、人々の大きな苦しみと困苦以外の何ものでもない。(4)」——オーバーシュレージエンのデツィツコヴィツ Dezitzkowitz の自由ゲルトナーはこのように訴えている。次の苦情も、同じように償却の苛酷さを訴えたものである。「償却は年賦役の二五倍である。これは大変高い。元金は五％の利子を生ずるから、たとえば五ターラーの貢租の償却の場合、それは一〇〇ターラーにもなってしまう。(5)」

この償却、調整事務を担当したのは、General = Kommission であり、直接的には、下部の官僚たる Ökonomie = Kommissarien であった。彼らはグーツヘル = 農民関係に関する事実認定と償却額の決定を行うほかに、償却さるべき対象の価値を評価する専門的鑑定人としての、更に、その鑑定を General = Kommission へ報告するという広汎な権限を有し、当時の農民からは「独裁的権力 die diktatorische Gewalt」をもつものとみなされていた。彼らは、「グーツヘルの屋敷に出入りし、そこに住みこみ、そこで食事をとる(6)」といわれており、「農民解放」の直接の担当者たるプロイセン官僚とグーツヘルとの結合は時人の眼にも明瞭であった。グーツヘルと親密なプロイセン官僚が遂行するグーツヘル = 農民関係の「規制」、「調整」が、グーツヘルに一方的に有利に展開したことは蓋し当然であり、農民蜂起の際に、償却に関係するプロイセン官僚が攻撃目標の一つとされたのも、このような事情があったからである。

さて、封建地代の償却を行う農民は、償却金を支払うために、貨幣を入手しなければならないが、貨幣不足と市場の狭隘さの結果、高利貸資本からの借入れに依存せざるをえなかった。この点について「プロイセン議会」の一議員は次のように報告している。「目下、深刻な貨幣不足の状態にあり、それ故貨幣の入手は困難である。債務者 Verpflichtete は大きな犠牲を払って借金を行う以外に途はない。(7)」かくて、農民は高率の利子と「抵当経費 Hipotheken-kosten」の負担を負うことになり、しかも一度このような状態に陥ると、そこから脱出することはむずかしくなり、農民は「高利貸の手中に in die Hände von Wucherern」陥り、債務奴隷化してゆくことになった。(8)

以上のように、「償却」は、農民に対する過重な償却金の支払を強制し、農民層を全体として下降させていった。それは一八世紀に始った農民層分解と、これを基盤とする小ブルジョア的発展の萌芽を、圧し潰すと共に、償却金支払と土地切取を経る中で生み出されてくる「賃労働者」を、グーツヘルの経営に確保させた。

封建的賦課の「償却」と共に、農民層の窮乏化、生産手段からの遊離を促進したもう一つの要因は、「土地分離 Seperation」であった。七年戦争以降、混在耕地制に基づく三圃制度と放牧地の共同利用に替って、新しい耕地制度が導入される過程で、領主直営地と農民保有地の混在耕地制は除去され、また森林、放牧地の共同利用も廃止される傾向を示した。これが「土地分離」であった。(9)

ヴェストプロイセンのノイシュタット Neustatt 近在ルシノヴ Lusinow の農民達は次のように訴えている。「土地の分離 Seperation der Grundstücke に際して、森林、肥料及び泥炭を採取する沼沢地は〔農民には〕一切分割されなかった。(10)」

同じ州のルチヒ Lutzig 近郊ゼリシュトラン Selistran のケトナー達はいう――「分離の際に、森林、土地はグーツヘルによって没収された。(11)」

次の苦情も同じ趣旨のものである。「我々ヨハン・ヒルト Johann Hirt 及びマルティン・アブラハム Martin Abraham は、分離に際して、当事者として牧草地、菜園の一部分を分割されるはずであり、そのために分割に要する経費をすでに支払った。ところがどうしたことであろう。グーツヘルは我々にそれを譲渡するどころか、自分の利用に供してしまい、かくて、我々は牧草地に放牧することができず、家畜を維持することがむずかしくなった。……(12)」あるいは、「……グーツヘルシャフトは一八二四年に行われた耕地分離によって村から最も良い土地を入手した。だが村は地味の悪い遠方の土地を補償されただけである。[13]」

以上の請願から、「土地分離」が、農民、村民から共同地、耕地を奪いとっていった事実を確認できる。森林、放牧地の制限・禁止や土地喪失によって生産＝生活手段から切り離された農民が、やがて「賃労働者」として、グーツヘルの経営に編成されるにいたることは、容易に想像できよう。「償却」、「土地分離」の二局面をもつプロイセン「農民解放」は、このように、グーツヘル＝農民関係に基づく領主経営をユンカー経営へ移行させつつあったのである。

（1） Verhandlungen der constituierenden Versammlung für Preußen. なお、G. Becker, a. a. O.; H. Bleiber, a. a. O. をも参照。
（2） この点についての、邦語研究は非常に多い。さし当って以下の研究を参照されたい。松田智雄「ユンカー経営の成立と『中間層』農民」(同前掲『新編「近代」の史的構造論』に所収)。北条功「いわゆる『プロシア型』の歴史的構造」山田盛太郎編『変革期における地代範疇』岩波書店、一九五六年、所収。同「東ドイツにおける『農民解放』」前掲『西洋経済史講座Ⅳ』。藤瀬、前掲書。
（3） Verhandlungen der constituierenden Versammlung für Preußen, Bd. III, S. 2072.
（4） A. a. O., Bd. VIII, S. 5341.
（5） A. a. O., Bd. II, S. 1333.
（6） A. a. O., Bd. II, S. 1333.
（7） A. a. O., Bd. II, S. 1333.
（8） A. a. O., Bd. VIII, S. 5366 f.
（9） 北条、前掲「いわゆる『プロシア型』の歴史的構造」八一頁。
（10） A. a. O., Bd. VIII, S. 5262.
（11） A. a. O., Bd. VIII, S. 5264.
（12） A. a. O., Bd. VIII, S. 5265.

(13) A. a. O., Bd. VIII, S. 5379.

2 「農民解放」の「修正」の要求

以上のような現状把握とこれに対する批判に基づいて、農民は「償却」、「土地分離」の「修正 Revision」を要求する。

「賦役労働、現物貢租の償却の修正[1]」(ブロッケ Brocke 村)、「封建的賦課からの解放、一八二七年耕地分離の修正[2]」(グニヒヴィッツ村)、「ラウデミエン、村貢租の廃止・償却と分離 Ablösung u. Seperation の修正[3]」(ヴュトシュカウ、マゼルヴィッツ Maserwitz 二ヶ村)、「ラウデミエン・諸賦課の軽減、償却の修正、家父長制的裁判権および狩猟権の廃止、森林利用権、アインリーガー、ディーンスト・ボーテン、ホイスラーの租税免除、王領地による貧困者救済[4]」(カミエニッツ Kamienitz、クバチク Kubaczic 村、ローゼンベルク Rosenberg 郡)、「租税負担の平等と分離協定 Seperations = Rezess の修正[5]」(ヴィーゼンドルフ Wiesendorf 村)、「一八三一年一二月二一日実施の規制・分離協定 Regulierungs = und Seperations = Rezess の修正[6]」(ヴィントドルフ Wintdorf 村)、「これまでに行われた分離の修正、ラウデミエンの廃止、他[7]」(プラスヴィッツ Plaswitz 村)、「グーツヘル=農民間の規制 die gutsherrlich = bäuerliche Regulierung の修正、賦課の軽減、賦役の廃止、自由ゲルトナー・自由ホイスラーの地位の向上[8]」(グロス・コトゥリン Groß = Kottulin)など。その他、同様の要求は各地から提起されている。村名だけを列挙しておこう。Passesdern, Döbrick(ホイスラー), Nieder = Gutschdorf, Rackschnütz, Lähn(Kreis Hirschberg), Rachowitz, Dombrowka, Schwieben, Albrechtsdorf(Kreis Rosenberg), Kostelliz, Boroschau, Klein = Borck, Bronietz, Cottliebenthal, Eisenhammer, Christianthal, Schronschon, Laskowitz, Schoffritz, Czioski, Rodau, Klein = Lassowitz, Sternalitz, Budzow, Donnersmark ほか。

「償却」、「分離」過程の「修正」の要求は、当時なお未調整の封建的賦課――ラウデミエン、村貢租、賦役、貢租その他――と領主的特権(とくに家父長制的裁判権、狩猟特権、免税特権)の廃止及びその他の要求と結びついて提起された。「償却」、「分離」の「修正」は、それらを支える政策(「農民解放」)あるいは法律、それに支えられたグーツヘル＝農民間の「協定」なる形での法的関係を「修正」するばかりでなく、これらがもたらした経済的内容、即ち、農民の土地、共同地からの分離過程＝プロイセン型原始的蓄積過程そのものの「修正」を意味し、更に、現実の所有関係の否定へと展開せざるをえなかった。換言すれば、「償却」、「土地分離」の「修正」は、償却過程・土地分離過程の修正から、更に、これまでに切り取られ、分離された農民保有地、共同地及びすでに支払ずみの償却金の農民への返還、従って、その限りで、農民によるグーツヘル・ユンカー的土地所有＝経営の収奪へと結びつかざるをえなかった。

(1) A. a. O., Petitionen, S. 42.
(2) A. a. O., S. 45.
(3) A. a. O., S. 93.
(4) A. a. O., S. 106.
(5) A. a. O., S. 54.
(6) A. a. O., S. 54.
(7) A. a. O., S. 65.
(8) A. a. O., S. 76.

3　土地返還要求

「農民解放」によってグーツヘルが収奪した農民保有地を返還するよう求める農民の要求は以下の請願の中に示されている。

「領主によって奪い取られた農民保有地 Bauerstelle の返還[1]」(シャッファー Schaffer)、「グルントヘルシャフトによって没収された農民保有地 das von der Grundherrschaft eingezogene Bauergut の再認可 Wiedergewährung[2]」(ドムブロヴカ Dombrowka の農民未亡人)、「償却の際にグーツヘルへ割譲した土地の返還 die Zurückgabe der an den Gutsherr bei der Ablösung abgetretenen Grundstücke[3]」(シェトリッツの Freigutsbesitzer)、「租税の廃止、償却過程の修正、償却の際に切り取られた土地の返還[4]」(ローゼンベルク郡シェーンヴァルト Schönwald の農民三人)、「賦役・償却の修正、償却の際に切り取られた土地の返還、ラウデミエンの廃止、王領地による貧困者救済……[5]」(シュロンシャウ Schronschau 村)、「グーツヘルシャフトによって没収された耕地の返還[6]」(ローゼンベルク郡パウルスドルフ Paulsdorf のドレッシュゲルトナー)等々。

その他にもこの種の請願は多い。コロニ・ラドヴカ Colloni = Radowka 村のアインリーガー[7]、ロダウ Rodau 村のロボトゲルトナー[8]、グロス・マクミン Groß = Machmin 村[9]、ガンス Gans 村[10]、シュトライヴィッツ Streiwitz 村[11]、スラヴィッツ Slawitz(Oppelner Kreis)のロボトホイスラー一〇人[12]、等々枚挙に暇がないほどである。

以上の請願から、農民がその返還を要求している「土地」とは、「農民解放」の過程で農民から収奪され、グーツヘルの領地に合併され、統合された、元来は農民保有地であった土地であり、「土地返還」は、この土地を、グーツヘルの直営地から切り取り、農民の保有地として復活させることを意味した。このことは、「農民解放」を契機に進行しつつあった、領主的経営のユンカー経営への推転に対立し、またかかる過程を基軸に進展しつつあるプロイセン的な原蓄過程を否定することに他ならなかった。

「土地返還」の要求は、アインリーガー、ロボトゲルトナー、ドレッシュゲルトナー、ロボトホイスラーなどの下層農民、「日雇労働者」から多く提出されている。「償却」、「土地分離」の「修正」と「土地返還」の要求は、普通、封建的賦課の無償廃棄あるいは低額有償廃棄の要求と不可分に結びついていた。従って、この要求は、「農民解放」以前におけるグーツヘル＝農民関係への単なる復帰ではなくて、かかる支配＝隷属関係の「農民的」な仕方での変革を意味していたのである。封建的土地所有の無償廃棄と結びついた農民への「土地返還」は、農民的土地所有の解放を意味する。そして、この農民的土地所有が産業資本の自生的発展に帰結する限り、上の要求の客観的な意義は、グーツ経営のユンカー経営への推転(「プロイセン型」進化)に対する単なる否定に止まらず、「プロイセン型」に対抗する産業資本の小生産的発展をも志向していたといえよう。

(1) A. a. O., S. 77.
(2) A. a. O., S. 76.
(3) A. a. O., S. 85. アルト・ウエスト Alt＝Ujest の農民も「償却の際に没収された農民保有地について」の苦情を提出している。
(4) A. a. O., S. 105.
(5) A. a. O., S. 107.
(6) A. a. O., S. 108.
(7)―(11) A. a. O., SS. 108–111.
(12) Verhandlungen der constituierenden Versammlung für Preußen, Bd. VIII, S. 5359.

4　王領地、グーツヘル直営地の分割

「農民解放」の前夜、一八世紀後半の東エルベには、すでに、広汎な下層農民、「日雇労働者」が形成されていた。これらの下層農民は、あるいは、局地的市場圏の萌芽的形成を背景に進行した農民層分解の所産として、あるいは、グーツヘルシャフトの封建的収奪を通じて、つくり出されたのであるが、「農民解放」を契機に、生産手段から切り離され、ユンカー的経営の中に「賃労働者」として吸収・編成されていったのである。(1) 王領地、グーツヘル直営地の土地分割あるいはその小作を求める要求は、これらの社会層の中から提起された。(2)

「ラウデミエン、封建的賦課からの解放、住民、ホイスラー Häusler への土地分割 die Vertheilung von Land」(3)(ラーサン Laasan)、「土地・牧草地・麦藁利用権 Streubenutzung の分与」(4)(エッゲジン Eggesin のインストロイテ、メンケブーデ Mönkebude のアインリーガー)、「軍隊、市民制度の再編、無産者 Besitzlosen のために国有地 Staats＝Domäne を分割すること……」(5)(ノイドルフ Neudorf)、「グーツヘル的賦課の廃止、租税制度の改革、零細民に対する土地分与 die Vertheilung von Land an die kleine Leute……」(6)(チーベルン Ziebern)、「租税制度の改革、ラウデミエン、グーツヘル的特権の廃止、小民に対する耕地分与 die Vertheilung von Acker an die kleine Leute」(7)(カルツェン Karzen)、その他、バドツァノヴィツ Badzanowitz、グロス・ラソヴィツ Groß＝Lassowitz、カミエニッツ及びクバチー Kamienitz u. Kubaczie、ヴァコヴ Wachow、グレガースドルフ Grögersdorf、クマーツィン Kummerzin、アダモヴィツ Adamowitz などの村々から提起された。

「土地分与」、「土地分割」要求と併行して、零細農民は、王領地を中心とする土地分割とその永小作を求めていた。「自由な村有地、王領地における耕地・牧草地の半分を永小作 die Erbpacht に向けること、所得税の導入」(8)(コトヴ

ィッ Kotwitz)、「賦課の軽減、一モルゲンの耕地貸与 die Verleihung eines Morgens」(9)(シュラーベ近郊ニッツリン Nitzlin bei Schlawe のビュトナー Büdner)、「貧しい家族に対して教会領を永小作させること die Vererbpachtung der Pfarräcker an arme Familien…… 王領地の分割 die Dismebration der Domainen、租税改革、償却の修正」(10)(ビシュドルフ Bischdorf)、「ホイスラーに対する土地の永小作 die Vererbpachtung um Ländereien an die Häusler、租税の規制、自由な学校教育、聖式謝礼 Stolgebühren の廃止」(11)(ブルク Bruch)、「ヴェルミッツ Wellmitz 領の土地を分割して小作させること、階級税の廃止、メッツェ数による一般地租……」(12)(フールメンスルー Fuhrmennsruh bei Neuzelle)、「グーツヘルへの一切の賦課の廃止、教会領 Pfarrländereien の永小作」(13)(グローセンドルフ Großendorf)、「クレッテンベルク領の分割永小作 die parzellenweise Vererbpachtung」(14)(マケローデ Mackerode の選挙人)。その他、ツェヘリッツ Zechritz の住民、ブルッケ Brucke の住民、ランデスベルク Landesberg のホイスラー、ラームス Lahms 村、コンティ Konty、クットラウ Kuttlau のゲルトナー、ナスブロックグート Naßbrokkguth、ヴィルシュコヴィッツ Wilschkowitz、グローセンドルフ Großendorf、ライナウ Leinau のケトナー、モルダニース Moldanieß のロスロイテ、ファリエノイ Farieneu、ハレルスベルク Halersberg、フリードリッヒスホーフ Friedrichshof などのアイゲンケトナー、ロスロイテなど。

王領地 die Domänen、教会領耕地 die Pfarräcker、騎士領 die Rittergüter の分割、とくにその無償分割 die unentgeltliche Verteilung の要求は、ザクセン州、ポムメルン州、シュレージエン州の零細農、事実上の労働者の間から提起されたのであるが、この点について、E・ヨルダンは次のように述べている。「彼ら〔農村の小民たち die kleinen Leute auf dem Lande〕は、いくつかの権利と特権とを譲歩させ、古い負担を除去するだけでは満足しなかった。――彼らは土地 das Land を、大土地所有の分割 die Teilung des Grundbesitzes を、貴族の追放 die Vertreibung der Ritterschaft を求めた。土地不足こそ彼らの運動の唯一の動機であった。日雇は誰でも三モルゲンの耕地、一モルゲンの牧草地、住居及び一頭の牝牛、三頭の羊、鵞鳥のための放牧地 Weide とを持つべきだ！ それはあたかも導火線の火のようにポムメルンの中を駆け抜けていった[15]。」

王領地、教会領、騎士領の没収とその無償分割は、当然ながら、封建的土地所有の全面的解体と土地再分配による農民的土地所有の創出・強化を意味する。これは、フランス革命の「国有財産の売却」、あるいはその背景にあるフランス貧農の土地要求に類似している。しかし、東エルベの場合、封建的土地所有は、すでにユンカー的土地所有へ移行しつつあり、従って「プロシア型」の原始的蓄積過程は、すでに一定程度進展しつつあった。それ故騎士領等の無償分割は、単なる封建的土地所有の解体に終らず、より積極的に、ユンカー経営を基軸とする「上から」の資本主義化の否定、その解体を意味することになった。だが、王領地、教会領、騎士領の分割＝再配分の要求は、多くの場合、農民の永小作の創出を意味していた。この点においても、三月革命期の東エルベ農民の要求はフランス革命期の農民の要求に酷似していたのである。「だが、『貧民』や貧しい耕作者が、われわれの言う意味での土地所有にはそれほど強く執着していなかったことを重ねて指摘しておく必要がある。彼らは国有財産を買う手段を持たなかったので、その土地を出来るだけ安く借りることを要求した。つまり、上級所有権は国民全体がもち、彼らは恒久的に定められた一定額の賦課金を支払う条件でその持分を自由に処分しうるという要求であった[16]。」

（1） 松田智雄・北条功・藤瀬浩司各氏の一連の業績(前出)を参照されたい。
（2） E. Jordan, a. a. O., S. 118 ff.
（3） Verhandlungen der constituierenden Versammlung für Preußen, Petitionen, S. 65.
（4） A. a. O., S. 70. 同じ要求はアッシャースレーベン Aschersleben のコセーテン・アインリーガーからも出されている。

(5) A. a. O., S. 144.
(6) A. a. O., S. 128.
(7) A. a. O., S. 135.
(8) A. a. O., S. 45.
(9) A. a. O., S. 72.
(10) A. a. O., S. 87.
(11) A. a. O., S. 88.
(12) A. a. O., S. 115.
(13) A. a. O., S. 143.
(14) A. a. O., S. 151.
(15) E. Jordan, a. a. O., S. 121; Vgl., K. Reis, a. a. O., S. 13.
(16) ルフェーブル『フランス革命と農民』柴田三千雄訳、社会科学ゼミナール、未来社、一九六四年、第三刷、二六頁。

5 共同地の問題

森林、荒蕪地、牧草地などの共同地に対する領主・領邦君主の権限は、封建制の再編＝絶対主義的領邦体制の確立過程で、著しく強化され、東エルベにおいては、共同地の利用・所有はグーツヴィルトシャフトの再生産のための基本的要素となっていた。とくに、それは森林特権の成立において示された。森林は、周知のように、建築、造船、道具生産その他の原材料、及び鉱山業、暖房の燃料などの木材の生産のために、また、家畜放牧の放牧地として、近世における基本的な生産手段であった(1)。グーツヘル、ランデスヘルは、ヨーロッパ全域にわたる「木材不足」と木材価格の騰貴の状況を背景に、森林所有を基礎にして、遠隔地——とくにイギリス——へ木材を輸出するようになり、そこから商業利潤を引き出す[2]と共に、他方では、プロイセン絶対主義の経済政策[3]に支えられた鉱山業とも結びつき、これに対して燃料の木材を供給した。[4]その後一八世紀後半から一九世紀前半にかけて、このプロイセン鉱山業は、あるいはプロイセン絶対主義の「監督原則 Direktionsprinzip」に支えられ、あるいはイギリスからの新技術導入と熟練労働者育成政策を背景にして、顕著な発展を示すのであるが、グーツヘルは、それに対応して、森林監督の配置、森林の管理・運営の整備などを通じて、森林(木材)の排他的利用を一層拡大し、更には、この巨大耕地所有、山林所有を基礎にして、鉱山経営をも営むにいたった。いわゆる大貴族《マグナーテン》経営である。[5]グーツヘルによる森林の独占は、建築用材、燃料用木材、家畜放牧、麦藁利用など農民の森林用益権の縮小・排除を伴わざるをえない。また、農業、牧畜業における技術的発展が、グーツヘルによる採草、放牧、荒蕪地の耕地への転化と放牧地としての森林の収奪に、総じて農民からの共同地収奪に帰結したことは、北条功氏の詳細な研究[6]が示しているところである。かくて、七年戦争以後、農民解放期にかけて、共同地をめぐるグーツヘル=農民間の対立・抗争は激化の一途を辿っていった。[7]かくして共同地をめぐる問題は、三月革命の中で、グーツヘルやユンカーと農民との対立・抗争の焦点の一つとなった。

「国有林の近くに住む我々は、旧い昔から、とりわけ森林の大部分が王領地になる前に教会及び修道院に所有されていたころから、森林を利用しつづけて来た。ところが、最近ラーデンベルク Ladenberg の王領地当局 Domainen=Verwaltung はまことに厳しい処置をとり、以上の我々の事実は全く無視されるにいたった。[8]」またレッツ Lötz のケトナー Käthner、「日雇労働者 Tagelöhner」は、「家畜飼育のための牧草地の欠如と燃料不足について[9]」苦情を述べている。また契約によって朝五時から日没までグーツヘルシャフトの下で働き、一定額の貨幣と一七シェッフェルの脱穀をえているというザガスト Sagast の日雇労働者は要求している。「(a)労働時間の短縮、(b)一グロッシェンの賃金引上げ、(c)一三シェッフェルの Hebe、(d)領地の牧草地で羊、豚、鵞鳥などを飼育する、かつて享受していた自由を再び保証すること、(e)木材の自由な供給。[10]」更にまた、「国有林における森林用益権 die Forstberechtigungen in den fiskalischen Waldungen」[11](ラゲゼン Ragäsen のビュトナー)、「王有林から燃料、木材、枯葉を自由に採取することを認めること」[12]などの請願が出されている。その他、ブリーゼニック Briesenick のゲルトナー[13]、クライン・マルツェルンス村[14]、アナブルク Annaburg(ザクセン州)二三ケ村[15]、ダムビニッ・ラウエンブルク Dambinitz＝Lauenburg(ポムメルン)近郊ビトコヴ Bittkow のケトナー[16]の請願等々、同じような内容のものはまことに多い。

「土地分割」、「土地永小作」の場合と同じように、共同地用益権を求める請願は、とくに下層農民の間から多く出されている。共同地利用をその再生産の不可欠の要素とするこれらの農民にとって、グーツヘルによる共同地収奪は、彼らを生産手段から分離すること、その「賃労働者」化を意味した。領主の共同地収奪に対して、農民層は、共同地利用権の復活、「古い権利」の擁護に立ち上るのであるが[17]、このような農民の抵抗は、客観的には、共同地収奪をテコとして、プロイセン絶対主義及びグーツヘル層が推し進める、「上から」の資本主義化——グーツヴィルトシャフトのユンカー経営への推転、鉱山、製鉄業における大貴族経営の形成——と対立するものであったといえよう[18]。

(1) W. Sombart, a. a. O., Bd. II, Zweiter Halbband, S. 1138 ff.; 北条功「プロシャ『農民解放』期における共同地をめぐる諸問題——特にシュレージェンを中心にして——」『社会経済史大系Ⅶ』弘文堂、一九六一年、所収。

(2) W. Sombart, a. a. O., S. 647 f., 1144 f., 1024, 1149. なお下の表を参照されたい。

(W. Sombart, a. a. O., S. 1024 から作成。)

(3) プロイセン絶対主義と鉱山業の関連については、肥前、前掲論文、を参照。

(4) F. Lütge, a. a. O., S. 364, 458 f.

フランスの木材輸入

輸出国	輸入額 (リーブル)
ロシア	809,400
スウェーデン	669,800
デンマーク	1,990,800
オーストリード	158,000
ドイツ	42,300
プロイセン	853,600

(5) 肥前、前掲論文。大野英二「オーベル・シュレージェン製鉄業の創出過程」同、前掲『ドイツ資本主義論』に所収。
(6) 北条、前掲論文。
(7) 北条、前掲論文、二二七頁。
(8) Verhandlungen der constituierenden Versammlung für Preußen, Bd. VIII, S. 5266.
(9) A. a. O., S. 5266.
(10) A. a. O., S. 5291.
(11) A. a. O., S. 5342.
(12) A. a. O., S. 5341.
(13) A. a. O., S. 5341.
(14) A. a. O., S. 5342.
(15) A. a. O., S. 5358.
(16) A. a. O., S. 5380.
(17) 北条、前掲「いわゆる『プロシャ型』の歴史的構造」八一頁以下。
(18) この点、同じく「古い権利」を擁護して立ち上った「農民戦争」の農民達が、「封建的土地所有と前期的商業資本(遠隔地商業)の利害と結びついたいわゆる『首都市場圏』的市場構造」の「強化を阻止する」という客観的意義をもっていた(諸田、前掲書、二三九頁以下の興味ある指摘を参照されたい)という事実と対比してみたい。いう迄もなく共同地をめぐる農民・領主間の対立の、「農民戦争」と「三月革命」との相違は、資本主義発展の世界史的段階の差異に起因するものである。

五 「農民革命」の意義

一八四八年のドイツ「農民革命」は、フランクフルト・アム・マインの「立憲国民議会」、各邦議会、「三月内閣」

を主要な舞台として展開した、政治的な「自由と統一」をスローガンにもつ局面——法律・政策的「革命」=「改革」——とは別の流れをなすもので、都市「大衆」(手工業者、労働者、中小産業資本家層)の運動と共に、社会的経済的諸関係の変革をめざす社会運動として、三月革命の中で独自の潮流を構成するものであった。だが、封建的支配=隷属関係からの自己解放をめざすこの農民運動は、都市大衆の革命運動と同じように、現実には、反権力、反体制の、具体的には、反領邦体制の政治的運動として、むしろ政治的変革の主要なエネルギー源として存在し、客観的には、政治的な「自由・統一」をめざす潮流、とくに議会主義の成立と存続のための社会的条件となった。しかも、農民、都市大衆を主要な担い手とする革命運動は、その課題が社会的経済的基礎過程の変革にかかわっていた限り、三月革命を、単なる政治上の変革に止まらせず、領邦絶対主義の社会的経済的基礎の変革、即ち「社会革命」として特徴づける要素であり、従って、三月革命のもっとも基軸をなす潮流に他ならなかった。とりわけ、「農民革命」は、農村を基盤とする、農民自身の革命運動を主要な内容としている点で、「営業制度」の変革をめざす都市の手工業親方、雇職人の革命運動及び保護関税設定、統一国内市場創出に利害を見出す産業資本家層の社会的運動と区別されるのであるが、その方向が、すぐれて封建的支配=隷属関係の変革を志向する点において、基本的にはなお封建的土地所有を主軸とする絶対主義領邦体制を根底から変革してゆく革命運動として、三月革命の中で、最も基軸的な位置を占めていたといえよう。

我々は、「ドイツ立憲国民議会」、「プロイセン立憲議会」に対する農村からの請願、とくに「封建的諸関係の廃止等」に関するものを取り上げ、その分析を通じて、「農民革命」の内容をある程度まで具体的に把握することができた。項目だけを列挙すれば以下の通りである。(1)封建的、貴族的特権の除去——領主裁判権、警察権、狩猟特権、免税特権、世襲財産制、レーエン制などの廃止。(2)封建的諸賦課の「軽減」、「規制」、「廃止」。(3)封建地代償却体系の「修正」、「廃棄」及び、償却金、削り取った農民保有地の農民への返還。(4)王領地、教会領、騎士領の分配――「無償」、「永小作による貸与」。(5)共同地用益権。

フランス革命の場合と同じように、封建的土地所有の廃止には、有償解放体系と無償解放体系の二通りの方法がありえた。しかし、三月革命の場合、それは、すでに数十年にわたって政策として提示され、現実に実施されてきた「農民解放」政策と、その過程＝「償却過程」の「廃棄」をめぐる問題として、あるいは少なくともそれと密接不可分に結びついて、展開される。封建地代の廃棄について、農民の間には、大きく分けて二つの見解が存在する。無償廃棄と低額有償廃棄である。無償廃棄要求は、全ドイツから提起されるが、とりわけ農民運動の中心的地域――西南ドイツ、中部ドイツ、シュレージエン――から出されていた。低額有償廃棄要求も決して少なくないが、それも、現実の高額有償解放政策とその過程に対する攻撃として、かかる政策・過程をひとまず否定し、別個の方法でのやり直しを求めるものとして、提起されていたのである。

このような要求は、しばしば、東エルベの場合、「償却」、「土地分離」の「修正」と「土地返還」(償却金返還)、西エルベの場合、償却金返還と結びついていた。高額有償解放方式に立つ「農民解放」は、一般に農民からの生産＝生活手段の収奪を、とくに東エルベの場合、それによって生産手段から遊離した労働力が領主的経営に編成され、ユンカー的地主経営へ推転することを、媒介し、促進した。工業においては、とくにオーバーシュレージエンの鉱山業にみられるように、農民から収納した償却金と土地から遊離した「賃労働者」とを基本的条件として、巨大土地所有、山林所有の結合の基礎の上に貴族的大経営が形成されつつあった。「農民解放」の否定は、従って、単なる政策体系の否定ではなくて、上のような歴史過程＝「プロシア型」の近代化そのものの否定に他ならなかった。「償却金返還」、「土地返還」の要求は(そして共同地の返還も)、「農民解放」を起点にして領主層によって収奪され、資本に転化されつつある「生活＝生産手段」を、領主から、農民の手もとに奪い返すことを意味し、そういった意味で「プロシア型」の原始的蓄積過程を全面的に否定する「反資本主義的」運動という性格をもっていた。「上から」の「農民解放」の否定は、しかし、客観的には、それが封建的土地所有の無償廃棄と結びついて実現されるとき、農民的土地所有の創出に、更にそれを起点として小ブルジョア＝ブルジョア的発展へ帰結することになろう。更に、王領地、教会領、騎士領の没収と土地再配分の要求は、封建的土地所有の全面的解体と、分割地的土地所有の拡大された形での創出を意味することになるのである。しかし「土地分割」、「永小作」、「共同地利用」の要求は、特に貧農層、「賃労働者」の中から提起されていた。貧農層、「賃労働者」による土地獲得、分割地農への推転は、これらの社会層がかかるものとして形成される一般的前提となった、「農民層分解」の事実の否定をも意味し、その限りで、農民相互間の対立へと発展することになろう。事実、農民層内部の対立――とくに「富農」と「賃労働者」とのそれ――は、すでに共同地分割 die Gemeinheitsteilung をめぐって顕在化しつつあったのである。(1)

一八四八年の「農民革命」は、客観的には、上に述べたように、資本主義発展のあり方に関わっていた。「農民革命」は、封建的土地所有の解体、「プロシア型」資本主義化過程の廃棄の上に、自由な農民的土地所有を創出し、それを経過点として、フランスと同じような、「農民的」、「小ブルジョア＝ブルジョア的」な資本主義発展を志向するものであった。この点において、一八四八年のドイツの「農民革命」は、それ自体をとってみれば、一七八九年に始まるフランス「農民革命」と、著しく類似していたといえる。しかし、ドイツの農民運動は、それが、すでに現実化しつつある「プロシア型」の原始蓄積過程と、その帰結たるユンカー的土地所有＝経営及び鉱山業における大貴族経営の解体をも志向していた点で、フランス革命期の農民運動とはっきり区別されねばならない。

(1) K. Reis, a. a. O., S. 13.

〔補論〕 農村手工業者層の経済的利害
——シュレージエンの織布工・紡糸工を中心に——

「農民革命」の課題は、上述したように、まず何よりも封建的支配＝隷属の廃棄、あるいは「上から」の「農民解放」政策とその実現過程の変革にあった。しかし、I、第一、二章でもみたように、この時期は、すでに農村工業の全面的な広がりと、農村・中小都市を基盤とする社会的分業の深化・拡大(小ブルジョア＝ブルジョア経済)が進行しつつあった。従って、農民運動あるいは農村を基盤とする変革運動も、このような状況とからみ合っていたのであり、その内容に、農村での商品生産＝流通にかんする諸問題を含まないわけにはいかなかった。週市、家畜市場における市場税の廃止、紡糸税の廃止、織布業の救済、「大商人の商業の自由の制限」、手工業税の廃止などの要求が農民の間から出されているのは、その現われといえよう。

これらの要求は、たしかに、小ブルジョア経済に結びつき、その中で農業経営を行う農民の利害であった。しかし、それは、同時に、むしろ、より直接的には、これらの農民と共に農村の住民を構成し、農民と共に革命に参加した農村手工業者たちの経済的利害であった。ここでは、農村(手)工業の発展に対する諸制約に関して、農村の中から提示された諸要求をとりあげその内容を簡単に整理しておきたい。

農村工業の立場からする諸要求は、エルベ以西と以東とで全く異なった内容をもっている。以下まずエルベ以西、ついで以東のそれを紹介しておこう。

エルベ以西の農村手工業者の経済的利害は、次章で述べる都市ツンフト手工業者層のツンフト的利害への対抗として提出される。その内容はツンフト的生産＝流通規制の廃棄、「営業の自由」である。(1)ワイマール大公国の農村手工業者は、数千名にのぼる署名の請願を送り、フランクフルトの手工業者会議のツンフト的特権的立場を攻撃した。手工業者会議に対しては、ヒルデスハイム侯爵領からも同じような批判が出されたが、とくに、クーアヘッセンの農村手工業者によるそれはかなり激しかった。彼らは、上の会議の行った「農村工業制限」の決定を攻撃し、これに反対する立場を明らかにした。

「これは一九世紀にもちこされた暴政以外の何ものでもない。たしかに中世のツンフト成立期にはこういった強制はあった。しかし、今日、幸いにもそのようなものは消えうせているのだ！ 農村の住民・営業者諸君、君たちはツンフトの旧弊に従う気持をもっているだろうか。諸君は、大工、指物師、仕立工、靴工、左官、桶工等々の営業を欠かすことはできない。むしろ、諸君の幸福がかの因襲の下でだめにならないためには、これらの営業は今後も存続しなければならないのだ。このことが諸君に理解できないはずはない。諸君は何マイルも離れた都市まで出かけてゆき、靴や簡単な衣類を、そこで、そこの価格で、つくらせることができるだろうか。(2)」

エルベ以西の農村手工業者が、ツンフト的諸規制の復活に反対し、その全面的廃止＝「営業の自由」に利害を見出していたのに対し、エルベ以東、とくにシュレージエンの農村手工業者達——亜麻織物業——の要求は、エルベ以西の場合とは対照的に、「営業の自由」の制限を打ち出して来た。ここでは特にシュレージエン亜麻織物業の織布工・紡糸工の「議会」への請願内容を分析しその利害状況を考察してみよう。

シュレージエンの「紡糸工・織布工」の「貧困」は、フランクフルトの「ドイツ立憲国民議会」でも、ベルリンの「プロイセン立憲議会」でも、大きく取り上げられた。

「かつてあのように美しかったわがプロヴィンツ」オーバーシュレージエンから、今「厳しい身を切るような救いを求める声が耳に響いてくる」——とシュレージエン出身の議員は訴える——この地方の織布工は「もう随分以前から外国との競争によって手痛い被害を蒙って来た。」（傍点は引用者）「最近は不作とその結果とによって著しい肉体的、道徳的頽廃」が広がっている。「困窮にもっとも憔悴しているのはとくにオイレンゲビルゲ Eulengebirge の織布工たちである。……」(3)

オイレンゲビルゲ地方、つまりライヘンバッハ Reichenbach、シュヴァイトニッツ Schweidnitz 及びヴァルデンブルク Waldenburg 等は、元来、農村亜麻織物工業が不均等な発展をとげた地域であり、特にライヘンバッハは一八四四年の「織工一揆」の突発点となった地方である。(4)

シュレージエンの手紡は——と「プロイセン立憲議会」の急進民主主義者ライヘンバッハはいう——山岳地方では「もっぱら営業として」、その他のシュレージエンでは「農業労働の副業」として営まれており、「日雇労働者 der Tagearbeiter」も、「小土地保有農 der kleine Stellebesitzer」も、「農耕労働だけでは今日のような工賃を得ることができない。彼らはそのために紡糸を営む必要」があった。彼らは、「賦役」の義務をもっており、しかもこの旧い「賦役」に対して支払われる貨幣は、「労働に対する適切さを全く欠いた代金」であり、「必要な生活資料を買うこともできない。」「農業労働者 Landarbeiter」は、従って、「租税及び貢租」の支払の為の「現金を得ることがむずかしい。」そこで「賦役人」は、「殆んど死に至るまで、夕方、農業労働を終えて家に帰ってから、夜を通して紡ぎつづけ、貢租支払のための現金を稼ごうとする」のであった。「農業労働のこういった特徴的事情」こそ「手紡の競争」の原因であった。しかも、「賦役」の償却は、すでに農民に不利に、グーツ所有者、官僚に「一方的に有利」に進んでおり、その償却代金の支払は、「せいぜい四分の一モルゲンの土地しかもっていないような貧しい土地保有農民にとってとても工面できるものではなか」った。(5)

以上のように、(1)「賦役労働」の義務は、「小土地所有者」、「農業労働者」が自らの土地で農業生産を行うのを困難にした。彼らは、(2)あるいは租税(地租、階級税等々)、貢租を支払うために、(3)あるいは「有償償却」のための貨幣をえるために、紡糸業を「副業」として営まねばならなかった。このことは「営業」としての紡糸業に過当な競争を強いることになったというのである。

たとえば、住居、菜園地を所有する「日雇労働者」は、(a)一五〇日間の無償労働、(b)学校、教会、教区道路修繕の「手賦役」(一九〇日間)の義務があり、他方、「日当」二グロッシェン六ペニッヒ(最高でも四グロッシェン)でグーツヘルの下で働き、かくて取得した貨幣と、また副業としての手紡で得た貨幣とで(c)学校税と王国貢租を支払わねばならなかった。(6)

以上の如く、紡糸業は、賦役制及び封建的諸貢租・諸税の存在の下で、農民(紡糸工)が経済的(経営的)に再生産してゆくための不可欠の条件であった。このような状況の下で紡がれた亜麻糸は、あるいは、「織機や織布用器具」を所有する「独立の織布工」(7)によって買われ、近隣市場向けの粗質の織物に加工されたり、あるいは「仲介商人」によって、買上げられ、織布工に前貸され、遠隔地市場向けの織物に加工されたりした。(8)

しかし、かかる構造は新たな二つの事情によって解体しつつあった。即ち、

(1) 紡糸工・織布工に対して問屋制前貸を行って来た「仲介商人」は、国内産の亜麻紡糸を使用せず、「外国」の紡糸を輸入し、これを織布工に加工させたのである。外国の糸を扱う「紡糸商人 der Garnhändler」は、ドイツの旧い紡糸業に壊滅的な打撃を与える、「国内の紡績業の最大の敵」とみなされた。「仲介商人」は、「織布工が自分の必要とする大量の糸をファブリカントから直接 unmittelbar に購入する」傾向に反対し、そのため「祖国の工業労働を歪曲し、外国の製品を不可欠のもの」としている。「仲介商人」は、イギリスから「半製品」(織糸)を輸入しているハン

ザ・メッセ諸都市の自由貿易主義的な商業資本の活動と結びつき、彼らから購入した英国製輸入糸を織布工に加工させ、製品を輸出していたのであって、いわば、旧来の織布業をトラフィーク的＝輸出向工業に編成しようとするものであった。[9]（ハンザ・メッセ諸都市の商業資本――トラフィーク的織物業――自由貿易主義）

(2)「プロイセン王立海外貿易会社」(ゼーハンドルンク)の活動は手紡糸を衰退させた第二の原因である。「王立海外貿易会社」は、商業、金融及び産業の各部門に広く営業を展開していたが、エルドマンスドルフ及びランデスフートの亜麻糸紡績工場、アイゼルスドルフの木綿紡績・織布工場等は、特権的な同会社の繊維部門における営みであり、三月革命直前の「独占論争」において、自由貿易主義(ユンカー・ハンザ商人的自由貿易主義と結びつく「トラフィーク」的工業)の立場からの強い批判を呼び起していた。[10]これらの紡績・織布工場は、三月革命の中で、紡糸・織布工の側から攻撃されたのである。

「ゼーハンドルンク」は――と時人は指摘する――「国内のファブリカント達と競争」することになり、「かの住民〔シュレージエンの住民〕を没落させる原因の大部分」は、その産業経営にある。「ゼーハンドルンクの商品」は「内部市場の殆んどいたる所に氾濫」し、ランデスフートやヒルシュベルクから、又グルュサウやエルドマンスドルフの営業に甚大な被害を与えることになった。[11]

かくて、亜麻手紡は――「プロイセン国民議会」議員ベーンシュ Behnsch は指摘する――「もうこれ以上存続できない状態に陥っている。」「一人の糸巻工あるいは紡糸工は一週にたった二―五グロッシェンを得るに過ぎない。また織布工にしても一週一四―一五グロッシェン以上を得ることはない。[12]」

賦役制(労働地代)及び封建的貢租・租税(貨幣地代)は、農民的農業経営、農民的蓄積を阻害し、紡糸業・織布業における小商品生産者相互間の過当競争と、このような事情を背景とする問屋制商業資本の支配をつくり出す原因となった。今や外国製品の流入と、特権的大企業、国営企業による「機械化」という新たな事情がつけ加わった。手工業的紡糸業・織布業は、専業・副業を問わず全面的に打撃を受け、これまでともかくも続けられて来た、農民的経営(農民的農業経営、農村手工業経営)は全般的に解体をとげることになった。三月革命の紡糸工・織布工はこのような状況に直面していたのであった。

一八四四年に「一揆」が起きたシュレージエンは、一八四八年においても、織布工・紡糸工の運動の拠点となった。「ドイツ立憲国民議会」に対して行われたドイツ各地の「紡糸工・織布工」の陳情のうち、その大半はシュレージエンからのものであった。(13)

(1) シュレージエンのペーターヴァルダン地方委員会 der Lokalausschuß zu Peterwaldan
「亜麻・綿・羊毛糸の紡績機械を除去し、再び手に仕事を与えること。特定の番手に限って紡績し、手紡をもって代えることができない機械は、手紡との共存を認める。」

(2) ノイシュタット Neustadt a. d. Neisse 地域の紡糸工・織布工一万人の請願書(シュレージエン)
「機械紡績工場の廃止と食料、衣服及び割りのよい労働」を要求する。

(3) シュトレーレン Strehlen 郡(シュレージエン)の村からは、「手紡業の救済 eine Aufhülfe des Handgespinnstes」と、機械紡糸の完全な禁圧と廃止が提案されている。

(4) シュトリーガウ民主協会 der demokratische Verein in Striegau
「亜麻・綿・羊毛紡績機械はすべて廃止される。タイプライター、リストリール機、捺染機、打穀機、製釘機、製材機等の停止及び行商の禁止」を要求する。

(5) ドンネラウ Donnerau(シュレージエン、ヴァルデンブルク)の織布工達――「国民議会」が、彼らを不幸な状況から救済してくれるよう求めている。工賃は週二〇、最高二五グロッシェンで、この中から父親は、自分自身と子供達を養い、国税と村税及び学校の月謝 Schulgeld を支払わなければならない——しかしそれでも仕事があるのは幸福というべきなのだ!

亜麻織物業衰退の原因として指摘されているのは以下の通りである。

(1) 外国との商業的関係の解体

(2) 外国、特にベーメン亜麻布の輸入

(3) 粗質商品の加工と外国への販売

(4) 化学漂白の導入

これに対して次のような対策を提案している。

(a) 北アメリカ、メキシコ、西インド諸島、スペイン、ポルトガル等々と直接的な取引を行うために、これらの国々から砂糖、コーヒー等を輸入し、それへの対荷として亜麻布を輸出するという協定を結ぶべきである。

(b) 外国の亜麻・綿・羊毛製品の流入を厳しく制限すること——シュレージエンの商人によって売られる亜麻布の少なくとも四分の三はベーメンから搬入されたものである。

(c) 亜麻布取引が特に顕著に行われている郡や村には、検査所を設け、それによって粗質商品がこれ以上外国に売られないようにすべきである。

(d) 織布工は、親方になる前に、二—三年の徒弟期間を経験し、二四歳になる迄は独立の経営を許すべきではない。

(e) 化学漂白所の廃止、草地漂白の復興。

(f) 亜麻布の対外商業は、利益をあげる必要がない、というならば、その時は、棉花には高率輸入関税が課せられねばならない。そうすれば亜麻布の国内での消費は増加しよう。綿織物業が単なる代替に過ぎないとすれば、それが圧迫されたとしても、ドイツの織布工の最良部分は亜麻織布業を営むことができる――ドイツ人一人が一年に二枚のシャツを消費するとして、一人六エレで四〇〇〇万人が八〇〇万ショックを消費し、またその他の必要を考えると、ドイツは年々一六〇〇万ショックを消費する。五〇ショックにつき一人の労働者が養われるから、それによって三二万人の織布工が生計をえることになろう。

織布工・紡糸工達は、「国民議会」に対しておよそ以上のような請願を行っているが、これを要約するとほぼ次のようになる。

(1) 機械紡績(亜麻、綿、羊毛)の廃止ないし制限、機械制織布業の制限、化学漂白の廃止――機械制大工業または技術的進歩に対する制限ないし廃棄の要求は「紡糸工・織布工」の請願のすべてに共通している。

(2) 製品(織物)の品質検査所の設置――「織布工・紡糸工」が製造した織物の品質を検査し、検印する制度で、これによって、粗質あるいは粗悪品の販売、とくに外国市場への輸出を阻止しようというものであり、その意図する所は、国内産の粗質紡糸によって機械制の粗質織布を市場から排除しようという点にある。このような販売規制の要求は、最後の請願書のばあい、徒弟期間、営業最低年齢の規定を求める要求と結びついている点――その限りで生産＝流通規制――が特徴的である。

(3) 統一関税制度の設置と保護、外国との商業協定締結など――織布工・紡糸工の間からはハンザ・メッセ都市的な自由貿易論は要求されていない。それどころか、彼らは、統一関税制度と「国内市場」の保護を要求しており、また製品市場の拡大のために、当段階においてはなお後進的な北アメリカ、メキシコ、西インド諸島、スペイン、ポルトガル等々の諸国・諸地域との直接の商業的結合――織物輸出と原料・食糧輸入――を強く望んでいた。

(4) その他――織布・紡糸業の生産＝流通を規制し、とくに「機械化」、「工業化」を阻止しようという傾向は、プロイセンの織布工・紡糸工のベルリンの「立憲議会」への請願の中にも見出すことができる。(14) たとえばクロンスドルフ Kronsdorf の「織布工組合 Weber＝Verein」、ランスアイファースドルフ Lanseiffersdorf 村、グレートニッツ Grädnitz 村等々から出された「営業の自由の制限 die Beschränkung der Gewerbe＝Freiheit」を求める請願、ランゲンビーラウ Langenbielau の織布工達、ライヘンバッハの織布工達がそれぞれ行った同じ趣旨の請願の中にもみることができる。プロイセンの「営業の自由」は、機械制工業の形成を促進し、小商品生産を解体させつつあったから、織布工の「営業の自由の制限」の要求の内容は、機械制の制限の要求と考えてよいであろう。プロイセンの村々から提出された請願書の中では、このような機械制の制限・廃止、「営業の自由」の制限の要求が、封建的諸賦課の廃棄の要求と相並んで提起されているのである。

ブロッケンドルフ Brockendorf 村の「階層税、道路通行税及び封建的賦課の廃止、機械制度の制限、教会組織からの解放及び営業の自由の制限等々(15)」、アルノルスドルフ Arnolsdorf 村の「租税制度の改革、封建的諸負担の廃止、年金制度の再編、営業の自由の制限、狩猟権の廃止等々」、ガイアシュドルフ Gierschdorf 村、ヴィーザン Wiesan 村及びタンネンベルク Tannenberg 村の「機械制度の制限による亜麻紡糸の振興、封建的賦課の全面的廃止、租税法の改革」等々の陳情においては、いずれも「営業の自由」の制限、機械制の制限ないし廃止の要求と封建的諸賦課廃棄とが同時に提起されている。(16)

ところでプロイセンの紡糸工・織布工が攻撃し、その制限・廃棄を求めた機械制生産とはいかなる歴史的性格をもつものであったか。西南ドイツ、ザクセン、ライン下流地方の機械制工業が、それぞれの地方内部の社会的分業の展開を基盤に、小ブルジョア＝ブルジョア層を担い手として、成立していったのに対し、生産諸力の未発達な東エルベ諸地方での繊維工業の「機械化」は、プロイセン絶対主義によって、絶対主義的重商主義政策に支えられ、かつその一環をなすものとして、「上から」創り出されるか、織布工・紡糸工に対する問屋制前貸を営む前期的商業資本によって促進された。前者は、特に「プロイセン王立海外貿易会社」[17](ゼーハンドルンク)の前期的営みの一環をなす諸産業経営、とりわけ、アイゼンスドルフをはじめとする各地の綿紡績・織布工場に、また後者は、シュレージェンのフライブルクの問屋制商業資本「クラムスタ息子商会 Kramsta & Söhne」[18]の大規模な機械制亜麻糸紡績工場に、その典型が示されている。同「商会」は、年々二万八〇〇〇ツェントナーの亜麻糸を製造し、五〇〇台の機械織機、漂白所、染色所、仕上げ所等を備えると同時に、その作業場の外に広汎な手織布工を問屋制的に支配していた。絶対主義的重商主義の一環として「上から」創出される機械制紡績＝織布工場、あるいは「半ば産業的な商人層 das halbindustrielle Kaufmannstum」(G・ヘルメス)の機械制生産が、その生産力的優位を背景に、手工業的織布工・紡糸工を圧迫し、かれらの経営を危機に追いこんだことはいう迄もない。[19]

「亜麻織工はファブリカントと直接的関係をもたず、糸をあるいはここであるいはあそこでというふうに少しずつ買うことができる」――それが「ドイツ亜麻織物工業の特徴」であった。「織機や織物用器具」を「自らの所有物」とするこのような「独立して働く織布工 Weber, welche selbständig arbeiten」は――「国民経済委員会」の調査報告によれば――「しかし、織布用器具を改良したり、新たに創造したりする手段をもっていない。彼らは旧い骨の折れる織機を動かしつづけなければならない。彼らは確実な源泉から、亜麻布の需要を引出す手段をもっていない。彼は亜麻布の販路を、人が彼に前貸する所で見つけ出さなければならない。彼は相対的に高く支払いながら、粗悪な糸を引受けねばならない。亜麻布を織り終った彼は、一人の購入者を見つけるために一日中歩き廻らねばならない。……」[20]――「国民議会」の「国民経済委員会」はその調査報告の中で「ドイツ亜麻織物工業の特徴」を以上のように述べている。

その経営は確に劣悪ではあるが、しかし、織機などの労働用具を所有し、農村の各地を廻って紡糸工から買い求めた紡糸を、自らの作業場で織物に加工し、これを「歩き廻って」販売する――これがドイツ亜麻織物業の特徴たる「独立」の織布工の営みであった。零細ながらもともかく織布工の経営的独立を可能にした条件は、まず近隣で織糸(手紡糸)が生産され、これを少量ずつ購入できること、次に、近隣の農村地域に織物の販路を見出しうることであった。それは、農村地域に一定の社会的分業が展開していること、つまり、「局地的市場圏」が展開していることであった。

織布工(従ってまた紡糸工)の経営的再生産を支える「局地的市場圏」は、しかし、一方では、外国製紡糸・織物の流入によって、他方では、絶対主義的重商主義が「上から」創り出す機械制大工業及び前期的問屋制商業資本が設立する工場経営とによって、解体の危機に直面していた。

従って織布工・紡糸工の三つの要求、即ち、(1)機械制生産の制限または廃止、(2)保護関税の設置及び、(3)封建的諸賦課の廃棄は、相互に内的関連をもっていた。まず保護関税によって、外国産製品から「国内市場」(ここでは「局地的市場圏」)を確保し、つぎに、機械制生産の制限ないし廃止によって、農村の紡糸業・織布業の手工業的経営(紡糸工・織布工)及びその存立基盤としての「局地的市場」を再生し、保護すると共に、封建的諸賦課の廃棄によって農民の購買力を高め、農村市場の深化をはかることである。端的にいえば、上の三つの要求は、「局地的市場圏」の保護及び深化、小ブルジョア経済の再生・保護及び拡大・深化という利害に他ならず、しかもかかる経済的利害の実現のために、三つの要素はいずれも欠如することが出来ない必要な条件であった。「局地的市場圏」=小ブルジョア経済の再生、保護及び深化が、資本制生産に帰結するとすれば、紡糸工・織布工のこの三要求は、客観的には、資本主義の小ブルジョア=ブルジョア的発展の方向を志向していたものといえよう。(21)

紡糸工・織布工のかかる経済的利害は、それぞれの要求事項についてそれぞれの対抗的利害を見出す。機械制生産の廃止ないし制限の経済的利害は、機械制工業の担い手としての工場経営者のそれと、東エルベの場合、「王立海外貿易会社」のような国営企業及び「クラムスタ息子商会」のような問屋制商業と結びついた工業経営のそれと決定的に対立する。更に、この要求は、東エルベの場合、このような「工業化」と、それを背後からバック・アップする絶対主義権力とその「重商主義政策」に対する攻撃を、換言すれば、資本主義の「プロシア型」の途に対する、小ブルジョア＝ブルジョア的経済の立場からする攻撃を意味する。機械制大工業の廃棄をめぐるこの対抗関係は、プロイセンの場合には、事実上、資本主義発達の「二つの途」——小ブルジョア＝ブルジョア的発展か「プロシア型」か、「下から」の発展か「上から」の発展か——の対抗を意味したのであった。しかし、それが、「プロシア型」の資本主義、あるいはその実体としての機械制工場経営の否定をめざす限り、織布工・紡糸工の要求は、当時の産業資本家一般にとっては、「反資本主義」「共産主義」として現象してこざるをえなかったのである。

彼らが追求する保護主義は、それが当面「局地的市場圏」の保護に力点が置かれていたとはいえ、ともかくも統一関税制度を前提としていた限り、保護関税制度の廃棄、自由貿易の実現に経済的利害を見出すハンザ・メッセ諸都市を拠点とする商業資本及び輸出向加工工業の利害(及びユンカー階級)と正面から対立した。もとより、この対抗の基礎には、ドイツ経済のあり方をめぐる対立——「局地的市場」の発展としての「国内市場」＝イギリス・フランス型の自立的産業構成か、イギリスの工業独占を前提とする食糧・原料生産及び輸出向加工工業への特化か——が存在した。ハンザ・メッセ的自由貿易主義が、とりわけ穀物・原料生産に経済的基礎をもつユンカー階級の利害と結びつき、これを媒介にして、究極的には、プロイセン絶対主義と結合する要素をもつ限り、紡糸工・織布工の保護主義的要求は、プロイセン絶対主義の商業・関税政策への批判としての意味をもっていたということができよう。

封建的諸賦課廃棄の要求は、いう迄もなく封建的土地所有及びそのなしくずし的解消に利害を見出す封建的地主層、ユンカー階級の経済的利害と決定的に対立するばかりでなく、基本的には封建的土地所有の基礎の上に存立する絶対主義的領邦体制への決定的な対抗を意味する。

このようにして織布工・紡糸工は、上述の経済的諸利害との対抗を媒介にして、究極的には、かかる利害を支え、これを集約する絶対主義的領邦権力と対決する。この対決は、客観的には、資本主義発展の「二つの途」、即ち小ブルジョア＝ブルジョア的発展を志向するか、「プロシア型」の進化かという対抗を意味していた。三月革命は、「プロシア型」進化を志向する絶対主義的領邦権力の政治的変革をめざす小ブルジョア＝ブルジョア的諸勢力と、封建的諸勢力・絶対主義権力との対決、政治闘争にまで高められた対決として始った。従って、このような経済的利害からする織布工・紡糸工の運動は、封建的諸賦課の廃棄をめざす農民層の運動(「農民革命」)、営業制度の変革をめざす都市手工業者層及び保護関税制度を求めるブルジョアジーの運動と共に、三月革命の革命運動の重要な一環を構成していたのである。

（1） Ernst Friedrich Goldschmidt, Die deutsche Handwerkerbewegung bis zum Sieg der Gewerbefreiheit, München 1916, S. 41 f.; W. Ed. Biermann, Karl Georg Winckelblech (Karl Marlo). Sein Leben und sein Werk, Leipzig 1909, Bd. II, S. 41 f. なお、松田智雄「『営業の自由』Gewerbefreiheit――ブルジョア的改革の礎柱――」『資本主義の成立と発展』有斐閣、一九五九年、所収。松尾展成「一八世紀後半のザクセンにおける特権都市と農村工業」高橋幸八郎・古島敏雄編『近代化の経済的基礎』岩波書店、一九六八年、所収。川本、前掲書、第一部第一章、をも参照。

（2） Zit. in: E. Biermann, a. a. O., S. 154.

（3） Verhandlungen der constituierenden Versammlung für Preußen, Bd. IV, S. 2703.

（4） 一八四四年の織布工一揆については、とくに、大月誠「一八四四年のシュレージェンの織工一揆」竜谷大学『社会科学研究年報』第二号を参照願いたい。

(5) A. a. O., Bd. III, S. 1327 f.

(6) A. a. O., Bd. III, S. 2066.

(7) Bericht des volkswirtschaftlichen Ausschußes, in: Stenographischer Bericht., Bd. IX, S. 6369.

(8) 高橋秀行「ドイツ織物業における『工業化』過程の比較史的考察(一)(二)」『大分大学経済論集』第一八巻第二号、三号、一九六六年。大月、前掲論文、を参照。

(9) Verhandlungen der sechsten General-Konferenz in Zollvereins-Angelegenheiten, Beilagen, S. 18 ff.; 肥前、前掲「ドイツ『三月革命』期の独占問題(1)」。

(10) 肥前、前掲論文を参照。

(11) Verhandlungen der constituierenden Versammlung für Preußen, Bd. III, S. 2705 f.

(12) A. a. O., S. 2709 f.

(13) 「仕事の増加、労働に対するよりよい工賃、営業の振興に関する織布工・紡糸工の陳情書についての調査 Bericht des volkswirtschaftlichen Ausschusses über Petitionen von Webern und Spinnern, welche Vermehrung von Arbeit, besseren Lohn von Arbeit, Hebung der Gewerbe und Industrie betreffen」Stenographischer Bericht., Bd. IX, S. 6362 ff.

(14) Verhandlungen der constituierenden Versammlung für Preußen, Petitionen, S. 138.

(15) A. a. O., S. 146.

(16) 同様の請願は、Kittelan (A. a. O., S. 134), Strachan, Gruman (S. 133), Dürrkunzendorf (S. 85), Oppersdorf (S. 85), Ludwigsdorf (S. 86) の各村からも出されている。「プロイセン立憲議会」の中に設置された紡糸工・織布工の状態に関する「調査委員会」は当議会への請願内容を整理して次のように指摘している。(1)亜麻織物の価格引上げ、(2)紡糸原料の自由な調達、(3)紡績機械の廃止、(4)国家の亜麻糸振興政策、(5)外国(とくにスペイン)との通商協定、(6)輸入棉花・綿糸の関税引上げまたは綿糸の輸入禁止、(7)織布工組合の振興、(8)織布工への行商許可。A. a. O., Bd. III, S. 2041.
みられる通り、対外的には、スペインなど後進国との通商条約、棉花・綿糸への輸入関税が、対内的には、亜麻織物価格の引上げ、原料の自由な調達、行商許可が要求され（流通過程についての要求）、他方、紡績機械の廃止（生産過程への規制）が求められている。原料の亜麻について、Wenden の織布工は、⑴亜麻の自由な輸入と、⑵原料に対する輸出関税を、また逆に、⑶紡糸・織物の「交換取引 Tauschhandel」の「制限」を求めている。A. a. O., Bd. VIII, S. 5304.

（17） 肥前、前掲論文㈠㈡を参照。

（18） G. Hermes, a. a. O., S. 144.

（19） 「海外貿易会社」の産業経営が民間の中小生産に破滅的な影響を与えた事実については、とくに、肥前氏の前掲論文㈡、一九〇頁以下を参照されたい。

（20） Bericht des volkswirtschaftlichen Ausschußes, in: Stenographischer Bericht., Bd. IX, S. 6369.

（21） プロイセン議会の議員ライヘンバッハは正当にも次のように指摘している。「いたる所で労賃 Arbeitslohn を悪化させているあの賦役を廃止するならば、それはシュレージエンの労働者を全面的に救済しうる唯一の根本的手段となるであろう。これは直ちに労賃の上昇をつくり出すであろう。賦役人 Roboter は零細耕地保有者である。現在彼らはこれを耕すことができない。というのも彼は、一日中、労賃すらえられない賦役に、かかずらわっていなければならないからである。彼らはそのために自分の耕地を半ば荒れたままにし、あるいは粗末な耕し方をするかしなければならない。だが、もし強制労働 Zwangsarbeit から自由になれば、彼らは、もっぱら自分の土地の耕作に従事できる。かくて彼らの土地は、よりよい持続的労働によって、工賃仕事や紡糸業によって可能になる以上に、ずっとたくさんの収入をえる手段となるであろう。その結果、当然、土地をもっていない人々が、仕事にあぶれてお腹を空せ、あちこち物乞いに走るということもなくなるであろう。というのも大土地所有者がこれまでの強制労働のかわりに、農地耕作のために、彼らを雇い入れるに違いないからである。それは特に山岳地帯に対して有利に作用する。山岳地方からアインリーガーの少ないオーデル河右岸に向けて人々を吸収するに違いないから。……」Verhandlungen der constituierenden Versammlung für Preußen, Bd. V, S. 2714 f.

第二章　都市民衆の変革運動

一　手工業親方層の社会的運動とその社会的経済的内容

ドイツ三月革命が、絶対主義的領邦権力(及びこれと結ぶ封建的諸勢力)と、かかる権力の打倒及び統一ドイツをめざす資本主義的諸勢力との、対立・抗争を基本的内容として始ったことは上述した通りである。この三月革命期の対立・抗争において農民及び農村手工業者と共にきわめて重要な役割を演じたのは都市の下層市民であった。デモンストレーション、バリケード戦、その他の街頭運動において、絶対主義的、封建的諸勢力と直接的、武力的闘争を展開した主要な勢力の一つは、この下層都市市民であり、とりわけ都市の手工業者、雇職人・労働者層であった(1)。

領邦権力及び封建的諸勢力に対する手工業者、雇職人・労働者の運動は、当初、都市ごとに、あるいは地方ごとに行われたが、革命の過程で、次第に全国的かつ組織的運動へと発展していった。一八四八年六月二日、ハムブルクで開催された「北ドイツ手工業者・営業者代表者会議」は、このような手工業者・雇職人の全国的集会の最初のものであった。続いて一八四八年七月一四日から一ヶ月間、フランクフルト・アム・マインで「第一回ドイツ手工業者・営業者大会」が開催されるが、この過程で都市下層民は二つに分化し、相互に対立しつつ運動を展開することになった。即ちこの大会にはもっぱらツンフト親方の代表者だけが参加し、雇職人・労働者の利害はそこから排除された。かくて、雇職人・労働者層は、上の手工業親方の集会に対抗しつつ、別個の集会を開催し、独自の利害を打ち出すにいたった。南ドイツの雇職人を中心にしてフランクフルト・アム・マインで開催された「ドイツ労働者会議」、プロイセンやザクセンの労働者・雇職人による、「ベルリン労働者会議」などがそれである。[2]

これらの集会は、絶対主義的、封建的諸勢力に対する地方的闘争を踏まえつつ、そこで提起された問題を集約し検討した上で、独自の利害を打ち出し、その実現を「国民議会」に対して迫ろうというねらいをもっていた。本節では、とくに「北ドイツ手工業者・営業者代表者会議」とフランクフルト・アム・マインの「ドイツ手工業者・営業者大会」をとりあげ、その内容を分析し、もって三月革命期の手工業者(ツンフト親方)が直面していた社会的経済的問題と、これに対する手工業者の対処とがいかなるものであったかを明らかにしようとするものである。

手工業者運動に関する研究のうちでとくに注目すべきは、ビアマン W. Ed. Biermann の研究である。[3] ビアマンは、シュモラー G. Schmoller をはじめとする一九世紀の手工業史の研究が、[4] この運動を「近視眼的でエゴイスティック」なものとして比較的簡単に取り扱って来たことを批判し、[5] それがもつ豊富な内容を指摘すると共に、ヴァイドナー F. Weidner[6] によりつつ、手工業者運動が政治的運動としては急進性をもちながら、経済的側面においてはツンフト的反動的性格をもっていたこと、そして両側面はするどく矛盾していたことを指摘した。[7] ハメロウ T. Hamerow[8] 及びノイエス P. H. Noyes[9] などの最近の研究は、ビアマンの研究成果を受けついだ上で、さらに手工業者運動を、三月革命の階級闘争の中で位置づけようとするものであった。我国においてはとくに「似而非ボナパルティズム」的社会構成の原型の創出過程との関連で、川本和良氏がライン繊維工業における直接的生産者の「三月運動」の分析をされ、都市手工業者を含む直接的生産者運動の性格と、かかる運動が「社会問題」(資本主義的生産の矛盾)の深刻化と結びついてブルジョア的勢力を封建的諸勢力との妥協に追いやる作用を果した事実を実証的に示されている。[10] 他方、肥前栄一氏は、三月革命期の「初期独占」問題を分析された論文の中で、中小生産者の立場を自称するベルリンの市参事会員リッシュ Risch のパンフレットをとりあげられ、その中から、ツンフト的立場に立つ都市の手工業が、「プロイセン王立海外貿易会社」（絶対主義的重商主義）への批判を展開している事実、中小生産者のかかる利害が、リッシュにおいては、自由貿易主義と結びつきつつ、フリードリッヒ・リストをイデオローグとする西エルベの産業資本と決定的に対立するという複雑な内容を明らかにされた。(11)

以上のような研究を踏まえた場合、さし当って次の二つの問題が提起されるであろう。(1)中小生産者、とくにツンフト的手工業者と絶対主義との政治的対立はその基底にいかなる経済的対立をもっていたか。ビアマンやハメロウが、ツンフト的手工業者の政治運動における急進性と経済問題における反動性との対立・矛盾の関係を強調するのに対し、肥前氏は絶対主義的重商主義（ゼーハンドルンク）に対するツンフト的手工業者の批判という問題を提起され、手工業者運動の政治的側面（絶対主義との対立）と経済的側面（ツンフト復活）との内的結合・連関の解明のために示唆を与えられている。本節では、この点に関する肥前氏の指摘を受けつぎつつ、手工業者運動に現われた具体的な諸問題に即して、手工業者運動のこのような独自性を解明してゆきたい。(12) (2)ツンフト的手工業者は、農村工業を基盤とする小ブルジョア＝ブルジョア的発展に対していかなる措置をとろうとしたか。この問題は似而非ボナパルティズム的社会構成の創出の問題と、従ってまたブルジョアジーをはじめとする他の諸階級の動向と関連してくる問題である。

（1）　T. S. Hamerow, op. cit., p. 99 f., 102, 139; do, The German Artisan Movement 1848–49, in: Journal of Central European Affaires, Vol. XXI, 1961, p. 136 f.; P. H. Noyes, Organisation and Revolution. Working-Class Associations in the German Revolutions in 1848–1849, Princeton, 1966, p. 5 f.; vgl., Karl Obermann, Die deutschen Arbeiter in der Revolution von 1848, Berlin 1953, S. 129 f.; 矢田、前掲論文、六六頁。

（2）　Ed. Biermann, a. a. O., Bd. II, SS. 207–307; N. Bopp, Die Entwicklung des deutschen Handwerksgesellentums im 19.

Jahrhundert unter dem Einfluß der Zeitströmungen, Paderborn 1932, S. 234 ff.

（3） Ed. Biermann, a. a. O.

（4） G. Schmoller, a. a. O., S. 80 ff.

（5） Ed. Biermann, a. a. O., Bd. II, S. 2.

（6） Friedrich Weidner, Gotha in der Bewegung von 1848, nebst Rückblicken auf die Zeit von 1815 an, Gotha 1908.

（7） Ed. Biermann, a. a. O., Bd. II, S. 17 f.

（8） T. S. Hamerow, op. cit.

（9） P. H. Noyes, op. cit.

（10） 川本和良「ライン繊維工業における直接的生産者の状態と『三月運動』」『歴史学研究』第三〇〇号、一九六五年、後に同、前掲書、所収。

（11） 肥前、前掲論文、とくに、㈡を参照。

（12） この点の解明によってリッシュと手工業者との利害上の相違も明らかになるであろう。

1　都市手工業者による全国的集会

一　「北ドイツ手工業者・営業者代表者会議」の開催

都市の手工業者たちは、すでに、三月革命の前夜に、ドイツ各地の都市で請願行動や街頭行動を展開しつつあった。アナベルク Annaberg、ライプチッヒ Leipzig、ニュルンベルク Nürnberg、レーゲンスブルク Regensburg、アイターフェルト Eiterfeld、シュトゥットガルト Stuttgart、ウルム、テュービンゲン等の諸都市における手工業者運動がそれである。一八四八年三月に三月革命が勃発すると都市の手工業者運動は、一層激しさを増し、多くの都市でデモンストレーション、打毀しあるいはバリケード戦が行われた。たとえば、ケルン Köln、デュッセルドルフ Düsseldorf、クレフェルト Krefeld、エルバーフェルト Elberfeld、フィールゼン Viersen、ゾリンゲン Solingen、ベルリン Berlin、ケムニッツ Chemnitz、シュマルカルデン Schmalkalden、ミットヴァイダ Mittweida 等々においてである。しかし都市の手工業者の激しい街頭行動は「三月内閣」によって鎮圧され、運動は次第に請願あるいは集会形式の運動へと転換していった。[1]

手工業者による請願運動は、もとより、三月革命勃発以前において、盛んに行われていた。たとえば、一八三五年ヘッセンのカッセル Kassel 市のツンフト親方は、等族議会に対し請願書を提出し、都市手工業者の窮乏状態を訴え、その大きな要因としてとくに機械制工場経営と農村工業を指摘した。「かつては農耕が主要な営みであった地方で現在では工業が、しばしば〔ツンフト制度に基づいて〕修熟しないままで行われている。都市近辺の農村で住居をもち営業を行うことは殆んど妨げられることがない。[2]」

また一八四八年四月、ライプチッヒの二二のツンフトが提出した「公開状」は都市手工業者の貧困状態を指摘し、その救済が緊急になさるべきことを訴えるものであったという。[3] いうまでもなく、このような請願行動と併行しつつ、各地で手工業者集会が活発に開催された。[4]

手工業者の貧困化を訴える請願書はプロイセンでも相ついで提出された。一八四一年のケルン市の請願書は、「営業の自由」に反対し、農村工業及び囚人労働の競争を批難し、それからの法的保護を要請した。[5] 一八四八年四月、ボン市の三六業種の営業に従事する三九一人の手工業親方は、カムプハウゼンに対する請願書において、プロイセン営業法の自由主義的傾向を批判し、ツンフト的諸規制の強化を強く要請したといわれる。ただ「われわれは競争の全面的廃止を要求しようというのではない。われわれは熟練した競争者を欲している[6]」と附言していることは注目される。

このような地方的運動の展開を踏まえて、四八年六月二日より、ハムブルクで「北ドイツ手工業者・営業者代表者会議 der erste norddeutsche Handwerker-und Gewerbetreibenden Abgeordneten Kongress」(7)が開催された。この「会議」は、主としてハムブルク、ブレーメン、カッセル、ハノーファーに住む都市手工業者の代表二〇〇人によって構成され、ベルリンからは、シュテファン・ボルン Stephan Born と共に後にベルリン労働者運動を指導することになるビスキー Bisky も出席した。ハムブルクのこの集会は議事終了に際してフランクフルト・アム・マインの「国民議会」に対する声明を採択した。

「全ドイツから自由に選出された優良な代表者よりなる貴議会は、ドイツ国民のために統一と自由とを保証する包括的・一般的法律を作成し、それによって後世に栄誉と力とを確保することを目標としている。かかる集会は、ドイツ史上はじめて実現されたものであり、ドイツ市民の眼は大きな期待と誇り高い自負とをもって貴議会に向けられている。

ドイツ国民が貴議会に対して提起した課題は巨大かつ有益である。従って、われわれの社会階層がいだいているさまざまな要求と考えを集約し公表することは、貴議会に対する支援の一つでもあり、われわれの崇高な義務でもあるといえよう。ドイツの手工業者・営業者によって、数多くの集会が自主的に開催されることになったのも、このような義務を自覚したからに他ならない。われわれは、現今のわれわれの状況に対して何らかの措置をとることが重要であると考え、労働・商業・工業委員会を設けた。かつて自らの問題を自らの手で解決しえたドイツの手工業者・営業者は、近年、官僚による様々な束縛によって、立法過程から排除されるにいたった。その結果政府によって公布された法律は、たとえそれが深い好意によるものであっても、誤った原則に立っており、市民が本来考えている現実の問題を十分に考慮しようとしないために、立法当局の意図とは全く異なった結果を生みだすことになった。

以上の理由に基づき、北ドイツの手工業者・営業者を代表するわれわれは、ハムブルクに集結し、次のような決議を行うにいたった。

一、われわれは、営業の自由に対して断固反対たる意志を表明すると共に、ドイツに営業の自由が存在する場合には、帝国憲法の条文によってその廃止がなされるよう要請する。

二、われわれは、自己の問題を自ら処理し、従ってまた、社会問題の解決を自らなしうる十分な年齢に達し、かつ、十分な能力を有していることをここに宣言する。

三、われわれは、基本的人権に基づきフランクフルト・アム・マインに祖国ドイツの手工業者・営業者代表の集会を召集し、本集会にて決定された決議に従い、手工業・営業基本法の作成と貴議会への提案を行う旨、予め貴議会に対し声明する。……」(8)(傍点は引用者)

都市の手工業親方・雇職人の代表者からなるこのハムブルク集会の目的は、北ドイツを中心とする当該階層の要求を集約し、その基本線をフランクフルト・アム・マインの「国民議会」に提示することであり、同時に、後日フランクフルトで開催さるべき「手工業者・営業者」大会のための準備を行うことにあった。「国民議会」に向けられた先の声明から我々は都市手工業者・雇職人がいかなる根拠に基づいて革命に参加したのかを知ることができる。

第一の根拠は、都市の手工業者・雇職人の政治過程からの疎外である。かつては自分の「社会的問題」を自ら解決しえた都市の手工業者は、領邦体制の下で次第に政治機構から排除され、領邦機構の下に編成されるにいたったというのである。このような指摘は、領邦権力の、都市及びツンフトへの介入と掌握の過程として歴史家によっても確認されており(9)、従って当時の現実を正しく示すものであるが、都市手工業者は政治からのかかる疎外を否定し、自らの手で社会経済的諸問題を解決しようとしたのである。都市手工業者にとって絶対主義的領邦権力の打倒＝三月革命はまずこのような意味で正当な根拠をもっていた。

第二に、都市の手工業親方・雇職人のかかる政治的行動は、彼らの社会的経済的生活の変革、とくにこれに深く関連するところの営業政策の変革と結びついていた。「声明」によれば、絶対主義的領邦国家の経済政策の本来の意図は、都市のツンフト的手工業経営の再生産と維持に置かれてはいたものの、「誤った原則」＝「営業の自由」の導入によって、この本来の意図は歪曲され、結局は、ツンフト的手工業経営の破壊に帰着せざるをえなかった。このような経験と認識に基づき、手工業者は「営業の自由」に絶対的に反対するのであった。以上のように、都市の手工業者層は、その社会的経済的状態が悪化してゆく中で、彼らの経営の実現を困難にしている原因を、「営業の自由」の原則にもとづいた領邦国家の経済政策・営業法であると考え、かかる政策立法の破棄をめざして、政策主体たる領邦権力を打倒しようとしたのである。

二　フランクフルト・アム・マインの「ドイツ手工業者・営業者大会」

「北ドイツ手工業者・営業者代表者会議」の閉会の後、同「会議」の呼びかけに応えて各地で手工業者集会が開催されることになった。ブラウンシュヴァイク、ヴォルフェンビュッテル Wolfenbüttel、アルト・シュテッティン Alt-Stettin、アンスバッハ Ansbach、フュルト Eürth、エアランゲン Erlangen、アウグスブルク、ニュルンベルクなどの集会がそれである。その内容は地域によって決して一様ではないが、たとえばシュレージエンのブレスラウ Breslau で開催された「第一回シュレージェン州手工業者集会」では、一八一〇年及び一八四五年のプロイセン営業法の廃棄とツンフト制度の再編、租税制度の改革と所得税の導入、等の要求が出され、また行商、工場、農村工業、国営工場、兵士工場に対する批判が行われたという。[10]

このような地域的集会における手工業問題の討議と、手工業者の要求の集約とを踏まえて、一八四八年七月一四日より一ヶ月間「ドイツ手工業者・営業者大会」がフランクフルト・アム・マインで開催された。[11] この集会は二四の邦から選出された一一六名のツンフト親方の代表者によって構成された。雇職人からは一〇人の代表者が選出されていたが、議決権をもつことができなかった。この集会の目的は、ハムブルク会議の決議に従い、「手工業者・営業者」が直面していた社会的経済的諸問題を討議し、新しい「営業法」の制定のために基本的原則を提起すること、及びかかる「営業法」の制定に手工業者が直接参加しうるための新しい機関を設立すること、にあった。

「ドイツ手工業者・営業者の状態の根本的調査、営業活動の全分野を包括し、かつ、有機的に作成された最新ドイツ手工業基本法の決定、ドイツ手工業者・営業者の利益を促進し、保護することを目的とした、帝国大臣と密接な提携を行いうる機関の設立[12]」(傍点は引用者)、これらがフランクフルトの手工業者集会の目的であった。

集会では、まず、各地の代表者が、手工業者の直面する情況について、包括的な報告を行った。

「〔国民議会において〕移動の自由が審議される前に、〔手工業者の〕営業法が緊急に決定される必要があると私は考えている。そのような提案を行うに当って、シュレージエンの状態を一瞥しておこう。このプロレタリアートは全くひどい状態に置かれている。大衆は乞食と商人階層という二つの階層に分裂している。南ドイツでは事態はこれほど深刻ではないが、プロイセンではすべての中産階層 der Mittelstand は事実上存在しえない状態にある。[13]」(傍点は引用者)

「コブレンツに住む六〇〇人から七〇〇人の手工業者は、今日、日雇労働者 Taglöhner になり道路建設事業に従事し、ここに最後の生活手段を見出している。コブレンツの住民の最大の不幸はプロイセンに編入されたことであり、それによって資本の支配下に投げ込まれたことにある。私は営業の自由に絶対に反対である。」[14]

南ドイツからも、「営業の無秩序 Gewerbe = Unordnung」が一般的であり、「移動の自由」の制限を行う営業法が必要であるという主張がなされた。[15]

上の報告に示されているように、三月革命期の手工業者は、著しい窮乏状況に陥っており、その一部は、既に「中産階層」の地位を喪失し、プロレタリア化しつつあった。彼らは、この窮乏の要因が、「営業の自由」の導入とこれによって強化された「資本」の支配にあると考え、ツンフト的手工業経営の維持の観点から、「営業の自由」の廃止(及び「資本」の制限)を求めたのである。ここで手工業者の批判する「営業の自由」=「移動の自由 die Freizügigkeit」は、「プロイセンの支配」の下で、あるいは一般的に、領邦国家の経済政策に実現してきたものであり、手工業者の要求は、当面、領邦国家の経済政策——とくにその法的表現たる営業法——を揚棄し、「営業の自由」を制限する新しい営業立法を制定しようという点にあった。

さて、以上のような現状把握を踏まえてとりあえず「国民議会」への要望書が採択された。その前文の一部を引用しよう。

「尊敬すべき国民議会へ

本ドイツ手工業者・営業者大会は、社会生活の改造と新生のために、ドイツの手工業者・営業者の要求と提案とをここに提示し、もって貴議会の好意ある判断と審議とをえたいと希望している。かかる要求と提案とは、我々が、現今の運動がもつ高度の重要性とその根拠を認識し、その中で提示された理想の実現を妨げているさまざまな障害を正しく把握したことによっている。

営業者に対する極度の蔑視と、これによって惹起された大ドイツの営業活動のすべての源泉の枯渇とは、ドイツのが必要であった。……

国土において、革命を準備し爛熟させた主要な原因である。幻想にみちた支配を転覆するためには、大衆の著しい窮乏の事実が必要であり、また、手工業者及び営業者に対して、自由への確固たる道が開けるためには抑圧された国民が必要であった。……

今日、営業制度の決定が行われる重要な時点において、営業者がさまざまな努力を行うことは極めて好ましくまた有効である。とくにこのことは、パウロ教会〔「国民議会」〕には営業者の代表が極めて数少ない、という状況の下では一層重要である。手工業者及び営業者の代表者が、遠近を問わず全ドイツから選出され、フランクフルトに集合するにいたったのも、上のような考えに基づいている。……」(16)(傍点は引用者)

上の引用文からわれわれは、都市の手工業者が、当時進行しつつある三月革命をいかなる根拠に基づいて正当化し、また、その課題をどこに置いていたかを、知ることができる。

三月革命は彼らによって、「幻想にみちた支配」の転覆として、従って、政治的支配体制の変革として把握される。かかる政治的変革＝「革命」が、ドイツにおいて展開する前提には、「営業者に対する極度の蔑視」と、「これによって惹起された大ドイツの営業活動の源泉の涸渇」、とくに「大衆の著しい窮乏」あるいは「抑圧された国民」という状況が展開していたのである。このような状況の中でこの「ドイツ手工業者・営業者大会」は、「社会生活の改造と新生」のために、また、「理想の実現を妨げているさまざまな障害」の除去のために、全ドイツの「手工業者及び営業者」の「要求」を集約し、これを「国民議会」に提案しようというのであった。

三月革命は、まずなによりも、政治過程から排除された一般的大衆、とくに広汎な労働する大衆が、支配者たる絶対主義的領邦権力を打倒し、国家権力を把握するための政治的変革過程であった。しかし政治的変革の根底には、領邦体制の下で進行したドイツ経済の構造的停滞と、とくに、勤労的階層の著しい窮乏という事実が前提とされていた。

このような一般的な停滞情況の中で、窮乏化した生産者層——とくに都市の手工業者・雇職人——は、それが既存の領邦的経済体制とその経済政策に起因していると考え、かかる経済政策及び領邦的経済体制を廃棄し、新しい社会制度を創出すべく、領邦国家権力そのものの打倒に向ったのである。「ドイツ手工業者・営業者大会」は、貧しい都市手工業者・雇職人層の地方ごとの社会的政治的運動を前提としながら、その延長線に結成されたものであり、その目的は、旧い領邦的諸制度の廃棄をさらに一層推し進め、新しい社会制度をこれに代置させようというところにあった。——「ドイツ手工業者・営業者大会」のこのような認識と行動の動機とは、同時に当該「大会」の基盤となった広汎な手工業者層(親方・雇職人)の三月革命に対する現実認識と動機とをかなりの程度まで表現するものであろう。上の引用文でみる限り、三月革命の主要なエネルギーは、決して向上しつつある中産者層からではなく、むしろ、社会的経済的に抑圧された貧困な勤労的階層——とくに手工業者・雇職人——から与えられたことがわかる。では窮乏状態にある都市の手工業者は、三月革命期に、いかなる社会的経済的問題に直面し、いかなる仕方でこれを処理しようとしたのであろうか。

(1) T. S. Hamerow, The German Artisan Movement 1848–49, p. 137.
(2) Zit. in: W. Ed. Biermann, a. a. O., S. 2.
(3) E. F. Goldschmidt, a. a. O., S. 25 ff.
(4) W. Ed. Biermann, a. a. O., S. 37 f.
(5) A. a. O., S. 40.
(6) Zit. in: a. a. O., S. 43.
(7) 「北ドイツ手工業者・営業者代表者会議」については以下の研究を参照。W. Ed. Biermann, a. a. O., S. 49; E. F. Goldschmidt, a. a. O., SS. 27–29; T. S. Hamerow, Restoration, Revolution, Reaction, p. 143 f.; P. H. Noyes, op. cit., p. 168.

（8）　Zit. in: W. Ed. Biermann, a. a. O., S. 66 ff.
（9）　H. Preuß, a. a. O., S. 132 ff.
（10）　W. Ed. Biermann, a. a. O., S. 77 f.
（11）　「ドイツ手工業者・営業者大会」については、ders., a. a. O., SS. 93-119; E. F. Goldschmidt, a. a. O., SS. 32-38; T. S. Hamerow, op. cit., p. 144 f.; P. H. Noyes, op. cit., p. 169 f. などを参照。
（12）　Zit. in: Ed. Biermann, a. a. O., S. 94.
（13）　Verhandlungen des ersten deutschen Handwerker-und Gewerbe-Kongreßes gehalten zu Frankfurt am Main vom 14. Juli bis 18. August 1848. Hrsg. von G. Schirges, Darmstadt 1848, S. 7.（以下、本節では Verhandlungen. と略す。）
（14）　Verhandlungen., S. 7.
（15）　Verhandlungen., S. 7.
（16）　Zit. in: Ed. Biermann, a. a. O., S. 110 f.

2　都市手工業者とその社会的経済的利害

一　領邦立法の廃棄とツンフト原理の復活

一九世紀初頭以来、領邦政府は、多かれ少なかれツンフト諸規則を緩和し、一定の限度内で「自由」な商品生産＝流通を承認した。プロイセンの場合、とくに一八一〇年・一一年法、一八四五年法(1)、ヴュルテムベルクの一八二八年法(2)、バイエルンの一八二五年法(3)、ハノーファーの一八四七年法、ナッサウの一八一九年法、ザクセンの一八四〇年法(4)などがそれである。

手工業者の要求の主要な部分は、このような営業法を廃止し、ツンフト制の上に立った新しい営業法を導入することにあった。——親方資格の審査強化、徒弟数の制限、兼業の禁止、すべての親方のツンフトへの加入、等々。(5) しかし、この点をもう少し検討してみると次のことがわかる。まず領邦的営業立法の廃止は、この営業立法がその一部である絶対主義的領邦権力の全経済政策の廃棄、更には、領邦的社会の経済体制そのものの揚棄と結びついて要求されていたこと、従って、営業立法の改革は、租税制度、金融制度、教育制度、とくに貿易政策など他の経済政策の改革と結びついていたということである。

二　国営企業の廃止

都市手工業者のツンフト的立場からする領邦政策批判のうちで最も重要なものの一つは、領邦国家の国営企業及びかかる企業と結びつく民間大企業に対する攻撃である。

手工業者大会の中に設置された営業法に関する「委員会」は、この点に関して次のような提案と報告とを行っている。

「国営企業の廃止 die Aufhebung der Staatswerkstätten——ここで国営企業とは次の二つをいう。(a)強制作業場 Zuchthäusern　この強制作業場で行われる分業は、手工業者に著しい不利益をもたらしている。富裕な人々はしばしば国家のこの労働者を賃借りしている。正当な経営は、これらの企業と競争することができない。(b)兵士作業場 Militärwerkstätten　現役の兵士が低い賃金で働いている。これも併せて廃止さるべきである。(6)」(傍点は引用者)

この提案に対して多くの代議員から補足意見あるいは賛同の意見が寄せられる。

「政府は仕立業や製本業を行ってはならない。……国家は工業経営の分野から全面的に排除されねばならない。(7)」

「国家は強制作業場で隷奴 Sklaven ……を利用している。これに対して自由な人々は租税を負担し、そのためこの不自由労働者と競争することができない。われわれが国家の営業に反対するのは上のような事実に基づいている。多くの企業家がこの不自由民を雇用している。数百の囚人が労働者として雇われ〔雇主に〕利益を与え、競争相手を圧倒しようとしている。……プロイセンではこの強制作業場はすべての業種に及んでいる。かつら製造、金細工、ブリキ生産ではとくにそうである。」(8)（傍点は引用者）

別の代議員は、国営企業を大規模なものと小規模なものとに分類し、次のように述べる。「私は両方〔小規模な国営企業と大規模な国営企業〕に反対である。ここで私はとくにヘッセンの鉱山経営とプロイセンのゼーハンドルンクとを指摘したい。ゼーハンドルンクはドイツの産業に計り知れない不利益をもたらしている」(9)（傍点は引用者）等々。

まず、手工業者たちは、国営企業ないし国家的企業を激しく批判し、その全面的禁止を要求した。この国営企業には囚人をはじめとする「不自由な労働者」の労働力を基礎とする強制作業場及び兵士の労働力に基づく兵士作業場がある。かかる国営企業は、多くの産業部門で設立されており、とくにプロイセンでは大部分の産業部門に及んでいた。このような国営企業の中にあっても、とくに、ヘッセンの鉱山経営及びプロイセンの「王立海外貿易会社」（ゼーハンドルンク）は手工業生産に深刻な被害を与えている。

手工業者の批判は、続いて、国家的企業で育成された「不自由な労働者」を賃借し、これを雇用する民間企業（「富裕な人々」の企業）にも向けられる。

こういった国営企業及び労働力の点で国営企業と深く結びつく私的大企業＝特権企業は、不自由労働者の低賃金と分業に基づく高い生産性とを武器として、都市の零細な手工業経営を圧迫したばかりでなく、かかる企業に対して国家が投資する資金は、都市市民から徴収される種々の租税を重要な源泉としており、従って都市の手工業者にとっては、国営企業及び労働力に関してこれに依存する特権企業が拡大することは、租税の負担が増大することを意味した。手工業者は二重の観点——競争及び租税負担——から国営企業及び特権企業への批判を行ったのである。我々は、ここに、国営企業、特権企業の創出を伴いつつ進行する「上から」の「工業化」——「プロシア型」の「産業革命」——が中小生産者の経営的向上を抑圧し、むしろ、その収奪と解体の上に進行したということを知ることができる。

このような類型の企業については、すでに大野英二氏及び肥前栄一氏等のすぐれた研究がある。(10) それによれば、こういった類型の企業は、とくに東エルベを基盤に形成されていた封建的＝半封建的生産関係に結びつき、また、かかる関係の中から析出される特殊な労働力を基礎とする、前近代的な産業経営であって、領邦絶対主義の経済政策(絶対主義的重商主義)によって「上から」創出され、あるいは、これによって強力にバック・アップされていたのであった。それは、歴史的には、国内における小ブルジョア＝ブルジョア的な発展と、国外における先進資本主義の側圧とに対抗しつつ、「上から」推し進められた資本の特殊な原始的蓄積過程(「プロシア型」の進化)の重要な局面をなしていたのであった。

このような理解に立てば、三月革命期に手工業者によって展開される国営企業批判あるいはこの国営企業と結びついた民間企業への批判は、いわば領邦国家の「重商主義政策」(絶対主義的重商主義)と、これが支える「プロシア型」の原蓄過程そのものへの批判を意味するものであった。同時に、「上から」の原蓄過程とこれを支える国家権力(絶対主義権力)の否定が、小ブルジョア＝ブルジョア的発展の基本的条件であることを考え合わせれば、手工業者のこのような批判及びそれに基づく領邦権力打倒の運動とは、それがさし当ってツンフト的手工業の維持ないし救済という意図に基づくものであったとしても、客観的には、小ブルジョア＝ブルジョア的発展の基本条件を創出するための運動として展開せざるをえなかったのであり、その限りで、ブルジョア的、革命的運動の重要な局面をなしていたといえよう。いうまでもなく、ツンフト的手工業の立場からする都市手工業者のかかる運動は、その課題たる国営企業の廃止（及び絶対主義権力の打倒）が達成されるような場合には、産業資本の一層の発展とツンフト制度の最終的解体に帰結せざるをえないような、そういった自己否定的な運動であった。

三　保護関税の要求

外国の工業製品に対する高関税あるいは輸入禁止は、先進資本主義国からの低廉な製造品の流入によって、著しい圧迫を蒙りつつあった中小の生産者にとっては、緊急に実現されねばならない課題であった。都市の手工業者による保護関税の設置の要求は、すでに一九世紀初頭に現われていたが、[11] かかる要求が全国の手工業者の統一的要求として提起されたのは、この「ドイツ手工業者・営業者大会」においてであった。代議員は次のように指摘している。

「フランス製仕立服のドイツへの輸入は全面的に禁止さるべきである。私が代表している一四三の都市は外国からの保護をとくに強く要求している。[12]」「ドイツの手工業者は〔外国品の〕輸入によって著しく抑圧されており、国民議会に対して、かかる抑圧の排除のための立法を要求している。[13]」

ヴィースバーデン Wiesbaden の代議員はいう、「保護関税と原料輸入の促進、更にドイツ産原料に対する輸出関税を要求する。[14]」

また「バーデン及びヴュルテムベルク、とくにバーデンでは、関税があるにもかかわらず外国の競争による被害が大きい。フランス及びスイスから商品が大量に持込まれているからである。しかし、私は完全な輸入禁止には賛成できない。[15]」

みられる通り、外国からの製造品の輸入について、全面的輸入禁止論と、高率関税論、という二種類の意見が提出されていた。しかし、結局次の原則が、ほとんど満場一致で採択された。

(1)「ドイツ産業の保護のために、外国から輸入されるすべての工業生産物には高度の輸入関税 die höhen Eingangszöllen を課すべきである。」[16](傍点引用者)

(2)「ドイツ国内で営まれる製造業にとって必要な原料は、輸出に際して、適度の関税が課せられる。」[17]

この手工業者の要求する原則は「国民議会」に対して提示された。他方、「国民議会」に設置された「国民経済委員会」は、手工業者集会の代表を招き合同会議を開催した。この会議において手工業者代表の提示した「ドイツへの輸入に対する高額関税の課税対象」は次の通りである。[18]

(a) 対フランス――装飾品、時計、青銅加工品、帽子、既製衣服、毛髪加工品、造花、帽子のひさし、櫛、ろくろ製造品、ブラシ製品、皮革製品、靴、馬具、車、絹織物、毛織物、綿製品、家具、手ぶくろ、財布、かばん、装身具、書籍ほか。

(b) 対イギリス――綿糸、アイルランド産麻糸、あらゆる種類の織物、衣服類、鞣皮、皮革製品、車輪、紙、筆記用具、鋼鉄・鉄製品、青銅加工刀剣類。

(c) 対ベルギー――鞣皮・皮革製品、毛織物、レース編物、帽子、武器、鋼鉄・鉄製品。

(d) 対スイス――時計、時計製造用具、絹織物、綿織物ほか。

なお、「原料――穀物及び軍事用家畜、食用家畜を含む――は、ドイツの労働と産業のために、適度な輸出関税が課せられねばならない」[19]という原則も付記されていた。

関税問題に関する手工業者集会の要求は以上の通りであったが、その中核をなすのは、いうまでもなく、外国から輸入される製造品に対する高度の関税賦課の措置である。この関税措置の中にイギリス、フランスの綿糸、綿織物、その他各種織物が含まれていたことは注目される。周知のように、「三月前期」のドイツでは、綿工業を主軸にして「産業革命」が展開しはじめていた。成長しつつあった産業資本は、先進資本主義国の競争から国内市場を保護するために、外国で製造された工業生産物に対して高度の関税を賦課するよう運動を展開しつつあった[20]。しかし、低廉な外国製造品のドイツへの流入は、都市の零細なツンフト手工業に対して、機械制度を導入し高い生産力を備えつつある産業資本に対する以上に、深刻な打撃を与えたはずであった。都市の貧しい手工業者が、領邦政府の貿易政策、とくに関税政策に対して、激しい批難を浴びせかけ、外国品に対する高度の保護関税を要求したのは当然といえよう。ただその場合、手工業者の保護関税要求が、ツンフト的手工業の維持のために、ツンフト制度の復活・強化の要求と相並んで提起されたこと、従って手工業者のこの要求は資本の原始的蓄積過程の促進という観点に立つ産業資本の保護主義的運動とは全く対立する契機を含んでいたこと、この点は注意されねばならない[21]。

四　産業資本家、商業資本家と手工業者との対立

「〔国民〕議会において私の国の代議員は、私の国を偉大にして最も幸福な国であると述べ、その繁栄の原因をとくに営業の自由に求めている。この代議員を選出した同じ県は、営業の自由に反対するようこの私を〔ドイツ手工業者・営業者集会に〕派遣した。……商人の財布は営業の自由によってともかくも充実したが、勤労的階層 die arbeiten-den Klassen は貧困へと転落した。瞞されてはならない。これは資本と貨幣の支配に対する闘いである。我々は営業法 Gewerbe-Ordnung の施行によってのみ勝利をえることができよう。……」[22]（傍点は引用者）

右の引用文から明らかなように、領邦体制の下で導入された「営業の自由」は、「勤労的階層」――ここではとくに手工業者――の窮乏化を促進した反面、商業資本の蓄積をも促進した。かくて、手工業者は、領邦経済政策――とく

に「営業の自由」の政策——を批判しつつ、同時に、かかる政策によって富を蓄積しつつある「資本と貨幣」の所有者をも攻撃したのである。ここで「資本と貨幣の支配」に対する抗争とは、具体的には、「ファブリカント」＝工場・マニュファクチュア及び商人との抗争を意味する。まず、手工業者と商人との対立・抗争についてみてみよう。

商業資本との対立

手工業者集会の経済問題に関する委員会は次のような報告をしている。

「市民権・親方権がすべての国で要求されている、という点ではあらゆる人が一致している。今日まで四二の調査が到着しているが、それらはすべて商人からの保護を要求している。本集会は商人の集会であってはならない。すべての出席者は、ファブリカント及び貨幣貴族に対する闘争をはっきり表明した。……[23]」(傍点は引用者)つまり、商人は「手工業者の営業に対するガンである。[24]」

「商人が全人類にとって悪であることは過去の事実が示している。ここで商人とは小売商人 der Krämer と仲介商人 Zwischenhändler をいう。……手工業者は自分の生産物については自ら商いを行うべきである……、商人を制限することは必要であり、それが制限されれば、将来、労働する人々が商人に従属するようなことはなくなるばかりか、むしろ、優位に立つことになろう。[25]」

「フランクフルトの釘製造工は、商人の妨害さえなければ、もっと富裕になるであろう。衣服商 Kleidermagazin は仕立屋に対して同じような立場にある。[26]」「シュテッティンではすべての手工業者が商人の手中にある。この商人達がすべての建物を所有している。[27]」

「我々がここに集会をもつのは、近年とくに手工業者の生産物の取引に進出するにいたった貨幣の力に対して、自らを防衛したいという意図からに他ならない。……今日、商人は錠前工、工具鍛冶工、靴工等の商品をも取り扱うようになった。すべて〔の手工業生産物〕が、商人によって販売されている。かくて手工業者は圧迫され、ついには、商人と日雇労働者しか存在しないことになろう(28)」等々。

みられる通り、商業資本は、手工業のあらゆる分野に進出し、手工業商品に対する買叩きや手工業経営に対する問屋制的支配を展開しつつあったが、この商業資本による手工業者支配は、「営業の自由」の導入によって一層促進されたというのである。以上のような要求を反映して次の決議が採択された。

「手工業者の生産物及び手工業生産に関連する商品の取引は手工業者にのみ許される(29)。」

以上からわかるように、都市のツンフト手工業者と商業資本との対抗は、三月革命期における諸階級・諸階層の対立・抗争の中で、極めて重要な局面をなしていたのであるが、しかしこの手工業者と商業資本との対抗関係の歴史的内容は、エルベ以西と以東とでは大きく異なっていた。商業資本と手工業経営との対立は、ライン下流地帯では、川本和良氏が明らかにしているように(30)、とくにヴッパータール地方の絹織物工業、リボン織業での商人的中間親方と家内労働生産者との対抗関係として現われ、更に、西南ドイツにおいても、毛織物工業、亜麻工業を中心に古くからみられた(31)。しかし、産業資本の発達がかなりの程度に進行しているエルベ河以西の地域では、商業資本の運動が、封建制との結びつきを維持しつつも、その多くは、産業資本の循環に結びつき、小生産者の収奪を通じて資本の原始的蓄積過程を促進的に媒介するという側面を一層強くもちはじめていた(32)。このような場合、ツンフト的立場からする都市手工業者の商業資本批判は、明らかに、資本主義的な発展に対する抵抗という性格を含んでいたといえよう。これに対して資本制生産の未成熟なエルベ以東の地域においては、上に引用した手工業者集会での代議員の発言からもわかるように、一方には、直接生産者の全般的窮乏化が、他方では、商業資本の蓄積という事態が展開しており、それは、農業部面での半封建的生産関係と結びついて、小ブルジョア=ブルジョア的発展をほとんど不可能な状態に追いこんでいた。[33] このような情況の中では、東エルベの都市手工業者の商業資本に対する抗争は、同じくツンフト制度の復活をめざすものであっても、エルベ河以西の発展した地域とは異なった内容をもっていたのであった。ここでは、ツンフトは、手工業経営を商業資本の支配から守り、それを前提にして、あるいはこれを起点に、生産力的、経営的発展を可能にするものとして存在した。いずれにしろ、三月革命期における手工業者と商業資本との対立・抗争の歴史的内容は、両者がいかなる社会経済的関係にあったか、あるいは、商業資本がいかなる社会的経済的基礎に立脚していたかという問題が、ドイツ国内の地帯別構造の相違との関連で、解明されるときにはじめて示されるといえよう。[34]

なおこの問題に関して次の事実を付け加えておきたい。即ち、客観的には商業資本の収奪の下に置かれている手工業者の一部は、工場経営の出現あるいは小ブルジョア=ブルジョア的発展によるツンフト的手工業の危機という事態に直面して、商業資本と結びつこうとしたという事実である。

「手工業生産物の取引から商人を排除することは不可能である。……[35]」「ヴュルテムベルク及びバーデンの手工業者のうち、たとえば、時計製造工は商人なしでは存続しえない。[36]」そして、「ニュルンベルクでは三一三四の仕事場がある。商人に対し働く二〇〇〇人の製造工は、〔もし商人の支持がなくなれば〕直ちに路頭に迷うことになるであろう。……[37]」等々。

以上のような都市の手工業者下層の商業資本への接近と「協調」は、シュレージエン[38]やシュヴァルツヴァルト(時計工業)のような比較的後進的地域にみられたのであった。[39]

ともあれ、三月革命期のドイツでは、都市手工業者と商業資本との対立関係は極めて明白であった。領邦権力によるツンフト制度の「緩和」と「営業の自由」の導入とは、商業資本による手工業者収奪を促進し、領邦体制がこれまで基盤としていた都市手工業者を、領邦体制に対する批判的勢力へと追いやったのである。

工場・マニュファクチュアに対する抵抗

手工業者が批判する「資本」と「貨幣」のもう一つの存在は、工場・マニュファクチュアであった。

「工場 die Fabrik への課税は極めて望ましく、また必要不可欠である。それは資本との抗争を意味する。……一〇—一五年前のゲラ Gera では、強力な剪毛工ツンフトが存在していた。この頃工場が設立され、すべてのものがファブリカントの機械によって賃労働者に転落してしまった。私は工場がつくり出した不幸がもっとも大きい地方の名を他にも挙げることができる。たとえば、織布工が悲惨な状態に陥ったシュレージエンである。この不幸な人々〔織布工〕の饑餓は、数年前霰弾によって沈黙させられた。またエルツゲビルゲ Erzgebirge やフォークトラントその他では、住民が織布業に活発に従事していたが……今ではこれらの人々は朝早くから夜中まで働いても僅かなパン代とわずかな分前とをえるに過ぎない。従って工場に対する十分に強力な課税は、……国民の富をあらゆる分野で復活させることになろう。(40)」

「産業革命 die industrielle Revolution によって手工業と工場との境界は変化してしまった。……我々がここに集合したのは、習熟した手工業者が資本によって搾取されることがないようにするためである。これは営業分野の制限と累進所得税及び兼業の禁止とによってはじめて可能となる。……(41)」

ここで「工場」とは単に機械制工場経営だけでなく、マニュファクチュア経営も包む広い概念であった。「工場と手工業との限界はつけられない(42)」、「工場は手工業の大規模なものである(43)」、「私はハレの大工職人の請願書をもっている。それによれば、そこの親方の中には徒弟を三五人まで雇用しているものがいるということである。(44)」

産業資本の発達(工場・マニュファクチュアの展開)は、都市のツンフト手工業を根底から動揺させつつあった。手工業者はこのような「ファブリカント」(工場主・マニュファクチュア)に対抗するために、ツンフト制度の復活、手工業と工場制とへの「営業分野」の分割、工場経営に対する高率課税措置を要求した。しかし、工場・マニュファクチュアの全面的禁止は全く問題とならず、その「制限」が要求されたに止まった。

五　農村工業の制限

手工業者集会の経済関係の委員会は、農村工業の制限に関して、次のような報告と提案を行っている。

「営業は原則として都市に限定されねばならない。農村の営業を全面的に禁止するよう求める意見もいくつか存在した。しかし、農村の生活の維持のために必要な手工業、とくに鍛冶工、車大工等々のように農耕と結びついて存在する手工業者は許容さるべきである。弊害はむしろ、営業者が都市の城壁内に住むのを、都市〔当局〕によって困難にされて来たことから生じている。都市住民は自治体の重い租税を負担し不利益を蒙ったのに対し、農村の手工業者は〔そのようなものがなく〕利益をえて来た。このような事情が都市に反作用を及ぼし、これを攪乱させることになる。何人かの代表者は農村の手工業者もまた都市手工業者のツンフトに加入させるべきであると主張している。かかる加入は有効であり、これによって多くの弊害が避けられるであろうと信じる。(45)」(傍点は引用者)

この委員会案に対して、多数の賛同意見がよせられる。

「農村工業は、シュレージエン及びザクセンでは、生活費が低廉なために有利な立場にある。都市の手工業者は農耕を営んでいる農村の手工業者と競争することができない。それ故この農村の手工業者は郡インヌンク die Kreis=Innung に加入すべきである。(46)」(傍点は引用者)

「農村手工業が自由になったとしても、農村手工業者の数はこれ以上増大することはないであろう。しかし、それが逆に制限されるような場合には、都市は著しい人口過剰に陥ることにならないだろうか。……プロレタリアが増大することにならないだろうか。そして都市の手工業者が富裕な投機師や消費者の手中に陥るのではないだろうか。これが問題である。……」[47]（傍点は引用者）

以上の報告ないし提案から次のことがわかる。農村工業は種々の点で都市工業よりも優位にあり、都市の手工業者にとって大きな競争相手であるが、それは都市におけるいくつかの条件――とくに租税制度――が都市の市民の営業活動を困難にし、営業者の農村への移住を促進していることに起因している。従って、現在の状況では都市市民のプロレタリア化あるいは過剰人口の深刻化は、こういった農村への移住によって防止されている。それ故農村工業を全面的に禁止することは都市の手工業者の利益にもならない。むしろ、都市のツンフトは、農村の手工業者をも吸収し、それによって農村工業をコントロールすべきである。手工業者の要求はこのような内容をもっていた。[48]

このような農村工業制限論に対しては、農村工業の容認論が提出される。

「過大な要求を提起することは許されない。そうでないと全く何もえることがないだろう。〔手工業者〕集会があまり厳しい方針をたてると〔国民〕議会はこれを拒否することになるであろう。農村の手工業を容認する場合に注意すべきは、現在広がっている事態ではなく、かかる状態を惹起した原因である。……農村手工業者は都市の手工業を破滅させて来たという。しかし、実は農村工業自身も破産しつつあるのだ。根底にあるのは債務 die Schuld である。債務は資本の特権の帰結であり誤った原則〔営業の自由〕の帰結であった。……主要な原因は資本であり、その無制限な自由にある。……」[49]（傍点は引用者）

「農村の手工業に対する顧慮がなされねばならない。……営業権 Real-Recht を廃止しながら、今ここで営業を都

市に限定すると主張するとすれば、国民議会は何というであろうか。」[50]（傍点は引用者）

「〔委員会の〕提案には反対である。その理由はこうである。第一にそれは自治体の権利に対する攻撃を許すことになり、第二にそれは、プロレタリアートに対する救済を何ら意味しないからである。営業的階層 der gewerbliche Stand はいかなる意味でも廃止さるべきではない。国民議会は次のようにいうであろう。議会は農村の利益のためにも、都市の利益のためにも存在すると。……手工業者の救済のためには保護関税の導入という手段がとられねばならない。」[51]（傍点は引用者）

農村工業容認の立場も、農村工業が都市市民のプロレタリア化あるいは過剰人口を緩和しているという指摘を行っている。しかし農村工業の容認の主たる理由は、その発展が最早阻止しえない事実であり、これを全面的に禁止したり制限することは、「国民議会」との対立を招くことになるということにあった。

かくて手工業者大会は、農村工業に関して次のような決定を行う。

「村、農場などの農村においては、当該地域の需要が必要とする手工業のみが許容さるべきである。なお遠隔地市場に向けられる商品の製造には適当な配慮がなさるべきである。」[52]

以上のように手工業者集会の方針は、一応農村工業の制限という形をとるが、しかし、その内容は農村の事情を考慮したため、具体性を欠くものとなった。さらにまた、このような決定には、上の意見の中にしばしばみられたように、領邦権力との闘争を有利に展開するために、「国民議会」への政治的配慮が加わっていたことはいうまでもない。しかし、それ以上に重要なのは、農村工業がこの頃には抑え難い程の発展を示し、都市と農村との対立関係の内容が、それによって大きく変化していたという事実である。

手工業者・営業者大会が取り上げた社会的経済的諸問題の中には、以上の他に、租税問題、金融問題、教育問題などが含まれていたが、ここでは主としてツンフト改革、とくに「営業権 Real-Recht の廃止」だけを取り上げよう。

六　ツンフト改革

手工業者集会の主張がツンフト制度の復活・強化にあったことはすでに述べたが、その場合、この復活・強化さるべきツンフト制度は、決して旧来のままのそれではなく、むしろ、手工業協議会の設立などのような行政的改造を含むいくつかの改革を随伴していた。その一つが農村手工業者のツンフトへの加入である。都市の手工業者の提起したこの提案は、ツンフトを通じて農村工業を再編成し、その自由な発展を阻止しようという都市ツンフトの利益に依拠したものであったが、しかし都市ツンフトが既存の親方による世襲化と閉鎖化の傾向を示しつつあった当時の情況においては、農村手工業者のツンフトへの加入は、事実上、ツンフトのかかる閉鎖性を緩和し、その限り一定度のツンフト「民主化」に結びつくものであった。

ツンフト改革の一層重要なものは、しかし、営業権の廃止である。代表者は主張する。

「要求されているのは古いツンフトではなく、新しいツンフトである。北ドイツ、とくにハンザ都市のツンフトの現状は改革を必要としている。北ドイツの紳士は多くのものを引渡さなければならない。[53]」

「強力なツンフトがもつ道徳的影響は重要である。しかし古いツンフト制度はもはや役に立たない。[54]」

営業権は「一八一一年ないし一八四〇年に廃止されたが、それまではプロイセンにも存在した。[55]」「すべての特権が消滅する以上、営業権も存続しえない。[56]」そして「われわれの任務は社会的であり、とくに資本の干渉に対する抗争を推し進めることである。このような原則に立てば、営業権の存続は大きな不正である。……営業権の廃止の必要性についてはすべてのものが一致している。[57]」

「営業権」の問題は、とくにバイエルンを中心とする南ドイツに顕著にみられたが、更に、北ドイツのハンザ諸都市及び部分的であるがプロイセンにも存在した。「プロイセンはこの〔営業権〕問題の外にあるわけではない。それはハンザ諸都市ばかりでなく、プロイセン特にザクセン州にも該当する問題である。[58]」

普通、手工業を営むためには、定められた修業年季を終了し親方資格を取得することが必要であったが、三十年戦争以後、とくに一八世紀になると、都市ツンフトは、雇職人のツンフトへの新規加入を制限し、既存の親方によって閉鎖的に運営される傾向を示した。その結果、一方では修業を了えた雇職人が正規のツンフト成員になることができず、固定化した社会層として「雇職人組合」を結成することになるのであるが、他方、ツンフト成員たる親方は自己の営業資格を私有財産と考え、営業に必要な技術・技倆とは無関係に、その資格を売買したり相続したりするようになった。ツンフトの閉鎖的傾向は、雇職人層によってこれまでも繰返し批判されて来たが、その批判が頂点に達したのは三月革命期であった。雇職人層は、都市ツンフトを「独占」として激しく攻撃し、ツンフト的独占の廃止＝ツンフト「民主化」を強く求めた。私有財産化した「営業権」を廃止し、技術に基づいた親方資格審査を導入することは、雇職人のツンフト「民主化」運動に対抗して、親方自身が遂行するツンフト改革であった。それ故、「営業権」の廃棄は有償でなされることになった。

「それ〔営業権〕は所有権に関する問題である。所有権の保護という基本的原理は守られねばならない。[59]」「営業権は廃止されねばならないという点では誰もが一致している。その所有者に補償が行われねばならない点でも同様である。[60]」

（1） プロイセンの「営業の自由」に関する邦語研究としては次のものを参照。松田、前掲「『営業の自由』Gewerbefreiheit」。

藤瀬浩司「十九世紀ドイツにおける労働力の農業離脱」高橋幸八郎編『産業革命の研究』岩波書店、一九六五年、四〇〇―四〇六頁、後に、同、前掲『近代ドイツ農業の形成』に所収。

（2） L. Köhler, a. a. O.

（3） J. Kaizl, Der Kampf um Gewerbereform und Gewerbefreiheit in Bayern von 1799–1868, nebst einem einleitenden Überblick über die Entwicklung des Zunftwesens und der Gewerbefreiheit in Deutschland, Leipzig 1879.

（4） T. S. Hamerow, The German Artisan Movement 1848–49, p. 137.

（5） W. Ed. Biermann, a. a. O., S. 32 f.; E. F. Goldschmidt, a. a. O., S. 32 f.; T. S. Hamerow, op. cit., p. 138.

（6） Verhandlungen., S. 82.

（7） A. a. O., S. 83.

（8） A. a. O., S. 84.

（9） A. a. O., S. 85.

（10） とくに、大野、前掲書、第一、二章。肥前、前掲「プロイセン絶対主義の鉱業政策とオーベル・シュレージェン鉱山業」、同、前掲「ドイツ『三月革命』期の独占問題㈠㈡㈢」、を参照。

（11） 一九世紀初頭のザクセン都市手工業者の保護主義的傾向については、松尾展成「一九世紀初頭のザクセンにおける貿易政策論争」『土地制度史学』第四九号、一九七〇年、を参照されたい。

（12） A. a. O., S. 115.

（13） A. a. O., S. 116.

（14） A. a. O., S. 117.

（15） A. a. O., S. 117.

（16） A. a. O., S. 118.

（17） A. a. O., S. 118.

（18） A. a. O., S. 154.

(19) A. a. O., S. 154.

(20) 松田、前掲論文。小林、前掲『フリードリッヒ・リスト研究』一一四頁以下、を参照。

(21) 肥前氏は、先にも述べたようにベルリンの市参事会員リッシュのゼーハンドルンク批判論を分析されて、手工業者の一部にツンフト的・自由貿易主義的傾向があった事実を指摘され、かかる利害が輸出貿易と結びついた在来産業の利害に他ならないこと、窮極のところ、それはリストをイデオローグとする産業資本と決定的に対立する利害に他ならないと結論されている。恐らく、手工業者の中にみられる自由貿易主義的利害は、後述するように、手工業者の商業資本への依存と傾斜に結びつきつつ、三月革命後まで続くのであるが、しかし、「ドイツ手工業者・営業者大会」は、綿糸を含むあらゆる工業生産物に対して高率輸入関税を要求しており、その限りで、産業資本の利害と同じ立場にあったといえよう。

(22) A. a. O., S. 27.

(23) A. a. O., S. 36.

(24) A. a. O., S. 36.

(25) A. a. O., S. 100.

(26) A. a. O., S. 101.

(27) A. a. O., S. 97.

(28) A. a. O., S. 97 f.

(29) A. a. O., S. 114 f.

(30) 川本、前掲論文、とくに三〇—三一、三四頁、同前掲書、第一部第三章。

(31) W. Troeltsch, a. a. O. 諸田、前掲「一七・八世紀西南ドイツの特権コンパニーについて」本書I、第一章、二。

(32) たとえば西南ドイツの例については、松田、前掲「ウュルテンベルク王国内の『工場・マヌファクトゥア目録』分析・解題」同、前掲書、所収、本書I、第二章を参照。

(33) 酒井良彦「ドイツ農村工業の性格」高橋幸八郎編著『近代資本主義の成立』東京大学出版会、第六版、一九五九年、所収。

(34) この問題は、「前期的資本」の理論的把握にも関連する問題である。樋口徹「前期的資本の範疇転化について」『経済学研究』第三号、一九六四年は、前期的資本の運動の複雑な内容を理論的に解明しようとする最近の労作であり、市民革命期における都市手工業者の社会的運動の性格規定とも深く関連するので、参照願いたい。なお、ギルド制度と小ブルジョア＝ブルジョア的発展の起点との関連で興味深い理論を提供されているのは小林栄吾氏である。氏の「『局地的市場圏』と『都市経済的市場圏』との内的関連」『経済学季報』第一五巻第三・四合併号、一九六六年、を参照。

(35) Verhandlungen., S. 96.

(36) A. a. O., S. 111.

(37) A. a. O., S. 112.

(38) シュレージエンの場合、a. a. O., S. 96 を参照。

(39) 自由貿易主義を媒介とする中小生産者と商人との利益共同体については、肥前、前掲論文(二)、一九三頁以下、ライン下流地域における同様の傾向については、川本、前掲論文、三四頁を参照。なお、イギリス市民革命期におけるこのような問題については、特に、大塚久雄『近代欧州経済史序説』〈上の二〉、弘文堂、第一〇版、一九五九年、三九一頁、三九三頁の註(五)、三九六頁以下の註(六)、をそれぞれ参照願いたい。

(40) Verhandlungen., S. 90.

(41) A. a. O., S. 93.

(42) A. a. O., S. 86.

(43) A. a. O., S. 79.

(44) A. a. O., S. 144.

(45) A. a. O., S. 72.

(46) A. a. O., S. 72.

(47) A. a. O., S. 74.

(48) このような意見に対してバイエルンの代表者は農村工業の全面的禁止を主張する。「都市は営業に関して営業権をもっている。都市から営業を奪いとることは、都市にとって死を意味するとともに、これを巨大救貧院たらしめることになるであろう。かつては〔工業製品は〕都市で製造され農村へ運搬された。今日事態は逆である。農村はパンを都市からえている。農村と都市とを等置することはすべての法律と正義とに反するであろう。」(傍点は引用者) Verhandlungen., S. 77.

(49) A. a. O., S. 77 f.
(50) A. a. O., S. 87.
(51) A. a. O., S. 78.
(52) A. a. O., S. 79.
(53) A. a. O., S. 41.
(54) A. a. O., S. 41.
(55) A. a. O., S. 69.
(56) A. a. O., S. 61.
(57) A. a. O., S. 65.
(58) A. a. O., S. 64.
(59) A. a. O., S. 69.
(60) A. a. O., S. 69.

おわりに

以上「ドイツ手工業者・営業者大会」の議事録の分析に重点を置きながら、三月革命期の手工業者が直面していた社会経済的諸問題と、かかる問題に対する手工業者の対応について考察して来たが、ここで行論を要約し、併せて手工業者運動の一応の位置づけを行っておこう。

手工業者の運動は、革命の進展状況に対応して、革命勃発期とその後ではかなり異なった形態をとっていた。即ち、手工業者の運動は、当初、地方毎の街頭運動——デモンストレーション、バリケード、打毀し——という形をとっていたが、その後、五、六月頃になると、このような地方的街頭運動と並んで、手工業者の全国的集会を開催しようという気運が盛り上って来た。本節が分析の主たる対象としたフランクフルト・アム・マインの「ドイツ手工業者・営業者大会」は、ハムブルクで開催された「北ドイツ手工業者・営業者代表者会議」に続く、手工業者の全国的集会であった。この全国集会において、各地の手工業者の要求が報告され、討議され、かつ、それを踏まえて新しい営業法の基本的原則が確認された。従って、この全国集会の内容の分析を通じて、全ドイツの手工業者が三月革命期に直面していた社会的経済的問題がいかなるものであり、またかかる問題に対して営業者がいかなる要求を行ったかを知ることができるわけである。

三月革命期には、手工業者内部に階層分化がかなり進行しつつあったことはⅠ、第二章でみた。三月革命の手工業者運動の中核をなし、また、上の全国集会に結集した手工業者は、その中の富裕な手工業者層ではなく、むしろ窮乏化した手工業者であった。これに対して、マニュファクチュアへ成長しつつある富裕な親方は、この手工業者集会には結集せず、むしろ「国民議会」にその利害を見出し、ツンフト制復活を求める手工業者大会に反対し、「営業の自由」を求めた。たとえばマンハイムの「営業者協会」、ブラウンシュヴァイクの親方層、バイロイトからの手工業者大会批判がその現われであるが(1)、しかし、それがもっとも強力に行われたのはライン左岸のバイエルン領プファルツで、この地方の手工業者は、「ツンフト復活」に反対する全地方的な集会まで開催したのである(2)。

以上のように、三月革命期の手工業者運動における主要な推進主体は窮乏化しつつある手工業者であった。「ドイツ手工業者・営業者大会」は、このような貧しい下層手工業者の集会であり、従って、この大会において取り上げられた問題は、まず何よりも経済的貧困の問題であった。

貧しい手工業者の三月革命期における運動は、領邦国家権力との政治的闘争として展開した。しかし、手工業者のこの政治的闘争は、これを推進する手工業者の社会的経済的存在形態――「窮乏」の状況――によって、直接的に規定されて、領邦国家の経済政策及びその法的表現たる営業法の廃棄の問題と密接に結びついていたのであった。換言すれば、三月革命期の手工業者の政治運動は、純粋な政治的理念あるいは宗教的ないし思想的動機に基づくものではなかったのである。むしろ、それは、貧しい手工業者が、貧困の極、ついに彼らを支配する領邦権力を打倒し、ツンフト的手工業の存立・維持を可能にする諸条件を自らの手で創り出そうとして立ち上った、自然発生的運動として出発した。ハムブルクの「手工業者・営業者代表者会議」及びフランクフルト・アム・マインの「手工業者・営業者大会」は、このような自然発生的、地方的運動の展開を踏まえ、これを集約する形で結成されたものであり、その方向と内容とは、手工業者大衆の物質的利害と直接結びつき、かつこれによって深く規定されていたのである。

それでは手工業者たちの直面する社会経済的問題は、この集会にどのように現われていたのであろうか。先にも述べたように、このような手工業者の諸問題は、彼らの「窮乏状態」及びツンフト的手工業経営の危機の問題として、提起され、かくて手工業者の攻撃は、まず、かかる危機を生みだすにいたった領邦国家権力及び領邦経済政策に集中していった。

領邦絶対主義の経済政策に対する批判の第一は、国営企業及びそれに結びつく私的大企業に関する批判である。ここで国営企業は、兵士の労働力、強制作業場における囚人及びその他不自由労働力を基盤とする、国家の直接的な管理・運営になる企業のことであり、これと関連する私的大企業とは、国営企業で育成された特殊な「労働者」を賃借して営業を行う民間の特権企業を指す。これらの企業は、高度の生産力と低賃金とによって、都市のツンフト的手工業を圧迫すると共に、かかる企業が、都市手工業に対する租税に重要な財源をもつ国家財政によって支えられていた限り、この面からも手工業経営を圧迫したのであった。国営企業及びこれと結ぶ民間大企業は、領邦国家の経済政策（絶対主義的重商主義）により支えられ、「上から」の原蓄過程——「プロシア型」の「工業化」——の重要な一環をなしていたのであり、かかる企業に対する手工業者の批判は、とりもなおさず、「上から」の原蓄過程及びこれを支える絶対主義的重商主義に対する強力な批判を意味していたといえる。

保護関税の立場からする手工業者の絶対主義の貿易政策批判は、領邦経済政策に対する批判の第二のものをなす。イギリスをはじめとする先進資本主義国との競争によって、著しい圧迫を蒙っていた都市の手工業者は、その手工業経営を維持するために、製造品一般に対して高度の輸入関税措置を要求し、十分な保護貿易政策を採用しえない絶対主義の貿易政策に対して激しい非難を浴びせかけた。

領邦経済政策に対する以上の批判は、領邦国家の営業立法への批判として展開されるのであるが、それは同時に、商業資本、産業資本あるいは農村工業に対する批判と結びつかざるをえなかった。

商業資本の手工業者収奪は、領邦営業立法が導入した「営業の自由」によって一層促進された。手工業者は、このような「営業の自由」の政策を強く批判し、商業資本の活動の制限、とくに手工業製品の取引から商業資本を排除することを強く要望した。

産業資本に対する手工業者の批判は、工場経営あるいはマニュファクチュアに対する批判として展開する。都市のツンフト的手工業にとって、工場及びマニュファクチュア経営は、決定的な競争相手であった。しかし、三月革命期の手工業者は、もはやそれらの全面的廃止を求めようとせず、むしろ、手工業と工場制への営業分野の分割ないし分配、累進的租税制度の導入などの措置を要求した。手工業者は、農村工業に対しても、その全面的禁圧を求めなかった。彼らは、農村手工業者が都市インヌンクへ加入すること、農村手工業を一定の業種に制限すること——農村の住民の必要に応じてその業種が決定される――を求めたのであった。これは確かに農村工業の「制限」を意図するものであったが、しかし、その内容は具体性を欠き、かつ農村の利害をかなりの程度認めるようなものであった。農村工業の全面的禁止が全く問題とならなかったことはいうまでもない。農村の手工業あるいは産業資本に対する都市手工業者のこのような措置は、一方ではこれらの存在が最早否定できないほど十分な成長をとげつつあったことによるのであるが、同時に絶対主義的領邦権力への対抗上、「国民議会」との共同行動をとらねばならないという政治的配慮に基づくものでもあった。

以上のように、三月革命期の都市手工業者の運動は、一方では絶対主義的領邦権力及びこれと結びつく諸勢力との対抗という面をもちながらも、他方では、これとは全く逆に農村工業を基盤とする小ブルジョア＝ブルジョア的発展に対する一定の牽制という側面をもっていたのであり、この両局面は、運動の基底にある手工業者の動機、ツンフト的手工業の危機に対する認識とかかる危機の克服という点において、相互に深く結合していたのであった。

領邦国家の経済政策（絶対主義的重商主義）と直接結びつき、またこれによって促進される「プロシア型」の原蓄過程は、領邦体制の社会的経済的基盤をなす都市のツンフト的手工業を圧迫し、手工業者を窮乏状態に追い込んだ。領邦政府の自由貿易主義的関税政策は、先進資本主義国の低廉な商品を、大量的に流入させ、中小生産者を解体させることになった。領邦権力は、自らの経済政策（絶対主義的重商主義・低関税政策）によって、自らの社会的経済的基盤を動揺させ、その基盤を領邦権力の敵対者に転化させた。

他方、この「プロシア型」の資本主義化に対抗しつつ、農村工業を基盤として進行しはじめていた小ブルジョア＝ブルジョア的発展（産業資本の発達）は、都市のツンフト制度を根底から掘り崩し、都市の手工業者の窮乏化の決定的要因となった。都市のツンフト的手工業と、農村工業を基礎とする産業資本とは、真向から対立するはずであった。

しかも、小ブルジョア的発展は、領邦権力による「営業の自由」――「営業立法」――の導入によって、結果的には、一層促進されつつあった。かくて、手工業者はその攻撃を、何よりもまず、絶対主義的領邦権力と経済政策、とくにその法的表現たる営業法(営業の自由)に対して、向けることになったのである。

都市の手工業者の利害と運動とがその後いかに処理ないし展開されてゆくかは、他の諸階級、諸社会層の運動の動向とそれを支える経済的利害との関連においてはじめて把握されるであろう。その場合、次の点はとくに考慮されなければならない。三月革命期における内外の歴史的条件は、本来ならば革命を主導すべきであったドイツ産業資本の行動に対して、当初から制約を与えていた。(3) その結果ブルジョアジーは、絶対主義に対抗する手工業者のエネルギーを、領邦権力の打倒と権力の把握のために十分に利用しなかった。このような状況の中で産業資本家層が、ツンフトの廃止と「営業の自由」を打ち出してくると、手工業者は、これに反撥し、革命から後退していった。彼らは、権力を再び把握するにいたった絶対主義的諸権力が、ツンフト的立法及びその他の政策を提示すると、これを支持しつつ、反革命の社会的基盤へと転換していったのである。

(1) W. Ed. Biermann, a. a. O., S. 153 f.; E. F. Goldschmidt, a. a. O., S. 431.

(2) W. Ed. Biermann, a. a. O., S. 55 f.; E. F. Goldschmidt, a. a. O., S. 40 f., 49.

(3) 小林、前掲『フリードリッヒ・リスト研究』、同、前掲『フリードリッヒ・リスト論考』、の各所の指摘。松田、前掲『新編「近代」の史的構造論』一〇七頁。川本、前掲論文。

二　雇職人・労働者運動

1　「労働者協会 Arbeiterverein」の結成

一　三月前期の雇職人運動

一八四八年の絶対主義打倒の革命運動の担い手の中で、農民と共に決定的に重要な社会層は、雇職人・労働者層であった。彼らは、四八年三・四月の「蜂起」においてばかりでなく、更にその後小ブルジョア＝ブルジョア的中間層が革命運動から後退していった後においても、反革命の擡頭に抵抗しえた唯一の社会層——階級として成長しつつある——であった。この三月革命の中で、絶対主義打倒の変革運動として、はじめて自立的ないし独自的運動を開始した雇職人・労働者層は、その過程で、自らの運動を、ドイツ労働者階級の運動へと発展させてゆき、その限りで、三月革命は、ドイツ労働者運動史の起点をなすことになるのであるが、同時に、このことは、三月革命そのものの経過と帰結に関わらせるならば、革命の主導的階級としての産業資本家が革命過程から後退し、旧勢力と妥協してゆくという事情と対応していたのである。

三月革命期の都市下層民の運動において、中核となった雇職人 der Geselle は、都市親方下層、貧農、農業労働者及び家内工業経営者などと共に、ドイツ産業資本のための労働力の主要な源泉の一つであった。雇職人は、もはや、自立した経営者へと上昇しうるツンフト制の一階層としてではなく、むしろ、一つの固定化した社会層をなし、旧来の手工業部門——仕立、錠前、毛織物製造等——はもとより、新たな産業部門に成長しつつあるマニュファクチュア・

工場に労働者として雇用される階層として、その数も次第に増加しつつあった。[1] 雇職人の組織、雇職人組合 Gesellenverbindung, Gesellenverband, Gesellenschaft, Brüderschaft が、遍歴期間中の相互扶助機関として、また親方ツンフト・雇主への対抗のための組織的拠点として意味をもちはじめていたことはすでに述べた。この雇職人組織は、ドイツ各地に、更に、西ヨーロッパ一帯——とくにフランス、ベルギー、スイス及びイギリス——において、殆んどすべての産業部門で結成され、[2] 更に、このような状況を背景に、組合員や遍歴職人に対し、「雇職人許可証 Gesellen-Freischeinen」を交付すると共に、領邦体制に対しては、これに対立する政治的勢力として擡頭してきたのである。[3]

絶対主義の打倒をめざして、イギリス、フランス、ベルギー、スイスなどで結成されたドイツ人の政治組織、たとえば、一八三六年パリで結成された「義人同盟 Bund der Geächteten」、ついで「共産主義者同盟 Bund der Kommunisten」などは、インテリゲンチャを中核に、遍歴の雇職人を主要な構成要素として結成されたものである。たとえば、ヴィルヘルム・ヴァイトリング W. Weitling は婦人服仕立工、ヨーゼフ・モル J. Moll はケルンの時計工、ハインリッヒ・バウアー H. Bauer はバーデンの靴工であり、彼らが生み出しつつあったドイツ初期社会主義の内容は、このような雇職人の独自な社会的存在によって強く規定されていた。「共産主義」、バブーフ主義、ラムネー主義は、このような雇職人らを通じて、ドイツ内部に持ち込まれた。このような雇職人組合を基盤としつつ、雇職人は、すでに革命以前に絶対主義打倒の政治的社会的運動の結集点あるいは自らの経済的利害の拠点をドイツ各地に、組織しつつあった。「教育協会 Bildungsverein」がそれである。[4] 四五年に結成されたヴァルムブルン Warmbrunn の指物師の組織、四六年に仕立雇職人メンテル Mäntel(Mentel) の結成したベルリンの組織は、もはや明白な政治組織であった。

二　三月革命期における「労働者協会」

四八年のバリケード戦、街頭行動において主力をなした雇職人は、自らを「労働者 Arbeiter」と呼称しつつ、「言論・出版の自由」、「団結・結社の自由」を背景に、自らの組織を公然化し、あるいは新たに組織をつくり上げていった。ドイツ各地の都市で結成された「労働者協会」は、反革命政府による強制解散にいたる迄、労働者・雇職人の社会的経済的利害の地域的結節点として、更に、絶対主義的領邦体制の変革と民主主義・共和主義の実現のための政治的拠点として、決定的な意義をもっていた。

たとえば、ヴュルテムベルクでは、四八年から四九年にかけて、次の都市で結成されている。(5) エスリンゲン——四八年六月に結成、五二年まで存続、四九年一〇月現在メムバー三〇人。フリードリッヒスハーフェン Friedrichshafen——四九年に結成。ゲッピンゲン——四八年五、六月頃—五二年迄存続、四九年一〇月で六〇人のメムバー。ハイルブロン Heilbronn——四八年結成、五二年自主解散、後「労働者合唱協会 Arbeiter-Gesang-Verein」。キュンツェルザウ Künzelsau——四八年から同年秋まで。ルードウィヒスブルク Ludwigsburg——四九年一〇月結成、五〇年自主解散、四九年一〇月現在四〇人のメムバー。ロイトリンゲン Reutlingen——四九年設立、五〇年強制解散。シュトゥットガルト——四八年五月—五二年、四九年一〇月現在メムバー一一〇人。テュービンゲン——四八年末—五二年。トゥットリンゲン——四九年靴工が結成を企画、当局がこれを弾圧。ウルム——四八年七月結成、五二年当局による強制解散、四九年一一月現在六〇人のメムバー。ウラハ——四八年結成、直ちに解散。

「労働者協会」の結成は、全ドイツに及んでいる。その中心的、主導的な担い手は、雇職人で、これに、工場労働者が加わりつつあった。たとえば、革命後、ヴュルテムベルク政府当局は、この地方の「労働者協会」について、次のような事実を指摘している。(6)エスリンゲンの「労働者協会」は、五〇年の時点で七一人のメムバーをもって構成され、「その大部分は独身の手工業労働者 Handwerksgehilfen で、その中には、機械製作工場の労働者一五人がいる。」なお協会長は、金属工場労働者で、会計掛は、ブリキ雇職人であった。

シュトゥットガルトの「労働者協会」の協会長と書記は、それぞれ仕立雇職人、会計は印刷工、委員長は指物雇職人、植字工などで、委員には文士、商人、印刷工親方、画工などが加わっていた。この協会に参加した「労働者・雇職人」の職種(一八四八―四九年)は以下の通りであった。(7)仕立工一八四人、印刷工一七一人、指物工七九人、製本工四〇人、金細工三六人、錠前工・機械工三六人、製綱工・ガラス細工工一七人、旋盤工一四人、掛け布捺染工・めっき工一二人、靴工・馬具師一二人、画工・タバコ入れ製造工三人、他二二人。

以上のように、「労働者協会」は、旧来の手工業部門の雇職人を主力に、新たに擡頭しつつある繊維工業、機械工業、金属工業の工場労働者の参加を随伴しつつ、労働者の地域的組織として、各地に形成されて来たのであるが、それは同時に絶対主義的旧体制の打倒の政治的組織として機能した。「民主主義者」の政治的、組織的拠点＝「民主協会 Demokratischer Verein」は、この「労働者協会」と重なりあい、絡みあっており、四八年七月、フランクフルト・アム・マインで開催された民主主義者の集会、「第一回民主主義者会議」には、多数の労働者組織が代表を派遣した。(8)代表を送った労働者組織は、以下の通りである。ボン―二人、ブレスラウ―二人(リンドナー Lindner とロンゲ Ronge)、エスリンゲン―二人、フランクフルト―五人(フランクフルトの「労働者協会」の組織者エセルン Esseln)、ハム Hamm―一人(「新ライン新聞」発行人ヴァイデマイヤー Weydemeyer)、ハナウ Hanau、ハノーファー(F・シュテンゲル F. Stengel―印刷工で後ハノーファー・リンデン労働者協会会長)、ハイデルベルク―六人、ケルン―五人(A・ゴットシャルク Gottschalk―「ケルン労働者協会」設立者、「共産主義者同盟」員、アネケ Anneke、H・ビュルガース H. Bürgers―共に「共産主義者同盟」のメムバー、他)、ライプチッヒ―二人(G・キック Georg Kick―仕立工、後、「ザクセン王国労働者協会」中央委員会議長、他)、マインツ Mainz―四人、マルブルク Marburg、ニュルンベルク、オーデンハイム―各二人、オッフェンバッハ Offenbach―四人、パリ(J・モル)、シュトゥットガルト、ウルム―各一人、ヴィースバーデン Wiesbaden―二人(K・シャッパー Karl Schapper―「ロンドン労働者協会」結成者、四八年パリの「共産主義者同盟」中央委員、後、ケルン「労働者協会」議長、他)、ナゴールト、ノイシュタット Neustadt a. d. H.、トリエール Trier、チュリッヒ Zürich などである。(9)

さて労働者・雇職人運動は、民主主義運動と絡み合いつつ、次第に全国的、組織的運動へと発展をとげていったのであるが、その過程で凡そ三つの地域的拠点が浮び上ってくる。(10) 一つは、ライン・ヴェストファーレン地方の「労働者協会」を基盤に、「共産主義者同盟」のメムバーに指導されつつ、展開してくる政治的運動としての労働者運動。第二は、ブルジョア民主主義者とその運動に最も密接に結びつきつつ成長してくる西南ドイツのそれ。そして第三はベルリン、ついでライプチッヒを拠点にして、ボルン Stephan Born らによって指導され、全ドイツ的な広がりを示すにいたる「労働者友愛会運動 Arbeiterverbrüderung」である。

(1) Max Quarck, Die erste deutsche Arbeiterbewegung 1848/49. Geschichte der Arbeiterverbrüderung 1848/49. Ein Beitrag zur Theorie und Praxis des Marxismus, 1. Aufl., Leipzig 1924, Neudruck, Glashütten in Taunus 1970, S. 9.

(2) 一八四二年三月、ヘッセン政府は「連邦議会」において次のように報告している。「馬具師、ろくろ工、ガラス工ツンフトの雇職人の間ではいわゆる組合が相変らず続いており、しかも全ドイツに拡大している。」Zit. in: M. Quarck, a. a. O., S. 338.

(3) M. Quarck, a. a. O., S. 21 ff.; Heinz Pflaume, Organisation und Vertretung der Arbeitnehmer in der Bewegung von 1848/49, Weimar 1934, S. 10 ff.「三月前期」の労働者運動については邦語の研究として島崎晴哉『ドイツ労働運動史』青木書店、

一九六三年がある。

(4) たとえば、ブレーメン、ハムブルク、アルトナ、マグデブルク、オルデンブルク、ダンチッヒ、ライプチッヒ、マンハイム、その他。

(5) Frolinde Balser, Sozial-Demokratie 1848/49–1863. Die erste deutsche Arbeiterorganisation „Allgemeine deutsche Arbeiterverbrüderung“ nach der Revolution, Stuttgart 1962 (Industrielle Welt 2, Schriftenreihe des Arbeitskreises für moderne Sozialgeschichte. Hrsg. von Werner Conze, Bd. 2), S. 647 f., Anhang 22.

(6) A. a. O., S. 572 f., Quellenhang 31.

(7) A. a. O., S. 622, Anhang 8.

(8) A. a. O., S. 636 ff., Anhang 16.

(9) シュレージエン出身で、織布工一揆について急進的小ブルジョア主義の立場から独自の見解を発表したペルツ Eduard Pelz (Treumund Welp) は、四八年フランクフルトの「労働者協会」に参加、後当地を追放され、ライプチッヒ、更にアメリカへ逃れるが、この時点では、オッフェンバッハ、フランクフルト、ヘクスト Höchst から推されて参加した。

(10) Ed. Biermann, a. a. O., SS. 209–214.

2　西南ドイツの雇職人・労働者運動

——「全ドイツ労働者会議 der allgemeine deutsche Arbeiterkongreß」——

一　「全ドイツ労働者会議」の開催

西南ドイツ及び中部ドイツの雇職人・労働者は、四八年夏、フランクフルト・アム・マインに結集し、「全ドイツ労働者会議」を開催した。そのいきさつについて本会議の「決議」の「前文」は次のように述べている。

「一八四八年、陽春の太陽がヨーロッパの諸国民を眠りから目覚めさせるとき、ドイツの営業者層 der Gewerbestand も立ち上り、自由と独立をめざしてお互いの力を結集した。ドイツの営業者は、我国の社会的状態の完全なる変革が必要であると考え、とりあえずかかる状態を今後いかに定めるかという見解を表明することを決意した。この目的のためにドイツの営業者たちの集会がハムブルクで開催されたことは周知のことである。ところがこの集会は、その代表者の選出が、その職業領域の点でも、また地域の点においても、決して平等であったとはいえず、そのために何らの結論を出す迄にいたらなかった。それ故改めて六月一五日に全ドイツ営業者会議 ein allgemeiner deutsche Gewerbekongreß が、フランクフルト・アム・マインで開かれることになり、同会議のために雇用主 der Arbeitgeber 及び労働者 der Arbeitnehmer を問わず、すべての階層が代表者を送りうるような選出方法が決められた。しかしこの決定にもかかわらず、開催された会議において、階層代表としてフランクフルトに送られて来た労働者 der Arbeiter は僅か一〇人で、当初は全く相手にされず、後になって承認されたとはいえ、その投票はただ参考にされるに止まり、従って決議権は一切与えられないという条件が付せられる有様であった。

このように不平等な措置がとられたため、この状態では自らの利害を代表することは不可能であると考えた労働者達は、独自の集会をもつことを決定した。この集会は、構成メムバーのすべてが手工業者の雇職人であることから雇職人会議 der Gesellenkongreß と呼称されることになった。計画は議会〔フランクフルト・アム・マインの「ドイツ立憲国民議会」〕の承認を得、しかも、同議会は、やや人数が多いこの会議に対して、既に親方会議に対して認めたのと同じ権利を与えたのである。

我々は精力的に仕事にとり掛った。しかし我々は、視野を広げて、雇職人会議を全国労働者会議 der allgemeine Arbeiterkongreß にまで発展させる必要を感じた。我々は、ドイツのすべての労働者協会 der Arbeiterverein に、本会議に代表者もしくは要求事項を示す要望書を送るよう要請し、その結果最大の成果がえられ、苦労は報われた。会議は、祖国のあらゆる地方から代表者が派遣され、それが極めて十分であると感ぜられるにいたった時、ドイツ一般営業法の審議にとりかかった。ところが会議がその最初の段階を終了する前に、親方たちの営業法が発表され、直ちに貴議会に送られるにいたった。

我々は、国民経済委員会は、我々自身の営業法の完成前は上の営業法を審議にかけないであろう、と確信していた。そこで着手したばかりの仕事を一度休止し、親方の営業法を検討することにした。当然のことだが徹底的に検討されねばならなかった。そのために多くの時間が必要となった。かくていくつかの重要な点で我々と親方とは全く一致しえた。だがまた多くの決定は、我々がどうしても賛成できかねるものであった。以上の理由から、我々は、親方たちの提案について我々の十分な検討の成果を文書にとりまとめ、これを同じように議会に提出する必要があると考え、国民経済委員会内でこの問題についての審議が開始される前に、文書を提出することになったのである。

この仕事を終えた後、我々は、一層進んだ課題に再び取り組んだ。祖国の社会憲法 eine soziale Verfassung 並びに全ドイツ生業法 eine allgemeine deutsche Erwerbsordnung に関する指導的原則を定め、親方会議の連邦主義的党派 eine föderale Partei が議会に提出した要望書を慎重に審議し、諸決定について追加と修正とを行った。だが、もし労働者階級の全メムバーの要求が一致しないとすれば労働者階層の一切の努力は効を奏さない、こう考えた我々は、全ドイツ労働者同盟 der allgemeine deutsche Arbeiterbund の結成を決定し、その組織計画を定めた。かかる組織を表示するシンボルをもつことはこの大組織のメムバーすべてにとって重要である。そこでここにドイツ労働者記章を提案することになった。……[(1)]」

上に引用した「決議」から我々は三月革命期の雇職人運動の概要をかなりの程度まで知ることができよう。

(1)　ドイツ三月革命は、「自由と独立 Freiheit und Unabhängigkeit」をめざす「営業者層」を主体とする社会的運動であり、その目的は、「営業者層」自身による「社会的状態の完全な変革 eine gänzliche Umgestaltung unserer sozialen Verhältnisse」にあった。ここで「営業者層」とは、「北ドイツ手工業者・営業者代表者会議」に参集した利害、即ちツンフト的親方層、とくにその下層、及び雇職人・賃労働者層であり、三月革命は、これらの階層による「社会状態」＝絶対主義的領邦体制の「完全な変革」をめざすものであった。三月革命をこのように単なる政治機構の変革としてでなく、「社会状態」ないし「社会制度」の変革としてとらえる「全ドイツ労働者会議」の「決議」の理解は、ツンフト親方下層によってもなされており、(2) 従って、かかる認識は、いわば、三月革命に直接参加したこれらの社会層（「営業者層」）に共通したものであったといえよう。

(2)　親方や雇職人たちは、領邦体制の社会的諸関係を変革するために、ハムブルクにおいて集会を開き、続いて、この集会の決定に従い、フランクフルト・アム・マインで「営業者会議」を開くことになる。しかし、この二つの集会は、結局、ツンフト親方のみの集会となり、正規の親方たりえない雇職人は、事実上排除され、かくて、親方層と職人層との対立が表面化してきたのである。その結果、雇職人は、親方のそれとは別個に、独自の集会を開催し、ツンフト親方層の集会を批判し、彼ら自身の利害をとりまとめ、フランクフルト・アム・マインの「ドイツ立憲国民議会」にその実現を迫ったのである。

(3)　雇職人は、ツンフト親方との対立が明白になる中で、運動の範囲を単に雇職人層にのみ限定せず、「視野を広げて、「労働者」へも呼びかける必要を感じ、かくて「雇職人会議を全国労働者会議へ発展」させた。四八年六―八月の三ケ月、フランクフルト・アム・マインで開かれた集会は、「雇職人」の呼称を捨てて、「全ドイツ労働者会議」と名付けられた。かくして、一八四八年夏のフランクフルトには、三つの利害が独自の全国的集会をもつことになった。

一つは、「ブルジョアジー」の「ドイツ立憲国民議会」、第二に、ツンフト的手工業親方層の「全ドイツ手工業者・営業者大会」、第三に、雇職人のイニシャティヴの下で開かれた、この「全ドイツ労働者会議」である。

(4)「全ドイツ労働者会議」は、とくに「営業法」の変革の問題をとり上げ、ツンフト親方層の作成した「国民議会」への提案を批判的に検討しつつ、その「覚え書」を、「国民議会」の中に設置された「国民経済委員会」へ提出した。会議は、新しい「社会憲法」と「営業法」の原則を決定し、また、運動の組織体として「全ドイツ労働者同盟」を結成し、中心に「中央委員会」を設置した。同会議は、「国民議会」に提案する独自の法案の作成委員として、仕立工アーノルト Arnold、左官リッター Ritter、教授ヴィンケルブレッヘ Winckelblech を、更に「中央委員」として印刷工フランツ Franz、指物師ミュラー Müller、同リンケ Linke を選出し、この前文につづいて、「労働者協会結成の呼びかけ」、「旗採用の呼びかけ」「議会への呼びかけ」「親方の営業法案覚え書」などを作成していった。

二 「独占主義」批判

絶対主義的領邦体制の完全な変革をめざして運動を開始した雇職人・労働者は、「共通の旗採用の呼びかけ Aufruf zur Annahme eines gemeinsamen Banners」の中で、彼らの現実認識と、理想の「社会状態」とを展開している。(3)

「歴史をひもといて、ドイツ国民のこれまでの社会的状態を顧みるとき、我々は、それが、いかに悲惨かを知るであろう。農民層 der Bauernstand は無数の賦課に苦しみ、種々の賦役を負わなければならなかった。農民は貴族と教会に対して労働の果実を分割しなければならなかった。しばしば物のように束縛され、領主への身分的束縛を強いられていた。(4)」

まず、絶対主義的領邦体制下における農民の諸負担、身分的束縛の事実が指摘される。続いて次のように述べている。

「営業者たちの状態も、決して農民以上ではなかった。営業者が自らの腕で何かを得ようとすると、無数に多くの障害がこれに立ち塞がる。どんな小さな邦も、またどんな村も移住を拒否し、あるいはとても克服できないような障害によってそれを困難にしている。親方権の取得は審査を経ることになっていたが、名目に過ぎなくなった。親方作品は多額の出費を必要とし、親方権の審査は富めるものにしか与えられていない。これが事実である。多くの地方では親方の数が故意に制限され、親方資格が世襲化するか、あるいは〔営業の〕権利の行使は一定の家屋所有と結びつけられていた。ツンフト、ギルド及びインヌンクは数々の手数料を支払わねばならず、営業の保障は著しく小さく、お互いに終りのない裁判に陥っている。どこへいってもありとあらゆる種類の特権が、色とりどりに混ざり合っている。端的に言えば、今は独占の時代 die Zeit der Monopole である。従ってあらゆる法秩序は独占主義 Monopolismus と称すべき観点に立っている。(5)」

以上のように、雇職人・労働者が、三月革命において、変革すべき対象と考えたのは、「色とりどりに混ざりあった」、「ありとあらゆる種類の特権」の体系及びかかる「特権」を支える、「独占主義」に基づいた「法秩序」であった。三月前期は「独占時代」であるとされた。この「特権」と「独占」は、一方では、農民に対する封建的賦課、身分的束縛の条件をなすと共に、他方では「営業者」が、「自らの腕で」営業を行うことを阻害する条件であるとされたのである。

西南ドイツの雇職人・労働者は、以上のように、封建的支配＝隷属関係を「特権」ないし「独占」によって、維持されたものと把え、その廃棄の運動――「農民革命」――を支持しつつ、同時に、「営業者」にとっては、この「特権」と「独占」を廃棄することが運動の第一の課題であると考えたのであった。

その際「営業者」の営業を阻害する条件は次のようなものであった。

(1) 「営業者」が自由に「定住 Niederlassung」し、定住先で営業を行うことが阻害されていること、つまり、「移動の自由」、「移住の自由」が制限されていること。

(2) 親方権の取得が困難な上、親方の数が制限され、そのため、親方作品に多額の出費が必要となり、また、一定の家屋所有が前提とされたりすることになった。また、親方の資格は相続され、親方の地位が世襲化した。

ツンフト親方による親方作品の審査料引上げ、作品提出資格の制限等によるツンフトの「閉鎖化」は中世以降のドイツにみられる現象であった。職人は、規定の修業を終えた後も、正規のツンフト親方へ上昇することができず、一定の固定化した社会層として定着する傾向を示した。これらの雇職人は中世以来の職人組合を拠りどころに、各地域間の連絡をとりつつ、ツンフト親方層及び結局のところこれを支持する領邦政府に対立しつつ、ツンフト「閉鎖化」を攻撃し、また労働条件の改善を求めた。多くの部分は、しかし、都市の内部で秘かにあるいは公然と「もぐり営業」を行い、あるいは農村へ出てゆき、ここで農村工業を展開した。一七、八世紀には、ツンフトの「閉鎖化」を批判する雇職人と、「もぐり営業」、「農村工業」を批判するツンフト親方層とがはっきりとした対立を示していた。(6) 三月革命の雇職人は、ツンフト親方のかかる「閉鎖化」、それによる営業独占を、「特権」、「独占」として攻撃し、この「特権」を背後から支える絶対主義的領邦権力の「法秩序」の変革をめざしたのである。「手工業者・営業者の一般ドイツ法案への覚え書」は次のように指摘している。

「これ迄のツンフト制度が国民経済の原理に基づいていないことは明らかである。それは不平等権利の思想から出発している。これは、多数の独占 Monopole によって、労働力を無力にし、自然資源の利用を制限し、また著しく複雑な法的状態によって、産業の力強い興隆をすべて阻止している。(7)」

ところで営業独占、ツンフト「閉鎖化」を行っている「ツンフト親方」とはいかなる状態にあったのだろうか。先の引用文にあったように、「親方権の審査は富めるものに存在する」(傍点は引用者)のであり、一定の経済的実力をもつものは、「審査」を受けて「ツンフト親方」へ上昇できた。「三十年戦争以来、ツンフト親方の多くは、経営的に没落し、窮乏化しつつあった」という事実を考えれば、我々は一八世紀末より一九世紀前半にかけて、ツンフト親方層が内部分化をとげつつあり、「富める」親方は、すでに経営を拡大しつつあった事情を推測できよう。一方には、多数の雇職人、徒弟、賃労働者を雇用する「富める」親方が、他方では、雇職人、徒弟を一切雇用できない窮乏化した親方がそれぞれ分化をとげつつあった。

しかし、この「富める親方」には、二つの類型があった。一つは、すでにマニュファクチュア・工場に自らを推転させつつある部分で、これは、すでに述べたように、ツンフト規制をツンフトの内部から解体させつつあった。もう一つは、ツンフトを利用しつつ、「局地的独占」を展開する商人的親方であった。

他方、この窮乏化したツンフト親方は、雇職人層を排除しつつ、ハムブルク続いてフランクフルト・アム・マインに自らの集会を開き、一方では、領邦政府の殖産興業政策——「上から」の「工業化」——を批判し、かかる政策に支えられた、特権的な巨大工場、国営企業の解体を求めると共に、他方では、農村工業、もぐり営業と対立し、その制限を要求し、かつ、都市内部のツンフト規制の再編を求めていた。

雇職人による「独占」批判が、それ故、単なるツンフト独占の批判に止まらず、より複雑な内容をもっていたことは事実である。にもかかわらず、雇職人の攻撃は、まず何よりも、ツンフト的特権、旧体制の営業立法と結びついた資本の支配、商人的支配の打倒に向けられていた。

「今や国民は、各人が生れながらにして平等の権利を有していること、独占は策謀と強制 List und Gewalt によってつくり出されていることを知るにいたり、かかる桎梏の破壊を決意し、無制限な自由を要求するにいたった。(8)」

「資本の恣意的支配 die Willkürherrschaft と多数の専制的立法の圧迫の下で、最も苛酷な苦しみを味わって来た我々国民的勤労諸階層 die arbeitenden Stände der Nation は、この神聖な権利〔団結権〕を最も有効に行使し、大同盟を創出すべく、結集するにいたった。我々は、かくして、永遠にして譲りわたすことのできない労働権 Recht der Arbeit を再び復活させると共に、高利貸、投機及び詐欺の犠牲を蒙っている正当な収益を再び名誉ある地位に引上げたいと希望している。……(9)」

「独占」は、「策謀と強制」に支えられたもの、また「資本の恣意的支配と多数の専制的立法の圧迫」をつくり出すものとされており、かかる強制の体系、即ち、絶対主義的領邦権力の営業立法と、それに支えられた独占の廃棄が要求されるのであるが、しかし、「平等な権利」の実現の立場からする雇職人の「独占」批判は、同時に、「資本の恣意的支配」にも関連しており、その限り資本の原始的蓄積過程への批判をもその中に含んでいた。このような独自な内容はこの時期の雇職人が、客観的には、単に、ツンフト親方への上昇を阻止され、「もぐり生産者」、「農村の生産者」として自己を再生産させていただけでなく、すでに進行しつつある資本形成の過程で、資本に従属しつつある小生産者ないし賃労働者としての性格をも帯びるにいたっているという事情を背景にもっていたといえよう。しかし、「平等な権利」の実現、「労働権」の復活を要求する西南ドイツの雇職人・労働者の攻撃は、その本来の意図からすれば、まず何よりも絶対主義的領邦権力とその専制的産業支配、その現われとしての「独占」の排除に向けられており、その観点は、より多く小生産者――もぐり生産者、農村手工業者として――の立場からするものであった。

三　反「営業の自由」、反「共産主義」

雇職人は、個人の「平等」という観点に立って、領邦政府の法体系に支えられた「独占」を批判し、その廃棄を追求した。しかし、彼らは、旧体制と結びついた「独占」の否定が、「無制限な自由」に帰結することに反対する。

「新しい制度〔「営業の自由 Gewerbefreiheit」〕が完全に導入された国が示している事実は、人々が獲たものが自由でなくて、労働の不自由 Unfreiheit der Arbeit、無政府的な競争 eine zügellose Konkurrenz と営業の不自由 Gewerbe-unfreiheit であった。この根本から間違った制度が導入される時、富めるものは更に一層富み、貧しいものは一層貧しくなる。中産階層 der Mittelstand は没落し、勤労者層 der Arbeiterstand は乞食に転落する。追求された自由 eine erstrebte Freiheit は、何ら現実の自由 die wirkliche Freiheit でなく、そのポンチ絵にすぎない、人々はこのことを知った。[10]」

独占体系の廃棄が「営業の自由」に帰結した場合、それは「労働の不自由」、「無政府的な競争」、「営業の不自由」をもたらす。「中産階層」は、没落し、「富めるものは更に一層富み」、「貧しいものは一層貧しくなる。」まことに、「営業の自由」(自由な商品生産＝流通)は、「競争」を通じて、中産階層の解体・両極分解を促進し、没落する「勤労階層」に対して、「営業の不自由」、「労働の不自由」、つまり生産諸条件からの分離、資本への従属をつくり出す。かくて事実上下降しつつある小生産者、あるいは小生産者たる地位をすでに失って賃労働者として存在する雇職人にとって、「独占」の廃棄は、「営業の自由」の創出に帰結してはならなかった。この点で、「反独占」が「営業の自由」と結びつく産業資本の利害とはっきり区別される。雇職人と産業資本とは「反独占」の点で一致するが、「営業の自由」をめぐっては対立し、雇職人の「反独占」運動は、同時に、反「営業の自由」、つまり反資本主義の性格をもつことになるのであった。

雇職人の「反独占」、反「資本主義」の運動は、更に、反「共産主義」と結びついていた。

「営業の自由は人間にあらゆる苦悩をもたらした。その結果、富の不平等分配を廃止するために、一切の私的所有を廃止し、それを通じて富の完全に平等な分配を実現しようとする考え方が生じて来た。そこでは、人は無制限な自由を拒絶し、これを完全な平等にかえようとする。この考え方によればすべてのものは平等の食事、平等の住居、平等の衣服及び平等の労働をもつ。しかしこの制度は実現することが不可能であるばかりでなく、個人の自由を完全に制限することによって人間を不幸にする。人の能力、活動、欲求が各人によっていかに異なっているかということは誰もが知っていることだ[11]。」

三月革命の雇職人は、以上のように、「反独占」(反領邦権力)、反「営業の自由」(反資本主義)、反「共産主義」を標榜する。それでは彼らはいかなる社会制度を追求したのか。

四　「連邦主義」、「労働者協会」

「全ドイツ労働者会議」は「営業の自由」及び「共産主義」が共にイギリス、フランスなどの外国からの輸入品であると指摘し、これに対置して、「外国人に依存せずドイツ国民それ自体から生み出される社会制度」を提起する。これは、彼らの言葉によれば、「連邦主義 Föderalismus」と呼ばれるものである。

「みせかけの自由と平等に代えて、現実的な自由と平等を創出し、もって自由主義者 die Liberalen 及び共産主義者 die Kommunisten が企てて実現できない状態を現実化する新しい秩序を、我々は連邦主義と呼ぼう。我々はかかる連邦主義者の同盟の設立のために努力しなければならない[12]。」

「現実的な自由と平等」の創出をめざす「連邦主義」の社会制度は、より詳しくは以下のような形態をとる。「各人の労働力に照応した営利活動の分野が法律によって gesetzlich 保証され、その労働の果実は大小にかかわらず自由に処分される。正当な収益 der redliche Erwerb は現今の富の所有者が源泉としている不正な収益から厳密に区別される。今日の資本が行うような仕方ではなく、勤勉と器用とに相応して、全生産大衆が、成果に対する決定権を掌握する。[13]」(傍点は引用者)

各人の労働力に相応した「営利分野」が「法律によって」保証され、かつかかる営業分野での労働の生産物は、労働を行ったものが「自由に処分」する。この「連邦制度」の下では、生産に従事するものは誰でも、一定の営業分野を与えられるのであるが、それは「法律」によって保証されるのであり、その限りで古い「ツンフト制度」と著しく類似していることがわかる。

「連邦主義」の実現にあたっては、「殆んどすべての知識人とすべての大資本家が我々に対決するであろう。前者は無理解から、後者は貪欲から。それ故我々は単に相互に団結するばかりでなく、我々と同じような利害に立つすべての中間層を我々の巨大な目的のために獲得するように努めねばならない。[14]」——以上のように、「知識人」と「大資本家」に対決するために、雇職人・労働者と「中間層」との同盟が提起された。

「祖国には、いたる所に、営業の自由によってまだ放逐されていない中世ツンフト制度の残滓があるが、これは現代の要請にはとても応じるものではない。同時に今では歴史的追憶にしか値しないプロイセンの自由主義的ツンフト制度は、いよいよ脅威となりつつある自由競争の無政府性に、十分な制限を加えることができない。……新しい職業分野をすべて包括し、万人にその能力に相応した営業領域を保障するような、そういったツンフト制度が要請されていることを我々は知っている。[15]」——つづいて「覚え書」は、次のような指摘を行っている。「今の時代にふさわしい、従来のものとは全く異なった、すべての市民の平等な権利に基づく連邦的インヌンク制度の中にのみ、我々は治療方法を探し求めなければならないし、みつけ出しうると強く確信している。[16]」

以上のように、「連邦主義」の基礎には、「万人」に、「その能力に相応した営業領域」を保証する「連邦的インヌンク制度」が据えられる。「連邦インヌンク制度」を構成する市民は、それぞれ「平等な権利」をもつ。この「インヌンク制」は、重工業、特定の工場(「技術的営業 technisches Gewerbe」)、商業、農業及びすべての産業に拡延され、しかも、その「営業領域」は、「手工業」分野と「工場」分野とに区分され、両者の間に競争が行われないようにし、とりわけ、「工場」の領域は、これを狭く限定しなければならない。「現在、日毎に敵対してゆく手工業者とファブリカントとの分裂は、全産業部門に対して特定の営業領域を導入することによって解消しよう。ファブリークの多くに向けられた営業の分野は、関連する手工業のそれより大きくてはならない。こうして、〔一方では〕手工業者審査の制限のない工場経営への移行は可能となり、〔他方では〕手工業者が工場の加工から、その製品について蒙っている被害は回避されよう。[17]」各営業部門における経営規模、とくに雇用労働者数は法律によって制限される。「営業領域」は、年齢二五歳に達したもので、親方作品を提出し、雇職人の参加する「公正な審査」を経て資格が与えられたものにすべて開かれている。審査委員の再任は禁止ないし制限され、親方作品の作成・提出に伴う経費は軽減されなければならない。「親方資格の取得は元来能力の証明に基づいている。従って親方層は、親方審査を拒否してはならない。営業の設定は最低二五歳に達していることだけが前提とさるべきである。遍歴は義務づけられない。それ故遍歴時代の修業証明は一切必要とされない。……親方資格の取得審査は技術よりも理論に大きな意味が置かれるべきである。……技倆審査はツンフト規約に規定された簡素にして費用のかからない親方作品とすべきである。審査日数は一〇日を越えてはならない。[18]」また「行政当局はいかなる場合も規約を恣意的に改正することは許されない。従って営業の為の最低年齢に関する一般的規定における例外は、法律以外によってなさるべきではない。[19]」

以上のように「インヌンク制」は、従来のツンフト制の原則を大幅に取りこんだ制度であり、その内容は、いわば「平等主義」なる雇職人の観点からするツンフト改革であった。しかも、工場制は、一定の限度内で、手工業と並んで存続することが容認され、「インヌンク」の中に編成されるというのである。このようなインヌンク制＝生産者組織の基礎の上に、全社会層の代表から構成される「社会議会 soziales Parlament」が設置され、特殊法を除く全ドイツ共通の「社会立法」の審議と、この「社会立法」に従って決められた「政治議会」の決議を最終的に決定する。

「覚え書」は、「手工業親方」の「営業法案附録」に示された「手工業者・営業者階層の向上のための措置」を論じ、次のような提案を行っている。[20] ⑴「少数の大資本家の独占」に帰結しないような保護関税の設置と国内関税障壁の除去。⑵輸出税に賛成。一定の価格以上に出た場合の原料の自由な輸入。⑶輸出奨励金は、外国依存の産業部門を有利にするので全面的に反対。⑷累進課税は、「現在の産業的無政府から将来の理性的社会制度」への移行期に採用される。⑸統一的銀行制度の創出、現行紙幣発券銀行の廃止。⑹統一学校行政。⑺統一的度量衡。⑻刑務所作業場の存続。⑼国家による労働の保障。⑽社会保険制度の創出。⑾道路・河川税の廃止。なお、国営工場、国有地は売却され、逆に全鉄道、森林、鉱山業は国有化されねばならない。[21] いう迄もなくこれは、「特権」ないし「独占」の解体と結びつくのであるが、それは、旧体制、旧勢力の経済的基礎を解体する方向をもっていた。

雇職人・労働者は、一方では「独占」の解体をすすめつつ、他方では、「営業の自由」の主張者や「共産主義者」に対抗して、「連邦主義」を実現するために、「労働者協会」を結成しようとする。この「協会」の主目的は、「すべての勤労者層の社会的地位の改善の方法」を検討し、その実施を国家に要求することであり、副次的には「文化的教育」、「親睦」をめざすもので、地方・地域ごとに結成された「協会」は、「全国労働者協会」によって統合される。

「協会」への加入は「労働者階層 die arbeitende Klasse と中産階層 der Mittelstand の再興を使命と感ずる一八歳以上のもの全てに許される。」従って、それは「労働者」ばかりでなく、「芸術家、学生、商人、手工業者」は勿論「工場主」をも含む「あらゆる社会層」に開かれている。即ち、ここでは、「労働者」、「手工業者」、「工場主」という、相互に対立する社会層の統一と糾合が考えられているわけであるが、その中で、とくに「手工業者」としての雇職人が重視されていることは想像に難くない。端的に言えば、「協会」は、とくに「中産階層の再興」のために、雇職人のイニシャティヴの下で結成される組織であった。

(1) Zit. in: W. Ed. Biermann, a. a. O., Bd. II, Anhang I, SS. 441–444.
(2) 本章一を参照。
(3) Zit. in: a. a. O., SS. 449–453.
(4) Zit. in: a. a. O., S. 449 f.
(5) Zit. in: a. a. O., S. 450.
(6) 本書Ⅰ、第三章、参照。
(7) Zit. in: a. a. O., S. 457 f.
(8) Zit. in: a. a. O., S. 450.
(9) Zit. in: a. a. O., S. 444.
(10) Zit. in: a. a. O., S. 450.
(11) Zit. in: a. a. O., S. 451.
(12) Zit. in: a. a. O., S. 452.
(13) Zit. in: a. a. O., S. 452.
(14) Zit. in: a. a. O., S. 452.

(15) Zit. in: a. a. O., S. 459.
(16) Zit. in: a. a. O., S. 445.
(17) Zit. in: a. a. O., S. 473 f.
(18) Zit. in: a. a. O., S. 465 f.
(19) Zit. in: a. a. O., S. 466.
(20) Zit. in: a. a. O., S. 471 f.
(21) Zit. in: a. a. O., S. 464.

おわりに

「全ドイツ労働者会議」は、西南ドイツと中部ドイツの労働者・雇職人層の組織と運動を基礎にして開催された。この会議に示されたこの地域の労働運動の特徴は、まず何よりも、それが、旧体制と結びついた「独占」と「特権」の廃棄、即ち、「反独占」、の立場からする絶対主義打倒のブルジョア民主主義的運動であったことである。この「反独占」運動は、一方では、農村の領主制を除去し、他方では、中世的ツンフト制度とその解体の結果形成された、都市親方のツンフト的独占＝「閉鎖化」、及び商人的流通独占を変革しようという点にその目的を置いていた。雇職人・労働者は、これらの「独占」、「特権」が、絶対主義的領邦政府の法体系によって支えられているものと考え、この観点から、領邦権力の打倒を展開したのである。雇職人の「反独占」運動は、従って、領邦体制の廃棄をめざすブルジョア革命として始った三月革命の革命運動の重要な一環をなしていたといえよう。

雇職人の「反独占」運動は、さし当ってまず、ツンフト的独占と、これを支える諸立法の産業・流通規則を廃棄し、雇職人の「営業」(「もぐり生産」、「農村工業」)の自由と法認を実現しようとするが、しかし、雇職人の置かれた経済的条件に規定されて、以上の内容に止まらなかった。即ち、一方では農村を基盤とする社会的分業の展開と産業資本の形成（マニュファクチュア・工場の形成）という事実、親方のマニュファクチュア・工場への推転、――総じて資本の原始的蓄積過程の進展――という状況の中で、雇職人・労働者は、客観的には、正規のツンフト親方たりえない固定化した社会層として存在していたばかりでなく、資本の下に従属しつつある賃労働者、または、競争を媒介にして没落しつつある小生産者として存在していた。それ故、彼らにとっては、原始的蓄積を促進する条件たる「営業の自由」も同時に批判の対象とならざるをえない。この地方の雇職人・労働者にとっては、「営業の自由」は、もっぱら中産的生産者層の否定、「営業の不自由」、「労働の不自由」をもたらすものとして現象し、こういった中産的生産者の観点から、「営業の自由」＝資本主義を批判したのである。かくて、ツンフト的産業規制の廃棄は、産業資本にとっては、「営業の自由」と結びつくが、同じく領邦体制の変革、ツンフト的産業規制の廃棄を目ざすこの地方の雇職人・労働者運動の場合、それは「営業の自由」に帰結せず、むしろ「営業の自由」は、彼らにとっては、絶対主義下の独占体系と同じように、否定さるべき対象であった。つまり、三月革命期の雇職人の運動の、「反独占」（反絶対主義）は、反「資本」（反資本主義）と結合していた。

しかも、雇職人・労働者運動の場合、反「営業の自由」＝反資本主義という方向は、私的所有の全面的廃止（「共産主義」）へは結びつかず、むしろ「共産主義」に対立し、小生産者の立場から、私的土地所有を擁護した。その限りで、「共産主義者同盟」主導のライン・ヴェストファーレンの労働者運動と対立していた。この運動の出発点は、何よりも「勤労階層」が、生産手段をもった平等な独立の生産者として存在し、かかる平等性、独立性が再生産されることにあったのである。

ところで、雇職人・労働者運動のめざす平等・独立は、一種のツンフト制度を基礎におく固有の社会制度によって、保証されることになる。この社会制度の下では、「工場制度」(資本主義)は認められ、一定の「営業領域」=産業分野に限定され封じこめられた。その他の分野は「手工業」に割り当てられ、かつ、それぞれが、職業別にツンフト的に組織され、自由な競争が制限される。このようなツンフト制——「連邦的インヌンク」——の実現のために、雇職人・労働者を中核に、商人、「工場主」、インテリをもその内に含む統一的組織としての、「労働者協会」なるものの結成が企画された。それによって「労働の権利」の実現をはかろうというのである。こういった「連邦制」及び「社会議会」なる思想は、プルードンの影響によると思われるが、しかし、労働者・雇職人を中軸とした、「工場主」、商人、インテリを含む「労働者協会」なる理念は、西南ドイツの「民主協会」の現実を、背景にもっていたものと思われる。

このような特有の理念は、現実には、ツンフト的「独占」、「富めるツンフト親方」による「独占」を解体し、これを、労働するものがすべて平等の資格で参加しうるツンフトへ、改造することに他ならない。これは一定のツンフト規制(とくに経営規模について)の強化を伴った、ツンフト「改革」=「民主化」として展開せざるをえない[1]。

ツンフト「改革」=「民主化」という特有の形態をとって現われる、この「反独占」・「反資本」運動は、没落する小生産者、あるいは、客観的にはすでに資本・賃労働関係に包摂された賃労働者の、小生産者の観点・意識からする反抗を意味する。それは結局のところ、直接生産者からの生産手段の分離(原蓄過程)への抵抗——その限りで歴史への「逆行」、「反動」——を起点としている。このような運動は、雇職人・労働者が小生産者として向上ないし再生産される条件が存在する限り、従って、原始的蓄積過程が未完了であるか、あるいは、何らかの条件(とくに共同体の存在)の下で、小生産者が存立しうる限りで、現われてくる運動である。三月革命の場合も同様であった。小生産者は没落しつつもなお広汎に存在し、一定の条件の下では、これらの小生産者(そして労働者さえも)が経営的に向上し、マニュファクチュア・工場へと上昇しえた。「ドイツ立憲国民議会」内に設置された「国民経済委員会」の調査報告

は次のような事実を指摘している。(2)

「都市とその周辺を見廻して、工場、菜園、土地、家屋の所有者に尋ねてみよう。その所有者がずっと昔からそうであったということはめったにない。世襲農民の子供も、昔の所有者も、今では所有者でなくなっている。多くのものが貧しくなった。しかし、かつて何ももたない労働者 der früher mittellose Arbeiter または労働力 die Arbeitskraft 以外に元手を一切もたない手工業者が、それに替って立ち現われている。」

「中位の工場主は、殆んどすべてが、はじめ小さな元手から出発している。工場労働者自身から出発している場合もある。中位の毛織物マニュファクチュアの場合も同じである。今、大産業を廃止し、一切の資本を平等に分割してみよ。能力、労働意欲、秩序への関心、正義感をそのままにして、偶然的好条件のみを平等に分割してみよう。そうすれば数年の後には、相違が顕著となることは疑いない。あるものは働いて上昇し、他のものは没落するであろう。」

小生産者が広汎に存在するばかりか、彼らが産業資本家にも向上できる条件が残されている三月革命期の場合、雇職人・労働者運動の内容は、その「反動的」契機自体もまた、一定の客観的条件に対応しそれによって裏付けられていた。彼らにとって、小生産者たる地位の復活は、決して「幻想」ではなく、むしろそのために一定の客観的条件が存在する、と考えられたのである。

しかし、このことは、この運動がもつ矛盾と直接関連してくる。運動の最終目的はくり返し述べたように、「万人」が「平等」で、かつ、「労働権」をもっているということであるが、この目的、課題と、方法ないし「運動」とは二重の意味で矛盾を内包していた。一つは、「独占」が解体し、その結果、「営業の自由」ではなく、ツンフト改革＝「民主化」がかりに実現したとしても、かかるツンフト的構成を出発点として、再び両極分解＝原始的蓄積過程が開始されるであろうということである。西南ドイツの雇職人・労働者のめざす「万人」の「平等」は、結局のところ、彼ら自身が批判する「不平等」に帰結せざるをえない。第二に、三月革命がブルジョア革命としてはじまった限り、その方向は基本的には産業ブルジョアジーのイニシャティヴの下に置かれており、その他の運動は、それ自体としては、革命の方向を決定できなかったという点に係わっている。三月革命の客観的な方向は、後述するように、議会を舞台に革命の主導権をとりつつある産業ブルジョアジーの利害によって規定され、従って、ツンフト的産業規則の廃棄→「営業の自由」という方向でなされた。だから、上の「反独占」、絶対主義体制打倒の運動が、成功を収めれば収めるほど産業ブルジョアジーによる革命権力の樹立は容易となり、結局、「営業の自由」の実現、あるいは事実上骨抜きの「ツンフト民主化」に、帰結してゆくことになるからである。

その限りで、この労働者・雇職人の「反独占」、「反資本」の運動は、私的所有の全面的変革を最終的目的に設定する「社会革命主義者」、「共産主義者」の運動とは区別されるのであるが、しかし、それが、「万人」の「平等」、「労働権」の復活の観点から、資本の原始的蓄積過程を変革し、このような意味で所有関係の変革をめざす限り、あるいは、全生産物の収取と処分を求め、国有財産・国有地の強制売却、鉄道・鉱山・森林の国有化を提起する限り、彼らの運動は、資本家層にとっては、ブルジョア的「秩序」を破壊するものとして現象することになる。

だが、「全ドイツ労働者会議」に結集した雇職人・労働者は、すでに労働者としての存在に規定されたいくつかの要求を掲げていた。労働時間を一〇時間以内とすること、社会保険制、国家による労働保障の要求などがそれであり、この点は次に述べるベルリンに始るS・ボルンの「労働者友愛会運動」に共通するものであった。

もともとこの西南ドイツの労働運動は、K・G・ヴィンケルブレッヘ Karl Georg Winckelblech に指導されていた。しかし、その後、「労働者友愛会」のメムバーとの合同集会が、四九年、ハイデルベルクで開かれ、ここにおいてヴィンケルブレッヘが批判されるに及び、以降、この運動はボルンらの「労働者友愛会運動」に合流し、その一部をなすにいたるのである。一八五〇年にヴュルテムベルク国王に提出された同国内務省の「ドイツ、とくにヴュルテムベルクの労働者協会に関する秘密調査報告」は、この間の事情を次のように報告している。(3)「ヴュルテムベルクの労働者組織にかんする内務省の調査から示される結論は次の通りです。もとよりこれは不完全なものであります。〔労働者〕協会の活動は、外に現われる部分は明らかに第二義的でしかないこと、またこれらの協会の指導がそれらが一層展開している北ドイツからなされているという事情によるからです。すでに一八四八年八月ベルリンで開かれたいわゆる労働者会議においてドイツ各地の労働者組織の全国的結合と組織化とが決定されました。また規約も定められましたが、その一部は当時フランス政府によって試みられた社会主義的実験を思わせるものがあります。……しかし、一層危険なことは、十分な広がりをみせていないとはいえ、疑いもなくこの組織の政治的側面であります。この組織は政治的秘密結社と同じように構成されております。……」(傍点は引用者)

（1）ピューリタン革命期のイギリスにおける、雇職人・小親方層の絶対王制打倒の運動は、「反独占」、「ギルド民主化」運動として現われ、その観点は古いギルド的「自由 ancient liberty」及び「特権 priviledge」の擁護にあった。Margaret James, Social Problems and Policy during Puritan Revolution 1640-1660, 1. published in 1930, reissued in London 1966, chap. V.

（2）Bericht des volkswirtschaftlichen Ausschusses über Petitionen der Tuchmachergewerbe, Beilage II, zum Protokoll der 199. öffentl. Sitzung vom 2. April 1849, in: Stenographischer Bericht., Bd. IX, 1849.

（3）An den König. Anbringen des Ministeriums des Innern, betreffend die Arbeiter-Vereine in Deutschland und insbesondere in Württemberg, den 15. Juni 1850, in: F. Balser, a. a. O., S. 558 ff., Quellenhang 29.

3 「労働者友愛会運動」

——「ベルリン労働者会議 Arbeiter-Kongreß zu Berlin」の「決定」分析——

一 「ベルリン労働者会議」

ベルリンで最初の労働者組織が結成されたのは、雇職人扶助組織に端を発した「ベルリン雇職人組合 Berliner Gesellenverein」が結成された一八四四年であった。一八四八年の革命勃発後、四月六日、ベルリンで最初の労働者集会が開かれ、ここで議長に選ばれたS・ボルンは、一方ではシュレッフェル Schlöffel らの街頭闘争主義と、他方ではレッテ Lette らの労使協調の方向と対決しつつ、主導権を確立していった。四月一九日、各業種の代表が構成する「中央委員会」は、労働者組織とその綱領作成とを目的とする「小委員会」を選出、委員長にボルン、副委員長に彼の同志、金細工師ビスキーが選ばれた。[1] 作成された綱領——「労働者組織綱領 Statute für die Organisation der Arbeiter」——は、地方に「組合 Gewerk」、「労働者団体 Arbeiterschaft」を、地区に「労働者委員会」とその「常任委員会」を、中央に「ベルリン労働者委員会 Berliner Arbeiterkomitee」とその「常任委員会」、「中央委員会」を組織した。「中央委員会」は、労働者の利害を結集し、国家へ働きかける任務をもっていた。ボルンは、Deutsche Arbeiterzeitung, Organ für Arbeiter und Arbeitgeber の刊行に参加、ついで機関誌 Das Volk, Organ der Zentralkomitees für Arbeiter, eine sozialpolitische Zeitschrift を刊行した。この中で主張されたことは次のような事柄であった。

(1)ファブリカントのための輸出奨励金とそれによる輸出促進、発明保護、原料の自由輸入の措置、(2)手工業親方のためのコーポレーションの結成、注文の分配、無償の営業裁判所、(3)労働時間、労賃決定のための労使委員会、最低賃金確定のための労働者組織、最後に⑷間接税の廃止、累進所得税、無償教育、などである。――ここでは、一方では資本家に対抗する労働者の団結と組織化が、他方では資本家の利害を支持しつつ、それとの協調に立った「労使委員会」と、それを通じての労働条件の改善、とが提示されたのである。

六月に開かれた、「ドイツ手工業者・労働者会議」には「機械工組合」とともに、この「労働者中央委員会」も参加したが、この頃を境にして、ベルリンでは労働者の独自の自立的運動が始った。「第一回ドイツ労働者会議」は、八月二三日から、ベルリンで三一の「労働者協会」の代表（四〇人）を集めて開かれた。(2) 参加者の大部分は、エルベ以東のドイツからであったが、ラインラント、ヴェストファーレン、バイエルン、ハムブルク、ライプチッヒ及びフランクフルトからも代表者が派遣された。議長には、ブレスラウの教授でこの地方の労働運動の指導者エゼンベック Nees von Esenbeck が、また副議長には、ボルンがそれぞれ選ばれた。

「ベルリン労働者会議」は、いくつかの「決定」を行った。その前文は「ドイツ労働者会議宣言」で、ついで本文は、「労働者会議決議」及び「ドイツ労働者へ」なる呼びかけよりなっていた。本文の「決議」は、第一部「労働者組織綱領」、第二部「労働者自主救済」、「附則」、第三部「国家の補助」、第四部「国民教育」、第五部「フランクフルト国民議会への呼びかけ」及び「ドイツ労働者への呼びかけ」よりなっている。末尾には会議出席者一覧が掲載されており、それによれば、代表者を派遣した組織は以下の通りであった。

ナウムブルク Naumburg、シュヴェリン Schwerin、エルビンク Elbing 及びケーニヒスベルク、ブレスラウ、ドレスデン、ピルナ Pirna、マイセン、ポットシャペル Potschappel、ハムブルク、クレフェルト、ティルジット Tilsit、ブロックハーゲン Brockhagen などの各「労働者協会」、「ハム Hamm 手工業者・労働者協会」、「ザクセン王国ライプチッヒ中央協会」（G・キック）、「ケムニッツ Chemnitz 及びエルツゲビルゲ地域協会」、「ハムブルク教育協会」、「ハムブルク統一煙草労働者」、「ハムブルク労働者中央委員会」、「フランクフルト・アム・マイン労働者会議」、「ベルリン労働者中央委員会」のメムバー、「ベルリン機械組立工協会」、「キール Kiel 労働者・営業者協会」、「ビーレフェルト Bielefeld 統一組合」、「シュテッティン Stettin、グライフスワルト Greifswald、アンカム Ankam 統一雇職人組合」、「ベルナウ Bernau 織布工組合」、「ベルナウ絹織物織布工協会」、「ミュンヘン労働者教育協会」、「ケプニケビロード・絹織物織布工組合」、オブザーバーとしては、「ベルリン労働者福祉協会」、商人二人、捺染・型彫工、ほかと、文書による参加として、ポツダム、ブランデンブルク、シュトラルズント Stralsund、シュプレムベルク Spremberg、ヴィットシュトック Wittstock、ダルムシュタット Darmstadt、ブリュゼル Brüsel、ハノーファー及びウィーンの各手工業者・労働者協会などである。

以上のように代議員は、殆んど全ドイツから派遣されて来ているが、その多くは、しかし、ベルリン、ザクセン及び北ドイツ沿岸地方諸都市からであった。参加組織の名称から推定できるように、そこには、手工業者、繊維工業における小商品生産者の利害も参加していたものと思われる。

二 「決定」の内容

(1) 前文に該当する同会議の「国民議会」に対する「宣言」は、「労働者組織」の「原理」を提示し、これを憲法における「ドイツ国民の権利」——基本的人権——の審議において取り上げるよう求めたものである。「宣言」は、労働者がドイツ国民の基本的人権に関する審議に強い関心をもっていること、その際、「社会問題 soziale Frage」をも取り上げるべきこと、を表明し、従来の国家機構が「所有」関係を「不変」としこれを「生れながらのカースト」としてきた事実を批難し、「労働を一定の所有」として「国家の原理」に導入すること、「労働者組織」は、労働者の

「共同態」として、「その他の市民」と同列に置かるべきこと、を求めた。かくて「今後の立法に際して我々を労働の所有者として認め、それについての法的規定を採用するよう希望する。それによってあらゆる時代に我々の組織と結合の存立と存続が保護され、その一層の繁栄と完成とが国家によって促進されるよう訴えたい。(3)」(傍点は引用者)――以上のように、「労働」＝「所有」なる観点から、労働者及び労働者組織の公認、と労働者の政治への参加が求められ、かかる要求が、「現今の論理と我々の独自な論理」の「十分な経験」に基づいていること、もし「旧い迷妄が明らかに維持され、権力者が従来同様我々の権利を人間的に考えない場合」には、労働者は、「現在の秩序に対する、その最も温い友人から、決定的な敵対者になる」であろうと迫ったのである。

(2)　ついで労働者の統一的組織の結成が決定された。それは「地方委員会 Lokalkomitee」→「地区委員会 Bezirks-komitee」を基盤とするもので、後者は、次の都市にその拠点をもつことになった。ダンチッヒ、ケーニヒスベルク、シュテッティン、ケルン、ビーレフェルト、フランクフルト、ハムブルク、シュトゥットガルト、マンハイム、ミュンヘン、リンツ Linz、ウィーン、ブルュン、プラハ、ニュルンベルク、バムベルク Bamberg、イェナ Jena、コーブルク Koburg、マルブルク、ハノーファー、オスナブリュック Osnabrück、ブラウンシュヴァイク、マグデブルク、ベルリン、ブレスラウ、ドレスデン、キールで、その頂点にライプチッヒを本部とする「中央委員会」が置かれた。(4)「労働者友愛会運動」の出発点はここに与えられた。

第二部「労働者自主救済」、その「附録」は、上の労働者組織に対応している。「地区委員会」は、「労働証明」、「労働者証明」の発行、労働のあっせんを行うと共に、雇用者の解雇予告義務、協定による最低生活保障の労賃基準確定における当事者となり、更に、同委員会は、雇用主から一括して受取った労賃総額を各労働者に配分、手渡すという賃金受理・支払いの仲介、賃金からの一定金額控除とそれによる組合金庫設置、管理などを行うことなどが規定された。

こういった労働者の自主的結合と、「地区委員会」による雇用関係への介入、労働者金庫の開設などを行うこの労働者組織とは、フランクフルトの「全ドイツ労働者会議」に現われた西南ドイツ雇職人・労働者運動の小ブルジョア的、ツンフト的傾向とは全く異なり、むしろ、資本主義的関係を前提としつつ、近代的労働組合にきわめて接近した組織となった。

(3) 第三部「国家補助」は、これに対して、国家に対する労働者の現実的な要求を内容とするもので、より一般的、かつ包括的であった。(a)二一歳選挙権、被選挙権(一条)、(b)滞在・定住の自由(三条)、(c)地方税の平等負担、免税特権の廃止(四条)、(d)財産証明に基づく結婚制限・特権制度の廃止(五条)、(e)労働者委員会公認(七条)、(f)域内関税撤廃(九条)、(g)間接税廃止と累進課税(一〇条)、(h)技術を要する営業は、修業を行ったものに限る(一一条)、(i)営業者と競合する強制作業場の廃止(一三条)、(j)手工業者・ファブリカントはその商品を消費者に直接販売することができる(一四条)、(k)手工業製品の行商禁止(一五条)、(l)公共物建造、その他の公共事業の入札請負制の廃止(一六条)、(m)工業原料の自由輸入(一七条)、(n)適正な工業育成と保護(新工業を除く)(一八条)、(o)発明特許制の拡充(一九条)、(p)熱帯産品の関税引下げ、従価関税制の実現と輸出税の廃止(二〇条)、(q)大土地所有・王領地の分割、未開墾地の開拓、大農場経営建設(二二条)、(r)長子相続制の廃止(二三条)、(s)一〇時間実質労働時間(二四条)、(t)親方のインヌンクあるいはコーポレーションは親方相互の競争の廃止ないし制限を目的とする(二五条)、(u)修業証明を行いうるものは親方採用を拒否されない(二六条)、(v)親方権取得審査は、公的な、かつ親方、職人、徒弟三者の委員会において行われる(二七条)、(w)親方作品は高価であってはならない(二八条)、(x)徒弟審査は、親方及び職人ないし労働者から同等に選出された技術審査委員制で行われる(三〇条)、(y)労働者に対する不平等な一切の規定は無効とする(三三条)、(z)常備軍の制限、国民武装(三四条)。

以上のうち、いくつかの政治的要求と、「労働者委員会」=組合の公認、及び実質一〇時間労働の要求とを除く大部分は、労働者の独自の利害というよりは、むしろ、産業資本及び手工業の利害と共通し、これを支持するものであった。たとえば、移住の自由、免税特権等の特権廃止、域内関税撤廃、強制作業場廃止、商業の自由などの生産=流通規制の廃止及び関税制改革とは、「ファブリカント」=産業資本家の利害に合致したブルジョア的要求であった。しかし、同時に、手工業製品の行商禁止、技術的営業の修業義務、親方のインヌンク、コーポレーションの設定、手工業の産業部門の設定、累進課税などは、その限り「営業の自由」の制限を意味し、ツンフト制の残存という状況に対応した、ツンフト的手工業の維持の観点に立ったものである。しかも、その場合、その保護が求められているツンフト的手工業のあり方は、従来のそれではなく、むしろ親方の特権的支配を改革し、親方・職人(及び労働者)の平等な権利に立った、新しいツンフト制でなければならなかった。つまり、手工業の維持・保護の観点は、ツンフト廃止を前提とはせず、ツンフト「民主化」と結びついて提起されていたのである。しかし、この要求は、すでに述べたその他のブルジョア的要求と矛盾せざるをえない。資本主義的生産関係を一応前提として、その中で労働関係の改善のための労働者の団結と組織化を追求するベルリンの「労働者会議」は、当然、同時に資本関係の展開の諸条件の実現を求めねばならない。しかし、このことは、中小生産及びその実現を支えるツンフト制の解体に帰結せざるをえないからである。

「決議」の中に含まれたこの特殊性は、しかしこの「労働者会議」とそれに参加した変革主体のこの時期に特有な独自的、経過的性格を表現するものである。即ち、この会議には、その参加団体の名称が示していたように、ツンフト的手工業親方層、とくにその下層とその経済的利害が包摂されていたこと、また、ベルリンに結集した労働者の多くが、本来のプロレタリアートというよりは、より多く、ツンフト制度下の一階層として、独立の経営者に上昇しうる雇職人・徒弟によって構成されていたこと、あるいは少なくとも、このようなツンフト的理念ないし小ブルジョア的理念に強く影響されていたこと、によるのである。

かくてベルリンに結集した北ドイツの労働者の運動は、絶対主義から資本主義への移行の歴史的過程を認識し、その前提の上で、資本家に対抗し、自己の利害を実現するために労働者の団結とその利害の組織化＝組合結成をめざすもので、その限りで、封建制の廃棄とブルジョア権力の樹立をも支持するのである。この点で、またその限りで、もっぱらツンフト的、小生産者的観点から、封建制の廃止と資本主義の廃止を求める、従って空想的、ツンフトないし雇職人的社会主義の立場に立つ西南ドイツの労働者運動と、その意識から区別され、近代的労働組合運動の端緒として規定されえよう。(5) しかし、ボルンに指導された北ドイツ労働者運動は、それが同時にツンフト的手工業の保護とツンフトの「民主化」を要求せざるをえないその点において、西南ドイツの労働運動と共通している。実は、労働運動におけるこの小ブルジョア的ないしツンフト的観点は、西南ドイツにおいても、また北ドイツの場合においても、三月革命の推進主体としての労働者にとって、絶対主義の政治的打倒とその経済構造の変革の意識を直接に規定し、支える要素をなしていたのであるが、両者のちがいは、北ドイツの場合には、一方ではすでに資本主義への必然的移行が意識されており、資本の支配からの小生産者保護というより後退した意識となっていたのに対し、西南ドイツの場合、かかる理念が、同時に革命後創出さるべき社会制度の表現として、資本主義に直接対立させて定置されていた点にあった。ともあれ、『共産党宣言』の代表する見解が、「ツンフトの思い出と希望とルイ・ブランやプルードンの思想の断片や保護関税主義等が相互にいりみだれていた。(6)」――というエンゲルスのボルン評価は、クヴァルクらの批判にもかかわらず、一定の修正を加えた上で、なお三月革命期の労働者運動の特徴――経過的な――を適切に指摘したものとして改めて確認しておかねばならない。

（1） G. Adler, Die Geschichte der ersten sozialpolitischen Arbeiterbewegung in Deutschland, S. 160; E. Biermann, a. a. O., S. 215 f.; H. Pflaume, a. a. O., S. 24 f.
（2） G. Adler, a. a. O., S. 168 ff.; E. Biermann, a. a. O., S. 295 ff.; M. Quarck, a. a. O., S. 156 ff.
（3） Beschlüsse des Arbeiter-Kongreßes zu Berlin vom 23. August bis 3. September 1848, Berlin 1848. Auch zit. in: M. Quarck, a. a. O., Anhang III.
（4） A. a. O., S. 7 f. 中央委員に、ボルン、キック、シュヴェニンガー Schwenninger が選ばれた。
（5） この組織は、「ドイツ労働者の最初の自立的中央組織」、「最初の社会政策的労働運動」などといわれている。G. Adler, a. a. O.; E. Biermann, a. a. O.; M. Quarck, a. a. O. にみられる通説的理解はもっぱらこの点に関わっている。
（6） エンゲルス「共産主義者同盟の歴史」『ケルン共産党裁判の暴露』第三版（一八八五年）序文、『マルクス・エンゲルス選集』大月書店、第二巻、四四六頁。

4　ライン地方の労働者組織

ドイツ労働運動史研究が、主としてボルンに指導された北ドイツ労働運動に焦点を合わせ、これを近代的労働運動の起点として高く評価して来たのに対し、ライン地方の労働者運動ないし労働者組織は、主としてマルクス、エンゲルスの活動ないし思想形成との関連で取り扱われて来ただけで、それ自体の研究は、H・シュタインの研究[1]と、最近の史料集刊行[2]を除けば、殆んど行われることがなかった。我国では、この問題について、林健太郎氏の研究がある。氏は、クヴァルクに依拠しつつ、エンゲルスのボルン評価を批判し、北ドイツ労働運動と、そこに現われた労働者利害の組織化の方向に、その後のドイツ労働運動の起点を求め、また、三月革命期におけるその意義を強調されると共に、マルクス、エンゲルスの活動を次のように規定された[3]。(1)ボルンが労働者の組織化に全力をあげたのに対し、マルクス、エンゲルスは自ら労働者団体の中に入って行くことはせず、専ら小ブル的な民主主義団体の最左翼としてのみ行動した。(2)しかも、マルクス、エンゲルスの作成した「共産党宣言」はもとより、その後、三月革命に対応して書かれた「ドイツ共産党の要求」も非現実的であり、ボルンの「経済主義」的思想の方がより現実的である、と。(2)の問題は彼らの三月革命の現実把握と、諸変革運動の位置づけの仕方にかかわって来る問題である。実は、この問題は、三月革命期の「民主主義運動」の動向・分裂に直接関連してくる問題であるので、ここでは取り扱わず、次節で考察したい。むしろここでは、ライン地方の労働者組織について史料集『共産主義者同盟』によりつつ、簡単な整理を行い、(1)についての林氏の理解を検討するに止めよう。

ライン地方の労働者の独自的組織は、四八年四月六日にゴットシャルク Andreas Gottschalk が行った「民主主義的社会主義的クラブ demokratisch-sozialistischer Klub」の呼びかけと、それに応えた約三〇〇人の労働者・手工業者層の集会に始る。ここで「労働者協会」が発足し、会長にゴットシャルクが選ばれ、各種手工業から選ばれた五〇人からなる委員会が置かれ、アネケらが選出された。協会のメムバーは五月には五〇〇〇になり、六つの地区に支部ができた。機関誌として die Zeitung des Arbeitervereins が刊行され、標語として「自由」「友愛」「労働」が掲げられた。協会は、カムプハウゼンに対して、封建的隷属制と結合した世襲財産制は解体したが、政府の「商人・ファブリカント」への財政的援助が、「産業的隷属制」を伴った「産業貴族」の特権制度をつくり出した、と指摘し、住民の圧倒的部分をなす労働者と手工業者に対し、直接の国家補助を行うよう求めた。(4) またケルン市に対しては、「営業・仲裁裁判所」設立草案を提案している。これは、市庁の指導と組合員の自由選出により、各二人の親方、雇職人、雇用主、ファブリカント及び労働者からなる評議会を結成しようというもので、これにより、組合と組合員の対立を調整し、手工業的営業において自立的営業を志す徒弟・雇職人の審査、ケルン手工業者・営業者の製品展示指導その他を遂行し、その経費は機械への課税によって市財政からまかなわれる、という計画であった。また、「労働者協会」は、めっき工、馬具工、靴工、釘製造工、織布工の親方の経営を保護するため、刑務所労働の廃止を求めた。以上のように、ケルンの「労働者協会」には、当初は、労働者・雇職人ばかりでなく、手工業親方層も参加しており、このツンフト的小ブルジョア的利害は協会を構成する重要な要素をなしていた。(5)

ゴットシャルクは、アネケ、シャッパー、モルらの他の「共産主義者同盟」のメムバーと共に、このようなツンフト的小ブルジョア的利害を排除し、協会を労働者の独自的組織たらしめようとした。「労働者協会の目的は、屠殺税、肉税の廃止、あるいは現政府、行政機構の若干の悪弊の廃止よりも、はるかに高度である。労働者協会の目的は勤労階層の勝利と支配」であり、そのためには、「出版の自由」と「団結権」に基づく「教育と啓蒙」が必要であると指摘した。

「ケルン労働者協会」は、選挙、ライン船員運動及びフランクフルトの「民主主義者会議」に参加していったが、その過程で、社会的経済的問題は後退し、より多く「政治的」変革・闘争に力点を置くようになった。協会は、フランクフルトの「民主主義者会議」には、「全国民の立法・行政への参加」と「労働者共和国 Arbeiterrepublik」、「自由」を基礎にした「統一ドイツ」をスローガンに掲げるゴットシャルクを代議員として派遣した。こうして、ケルンの「労働者協会」は、ドイツの共和主義者と、そのクラブ――「民主協会」――を、組織し、反動勢力、旧体制を徹底的に廃棄していこうという課題に全力を集中していくことになった。同協会は、マルクスの指導する同市「民主協会」と共に、「ライン州民主主義者会議」の中心的な推進主体となった。ゴットシャルクとアネケは、警察に逮捕されるが、これはライン地方の労働者＝「民主主義者」運動の弾圧を意味していたのである。(6)

シャッパーは「ケルン労働者協会」の状況について、「ライン州民主主義者会議」において、次のように報告している。「労働者協会は七〇〇〇人からなっている。会長は監獄にいる。協会は間接選挙には参加しなかった。協会に対する反動の遠吠えは恐ろしく大きい。……協会は支部と労働者新聞によって影響力をもっており、労働者新聞は農村でも売れている。(7)」

このシャッパーは、更に、九月三日の「協会」の「総会」でも、「人はブルジョアジーの搾取様式が騎士層のそれよりも開明的だというかも知れない。我々は答える、我々は一切の搾取を欲しない。もし人権が勝てば階級の相違とそれに伴う我々の悲しみはなくなるだろう。その時はじめて真の人間の自由が支配し、国民主権も空辞でなくなるだろう。(8)」

その後同月一四日の「総会」では、モルに代って議長となったシャッパーは、ヴォリンゲン Worringen の集会について報告し、その中で市長が警察当局に対して行った密告、「カール・マルクスは他の多くのものと一緒になって、そこにおり、この地方一帯の人々を扇動し、国王閣下について不敬な言辞を弄し、嫌悪すべき共産主義を説きました。共産主義者の一七の要求を示したビラを配布しさえしました」という報告を暴露し、警察・行政当局が「集会の自由」の保障をいかに無視しているか批難した。(9)

ヴォリンゲンで「この地方一帯の人々を扇動」し、「共産主義」を説き、「ドイツ共産主義者の要求」のビラを配布したマルクスは、間もなく一〇月、協会の要請を受け、協会長に就任した。(10)「マルクス、エンゲルスは共産主義者が自己の旗幟を明らかにせず、『極端な民主主義者』として革命情勢を激成せしめることをその任としたのである。そしてそのためには、彼等にとって既存の労働者組織はむしろ邪魔であると考えられた節がある(11)」という林氏の指摘が正しくないことは以上から明らかであろう。

以上のように、「ケルン労働者協会」の指導権は、ゴットシャルク、ついでモル、シャッパー、マルクスと「共産主義者同盟」のメムバーに受け継がれてゆくのであるが、同盟は、西南ドイツ、とくにマインツの「労働者協会」にも拠点をもっていた。同盟のマインツ細胞は、四八年四月付の中央委員会宛報告の中で、次のように報告している。「当地の労働者協会のメムバーはちょうど四〇〇人です。しかしその数は急速に増大しております。幹部には我々三人が同盟を代表して参加しております。過半数は次第に我々に賛同しており、協会は全体として我々の考えで指導されているとみなされねばなりません」[12]と。報告は更に続けて大衆への教育活動について述べ、民衆が「政治的社会的問題」を理解し、受け止められるよう努力しているといっている。

マインツの「労働協会」は、西南ドイツ各地の「労働協会」に連絡をとっていた。たとえば以下の都市である。フライブルクのトートナウ Todnau bei Freiburg、プフォルツハイム、ハイデルベルク、オーデルンハイム Odernheim（ラインバイエルン）、ブルクザル Bruchsal（バーデン）、マンハイム、ダルムシュタット、オッフェンバッハ、コブレンツ Koblenz、ハナウ Hanau、フランクフルト・アム・マインなどである[13]。

マインツの同盟員は次のように「確信をもって主張」している。「世界史におけるドイツ労働者の役割が始った。我々は毎日いたる所で労働者の階級的形成が、プロレタリアートのそれが、急速な前進をとげている有様をはっきりと看取することができる[14]。」

ライン地方の労働者運動は、「共産主義者同盟」の指導の下で、旧勢力の打倒、「民主主義」的変革の実現という政治課題に集中していった。この点は、ボルンの指導の下で、「経済主義」に傾いていった北ドイツ労働者運動と異なっていた点である。もとより、すでに触れたようにボルンの「労働者友愛会運動」も、「民主主義運動」と絡み合いその重要な一部を構成していたことは事実である。それ故、政治運動との関連の有無から、この運動を、ライン地方の運動と全く異なった、単なる経済主義とするエンゲルスの規定は、クヴァルクの指摘するように修正されねばならない。しかし、クヴァルクとこれに代表される通説の問題点は、「経済主義」と旧体制の政治的変革とを単純に区別し、両者の関連を解明しなかった点にあった。それ故、三月革命期のライン地方の労働者運動、またマルクス、エンゲルスの活動は、社会経済的変革とは区別される単なる政治上の変革をめざしたもの、あるいは「政治主義」として規定されることになった。では、ライン地方の労働運動、「共産主義者同盟」が求めた旧勢力の打倒、「民主主義」的変革という問題は、一体いかなる内容をもっていたのだろうか。それは、単なる政治的民主主義を意味していたのであろうか。

(1) Hans Stein, Der Kölner Arbeiterverein (1848–1849). Ein Beitrag zur Frühgeschichte des rheinischen Sozialismus, Köln 1921.
(2) Der Bund der Kommunisten. Dokumente und Materialien, Bd. I, 1836–1849. Hrsg. von Institut für Marxismus-Lenismus beim ZK des SED u. Institut für Marxismus-Lenismus beim ZK der KPdSU, Berlin 1970.
(3) 林健太郎「三月革命と社会主義」『西洋史学』第一一号、参照。
(4) H. Stein, a. a. O., S. 38.
(5) A. a. O., S. 40 f.
(6) A. a. O., S. 57.
(7) Zit. in: a. a. O., S. 64.
(8) Der Bund der Kommunisten, S. 842, Nr. 293.
(9) A. a. O., S. 847, Nr. 297.
(10) A. a. O., S. 854, Nr. 303.
(11) 林、前掲論文、一六頁。
(12) A. a. O., S. 765 ff., Nr. 242.

(13)　報告は各地の連絡先の名前をあげているが、その職業は次の通りである。マンハイムの靴工、ハイデルベルクの小学校長、プフォルツハイムの金細工工、ダルムシュタットの指物雇職人、ボンのブラシ製造工、トートナウの製紙工。ハイデルベルクを除き、すべてが熟練工、ないし手工業的雇職人であることがわかる。A. a. O., S. 769.

(14)　A. a. O.

三　「民主主義者」運動とその分裂

1　「民主主義者」運動の開始
——「第一回民主主義者会議」——

一　「民主協会」、「民主クラブ」の成立

一八四八年のドイツ革命の政治的課題は、ドイツ人の「自由」と「統一」であったといわれる。しかし三月革命の中で絶対王制の政治的打倒のために登場して来た政治的勢力は当初から二つに分化していた。「自由主義者 Liberalen」と「民主主義者 Demokraten」とにである。革命の政治過程で、各邦の内閣、議会、また「国民議会」で多数派として局面を主導しようとしたのは、前者の「自由主義者」であった。このグループは、ブルジョアジー、小ブルジョア及び知識人などの「自由主義的中間層」から構成されていた。彼らは、保守的、封建的諸勢力とは対立しながらも、各邦の権力、「三月内閣」の存続を認め、フランクフルトの統一議会をこれに妥協させつつ、立憲君主制を実現しようとするもので、「立憲主義者 Konstitutioneller」などとも呼ばれていた。

これに対して、「民主主義者」は、君主制の全面的廃止、国民主権に立った共和制及び中央集権制に基づく統一ド

イツの実現を求めるグループで、しばしば、「共和主義者 Republikaner」、「民主主義的共和主義者 demokratischer Republikaner」と呼ばれている。[1] 絶対主義的領邦体制の変革とブルジョア的な「自由」及び「統一」の実現が現実の問題となっていたこの一八四八年のドイツにおいては、この「自由主義者」と「民主主義者」とは、あるいは、「立憲君主主義者」と「共和主義者」とは、旧勢力の残存(従って反革命の可能性)を認めるか、その全面的廃棄かという全く対立した関係にあったのである。「絶対主義、官僚制、貨幣貴族及び称号貴族に対する徹底した敵対者」[2](ファレンティン)としての「民主主義者」こそ、三月革命の最も推進的な担い手に他ならなかった。もし、三月革命をフランス革命に対比させるならば、ドイツの「自由主義者」と「民主主義者」を、フランスのそれぞれジロンダンとジャコバン＝モンタニャールに対応させることができるであろう。

「民主主義者」、即ちドイツのジャコバンは、「準備議会」に対し、シュトルーフェ Gustav von Struve やヘッカー Friedrich Hecker らの南ドイツ急進主義者を送りこんだものの、「三月内閣」の弾圧の下で、その後の選挙では後退し、「国民議会」での影響力は著しく小さくなった。一方における「急進民主主義者」と「自由主義者」の対立、他方における「自由主義者」と保守勢力との結合(妥協)というその後の三月革命過程を特徴づける政治的関係は、ここに端緒を与えられるのである。しかし、にもかかわらずこの過程は、同時に、「民主主義者」の運動が、次第に組織化されてくる過程であった。いわゆる「民主党 die Demokratische Partei」の形成がそれである。

ドイツ「民主主義者」とその運動の拠点は、従って三月革命の拠点は、各地の「民主協会 demokratischer Verein」、「民主クラブ demokratischer Klub」であった。ヘッカーとシュトルーフェの設立した「祖国協会 der Vaterländische Verein」、カールスルーヘ Karlsruhe の「民主協会」、リヒテンフェルス Lichtenfels、クロナハ Kronach、シュヴァインフルト Schweinfurt 及びホーフ Hof 一帯の「民主主義」運動の拠点となったバムベルクを中心とする「民主協会」、フュルト Fürth、エール Erl、アルトドルフ Altdorf 及びシュヴァバッハ Schwabach に支部をもつニュルンベルクの「民主協会」、ヴィンケルブレッヘらの活動するカッセルの「選挙委員会」、マルブルクにおけるバイルホーファー Bayrhofer のそれ、マインツのそれ、などが西南ドイツにおける「民主協会」の一例である。とくにマインツでは、バムベルガー Ludwig Bamberger 及びチッツ Franz Zitz らによって指導され、機関誌、die Mainz Zeitung の刊行、「民主委員会 die demokratische Komitee」の設置などが行われ、以後、この市の「民主協会」は、市内のみでなく、周辺の農村地区へも影響を与えることになった。この地方の急進主義者は、ラインヘッセンの村々を訪ね、「知的で、豊かで、活動的な人々」の支持を獲得し、四八年夏には、オーバー・インゲルハイム Ober-Ingelheim、ホッホブルク Hochburg に、周辺の農村地帯へ運動を拡大するための拠点を設定しさえした。(3)

「民主協会」は、西南ドイツのみでなく、ザクセン、プロイセンにおいてもつくられ、民主派議員はこれを基盤に、ザクセン議会、プロイセン議会にそれぞれ進出していった。とくにプロイセンでは、これは「民主主義」的な「選挙人」選出の母胎となり、またその指導の下で、シュレージエンやザクセン州では、農民の組織・「農民協会」も創出された。ライン地方のトリエール Trier ではジモン Ludwig Simon 主導の急進的委員会が生れ、またボン及びその周辺では、「秩序と権威」の回復をめざす保守派、漸進的改革をめざす「立憲派」に対抗しつつ、市民、学生を中心に「民主クラブ」が組織され、キンケル Gottfried Kinkel が会長に就任した。しかし、ライン地方の「民主主義運動」の拠点は何といってもケルンの「民主協会」であり、マルクスの活動の拠点は当初ここにあった。エルベ以東では、ベルリン、シュテッティン、ケーニヒスベルクが中心であった。(4) これらの「民主協会」は、都市の雇職人・労働者、手工業親方層及び知識人を中心に構成され、当初は、産業資本家層もこれに参加していた。ブルジョア＝小ブルジョア的階層は、かくて、「自由主義者」と「民主主義者」の二つのグループに大きく分化したのである。

二　「第一回ドイツ民主主義者会議」

「民主協会」の展開という状況を背景にして、マルブルクのバイルホーファーの呼びかけをきっかけに、四八年六月一四—一七日に、「第一回ドイツ民主主義者会議 der erste Kongreß deutscher Demokraten」がフランクフルト・アム・マインで開かれることになった。(5) 会議は、六六の都市から、八七の「協会」の代表が参加し、議決権をもたない参加者をも含めて参加人員は、合計二三四人にのぼった。その中には、革命以前からすでにその名の知れた「民主主義者」及びその後表面に現われてくる活動家の名前が見出される。(6) 代表派遣地及び主だったメムバーを列挙すれば次の通りである。

(1) 西南ドイツとその周辺。フランクフルト(フレーベル J. Fröbel、ペルツ、エセレン Esselen、モルほか、計二二人)、マルブルク(バイルホーファー、ドロンケ Dronke ほか、計一三人)、マインツ(バムベルガー、チッツほか、計一二人)、ダルムシュタット(ベック Beck ほか、計一一人)、ハイデルベルク(九人)、ギーセン Gießen(六人)、マンハイム(五人)、オッフェンバッハ(五人)、ヴィースバーデン(シャッパーほか、計四人)、ハナウ(七人)、ハイルブロン(五人)、ブレツェンハイム(マインツ郊外、五人)、ビンゲン Bingen、イドシュタイン、オッペンハイム(マインツ近郊)各三人、シュトゥットガルト(G・ラウ Rau ほか、計三人)、ノイシュタット(四人)、ニュルンベルク(四人)、ミュンヘン、カッセル、ヴォルムス Worms、ナゴールト、カールスルーへ、オーデルンハイム、ヘクスト Höchst、ミヘルシュタット Michelstadt、ヴェストホーフェン Westhofen、キルヒハイムボランデン Kirchheimbolanden、各二人などで、ほかにウルム、パッサウ Passau、バムベルク、ローテンベルク、ガイゼンハイム Geisenheim、ブンディンゲン Bundingen、ヴェニングス Wenings、オフシュタイン Offstein、ブルックベルク(フォイエルバッハ Ludwig Feuerbach)、ヴェッター Wetter、フリトベルク Friedberg、ダッセル Dassel、ヴァインハイム、ベールフェルデン Beerfelden、ヴェルトハイム Wertheim、アルテンブルク Altenburg などが、それぞれ一人の代表を派遣している。とくに、マンハイム、マインツ、ヴォルムスなどの周辺の中小農村都市からの参加が注目されよう。

(2) ライン・ヴェストファーレンとその周辺。ケルン(アネケ、ゴットシャルク、ビュルガース H. Bürgers ほか、計九人)、デュッセルドルフ(フライリグラート F. Freiligrath ほか、計五人)、ボン(三人)、トリエール(三人)、ハム(カップ Fr. Kapp 及びヴァイデマイヤー Weidemeyer ほか三人)、ハノーファー(二人)、ビーレフェルト(三人)、デトモルト Detmold、ミンデン、ドルトムント Dortmund、ブラウバッハ Braubach、各一人。

(3) 中部ドイツ及び東ドイツ。ライプチッヒ(二人)、イェナ(二人)、ブレスラウ(ロンゲ Joh. Ronge ほか計四人)、ポツダム、シュヴァイトニッツ、メクレンブルク、シュレスウィッヒ・ホルシュタイン、各一人、ベルリン(ヘクサマー Hexamer ほか計四人)

(4) ほか。ウィーン(二人)、オーバーアルム Oberalm、チュリッヒ、ニューヨーク(クリーゲ Hermann Kriege)、フィラデルフィア、シンシナチ、ロンドン、各一人、パリ(マイスナー Alfred Meißner ほか、計二人)

会議の参加者は、交通条件及び経費の問題もあって、東エルベからのそれは少なく、西南ドイツ及びライン地方のそれが圧倒的部分をなしている。ライン地方からは、ゴットシャルク、モル、アネケ、ビュルガースをはじめとする「共産主義者同盟」の主力メムバーが、また西南ドイツからは、「国民議会」の議員フレーベル、チッツ、ヴュルテムベルクのファブリカント・ラウ、マインツのバムベルガー、マルブルクのバイルホーファーなど小ブルジョア＝ブルジョア的急進民主主義者が参加し、しかも後者が優位を占めた。即ち議長にフレーベル、副議長にバイルホーファー、書記にカップ(プロイセン司法官補で「九月蜂起」に参加)、ヘルフェル(フランクフルトの「労働者協会」のリーダーで、後「九月蜂起」に参加)、ヘルツベルク Th. Herzberg、ベルガー Ad. Berger らが選ばれた。

会議は、主として「民主主義者」の勢力拡大と組織化を検討し、いくつかの「決定」を行った。「ドイツ国民が堅持しうる唯一の制度は民主共和制 die demokratische Republik である。それは総体が個人の自由と幸福に対して責任を負う制度に他ならない。[7]」会議は、上のように宣言し、「民主共和制」の実現のために、「民主主義者」を組織し、「ドイツ民主共和党 die demokratisch-republikanische Partei in Deutschland」を結成することを決定した。これは、「中央委員会 Zentralausschuß」—「地区協会 Kreisverein」—「地方協会 Lokalverein」をもち、五人からなる「中央委員会」はベルリンに置かれ、その指令は、die Berliner Zeitungshalle, die Neue Rheinische Zeitung, die Volkszeitung (その再刊までは Mannheimer Abendzeitung)を通じて行われることになった。

中央委員には、フレーベル、ラウ、クリーゲが、補佐としてバイルホーファー、シュッテ L. Schütte、アネケが、またベルリンへの本部移転によって、ベルリンの「民主主義者」マイエン Meyen 及びヘクサマーが選ばれた。かくて、ドイツ「民主主義者」運動の組織化が開始されたのであるが、この運動の主導権を掌握したのは、上の「中央委員会」の構成が示すように、フレーベル、ラウ、バイルホーファー、ヘクサマー、マイエン(クリーゲ)らの西南ドイツ及びベルリンの小ブルジョア=ブルジョア的民主主義者であった。「共産主義者同盟」は、アネケを委員に送るに止まった。

「ドイツ民主共和党」に発展すべきこの「民主主義者」組織は、その小ブルジョア=ブルジョア的メムバーを通じて、議会の小ブルジョア=ブルジョア的な「急進民主主義者」に結びついていた。即ち、フレーベルとチッツを通じて「国民議会」の急進左派——ブルム Robert Blum、アイゼンシュトゥック B. Eisenstuck(ケムニッツのファブリカント)、シュレッフェル Schlöffel(aus Halbendorf)、アーノルト・ルーゲ Arnold Ruge、ディースカウ Dieskau、ジモン L. Simon(aus Trier)、トゥリュチュラー Trützschler ほか——と、またヘクサマーらを通じてベルリンの「プロイセン議会」の「急進民主主義者」たち——テメ Temme、デスター d'Ester、ワルデック Waldeck、ライヘンバッハ、ヤコビー Jacoby——とそれぞれ連繋しえたのであった。ここにドイツ「民主主義者」は、その所属に従って、「議会派民主主義者」と「クラブ民主主義者」という二つのタイプに分かれることになった。

しかし、この「民主主義者」の組織には、すでにみたように、「共産主義者同盟」のメムバーが含まれていた。彼らは自らの指導権を確立しえた「民主協会」を拠点として、更に、急進的な労働者、雇職人、農民が優越する各地の「民主協会」の急進的メムバーと共に、「議会派民主主義者」を中心とする西南ドイツとベルリンの小ブルジョア＝ブルジョア的主導部に対立しはじめていた。このような対立が、「政治的民主主義 Politische Demokratie」と「社会民主主義 Sozial-Demokratie」との対立として現われてくるのは、ウィーンで反革命が勝利しつつあった四八年一〇月、ベルリンで開かれた「第二回民主主義者会議」においてであった。

（1）V. Valentin, a. a. O., Bd. I, S. 326 ff., Bd. II, S. 7 f., 20 f.; Ludwig Bergsträßer, Geschichte der politischen Parteien in Deutschland, München 1952; T. S. Hamerow, op. cit., p. 124 ff. なお、ライン地方のブルジョアジーの政治的性格については、末川清「プロイセン立憲化過程におけるライン・ブルジョアジー」『立命館文学』一八三号、一九六〇年。同「三月革命期におけるライン自由派の政治的性格」桑原武夫編『ブルジョア革命の比較研究』筑摩書房、一九六四年、所収、を参照。

（2）V. Valentin, a. a. O., Bd. I, S. 480.

（3）Ludwig Bamberger, Erinnerung. Hrsg. von P. Nathan, Berlin 1899, S. 113; H. Krause, a. a. O., S. 123 f.

（4）「民主協会」の展開については、H. Krause, a. a. O., S. 117 ff.; V. Valentin, a. a. O., Bd. II, SS. 3-8.

（5）この会議については、以下の研究を参照。Gustav Lüders, Die demokratische Bewegung in Berlin im Oktober 1848. Abhandlungen zur mittleren und neueren Geschichte, Heft 11, Berlin u. Leipzig 1909, S. 25 f.; H. Krause, a. a. O., S. 127; V. Valentin, a. a. O., Bd. II, S. 100 f.

（6）　参加者の一覧は、G. Lüders, a. a. O., Anlage I, SS. 137-140 にある。

（7）　A. a. O.

2　「民主主義者」運動の社会的基盤

一　西南ドイツ

西南ドイツにおける「民主協会」の一般的な形成についてはすでに述べた。この地方の民主主義運動の特徴は、雇職人・労働者、下層手工業者及び「富裕な市民」――商人、工場主――が、まだ対立せず、一体となっていた点にある。「中央委員会」に選ばれたヴュルテムベルクのラウは、元来、ファブリカントであったが、彼は、労働者・雇職人及び「富裕な市民」の中に広く支持者を見出すことができた。[(1)] バムベルガー、チッツら小ブルジョア急進主義者によって指導されていたマインツでも同様で、この地の「共産主義者同盟」のメムバーは、ケルンに向けて次のように報告している。「当地の体育協会〔民主協会の一種〕は現在約七〇〇のメムバーを数えています。ここではブルジョアジーがなお主導権を握っておりますが、しかし、そこでも恐らくすぐにプロレタリアート代表のメムバーが大いに活動することになるでしょう。目下のところ体育協会と労働者協会との関係は、大体、急進的ブルジョアジーとプロレタリアートのそれと同じです。[(2)]」

しかし、「民主協会」に占める労働者・雇職人の比重は大きかった。このことは、「第一回民主主義者会議」に対し、西南ドイツ各地の「労働者協会」――エスリンゲン、フランクフルト、ハナウ、ハイデルベルク、ハイルブロン、マインツ、マルブルク、ニュルンベルク、オッフェンバッハ、シュトゥットガルト、ウルム、ヴィースバーデン、ナゴールトの各「労働者協会」――が、代表を派遣していることからも推定できよう。しかし、同時に、西南ドイツの労働者運動は、小ブルジョア＝ブルジョア的勢力の影響を強く受けることになったのである。

「ドイツ、とくにヴュルテムベルクの労働運動」に関する一八五〇年の「国王への秘密調査報告」は、指摘している。「一八四八年及び一八四九年の労働者協会は本来的には民主協会の支部以外の何ものでもありませんでした。それは民主党の指導者によって始められました。たしかにそこでは一般的平等権の問題が労働者の地位に適用され、国家の新たな構成の成果として労働の改善、営業関係の管理への参加等々が約束されはしました。しかし教養のある指導者は、社会主義的実験以上に、運動を政治的イデーに結びつけ、極端な前進をこととする有力な一派に関連させました。(3)」(傍点は引用者)

同じような事情は、たとえば、ゲッピンゲン県知事の報告、「私は当地の労働者協会の参加者としてもっぱら当地の農民及びラウのブリキ製品工場の従業員を知るだけです。……協会は本部会議を月一回、間違いなく民主主義者として知られている酒場を順々に会場にして開かれております(4)」(傍点は引用者)から、あるいは、エスリンゲンの知事の報告、「この組織(労働者協会)は実際に七一人を数えている。……集会場は民主主義者のビール醸造所を交代しています(5)」という指摘からも知ることができよう。

以上のように西南ドイツの「民主協会」と、これを基盤とする「民主主義者」の運動は、まず、小ブルジョア＝ブルジョア層(及び知識人)を構成要素の一つとし、また、かれらによって指導されていた。しかし、そこには、雇職人・労働者も、包摂されており、運動はこれらの社会層の運動と絡みあって展開していったのである。さらに、この西南ドイツのジャコバン主義運動は、農村地帯にも影響を与えないわけにはいかなかった。すでに、「第一回民主主義者会議」には、多数の農村都市や市場町から、代表が派遣されてきていた。このような状況について、革命後、シュトウットガルト市長は次のように指摘している。「祖国協会der Vaterländischer Verein、国民協会der Volks-Verein(三〇〇―四〇〇人)、労働者協会(一五〇―二〇〇人)について。上にあげた当地の三組織は、……既存の秩序の決定的な敵対者としてみなしうる。しかも、その中には国民協会のようにその組織をすでに全地域に広げているものもあり、あるいは、労働者協会のようにそのように拡大しようと考えているものもあり、いよいよ危険な存在となっております。その結果、これらの協会の恐ろしい原理がつぎつぎに農民の間にも植えつけられるという事態が生じております。……」(6) かくて、ヘッカーらの蜂起に際しては、人は「シュトゥットガルトとウルムの間のどの村でも、ヘッカーと共和国万歳! の叫び声で迎えられる」という状態が生じたのである。(7)

ヴァインベルクからの報告は「民主主義運動」のこのような農村への拡延の条件が、農民の中にあったことを指摘している。――農業、ブドウ栽培の支配的なこの地では、工業生産者が少数で、「労働者の社会主義的団結」の痕跡はない。しかし、「共産主義思想」は、「民衆の大部分、とくに貧困層の気持の中に深く根ざしております。」しかし、それは「哲学的な謬説」によるのではなくて、「彼らの貧困から」生じて来ている。「何ももたないものは、そして、勤勉と倹約にもかかわらず何もえられず、その家族を養えぬものは、必然的に国家とその制度への敵対者に、社会主義の友人になる。」「それ故社会主義は我が住民の間に恐らく信じられないほど非常に多くの支持者をもっている。」(8)第一章でみたように、シュヴァルツヴァルト南部、ボーデン湖周辺の農村地帯の村々の手工業者、農民たちは、一一月二八日、ヒュフィンゲンに集り、「国民議会」に対して、「平等主義」の実現と、この観点から、封建地代の無償廃止を迫ることができたのである。

二 ザクセン

ドレスデンで開かれている議会に多数の議員を送りこんだザクセンの「民主協会」は、まず、ライプチッヒの民衆を基盤に、R・ブルムによって組織された「祖国協会」に始った。この協会は、しかし、その後、ルーゲらの下層市民、とくに雇職人・労働者を中心とする共和主義的多数派と、ヴトケ Wuttke ら中間層の君主制的少数派――「ドイツ祖国協会」――に分裂し、後者は、ライプチッヒの「貨幣・高位貴族」の指導の下に編成されていった。[9] かくて、ザクセンの「民主主義者」運動の担い手は、次第に、下層市民を中軸とするにいたるのであるが、それにもかかわらず、その主導的メムバーの中には、西南ドイツと同様に、急進的な産業資本家、手工業者を含んでいた。たとえば、「ブーフホルツ祖国協会 der Vaterlandsverein Buchholz」及び「ゼーマ国民協会 der Volksverein Sehma」の委員会のメムバーの職業はそれぞれ次のようであった。即ち前者は、学校教師、レース編工、製本工、工場親方各一ほか、後者は、牧師、世襲判事、教師、画工、ファブリカントである。

もとより中心は、雇職人・労働者及び下層手工業者であった。両協会がザクセン下院に提出した請願書の署名者は次のような職業に属していた。

レース編親方一一、レース編工一二二、手労働者一一、指物雇職人七、同親方一、靴工八、大工六、左官六、同雇職人五、仕立工四、工場労働者三、土地所有者二、製本工二、蹄鉄工二、同親方一、桶工、車大工、カルタ製造工、廷丁、洋服屋、製油工、村長、日雇、家僕、下男、園芸人、修理工、肉屋、織布工、製粉工、同経営者、運送工、歯科医、染色工、仕立親方、錠前工、医師各一ほか。

ザクセン民主運動の主要な担い手は、みられる通り、雇職人・労働者で、すでに「第一回民主主義者会議」には、仕立雇職人キックが派遣されていた。「労働運動の焦点」(ファレンティン)としてのライプチッヒは、第二回会議には、「労働者友愛会運動」の指導者ボルンを送ることができた。

ザクセンの「祖国協会」は、更に農村地帯にも進出し、ここに三〇の支部をもつことができた。農村地帯では、「立憲協会 der Konstitutionelle Verein」に結集した土地貴族、保守主義者が、「自由主義者」、とくに「ドイツ協会」をもまきこみつつ、農民を組織する動向を示していた。「民主主義者」による農民の組織化は、このような方向に対決しようとするものであった。「祖国協会」は村々や農村都市で集会を開き、数百から数千の村民、市民を集めたという。ここでは、選挙法、出版の自由その他の政治的要求は、封建地代の廃棄と結びつけられて提起された(10)。

三　プロイセン——ライン下流地方——

プロイセンの東エルベ地帯の「民主主義者」の運動は、ベルリンやブレスラウなどの大都市を除き、一般に遅れていたが、農村地帯を中心に前進を示し始めていた。「第二回民主主義者会議」に出席した東プロイセンの代表は、「民主主義は最近農村においても前進している(11)」と述べ、また西プロイセンの代表は、反動的な大土地所有者と上層市民に対立しつつ、「農村の小土地所有者」が、小市民、労働者と共に、「民主主義運動」に参加している事実を報告している(12)。しかし、「民主主義者」による農民の組織化が最も進行したのは、シュレージエン地方であった(13)。選挙を通じて、ライヘンバッハ、シュタイン Stein、エルスナー Elsner らの「民主主義者」を議会に送りこんだこの地方では、小ブルジョア＝ブルジョア的「民主主義者」の指導の下で、四八年の夏から秋にかけて、「農民協会」が組織され、八月二七日には、シュヴァイトニッツ Schweidnitz 郡のメルシュレヴィッツ Mörschlewitz において一八の郡から四〇〇人の代表を集めて、農民集会が開かれた(14)。更に、九月二二、二三両日には、ブレスラウで第二回目の集会が開かれ、三五の郡から代表が参加した。シュレージエンの「農民協会」は「民主協会」との直接の結合を拒否したが、しかし、その関係は緊密で、ベルリンの「民主主義者会議」に参加した、「農民協会」の会長シュリンケ Schlinke は、協会の

メムバーを二〇万と報告している。(15)

西南ドイツと並んで「民主主義者」運動の西エルベにおけるもう一つの拠点は、「共産主義者同盟」のメムバー、とくにマルクスに指導されたライン地方であった。革命前、ロンドン、パリ、ブリュッセル、チュリッヒ等でドイツ人労働者・雇職人を基盤に運動を開始していた「共産主義者同盟」のメムバーは、革命勃発後、ドイツに戻り、ライン地方、とくにケルンを中心に、絶対主義打倒の運動を展開した。フランクフルトの「民主主義者会議」にライン地方から参加したゴットシャルク、ビュルガース、アネケ、モルらは同盟員であり、フライリグラートは「新ライン新聞」の刊行者であった。いう迄もなく、彼らの背後には、「同盟」の指導者、マルクス、エンゲルスがおり、彼らは、「民衆集会」、「民主協会」、「新ライン新聞」において、三月革命の状況を明らかにし、それぞれの問題について方針を打ち出しつつ、「国民議会」の急進民主主義者達に積極的な行動を迫ると共に、独自の立場から、ライン地方の「民主主義者」とその運動を組織しようとした。「ライン州民主主義者会議」の開催の呼びかけは、このような「民主主義者」の組織化の方針に沿ったものであった。即ち、ケルンの三つの「民主主義者」の団体は、シュナイダー二世、マルクス(「民主協会」)、モル、シャッパー(「労働者協会」)、ベッカー、シュッツェンドルフ Schützendorf(「労働者・雇主協会」)の六名の連名で「第一回ライン州民主主義者会議」を召集した。これはフランクフルトの「民主主義者会議」の決定に沿ったもので、八月一三、一四両日、ケルンにて開催され、以下の諸団体が参加している。

「ケルン民主協会 der Demokratische Verein in Köln」、「ケルン労働者協会 der Arbeiterverein in Köln」、「ケルン労働者・雇主協会 der Verein der Arbeiter und Arbeitgeber in Köln」、「ゾリンゲン政治クラブ der Politische Klub in Solingen」、「デュッセルドルフ国民クラブ der Volksklub in Düsseldorf」、「デュッセルドルフ民主的君主制協会 der Verein für Demokratische Monarchie in Düsseldorf」、「クレフェルト労働者協会 der Arbeiterverein in Krefeld」、「ケ

トヴェーク国民協会 der Volksverein in Kettweg」、「トリエール民主協会 der Demokratische Verein in Trier」、「ドルトムント国民協会 der Volksverein in Dortmunt」、「ハム国民協会 der Volksverein in Hamm」、「コヘム民主協会 der Demokratische Verein in Kochem」、「ミュルハイム労働者協会 der Arbeiterverein in Mühlheim am Rhein」、「ミュルハイム民主協会 der Demokratische Verein in Mühlheim an der Ruhr」、「ボン民主協会 der Demokratische Verein in Bonn」、「バルメン政治クラブ der Politische Klub in Barmen」、「ベルリンのライン・ヴェストファーレン協会 der Rheinisch-Westfälische Verein in Berlin」などである。この会議に参加した代議員は四〇人であったが、主導権をにぎったのは「共産主義者同盟」のメムバーであった。(16)

マルクスは、七月にすでに次のように指摘していた。「一七八九年のフランスのブルジョアジーは、彼らの同盟者である農民を一瞬たりとも見捨てなかった。彼らは、自分たちの支配の基礎が農村における封建制の破壊であり、土地を所有する自由な農民階級をつくりだすことである、ということを知っていた。一八四八年のドイツのブルジョアジーは、自己の骨肉を分けたもっとも自然な同盟者であり、それらの人々なしにはブルジョアジー自身が貴族にたいして無力である農民たちをなんのためらいもなく裏切る。償却の形式での封建的諸権利の存続とその是認、これこそが、だから、一八四八年のドイツ革命の成果なのである。(17)」

封建的土地所有の廃棄、従ってまたその実現をめざす「農民革命」こそ、一八四八年のドイツの基本的課題であるとするマルクスのこの観点は、すでに四月、彼が、シャッパー、バウアー、エンゲルス、モル及びヴォルフと共に起草した「ドイツ共産党の要求」の中に貫かれていた。「要求」の内容は次の通りである。

(1)単一不可分の共和国。(2)二一歳以上のドイツ人のすべてが選挙権、被選挙権をもつこと。(3)議員は有給とする。(4)全国民の武装、軍隊による生産。(5)訴訟は無償とする。(6)あらゆる封建的負担、あらゆる貢租、賦役、十分の一税等の無償廃止。⑺王領地その他の封建的領地、すべての鉱山・炭坑等の国有化、これらの領地での大規模農場の建設。⑻農民保有地の抵当権は国家の財産とされ、農民は利子を国家に支払う。⑼小作制度の発達した地方では地代または小作料は租税として国家に支払われる。⑽私的銀行の廃止、中央国立銀行の設立。⑾すべての交通機関の国有化。⑿公務員給与はその家族の大きさの差異以外に何の差異もない。⒀国家と教会の分離。⒁相続権の制限。⒂高度の累進税の実施と消費税の廃止。⒃国立作業場の設置、国家は、すべての労働者の生活を保障し、労働不能者を扶養する。⒄無料の普通国民教育。――「以上の方策の実現に全力をもってあたることは、ドイツのプロレタリアート、小ブルジョア、小農民の利益である。なぜならこれらの方策を実現することによってはじめて、ドイツでこれまで少数者に搾取され、また今後も抑圧のもとにひきとめられようとしている数百万の人々は、自分の権利と、あらゆる富の生産者としての彼らに当然属すべき権力とを、獲得することができるからである。[18]」

「ドイツ共産党の要求」は、ドイツの旧体制の打倒とその変革のあり方に関わるもので、一月に書かれた「共産党宣言」のドイツへの適用であった。すでに述べたように、これらはビラに印刷され、集会等で配布されていた。その内容は、みられる通り、大きく二つに分けられる。即ち、⑴―⑸、⒀、⒄にみられる政治的要求、ないし絶対主義的領邦体制の政治的変革の要求、及び⑹―⑿、⒁―⒃の社会的経済的要求、あるいは旧体制の社会経済構造の変革の要求であり、しかも、両者は不可分に結びついている。マルクス、エンゲルス、あるいは「共産主義者同盟」及び彼らが指導するライン地方の「民主主義運動」、労働者運動の焦点は、まず何よりも旧体制の打倒におかれており、その限りでクヴァルクが言うように「政治主義的」であったが、しかし、その内容は、単なる政治機構の変革ではなく、かかる政治的上部構造を支えている社会的経済的構造の変革、即ち「社会革命」にあった。ライン地方の変革運動は、従って、「民衆」の社会経済的要求とその実現のための運動から遊離したものではなくて、むしろ、それに最も接近し、結びつこうとするものであった。上の「要求」の内容は、どれも、資本制生産の廃棄に関する「共産主義的」ないし「社会主義的」変革ではなく、むしろ、それ自体、ブルジョア的ないし小ブルジョア的であった。なかでも、交通機関の国有化、高度の累進税の実施と消費税廃止、国立作業場、国家による労働保障等は、第二節でみた三月革命期の労働者の社会的経済的利害に対応するものであった。しかし、「要求」が、その他の地方の労働者運動の方向と異なっている点は、あるいはマルクス、エンゲルス(「共産主義者同盟」)及びその指導下にあったライン地方の「民主主義運動」を他の地方の運動から区別する決定的な特徴は、封建的土地所有の全面的廃棄――あらゆる封建的負担、あらゆる貢租、賦役、十分の一税の無償廃棄、王領地その他の封建的領地、すべての鉱山・炭坑の国有化――にあった。「要求」のこの部分は、いう迄もなく、「農民革命」と、その中に現われた農民的利害に結びつくものであり、農民と共に旧体制の経済的基盤を根底から破砕しようという方向を示す決定的な点であった。従って、「要求」にかんするメーリンクの次のような解釈は、全面的に誤りであるといえよう。「それらはドイツの後れた経済状態を見逃してはいなかったが、それにもかかわらず、事態の歴史的経過の示すところによれば、ドイツが当時ようやく到達していた経済的発展段階では、この綱領さえ早すぎたのである。……その起草者のおかした誤りは、ただ、そもそもこの綱領が、長くかかるにしても、中断することのない革命的過程のなかで達成することができる、と仮定していたことである。かれらは、方向も目標も間違わなかったが、ただその道の長さだけを思いちがいしていた。[19]」メーリンクの「おかした誤り」は、三月革命の基本的課題である封建的土地所有の廃棄と「農民革命」の意義を無視した点にある。封建地代の無償廃棄、王領地、亡命貴族領の国家による没収などは、すでにフランス革命の中でジャコバン＝モンタニャールによって提起され、実現された課題であり、その限りで、「要求」は、このジャコバン＝モンタニャールの路線に立っていた。(7)、(8)、(9)に示される、国有化した土地に大規模農場を創設すること、地主・小作関係の解体、前期的な高利貸資本の農民支配の解体及び封建的土地所有の一形態たる鉱山・炭坑の国有化などのプログラムは、前近代的な私的銀行の廃止、相続権の制限のそれと共に、それ自体、封建的土地所有体系の全面的、機構的変革を実現する最も徹底したブルジョア民主主義的プログラムであった。しかし、それはフランス革命のジャコバン＝モンタニャールによっては提起されえなかったものであり、それ故ドイツの都市小ブルジョア＝ブルジョアによってはもちろん、「農民革命」においても提示されえなかった内容であり、その限りで鉄道国有化、国家による労働保障などの要求と共に、「プロレタリア的」な性格をもち、後の歴史過程が示しているように、ブルジョア主導の変革においてではなく、プロレタリア主導の変革の下でのみ実現されうるものであった。三月革命期のマルクス、エンゲルス、あるいはライン地方の「民主主義者」の方向は、この点において、その他の小ブルジョア＝ブルジョア的運動はもとより、北ドイツ及び西南ドイツの労働者運動及び「農民革命」とも異なった、独自な、「プロレタリア」的立場に立ったものであった。(20)

ライン地方の「民主主義者」の変革運動の「プロレタリア」的性格は、ベルリンで開かれる「第二回民主主義者会議」で、「政治的民主主義」か、「社会民主主義」かの対立の中で、一層明確となるのである。その中で、ドイツ「民主主義」運動は解体し、分裂してゆくのである。このような経過を踏まえて、四九年四月、マルクス、シャッパー、アネケ、ベッカー、ヴォルフは、「ライン民主協会地域委員会」を開催し、「民主協会の現在の組織はあまりにも多くの異質な要素をその中に含んでいるため、事業の目的にとって有益な活動をおこなうことができない(21)」と宣言して脱退する。その三日後、「ケルン労働者協会」の委員会は、ラインラント・ヴェストファーレンの「全労働者協会代表者会議」の開催を提案し、その「臨時小委員会」に「市民K・マルクス、W・ヴォルフ、K・シャッパー、アネケ、エッサー及びオットト」の六名を指名した。(22)

（1） H. Krause, a. a. O., S. 144; V. Valentin, a. a. O., Bd. II, S. 422 f.; F. Balser, a. a. O., S. 347 f.
（2） Zit. in: Der Bund der Kommunisten, S. 768.
（3） Zit. in: F. Balser, a. a. O., S. 564.
（4） Zit. in: a. a. O., S. 573, Quellenhang 31.
（5） Zit. in: a. a. O.
（6） Zit. in: a. a. O., S. 548 f., Quellenhang 22.
（7） V. Valentin, a. a. O., Bd. II, S. 423.
（8） Zit. in: a. a. O., S. 575 f., Quellenhang 31.
（9） V. Valentin, a. a. O., Bd. II, S. 411 f., 479 f.; ザクセンの運動については、R. Zeise, a. a. O. のほか、Rolf Weber, Die Revolution in Sachsen 1848/49, Berlin 1970 がある。
（10） ノイシュタット（ゼブニッツ Sebnitz 郡）の祖国協会設立に当っては、都市及びその周辺の村々から六〇〇近い人が加入し、委員会には、騎士領所有者一人、農民四人、ゲルトナー三人、渡り農民三人、ホイスラー一人が参加したという。詳しくは、R. Zeise, a. a. O., S. 212 ff.; 松尾、前掲「三月革命期およびフランス革命期のザクセンにおける農民運動」一三三頁以下。
（11） Zit. in: H. Krause, a. a. O., S. 140.
（12） A. a. O., S. 142.
（13） シュレージエンの農民組織については、K. Reis, a. a. O.; H. Bleiber, a. a. O.; 末川、前掲論文、参照。
（14） 農民は「騎士領主」による農民土地保有権の「奪取」、慣習の無視を攻撃し、「議会」に対して封建地代の無償廃止を求めた。
（15） もちろんこれはかなり誇大な数字で、実数ははるかに小さいはずである。K. Reis, a. a. O., S. 66 f., 69. 末川、前掲論文。
（16） Der Bund der Kommunisten, S. 828, Nr. 285.
（17） 『マルクス・エンゲルス全集』大月書店、第五巻、二八三頁。
（18） 前掲書、第五巻、三頁以下。

(19)　F. Mehring, a. a. O., 1. Teil, S. 442; 足利末男・平井俊彦・林功三・野村修訳、前掲『ドイツ社会民主主義史(上)』三五三頁。

(20)　後に定式化される、ブルジョア民主主義革命におけるプロレタリアートの役割、ブルジョア民主主義革命のプロレタリアート革命への連続的発展についての理論は、客観的には(その実現の諸条件は別として)、すでに提示されていたというべきであろう。それが理論として明確に意識されてくるのは、三月革命の中で、急進的な産業資本家も革命を遂行しえなくなる段階を経てからであろう。後述Ⅲを参照。

(21)　前掲『全集』第六巻、四二六頁。

(22)　Der Bund der Kommunisten, S. 930.

3　「民主主義者」運動の分裂
——「第二回民主主義者会議」——

一　「第二回民主主義者会議」の開催

「民主主義者」運動が各地で展開する中で、「立憲主義者」、「自由主義者」の支配的な議会、とくに統一「国民議会」、「臨時政府」は、旧体制の社会的経済構造の変革を遂行しようとせず、むしろ、各地の「三月内閣」による「民主協会」と「民主主義者」の弾圧を黙認しつつ、また反動勢力の擡頭に有効な手を打ちえないまま、君主制と結びつく「三月内閣」＝領邦権力と「協定」を結ぼうとしていた。このような動向は、プロイセン政府が「国民議会」を無視してデンマークと結んだマルメーの停戦条約を批准したことに最も明白に現われた。民衆の抗議行動——「九月蜂起」——は各地で展開された。バーデンにおけるシュトルーフェ、ヴュルテムベルクにおけるG・ラウらの「急進民主主義者」の指導によるそれぞれの民衆集会と蜂起、また、フランクフルトの民衆運動の盛り上りは、「国民議会」への批判であり、議会に革命の遂行を迫ったものであった。「議会」、「臨時政府」は、この抗議運動を弾圧し、あるいは、その弾圧を容認したが、これは、いわば自らの存立基盤を解体させ、反革命勢力を一層成長させることになった。

このような情況に対応して、その活動の拠点をフランクフルトからベルリンに移した、「民主主義者」たちの変革運動は、二つの方向で展開されてくる。一つはいわゆる「対抗議会das Gegenparlament」の開催であり、もう一つは「ドイツ民主党」のベルリン大会——「第二回民主主義者会議」——である。

「対抗議会」は、ドイツの統一と「民主主義」の実現のため、「国民議会」、プロイセン、ザクセン、その他の議会の「急進民主主義者」たち——いわゆる「議会派民主主義者」——が、「自由主義者」、「立憲主義者」に対抗しつつ、一〇月二七日、ベルリンに結集して開かれたもので、民主主義者たちによる独自の「議会」を開催することをめざしたものであった。フランクフルトからは、シュレッフェル、ジモン、チッツ、フォン・トゥリュチュラー、ルーゲ、ヴェーゼンドンク、フォン・フォークトら約八名、ベルリンからはテメ、ヴァルデックWaldeck、シュラムSchramm、デスター、ライヘンバッハ、ザクセンからは、ヘルビヒHelbig、エファンスEvans、トゥチルナーTzschirnerらが参加した。(1)

「第二回民主主義者会議」は、「議会派民主主義者」の行動と並行しつつ、一〇月二六日から、とくに中部、北ドイツの「民主主義者」二三〇人を集めて開かれた。一四〇の都市、二六〇の「民主協会」の代議員によって構成されたこの会議は、第一回のそれに比して、参加都市、「協会」数において、飛躍的な成長を示しており、交通条件、経費等の問題から代表を派遣しえなかった西南ドイツのそれを考慮にいれれば、この間の「民主主義者」運動とその組織化の拡大は、一層顕著なものであった。(2)会議において、まず各地方の運動の発展状況が報告されたが、それによれば「民主協会」の状態は次のような状況であったという。

プロイセン――東プロイセン一二、ポムメルン二〇、ブランデンブルク七、ザクセン二九、シュレージエン七五。ザクセン王国――メムバーは約三万人を越え、フォークトラントで七〇。ヴェストファーレン――ビーレフェルトを中心に一一――一二、ブラウンシュヴァイク、ハノーファー各一ずつ。ライン・ヘッセン――七〇。フランケン――バムベルクとニュルンベルクを中心に二三。ライン・バイエルン、ヴュルテムベルク、バーデン――「無数の民主主義者組織」が結成。(3)

参加代議員の最も多かったベルリンからは次の組織あるいは「民主主義者」が参加した。ヴァルデック(「プロイセン議会」議員、「労働者協会」)、K・グリューン(「ケニヒスシュタット民主協会」)、オッペンハイム Oppenheim (「レフォルム Reform」編集者、「民主クラブ」)、A・ルーゲ(「国民議会」議員、「ブランデンブルク民主クラブ」)、「国民クラブ」、「市民協会」、「民主的第一次選挙人協会」、「社会協会」、「機械製造労働者協会」、「民主的市衛兵協会」、「労働者協会」、「民主的学生協会」、「人権協会」、「反反動協会」、「守備隊協会」ほか、計五〇人。

参加者の圧倒的部分は、北ドイツ及びザクセンからであった。ボルンがライプチッヒから派遣されて来ていること、中小都市、特に農村都市ないし農村から、かなりの代表が送られて来ていたこと、西南ドイツからは、バイルホーファー、バムベルガーらの小ブルジョア急進主義者が、また、ライン地方とパリからは、エヴァベックらの「共産主義者同盟」のメムバーが派遣されて来ていたこと、などが注意されねばならない。

二　「民主党」の分裂

会議はやがて二つに分裂した。それは、「民主主義者」運動の下部組織(即ち革命の拠点)、「民主協会」を構成している中心的社会層、あるいはこれに支持を与えている部分、即ち農民、労働者、雇職人、下層手工業者層の社会的経済的問題をいかに解決するか、従って「社会革命」にいかに対応するか、という問題をめぐって生じたのである。「会議」の主導的部分＝急進的小ブルジョア、ブルジョア「民主主義者」は、問題を狭義の政治的次元で把え、政治上の民主主義によって解決しようとした。いわゆる「政治的民主主義」ないし「民主的共和制 die demokratische Republik」と呼ばれるもので、フランクフルト及びベルリンの議会の左派議員、西南ドイツ、ベルリン、シュレージエンの「民主主義者」運動のリーダーたちによって支持されていた。これに対して、「共産主義者同盟」のメムバーや「協会」の主要な構成部分——都市下層市民、農民——と直接結びつこうとする「民主主義者」たちは、旧体制の社会的経済的変革と「政治的民主主義」とを不可分に結合させようとするもので、いわゆる「社会民主主義」を支持した。「政治的民主主義」と「社会民主主義」の対立は、その基底に急進的産業ブルジョアジー(及び小ブルジョア)と、労働者・雇職人(及び農民・下層手工業者)との階級的対立をもつものであった。「政治的民主主義」の主張者にとっては、「共産主義者同盟」のメムバーがその決定的な推進者となっている「社会民主主義」は、その社会的基盤となっている「農民革命」、「労働者・雇職人」と共に、「共産主義的」ないし「社会主義的」なものとして、また「社会革命」は、「社会主義者革命」として、現象してくることになった。[4]

第二回大会で議長に指名された西南ドイツの急進的小ブルジョア、バムベルガーは、その回想録の中で次のように述べている。「もし我々のマインツ民主協会において行われた討議をあらためて考えてみれば、この酵素(「社会主義 Sozialismus」)は、もう一八四八年の夏のあの時にすでに、普通考えられている以上に、あるいは私の記憶に残っている以上に、明白になっていたことが確証される。決定的に社会主義的な形の提案が、次第に数多く顔を出すようになり、原則上の拒否もまれに現われるようになっていた。たとえば、労働権は強い関心を惹きつけ、とくに注意すれば、すでにその時に、その後下から現われてくる運動に、この多かれ少なかれ強固な社会主義的綱領が、その端を接続させてゆくありさまを予見しえたことは明らかである。(5)」

H・クリーゲの開会で始った会議は、議長にファイン Georg Fein、副議長にブレスラウのアシュ Asch、マルブルクのバイルホーファーを選ぶが、議事の主導は結局、バムベルガーの手に掌握された。分裂は、いわゆる「社会問題 soziale Frage」をめぐって生じ、穏健派、小ブルジョア、ブルジョア的「急進民主主義者」約四〇人は退場していった。バムベルガー、啓蒙主義者ヴィスリセヌス Wislicenus(ハルバーシュタット)、「レフォルム」編集者オッペンハイム、「中央委員」のマイエン、ジークムント G. Siegmund(ラウの後任)、らの西南ドイツ、ベルリン、シュレージエンの主導的メムバーが含まれていた。すでに述べたように、ドイツの小ブルジョア＝ブルジョア層は「自由主義者」と「民主主義者」に分裂した。後者、即ち急進的小ブルジョア＝ブルジョア層は、絶対主義的領邦体制の変革を主導すべき階級として、本来、フランスのジャコバン＝モンタニャールの主導的部分に該当するものであった。しかし、一八四八年のドイツのジャコバン＝モンタニャールは、フランスの小ブルジョア＝ブルジョアと異なって、旧体制の社会的経済的構造の変革に手をつけることができないまま、むしろ、かかる変革とその担い手達に対立しつつ、変革運動から後退していったのである。

かくて、「農民革命」、都市民衆の運動の提起した問題――「社会問題」――の解決にとりくんだのは、「共産主義者同盟」のメムバー及び都市下層民と直接結びつく「民主主義者」たち――「社会民主主義者」――であった。(6)彼らの立場は、「社会問題委員会 die Kommission für die soziale Frage」による調査報告の中に貫かれることになった。

三 「社会問題委員会」の「報告」

「社会問題委員会」は、パリから派遣されたエヴァベック、ベルリンのハイルベルク Heilberg の二人の「共産主義者同盟」員、マルクスがその会長をしている「ケルン労働者協会」の中央委員ボイスト Beust らが参加し、その調査結果は、ボイストによって報告された。

「報告」[7]は、「前文」、Ⅰ―Ⅳ及び「政策」に分れる。「前文」では、「社会的課題の解決」、「物質的、精神的幸福」は、「下から」また「内部から」の「組織化」の所産として、「数世代」の「段階的進歩」を通じて達成されるが、しかし、「社会問題」の解決のために、一般的原則と現実的政策を作成することは、「共和国創出」後のために必要であると指摘される。

このような観点から、基本原則が提示される。

Ⅰ 「土地は人類の共通の所有物」であり、土地の耕作は、「若干の人間の努力の結果ではなくて、全人類の絶え間ない共同の努力の成果」である。それ故、土地は個人に帰属せず、生活に必要な部分を控除した成果の残余は、全体に帰する。

Ⅱ 所有は一般に私的関係ではなく、社会的、公法上の関係である。歴史上の所有関係は、その時々の階級闘争に規定されており、近代ブルジョア的私的所有は、少数者による多数者の搾取の上に立った生産と生産物収取の最後のそして完全な表現である。従って、プロレタリアートのブルジョアジーに対する闘争が、前者の優位に帰着するや否や――そしてこの瞬間をもってはじめて新しい社会状態に進むのであるが――、現今のブルジョア的所有関係は自ら廃棄され、その時以降、私的所有は社会的所有に移行する。しかしそれまでは、革命党の課題と義務とは、とりあえず、いくつかの準備的政策によって、民衆の収奪に依拠したブルジョア的所有を弱め、かつ減退させることである。

Ⅲ　すべての人間はあらゆる点で平等な権利をもち、身体上、精神上の欲求を十分に満足させることができる。物質的、精神的特権及び優先権が存在しない状態こそ、現実に人間的状態である。

Ⅳ　すべての人間は、その天分と能力に応じた労働によって、社会的資本の増大に寄与する義務を負う。労働を行おうとしないものは、その欲求を満す権利をもたない。生産者のみが消費者たりうる。

以上のように、Ⅰ―Ⅳの原則は、Ⅱを除いて、真正社会主義の色彩が濃厚である。ヴァイトリングは、これを支持している。生産者あるいは労働するもののみが生産物の収取と消費にあずかる、という、Ⅰ、Ⅲ、Ⅳに共通した抽象的、倫理的観点は、小生産者に特有の思想的傾向を示すものであり、ブルジョア的不平等も、前近代的、封建的不平等をも、すべて「特権」としてとらえる非歴史的観点、あるいは、その揚棄の結果創出さるべきユートピア的平等社会の理念と共に、雇職人社会主義あるいはユートピア社会主義の特徴を示すものである。Ⅱの内容には、明らかに「共産党宣言」の影響がみられる。ともあれⅠ―Ⅳに共通する原理として、「私的所有」は、それがブルジョア的関係に基づくものであれ、現実の封建的関係によるものであれ、共に廃棄され、「社会的所有」に移行しなければならないという観点が貫かれている。かくて、フランス革命においてバブーフ主義として、またイギリス革命においては、レヴェラーズらの行動によって表現された初期社会主義の要素は、このベルリンの「民主主義者会議」においては、科学的社会主義と、ユートピア社会主義との結合体という形をとりながら、より意識的に提起されていた。いう迄もなく、そこには、一七・八世紀のマニュファクチュア段階と、産業資本が確立しつつある一九世紀中葉の世界史的段階のちがいがある。ベルリン会議に示されたこの「社会主義」の当面のプログラムは、しかし、ブルジョア的関係の全面的廃棄ではなく、それへの移行のために、ひとまず現実の旧体制とその「特権」の体系を解体すること、「民衆の収奪に依拠したブルジョア的所有」を弱め、縮小させること、にあった。かくて次のような政策が提起された。

(1) 領主の土地及びその他の封建的な土地(たとえば世襲地)、すべての鉱山、炭坑等々は国家的所有に移行する。私人に帰属する鉱山は、二〇年間、資本価格の四%の利子で、買収される。これらの土地では、大規模な、最新の科学的方法に基づく農業が営まれる。

(2) 小作制度が展開しているところでは、地代あるいは小作料は、租税として国に支払われる。農民でも小作農でもない本来の土地所有者は、生産に何ら関与していない。彼の消費はそれ故単なる浪費である。

(3) すべての私的銀行にかわって国立銀行が設立され、その紙幣は法的保証を有する。この措置は、信用制度をすべての国民の利益において規制することを可能とし、そうすることによって巨大金融業者の支配を掘りくずそうとするものである。金銀にかわる紙幣への漸次的移行によって、資本主義的流通に不可欠な一般的交換手段の価格は低下し、金と銀を排除することを可能にする。この措置は、結局は、保守的なブルジョアジーの利害を革命に結びつけるために必要である。

(4) すべての交通手段、鉄道、運河、蒸気船、道路、郵便等は、国家が把握する。これらは国家的所有に移行する。

(5) 相続権の制限。

(6) 強度な累進税の採用及び消費税の廃止。

(7) すべての公務員の給与は、家族の大きさによる差異以外に一切の区別をもたない。しかし共和国創立後二五年間は修正されうるものとする。

(8) 教会と国家の分離。聖職者は有志が構成した集団から支払いを受ける。

(9) 裁判は無償とする。

(10)　無償の普通国民教育。

(11)　すべてのものは同じように労働の義務を負う。常備軍は国民の武装によって不用となるであろう。しかし中央ヨーロッパの政治情勢がドイツに対し常備軍を必要とさせる間は、兵士が同時に労働者であるよう配慮されねばならない。かくして、軍隊はこれまでのように単に消費するのではなく、その維持費以上に生産することになる。これはとくに労働の組織化の手段となる。

(12)　国立作業場の設置。国家はすべての労働者にその生活を保障し、労働不能者を扶養する。

以上の一二ヶ条の措置は、「ドイツ共産党の要求」に酷似している。このことから、ベルリンの「民主主義者会議」における「共産主義者同盟」のメムバーの決定的な影響を看取することができる。その限りで、「共産主義者同盟」は、ドイツの「民主主義者」運動を方向づける決定的な政治グループになるのであるが、しかし、「要求」と「報告」の本質的なちがいは、前者が封建地代の無償廃止を明白に打ち出していたのに対して、後者はこれを全く欠如していた点にある。封建地代の無償廃棄こそ、封建的土地所有の廃棄に不可欠の前提条件であるばかりか、その要求は、「農民革命」の基本的内容をなすものであった。従って、これを提示するか否かは、都市を基盤とする「民主主義者」が、封建的土地所有を根底から変革するか否か、反動的なユンカー、地主層と対立する農民を自分の方に引きつけるか否かという大きなちがいをなしていた。この点の認識を欠いていた限り、「報告」は「要求」から大きく後退していたというべきであろう。

（1）　G. Lüders, a. a. O., S. 44 ff., 69 ff., 95 ff.; V. Valentin, a. a. O., Bd. II, S. 254 f.

（2）　G. Lüders, a. a. O., S. 84 ff.; H. Krause, a. a. O., S. 137 ff.

（3）　H. Krause, a. a. O., SS. 140–145.

（4） A. a. O., S. 145 ff.; V. Valentin, a. a. O., Bd. II, S. 101 f.

（5） L. Bamberger, a. a. O., S. 112.

（6） H. Krause, a. a. O., S. 146 ff., 154 ff.; V. Valentin, a. a. O., S. 257; Gerhard Becker, Die „soziale Frage“ auf dem zweiten demokratischen Kongreß 1848. Zur Entstehung und zum Charakter des „Kommissionsgutachtens über die soziale Frage,“ in: Zeitschrift für Geschichtswissenschaften, 1967, Heft 2. なお、「政治的民主主義」を追求する急進的小ブルジョア＝ブルジョア層が、「社会問題」に全く取り組まなかったというのではない。むしろ、彼らは、「国民議会」の「国民経済委員会」の急進民主主義的メムバーの活動が示すように、独自の仕方で、この問題を処理しようとした。「政治的民主主義」と「社会民主主義」の対立は、実は、封建的土地所有の変革の仕方の対立をその背景にもっていたのである（後述Ⅲを参照）。クラウゼ、ファレンティンの理解の問題点はこの点を把握しなかった点にある。なお、G. Becker, a. a. O., S. 266 をも参照。

（7） G. Becker, a. a. O., Dokumente 1, SS. 273–275.

Ⅲ　ブルジョアジーと「国民議会」

第一章　「経済的統一」をめぐる利害対立

――自由貿易論・遠隔地商業の利害と保護主義・産業資本の利害――

一　遠隔地商業と結びついた自由貿易主義の利害

絶対主義的領邦体制の商業・関税政策が、一八三三年の「関税同盟」の成立をもって一つの段階を画したこと、プロイセン国家の主導の下で成立したこの「関税同盟」は、領邦体制の危機への対応であり、また、その内部に固有の矛盾を包摂していたことについては、すでにⅠ、第三章で指摘した。しかし、「関税同盟」の決定的な対立者は、西南ドイツを中心とする綿紡績資本家及びライン下流地方の製鉄業者などを中核とする保護主義的勢力であり、一八四〇年代の鉄関税及び綿糸関税の引上げは、これらの勢力への対応と譲歩に他ならなかった。四〇年代に表面化して来た「関税同盟」の危機は、一八四八年において最高潮に達する。「関税同盟」は、三月革命の中で根底的な批判を蒙り、深刻な危機に直面する。絶対主義的領邦権力の商業・関税制度としての「関税同盟」は、封建的土地所有、営業制度と共に、攻撃され、変革の対象とされるにいたった。「関税同盟」の変革と、新たな形態の統一ドイツ経済圏とそのための商業・関税制度の創出とは、絶対主義的領邦体制の政治的打倒と、ブルジョア的統一国家の形成という政治的課題と直接に結びつきつつ提起され、従って、「国民議会」における経済問題の焦点をなすにいたったのである。

三月革命において「関税同盟」は二つの立場から批判を受けた。一つは保護主義の立場からの批判であり、もう一つは低関税政策＝自由貿易主義からする批判である。保護主義と自由貿易主義という全く異なった、「関税同盟」批判の二つの立場は、「国民議会」において商業・関税問題が審議される際に、はげしく対抗することになった。(1)

「国民議会」の内部において、対立関係にあったこの保護主義と自由貿易論とは、「国民議会」の外部に、それぞれ特定の経済的利害と結びついた社会的基盤をもっていた。保護主義はライン下流、西南ドイツ、ザクセン、シュレージエンなどの諸地域の産業資本家層、手工業者層を担い手にもち、自由貿易論は、エルベ河以東のユンカー階級及びハンザ・メッセ諸都市、北東ドイツ沿岸諸都市の商人層を担い手としていた。これらの社会層、階級は、それぞれの経済的利害から、当段階の商業・関税政策＝制度——「関税同盟」として表現されている——を批判し、新たな商業・関税政策とドイツ経済の統一の実現のために、全ドイツ的規模で利害を結集し、多かれ少なかれ組織的運動を展開しはじめていた。機械制大工業の圧倒的な生産諸力を背景とするイギリス資本主義の進出に対抗するため、ドイツの産業資本家層は、広汎な零細経営者層と共に、「国内市場」確保を目的とした「祖国の労働保護のための一般ドイツ協会 Der allgemeine deutsche Verein zum Schutze der vaterländischen Arbeit」に結集、保護主義の実現をはかった。(2)これに対して、食糧・原料輸出に利害を見出すユンカー階級は、ドイツ全土の農業的利害を結集し、「全ドイツ農業協会代表者会議」(3)を組織し、「国際交易の自由」の原則を打ち出し、更にまた、旧ハンザ・メッセ都市、北東部ドイツ沿岸諸州の都市の商人層は、その独自の利害に立って、自由貿易の原則に貫かれた「関税率案」(4)を提起した。三月革命のさなか、「国民議会」の動きに対応しつつ、議会の外において、多かれ少なかれ組織的な社会的運動を展開した、さまざまの諸利害のうち、まずハンザ・メッセ都市、北東ドイツ沿岸諸都市の商人層のそれをとりあげ、その利害が最も鮮明に示されている「関税率案」を分析し、これら商人層が主張する自由貿易論の内容と方向を明らかにし、更にそれを手掛りにして、かかる利害と直接的あるいは間接的に絡まる経済的諸利害を探り出してみたいと思う。

(1) V. Valentin, a. a. O., Bd. II, S. 320 ff.; T. S. Hamerow, op. cit., pp. 134-136.
(2) 同「協会」については、A. Finger, a. a. O. が殆んど唯一の研究である。
(3) 「ドイツ農業協会代表者会議」についてはひとまず Verhandlungen des Kongresses von Abgeordneten deutscher landwirtschaftlichen Vereine, gehalten zu Frankfurt a. M. vom 6. bis 14. November 1848. Hrsg. im Auftrage des Kongresses, Darmstadt 1849 を参照。
(4) Entwurf zu einem Zolltarif für das vereinte Deutschland, angearbeitet u. mit Motiven versehen in Gemässheit der Berathungen der in Frankfurt a. M. versammelt gewesenen Abgeordneten des Handelsstandes, Frankfurt a. M., 1848. 以下 Entwurf zu einem Zolltarif. と略す。

1 「商人協会」の結成と「関税率案」

ドイツの関税制度の統一をめぐる論議は、「国民議会」の開催と共に開始された。六月、同議会内に設置された「国民経済委員会」は関税問題に取組むことになった。議会を舞台とするこのような動向に対して、自由貿易主義者の反応がすぐに現われて来た。アドルフ・ゾエトベア Adolf Soetbeer 及びハムブルク出身議員エルンスト・メルク Ernst Merck を中心に、自由貿易論者は、直ちに結集し、議会、とくに「国民経済委員会」への働きかけを開始した。このような中で、全ドイツの商業的利害をフランクフルト・アム・マインに結集しようという動きが現われ、ハムブルクのヒュベナー Hübener は東北ドイツの沿岸諸都市へそれを提起した[1]。

自由貿易主義者の主導の下で結成された「ドイツ関税統一協会 der Verein für deutsche Zolleinigung」は、元来、自由貿易主義者と保護主義者との結合を意図したものであったが、結成後間もなく分裂した。その後、ベルリン及びブレーメンを除く、北及び北西ドイツの主要な都市の商人達は、ゾエトベアの指導の下で、フランクフルトに「商人協会 Verein der Kaufleute」を発足させた。「協会」の成員はいくつかの関税原則について一致点を見出した。これはプリンス・スミス Prince Smith、アルトファーター Altvater、ユングハンス Junghanns 等々によって取りまとめられ、四八年一一月二三日、「統一ドイツ関税率案」として発表されるにいたった。(2)「関税率案」は直ちに印刷され、「商業大臣」をはじめ、各議員に配布された。「国民議会」及び「国民経済委員会」の関税問題の審議に圧力を加えようというのであった。(3)かくしてここにハムブルクをはじめとするハンザ諸都市、メクレンブルク、ラウエンブルク Lauenburg、シュレスウィヒ・ホルシュタイン、「租税同盟」、西及び東プロイセン等々の商人たちは、その経済的利害実現のための組織的拠点を確立することになった。フランクフルトの「商人協会」に代表者を派遣した地方及び都市は以下の通りである。(4)

(1) プロイセン東部沿岸諸州

メメル Memel、ティルジット Tilsit、ケーニヒスベルク、エルビンク Elbing、ダンチッヒ、コールベルク Colberg、シュトルペ Stolpe、アンクラム Anklam、シュヴィネミュンデ Swinemünde、シュテッティン、ヴォルガスト Wolgast、ウッカーミュンデ Uckermünde、シュトラルズント Stralsund、バルト Barth など。

(2) メクレンブルク

ロシュトック Rostock、ヴィスマル Wismar、ノイ・ブランデンブルク Neu-Brandenburg、アルト・シュトレリッツ Alt-Strelitz、ノイ・シュトレリッツ Neu-Strelitz、フリートラント Friedland、フュルステンベルク Fürstenberg、ヴォルデック Woldegk、シュタルガルト Stargard など。

(3) シュレスウィヒ・ホルシュタイン

アルトナ Altona、キール。

(4)　ラウエンブルク
(5)　ハムブルク及びリュベック
(6)　ハノーファー王国
エムデン Emden、ハルブルク Harburg、ツェレ Celle、ハノーファー、ヒルデスハイム、ハメルン Hameln、ゲッティンゲン、ヴァルスローデ Walsrode。
(7)　オルデンブルク大公国
(8)　「関税同盟」内の商業都市
ライプチッヒ及びフランクフルト・アム・マイン。

これらの諸都市・諸地域の商人層の代表者によって作成された「関税率案」は次の三点を一般的な原則として提示している。㈠既存の「関税同盟」の抜本的改革、㈡財政、農業、工業、商業、船舶航行の事情を同じように配慮すること、㈢これまで「関税同盟」の外に置かれていた北ドイツ諸国の関税制度を考慮していくこと、この三点である。これを一般的な前提として次のような見解が述べられる。

一　「関税同盟」批判

「関税率案」は、まず一八一八年五月二六日のプロイセン新関税法について、これを、「当時の国民経済の領域における重要にして歓迎すべき事柄」また、「ドイツの物質的利害形成に対して決定的な影響を与えた」として、その意義を高く評価した。

外国の工業製品への輸入関税は原則として価格の一〇％を越えてはならないというプロイセン新関税法の自由貿易

主義的原則は、一八三三年の「関税同盟」の成立に際して、「共通の関税制度の基礎 die Grundlage des gemeinschaftlichen Zollwesens」として据えられた。ところが南ドイツ、中部ドイツの「関税同盟」への加入によって農業及び海上取引の利害は大きく後退するにいたり、そのためとりわけ農業、海上取引に経済的基盤をもつプロイセン東部沿岸諸州は大きな損害を蒙り、逆に「関税同盟」の各地の「製造工業」の必要が関税率における最も重要な問題とされることになった。(5)

以上のように「関税率案」は、一八一八年のプロイセン新関税法の自由貿易主義的原則が、一八三三年の「ドイツ関税同盟」に継承されながらも、その後、農業、外国貿易の利害が軽視され、逆に「製造工業」の利害が配慮された事実を指摘し、次いでこの事実を具体的に説明してゆく。(6)

(1) 一八一八年プロイセン新関税法においてその後の原型となった「関税率」が決定されて以来、「関税同盟」を経て一八四八年にいたる約三〇年間に、生活水準は一般的に向上し、商品の消費も質量共に拡大した。そのため「工業活動」の範囲もこれまでになく重要となると同時に、外国商業の広がりと重要性も拡大の一途をたどって来た。一八一八年と一八四八年との価格を比較してみると、商品価格は全般的に低下し、従って重量に基づく関税は、事実上、商品価格については関税引上げに帰結し、もはや低率関税というこれ迄の長所はなくなった。「関税同盟」の関税率の「徹底的改正」が必要な理由の一つはこの点にある。

(2) 一八三四年以来関税率の改正は何回か繰り返されたが、その方向は一八一八年関税の指導原理の堅持または新たな事態への適用という線ではなく、むしろ全く逆に「若干の製造部門への一方的利益」の方向でなされ、ソーダ、綿糸、麻糸、毛織物、鉄等々において関税率の大幅な引上げが行われた。

かくて、「製造工業」は、価格低下と関税引上げとによって二重の利益を享受している。「関税同盟」の関税率改正が必要とされる第二の理由がこれである。

(3)「関税同盟」の関税率は一般に「関税同盟」に未加入のドイツ諸地方・諸国の関税率に比して著しく高い。メクレンブルク及びラウエンブルクはこれまで関税障壁を一切設けておらず、また「租税同盟」においても重要商品に対する課税は、「関税同盟」のそれよりも遙かに低い。「沿岸諸国」は、シュレスウィヒ・ホルシュタイン及び「租税同盟」と同じように、農業、商業、船舶業にその経済的基礎を置いており、とくに外国製商品の消費に利害をもっている。「関税同盟」の外部のドイツ諸国のこのような利害に対して、プロイセンの東部諸州は、その「国民経済上の利害」から、完全な一致点を見出している。このような利害の共通性を考慮すれば、これらの地域・諸国を包摂する統一ドイツ商業・関税制度は、現行の「関税同盟」の関税率の抜本的改正を前提としてはじめて可能となる。これが第三点である。

(4)「関税同盟」の内部における支配的な利害は、これまで関税保護を享受して来た諸産業又はこれを求めて来た産業の「要求と見解」であった。しかし「関税同盟」の内陸においても、「農業者 Landwirthe」及び「商人階層 Handelsstand」は、産業的利害と全く対抗的な要求を出している。このような利害を配慮する時「関税同盟」の関税率の改正が不可欠となる。

「関税率案」の「関税同盟」批判は以上の四点からなされた。「関税同盟」の関税率は一八一八年プロイセン新関税法の自由貿易主義的原則をその出発点において継承しながら、その後、商品価格の低落及び一八四〇年代の関税引上げ(鉄関税、綿糸関税引上げ)によって、事実上「製造工業」のための保護関税へと変質し、従って自由貿易に利害をもつ商業、農業、船舶航行業の利益は全く無視されるにいたった。以上の事実認識の上に、「関税同盟」の外部にあって、特に農業、商業、船舶業に経済的基礎を置く北ドイツ諸国・諸地域の立場から、「関税同盟」の関税率の大幅な引下げ、一八一八年プロイセン関税法の自由貿易主義的原則への復帰を求めたのであった。「関税同盟」の外部の諸国・諸地域の「関税同盟」批判は、その産業構造上の特質に規定されて、当然自由貿易主義の観点に立つが、しかし関税引下げの要求は、「関税同盟」の内部――「内陸」――においても提起されていた。プロイセン東部諸州の農業的利害及び「商人階層」がそれであった。従って「関税率案」のねらいは、「関税同盟」の外部にある北ドイツ沿岸諸都市・諸国の自由貿易主義的利害の主導の下で、「関税同盟」の内部の「自由貿易」主義的諸利害――とくにプロイセン東部諸州の農業的利害＝ユンカー層及び「商人階層」＝メッセ都市の商業資本――を糾合しつつ、「関税同盟」を自由貿易主義的に再編・拡大することにあった。「現行の関税同盟の関税率を将来のドイツの商業・関税統一へ移行させることは不可能」である。「統一ドイツの将来の関税制度は、すべてを包括する物質的状況を総合的に調査し直した上で、また正しい国民経済の原理を独自な仕方で貫徹することによって確定されねばならない。」(7)

二　基本的原則

「関税同盟」に対する批判を行った後、「関税率案」は、新たな関税制度創出の原則を提起する。(8)

(1)　生活必需品は免税とする。

(2)　その他の消費財(特に熱帯産商品、香料、ワイン及び南方果実)に対する輸入関税は、一八一八年プロイセン関税で規定された従価関税に戻すこと。

(3)　工業用原材料 das Fabrikmaterial 及び半製品 das Halbfabrikat は免税か、あるいは著しく低い輸入税(原則として二%を越えない)を課すに止める。

(4)　工業完成品 das Fabrikat に対する輸入関税は平均価格の一〇%の基準によって決定される。

(5)　輸出関税の撤廃。

(6)　一切の航海法 das Schiffahrtsgesetz 及び差別関税制度 das Differentialzollsystem を排する。

以上の基本原則とともにいくつかの附帯的原則が提示される。

(a)　一切の通行税 die Transitabgabe は廃止する。

(b)　各邦の塩独占の廃止。国内産のビール、火酒、ワイン及びタバコへの課税のうち、一様で、また共通の税関に払い込まれるものは廃止。

(c)　輸出奨励金制度 das System der Ausfuhrprämien はいかなる形態でも、いかなる適用理由においても、存在してはならない。

これらの原則が、四〇年代の鉄関税問題、綿糸関税問題に際して関税率引上げをめざして闘って来た産業資本家たち、とくに製鉄業者、綿紡績業者とその利害に対する、正面からの敵対を表明するものであることは論を俟たない。「関税率案」の反保護関税＝自由貿易主義的性格は、上の原則に立った具体的な関税率と、その理由の説明の中に一層はっきりとした形で示される。そこで以下「関税率案」がその理由の説明の中で特に大きなスペースをさいて強調している鉄関税、織糸関税を取り上げ、この「関税率」がめざす自由貿易主義の内容を一層明白にしよう。

三　鉄関税引下げ

鉄道建設の拡大に伴いドイツ国内の銑鉄・錬鉄に対する需要は急速に増大した。一八四〇年代になると、イギリス鉄のドイツへの流入は増大し、ここに銑鉄への輸入関税設置・錬鉄関税引上げを求める製鉄業者と、低関税率を主張する大商人・ユンカーの利害の対立が表面化し、四〇年代のいわゆる鉄関税問題が展開することになった。「関税率案」の鉄関税論(9)は、このような「鉄関税問題」をめぐる対抗関係を背景にして、その延長線上に展開された、鉄関税引下げ要求に他ならない。

一八四四年の関税改革によって、外国産の鉄は、ツェントナー当り一〇グロッシェンの輸入税を課せられるにいたったが、しかし、外国鉄のドイツへの流入は減少せず、また、国内産の鉄によって代替されることもなかった。その結果、(1)銑鉄・錬鉄関税の引上げは、最も重要な原料の一つである鉄価格の高騰を惹起したに止まり、国内市場及び特に外国市場において、ベルギーとイギリスの強力な競争に直面している「鉄製品加工業 Eisenwaren = Industrie」に著しい損害を与えた。(2)鉄関税は、その他の産業部門、特に農業部門、機械製造業、機械を使用するその他の工業部門、すべての手工業、造船業、鉄道敷設に対して大きな障害となっている。——「少数のためにする全体への課税は保護関税制度の本質である。」

一五〇馬力の蒸気機関一台は、一〇万二二五六ポンドの鋳鉄が必要であり、そのために一二万七八三〇ポンドの鉄が消費され、また一万八四〇〇ポンドの錬鉄と五万七七五〇ポンドの薄鉄板が消費される。これに対する関税は、合計二四三三ターラーに達し、もし関税がなければ、ファブリカントはその分だけ廉く買うことができる。

農業の場合。一台の荷車はその製造に一〇—一五ツェントナーの鉄を要し、一五—二五ターラーの関税が課せられていることになる。五ツェントナーの鉄を要する普通の荷車の場合は七—九ターラー分が、一ツェントナーの鉄を消費する重犂の場合、三ターラー分が、それぞれ関税によって高くなっている計算となる。

以上の如く、鉄関税は、鉄を直接の原料とする諸産業部門——鉄加工業、機械工業など——の原料価格を引上げるばかりでなく、鉄製の生産用具の価格引上げを通じて、かかる労働用具を使用する各種生産部門の利益を害する、それ故鉄関税は引下げられねばならない。——「関税率案」の鉄関税批判＝引下げ要求は以上のようにあたかも鉄を直接に原料とする各種産業の全般的利害に立って展開されているように思われる。

鉄を消費する各種産業の一般的利益の観点から鉄関税批判を行った「関税率案」は、これらの産業部門の商品に対しても、同じように消費者の観点から低関税を要求したのである。つまり、「関税率案」の鉄関税批判は、鉄を消費する各種産業のために「国内市場」を保護しようというのではなくて、むしろ一般的な自由貿易論の一環として展開されたものに過ぎない。「関税率案」の作成者たる大商人層の利害の本質は、低関税＝自由貿易政策によるドイツ市場の開放と、国際分業――イギリス＝工業、ドイツ＝農業・原料生産――を基盤とする仲継貿易に置かれていた。外国貿易にとって不可欠の前提となる造船業に対して、鉄関税が与える影響がとくに力説される理由がここにある。シュテッティンで建造される一七四標準ラスト(約三四八トン)の船一艘には、一四六一ターラーの関税が課せられている。またダンチッヒの鋼鉄船はその建造に二万五〇〇〇ターラーのコストを要するが、もし「関税同盟」の関税率が適用されると、二三二五ターラーの関税が課せられ、それは当該船舶の価格の約九％に及ぶというのである。

鉄関税と並んで、あるいはそれ以上に強く批判の対象とされたのは、「紡糸関税」である。次に紡糸関税批判をとり上げよう。

四　紡糸関税引下げ

綿糸関税引下げの要求

「綿糸(撚糸)の輸入関税は最近最も争点となった関税問題であった。関税同盟加入前の南ドイツの綿糸輸入関税は、プロイセンの関税(ツェントナー当り二ターラー)よりも低かった。この関税率が織布業の利益を脅かすことはないと考えられ、一八三四年の関税同盟は主として財政的観点に立って、上記関税率をそのまま引きついだ。その後関税同盟の関税率更改に際して、それは、紡績工場の圧力の下、一般的関税率からの除外が要求され、ついに一八四七年初頭、綿糸(一線及び二線撚りの綿糸)は、漂白・未漂白を問わず、ツェントナー当り三ターラーの輸入関税を課せられることになった。その結果、綿糸業者及び綿製品製造業は、原料値上げのため、国内販売への影響はともかくとして、外国市場での競争において難局に直面した。それにもかかわらず、この関税率も国内の紡績業の急速かつ顕著な拡大の促進には十分でないというのである。[10]」——「関税率案」の作成者はこのように指摘する。綿糸関税は、ここでは綿糸染色業及び織布業の立場から攻撃されたのである。この点について「関税率案」は次のように述べている。

「織布・染色による綿糸加工は国民の福祉 der nationale Wohlstand と国民の労働 die Volksbeschäftigung にとって紡績業よりも疑もなく重要である。関税同盟内において、一人の紡績工に対して一三人の織布工が、また綿製品における労働収益では紡績工のそれの二〇倍に相当する。機械技術の進歩は紡績工場における紡錘当りの雇用労働力を著しく減少せしめた。[11]」

手工業的に営まれる織布業(及び染色業)は、雇用労働者数の大きさの点でも、附加価値の点でも、紡績業よりも遙かに重要であり、これこそが、「国民の福祉」、「国民の労働」の向上に合致し、それ故、当該手工業の原料となる綿糸(撚糸)関税は、「国民の福祉」に反する。なぜなら綿糸関税は、織物の価格引上げあるいは製品の品質低下または「工賃 der Arbeitslohn」の劣悪化の原因となり、その結果生じた生産の縮小による失業労働力を、紡績業はとても吸収することができないからである。

しかし綿糸に対する高関税の損失が最も明白に現われてくるのは外国市場における場合である。輸出製品のコスト引上げは、既にこの外国市場でイギリス、スイス及びその他の国々の産業との困難な競争を開始しているドイツの「ファブリカント達」に対して一層悪い状況をつくり出すことになろう。つまり綿糸関税は、ドイツの綿製品輸出を阻害し、逆にその引下げは外国市場への販売を促進する最良の手段となる。

以上のように、ハンザ・メッセ諸都市、北東沿岸都市の商人層は、(1)手工業的な綿織物業、染色業の利害に結びつきつつ、(2)機械制に基づく紡績業の利益に帰結する綿糸関税に反対し、(3)関税の引下げによって、外国製（イギリス製）綿糸の輸入とそれの織物への加工、及びとりわけ加工された織物の外国への輸出を振興しようとしたのであった。商人層が、輸出向加工業としての織物業、染色業の拡大に大きな関心をもっていたことは、次の「戻税」批判の中で、より一層明瞭に示されている。

「戻税制度」批判(12)

「戻税制度」は、とくに綿糸に対する保護関税を主張する紡績業者が、織布業者の利害を考慮しつつ、織物輸出を通じて併せて国内産綿糸の販売を促進しようという意図の下に、四〇年代以降、特に強く主張して来た商業政策の一つである(13)。「関税率案」は、産業資本家層の要求するこの「戻税制度」に対して真向から反対する。

「戻税制度」への批判は二つの点で行われる。第一は、完全実施の困難性、第二は、それが含んでいる輸出奨励金制度への傾向、である。即ち(1)加工された綿製品・染色糸は、それに外国製綿糸が使用されているか否か、またいかなる割合を占めるのかを判定する方法がない、(2)従って「戻税」は国内産綿糸を含めて綿糸一般に適用されざるをえず、結局のところ、「輸出奨励金制度」に帰結してしまう。(3)とりわけ混織 gemischte Zeuge は、主として手工業者の生産に依存し、多数の手工業者がこれに従事しており、ドイツ産業の中で重要な位置を占めている。従って混織の対外輸出はとくに重視されねばならないが、混織に使用されている綿糸の種類と割合、生産方法を判定するために、厖大な経費と、煩雑な手続に際しての商品滞貨を伴わざるをえない。(4)しかも「戻税」（「輸出奨励金」）が、重量に基づいて決定される場合には、「輸出向製造業 die Fabrikation für den Export」は、低番手糸を原料とする機械制の粗質商品生産に集中し、反面、高価な労働集約的な高級品生産は不利な状態に置かれることになる。従って「輸出奨励金」は、「労働者の雇用」を促進せず、機械制度に基づく粗質綿織物生産を促進するに止まる。かくて「紡績工場と結合した機械織布 die Maschinenweberei」は、一方では高率綿糸関税から、他方では「輸出奨励金制」から最大の利益を引出すことになるが、逆に「手織布業 die Handweberei」がえる利益は著しく小さい。

「戻税」の経済的意義は、その批判者によって的確に指摘された。「戻税制度」は、それが自らもっている運営上の困難さからして「輸出奨励金制」への移行が必然的となるが、その結果、(1)綿糸紡績工場と結びついた織布経営は、外国綿糸に対する高率保護関税と、他方ではこの「戻税制度」とから、二重の利益をうると共に、(2)もしそれが重量によって定められる場合には、粗質綿糸(国内産綿糸)による、機械制の粗質織布生産を、従って織布部門における「機械化」を促進することになる。(3)反面、イギリス産の高番手糸を原料とする手工業的な輸出向高級織物業、とくに、混織の輸出に、著しい不利益を与える。

以上のように「関税率案」は、「戻税制度」が、「保護関税」と関連しつつ、綿紡績業を拡大し、織布業における「機械化」をもたらす事実を指摘し、「戻税制度」に対して全面的に反対したのである。その観点は、イギリスから輸入した高番手糸を原料として、これを加工する「手織」、とりわけ、輸出向高級織布生産に置かれていた。我々は、このような「綿糸関税引下げ」、「戻税」廃止論の中に、イギリス工業製品(綿糸)の輸入と、手織生産を基礎にする高級織物(混織)の対外輸出に利害を見出す、ハンザ・メッセ諸都市、北ドイツ沿岸諸国の商人層の仲継貿易の利害が貫徹していることを看取することができる。

亜麻糸関税等引下げ要求

綿工業についての「関税率案」の観点は、亜麻織物工業、羊毛工業などの繊維工業についても貫かれた。「綿糸の高輸入関税が許容し難いことについて述べて来たことは、亜麻糸 Leinengarn 及び羊毛糸 Wollengarn についても殆んど全面的にあてはまる。(14)」

亜麻糸関税について。ドイツの亜麻織工は、その原料である亜麻糸を安く入手できればできるほど、アイルランドとの競争に有利に立つことが可能となり、海外諸市場での販売は拡大される。機械制亜麻糸紡績工場が未成熟で良質の糸を生産しえない現在の状況では、亜麻織物工業の利害は、関税によってイギリスの機械制亜麻糸を高騰させてはならない点にある。ところが一八四七年一月以降「関税同盟」の機械糸輸入関税は五グロッシェンから二ターラーに引上げられ、亜麻織物の海外商業は壊滅的な打撃を蒙るにいたった。今や機械制亜麻糸関税は二ターラーから一五銀グロッシェンに再度引下げることが必要となった。

以上のように、亜麻糸関税引下げ論は、当該工業一般の利益ではなく、むしろ「アイルランドとの競争」に直面している海外市場向の亜麻織物工業、従って輸出工業としての亜麻織物工業の立場から展開されたのである。その背後には、関税の引下げによってその輸入が容易になるイギリスの機械制大工業の亜麻糸を、加工して輸出するトラフィーク的亜麻織物工業の利害が存在した。従って、亜麻糸関税引下げ論は、綿糸関税引下げ、「戻税制度」廃棄の要求の場合と同様に、イギリス＝機械制大工業、ドイツ＝輸出向の手工業的特産物生産＝加工(とりわけ織布業)という国際的分業の固定化をめざすもので、イギリスの機械制織糸の輸入と、手工業的な輸出向加工業(トラフィーク工業)の生産した高級織物を海外に輸出する、ハンザ・メッセ諸都市の仲継商業資本の利害が貫いていたのであった。このことは「製造品」関税に関する「関税率案」の主張の中に一層はっきりした形で示される。

五　「工業製品」(完成品)関税引下げの要求

「商人協会」の主張によれば、「製造品」の輸入関税は平均価格の一〇％でなければならず、それ以下は国庫収入の低下を、それ以上は輸入制限を惹起し、「保護関税制度 das Schutzzollsystem」として、「若干の製造部門 einzelne Fabrikationszweige」を、従って「若干の地域と若干の人間」を、「総体の犠牲で auf Kosten der Gesammtheit」優遇することになるばかりか、最終的には、「輸入禁止」にまで行きつき、その結果「国民の生産的労働」は著しく減少することになる。なぜならば、「ドイツが外国から買う量が少なければ少ないほど、外国も全体としてドイツから買う量を小さくする」[15]からである。「輸入制限によって必然的に生じた外国への販売の減少は、利益のある労働力雇用を減少させる。それは最も人為的で最も厳重な保護関税制度がより多くの販売によって国内で創り出しうるそれよりも遥かに大きい[16]。」

「関税率案」の利害を支える観点がここにおいて最も鮮明に示されている。(1)「保護関税制度」は外国からの輸入を減少させ、その結果、ドイツの外国への輸出を縮小させる。(2)外国貿易が創り出す「雇用」の大きさは、「保護関税制度」が国内で創り出すそれよりも遥かに大きい。(3)従って「保護関税制度」にかわって、自由貿易主義＝低関税政策が採用さるべきである。——外国貿易は、「国内市場」に優越する、という外国市場、外国貿易重視の観点こそ、ハンザ・メッセ諸都市、北ドイツ沿岸諸都市の商人層の利害と結びつき、それを支える認識であった。

以上のようにハンザ・メッセ諸都市、北ドイツ沿岸諸都市・諸地域の商人層は、「関税同盟」の外部にあって、その独自の利害から、「関税同盟」を批判しつつ、独自の「統一ドイツ関税制度」の創出を目ざして、フランクフルト・アム・マインに結集し、「ドイツ立憲国民議会」の商業・関税問題に影響を与えようとした。「関税率案」は、このような運動の中で生れた重要な産物であり、この中に運動の担い手達の経済的利害が集約されていた。我々は「関税率案」の内容を通じて、ハンザ・メッセ諸都市、北ドイツ沿岸諸都市・諸地域の商人層の統一的利害の内容と方向とを知ることができた。

(1)　まず「ドイツ関税同盟」が一八一八年プロイセン関税法の原則から事実上離脱したこと、とくに一八四〇年代の関税改革を契機に保護主義の傾向が強化された事実が指摘された。これに対して「綿糸・亜麻糸関税」、「鉄関税」の引下げを中心とする「半製品」、「完成品」関税の全面的引下げ——従価一〇％の関税ないし関税廃止——、大ざっぱにいえば、一八一八年プロイセン関税法の原則への復帰、が要求された。この自由貿易論＝政策を貫いている経済的利害が、イギリス工業製品、熱帯産物資を輸入し、ドイツの農産物、原料及び特定の工業製品を輸出する、ハンザ・メッセ都市を中心とする仲継商業資本の利害であったことはいう迄もない。

(2)　とくに綿糸・亜麻糸関税の引下げ、「戻税」、「輸出奨励金制度」の廃棄は、ハンザ・メッセ的自由貿易論の中核をなしているが、このような要求の背後には、紡糸関税の引下げにより、イギリス(ランカシャ)綿、亜麻糸を自由に輸入し、これを原料とした製品＝綿・亜麻織物を輸出するという仲継貿易の利害及び、かかる仲継貿易と絡まった輸出向加工業——イギリス製織糸の輸出向高級織物への加工——の利害があった。

(3)　ハンザ・メッセ諸都市の商人をはじめとする仲継商業は、ドイツ国内の農業生産及び輸出向工業(トラフィーク工業)を前提としこれを生産的土台として営まれる。遠隔地・仲継商業のこのような自由貿易論は、イギリスの工業独占と、後進国の食糧・原料生産への特化という国際分業を促進し、従って、ドイツ経済を農業、輸出向加工業を基軸とする産業構造に編成してゆこうという方向をもっていたのである。

(4)　しかも、この輸出向加工業は、機械制大工業ではなく、手工業——手織——でなければならなかった。手織による、輸入織糸の輸出向高級織物への加工こそ自由貿易論がめざす、トラフィーク工業のあり方であり、反対に、機械制大工業は「国民の福祉」とは結びつかないものとされた。

(5) ハンザ・メッセ諸都市を中心とする仲継商業資本の自由貿易論は、こういった特定の産業構造を志向する点で農業的利害・ユンカー的土地所有＝経営者及び繊維工業のトラフィーク工業の経済的利害と結びつく要素をもつが、「機械化」への反対、低関税政策という点で、機械制大工業を基盤に資本主義的再生産圏の構築をめざす、「保護主義者」＝産業資本家とは対抗的関係にあった。では輸出向加工業の利害とは一体いかなるものであったのか。

（1） この間の事情については、とくに、Hans Pahl, Hamburg und das Problem einer deutschen Wirtschaftseinheit im Frankfurter Parlament 1848/49, Hamburg 1930, S. 68 f. を参照されたい。
（2） Ders., a. a. O., S. 74 ff.
（3） 「国民議会」の内部には、ハムブルク出身のメルクを中心に、一〇月二四日、「自由貿易のためのドイツ協会 Der Deutscher Verein für Handelsfreiheit」が結成され、「適正な財政関税 gerechte Finanzzölle」に基づく関税制度の実現がはかられ、以後この組織は「国民議会における自由貿易主義運動の拠点 ein Mittelpunkt aller freihändlerischen Bestrebungen der Nationalversammlung」をなした。Ders., a. a. O., S. 79.
（4） Entwurf zu einem Zolltarif., Vorwort.
（5） A. a. O., Einleitung, S. 1.
（6） A. a. O., S. 2 f.
（7） A. a. O., S. 4.
（8） A. a. O., S. 4 f.
（9） A. a. O., S. 15 ff.
（10） A. a. O., S. 9.

(11) A. a. O., S. 9.
(12) A. a. O., S. 21 f.
(13) 「戻税」については、渡辺尚「『M. Gladbach 商業会議所年次報告』分析(一八三八—一八六一)」『土地制度史学』第四七号、参照。
(14) A. a. O., S. 26.
(15) A. a. O., S. 28.
(16) A. a. O., S. 28.

2　輸出向加工業(亜麻織物工業)の商人的利害

ドイツ亜麻織物工業は、一九世紀前半には、全面的に衰退しつつあった。織布工・紡糸工の経営はいよいよ悪化し、商人たちは、このような状況を利用しつつ、これらの小商品生産を問屋制的に支配し、遠隔地市場向生産に編成してゆこうとした。このような中で、亜麻織物工業の興隆ないし再編の問題と結びつきつつ、商業資本の特殊な利害が、関税問題をめぐる独自の利害として現われてくる。即ち、織布工に対する紡糸の前貸と織物の販売を行う問屋商人——「仲介人 Faktoren, Märkten, Kommissionäre」——と、この問屋商人の織物を一括して買付け、販売を行う「商人 Kaufleute」の商人的利害である。[1] このような「商人」、「仲介人」もまたその独自の利害から「国民議会」に対して紡糸・織布業の救済を求める請願を行っていた。[2]

(1)　シュトリーガウ Striegau の一商人の提案
(a)　亜麻、羊毛、綿紡績機械の廃止、捺染機、脱穀機の廃止
(b)　鉄道の拡大を禁止すること

(c)　行商の禁止
(d)　商業協定の締結
(e)　機械生産物に対する高率輸入関税

(2)　カールスベルク Carlsberg の一亜麻織物商人の請願
(a)　機械紡糸の輸入の全面的禁止
(b)　亜麻紡績機の廃止
(c)　綿混織亜麻織物への検印
(d)　紡績学校 Spinnschule の設立
(e)　化学漂白によって亜麻織物工業を破滅に導いている漂白業者に対する処罰規定
(f)　商業協定締結による外国の販売の促進

(3)　ヴュンシェルブルク Wünschelburg の市参事会(同市「立憲協会 der Konstitutionelle Verein」と共同の提案)
「当地に住み、一八〇台の織機で綿モスリンを加工する織布工九〇人が破産に瀕している。かかる状態はもうこれ以上耐えることはできない。」——織布業の再興のために提案する。
(a)　平和と秩序の回復
(b)　すべての障害と重い関税から海港都市を解放すること
(c)　海外の最も安定した市場
(d)　手織の綿、亜麻、羊毛織物は、いかなる種類も、注文割り当て制とし、それによって、「中小のファブリカント達 kleinere Fabrikanten」を保護すること

(e)　亜麻生産及び手紡を可能な限り向上させること
(f)　軍隊の織物注文を、「大ファブリカント達 große Fabrikanten」に対してのみ排他的に発注するのをやめ、均等に配分せよ
(g)　製品の地方検査所 Lokal＝Schauämter の設置

(4)　コーレルト Kohlert 議員提出のA・R・署名の陳情書

亜麻工業は保護関税によっては救いえない。機械糸に対する関税引上げは、機械紡績工場を増加させる反面、織物を高騰させ、諸外国への販売を阻害する。亜麻織物工業を再び繁栄させようとして人は現代の発明を利用しようとあらゆる機械を導入している。本来それは商品を改良しようという目的なのだが、まさにそれは目下いくつかの階層が苦しんでいる危機をつくり出している。――リーズ、ベルファスト及びダンディーをみよ。ここでは機械紡績工場が多数繁栄し、今日では糸や織物を世界のありとあらゆる地域に送りこみ、ドイツの競争を困難にしている――ドイツが、このような軽くて粗悪な商品をつくり、このような競争に対抗しようとするならば、ドイツ品の名声は否定されてしまうことになろう。評判を再び高めるには、「最高の良質と、最低の安さ」を生産するというたてまえを採用することだけが必要である。「安かろう、悪かろう」ではないのだ。ファブリカント達は、こういった原則を実現するために結合 sich vereinigen し、地域ごとに同じ種類の製品を加工させ、織布工にはそのために最も適当な糸を配布すべきである。品質は番号をもって表示され、仕分けと販売に際しては、あらゆる点で最高の誠実さが厳守されねばならない。政府は適切な利子の前貸を行いファブリカント達を補助すべきであるが、しかし自らは産業施設 Industrieanstalten を設立し競争者になってはならない。

(5)　ライヘンバッハの一商人の陳情書

もし人がシュレージェンの亜麻織物に殺到すれば、ファブリカントはその商品の適当な価格を容易に確保でき、厖大な在庫を抱えて、商品の押し売りにつとめなくてもよい。もし買手が織布工を訪ね、値段を定めねばならない場合、彼は織布工を圧迫することはなく、工賃は次第に引上げられよう。ところで買手を見出し更にそれを増加することは決して不可能ではない。その方法はロシアとの商業協定である。ロシアは人が住める土地の九分の一に該当し、我国に穀物、羊毛、亜麻、木材、毛皮製品を輸出し、年々数百万ターラーの貨幣を吸収しながら、それに対して何も買わない。皇帝に商業協定を締結させる適当な時期がやって来た。この商業協定ができれば、我国の綿、羊毛、亜麻布製品はリタウエン、ヴォルヒニエン等まで進出できよう。しかし皇帝にこういった正当な要請を快く受け容れようという気持がない場合には、人はこれに対抗してロシアの生産物に高い関税を課し、上の生産物を北アメリカから買うべきである。北アメリカはそれに対して多くの利益を我々に与えてくれよう。

織物商人達の陳情書の要求内容は多岐にわたっている。しかし、その内容から、我々は、織物商人の経済的利害に二つの類型があることに気がつく。その一は、(1)、(2)、(5)の、いわば保護貿易主義的利害である。㈠亜麻、羊毛、綿紡績機械等の廃止、㈡鉄道の拡大禁止、㈢外国(特にロシア、北アメリカ)との特恵的商業協定の締結、㈣機械生産物(とくに機械製紡糸)の高輸入税(又は全面的禁止)、㈤綿混織亜麻織物等への検印、㈥紡績学校の設立、などが提案されているが、とりわけ、紡績機械の廃止、保護関税及び外国(後進国)との特恵的関税協定締結が特徴的である。この利害は、紡績機械廃止を条件として可能となる手紡とその織物への製造に利害を見出し、かつ、これを生産的土台にして商業活動を営むもので、この商業活動は、それ自体、鉄道拡大とそれがもたらす価格体系の成立(国内市場)に対立する前期的商業であるが、しかし、それは、ともかくもドイツ市場を前提としており、その限りで外国、とくにイギリスをはじめとする先進資本主義国の機械製品(とくに紡糸)に対する高関税(又は輸入禁止)を主張する。と同時に、ロシア、北アメリカなどの後進国に対しては、原料、食糧輸入と引替えに、織物(手織)の輸出を行おうというのである。手紡、手織を生産的土台として営まれる、織物の国内での取引と、後進国への輸出に利害をもつ、いわば保護主義的(前期的)商人層の利害は、先にみた織布工・紡糸工の経済的利害と共通する面が多い。

第二の経済的利害は、自由貿易主義的商人のそれである(3)及び(4)の陳情書)。これは、「機械糸に対する関税引上げは、機械紡績工業を増加させる反面、織物を高騰させ、外国への販売を阻止する」という観点に集約的に表現されているように、(一)国内の機械紡績業に反対し(機械制工業反対)、(二)外国産紡糸の自由な輸入(反保護主義＝自由貿易)を条件として、(三)輸入紡糸の高級織物への加工と、(四)外国への輸出に利害を見出すものであり、端的に言えば、輸出向高級織物加工業(トラフィーク)と結びついた商業資本の利害に他ならない。これらの商業資本は、輸出向加工業として織布業を編成するために、(a)「ファブリカント」(問屋制商業資本)の「結合」(「初期独占」)を条件として、また、(b)政府の財政援助の下で、(c)織布工に特定織糸を前貸し(問屋制度)加工させねばならないという。このような要求から明らかなように、この商業資本の利害は、織布工に対して織糸その他を前貸し、彼らに織物を「工賃」で製造させる「仲介人」＝問屋制商業資本、またはこれと密接に絡み合う大商業資本の利害に他ならない。問屋制商人、大商人は、手織業を確実に把握し、更に輸出向高級織物生産として編成してゆくために、これら商業資本相互の「結合」＝「初期独占」をつくりだそうとした。「検査所の設置、検印制」の要求は、このような「結合」＝「初期独占」を背景に、彼らが織布工への問屋制支配を一層強固にする手段として提出された。検印制、検査所の設置要求に対して、「国民経済委員会」の調査報告は、それに積極的に賛成しつつ、次のような「利点」を指摘している。「とくに労働者と雇用主の直接的関係 Unmittelbarkeit zwischen Arbeiter und Arbeitgeber が創出さるべきであり、それによって亜麻糸商人、代理商、買占人などの仲介人は姿を消すことになろう。織布工は亜麻布の買付人から糸を買い、一定の織布工賃を受け取り、その結果少なくとも粗悪糸の欠損を肩代りする必要がなくなるだろう。雇用者の利害からすれば、良質の商品を確保するために良質の糸を与えることになるからである。彼は最早買い手を探す必要もない。特定の買付人をもっているからである。かくてファブリカント、織布工及び商人は同じように利益をえ、織布工の雇用主への従属の度合は、債権者、買占人へのそれよりも弱くなろう(3)。」

検印制度、検査所制度は、織布工が「少量ずつ糸を買う」ことを阻止し、また製品の買い手をさがして一日中「歩き廻る」ことがないようにする。かくて、それは、大商人が織布工に直接紡糸を前貸し、その製品を全面的に買付けるという、大商人と織布工との「直接的関係」を、従って、大商人の織布工に対する直接的な問屋制前貸関係＝支配を創出させるものであり、これら大商人＝問屋制商業資本の「流通独占」(織布工及び仲介商人に対する)を強化してゆくテコになるものであった。

以上のように輸出向加工業と結びつく大商人(問屋制商業資本)は、一方では、国内の機械制大工業に反対し、他方では、保護主義の廃棄＝自由貿易を要求し、それによって、外国(イギリス)製紡糸を入手しようとした。彼らは、これを織布工へ前貸し、加工された織物を買占めようとしたのである。原料紡糸と製品の「流通独占」に他ならない(4)。

こういった商業資本の経済的利害は、その方向がドイツ内部の社会的分業、とくに「局地的市場圏」を解体し、その上でかかる分業体制の一環をなしていた織布業を、輸出向加工業として把握し、編成することに向けられている点で、「局地的市場圏」＝小ブルジョア経済の再生・保護及び拡大・深化を志向する紡糸工・織布工(及びその他の小商品生産者)の経済的利害と決定的な対抗関係に立つ。他方、ドイツの輸出向織物業が、イギリス(とくにランカシャ)紡糸業の製造する機械制紡糸を原料とし、かつ、かかる輸入紡糸の加工品たる織物を外国市場に輸出しなければならないという点で、イギリスの工業独占とこれを基軸とする国際分業を存立条件とする仲継貿易の利害、とりわけ、自

由貿易主義的なハンザ・メッセ都市の利害と密接に結合することになる。(5)

(1) G. Schmoller, a. a. O., S. 553 f.

(2) Bericht des volkswirtschaftlichen Ausschußes, in: Stenographischer Bericht., Bd. IX, S. 6362 ff.

(3) A. a. O., S. 6369.

(4) このような経済的利害は、肥前栄一氏が、紹介され、分析された、リッシュ Risch の「ゼーハンドルンク」論とその中で示される経済的利害に直接結びつくものといえよう。リッシュは、――肥前氏によれば――(一)自由貿易主義、(二)イギリス生産力の圧倒的優位を動かし難い大前提とした機械制紡績業否定の立場に立って、イギリス製綿糸の輸入に依存する移輸出向加工業の構想を打ち出し、このような自由貿易主義的な観点から、プロイセン絶対主義の「重商主義」＝「独占」批判を展開した。肥前、前掲論文。「ゼーハンドルンク」に対するリッシュの立論は、まさに三月革命の中で、現実の力、その社会的担い手を見出したのである。

(5) なお、ライプチッヒの自由貿易主義的利害については、A. Dufour＝Feronce u. Gustav Harkort, Versuch zur Beantwortung einiger der durch die Kommission für Erörterung der Gewerbs＝und Arbeits＝Verhältnisse in Sachsen aufgestellten Fragepunkte, Leipzig 1848 を参照。

おわりに

我々はまず「関税率案」の分析を通じて、ハンザ・メッセ諸都市及び北ドイツ沿岸諸都市・諸地域の仲継商業資本の自由貿易論及びその立場からする「関税同盟」批判の内容と方向を検討し、次のような事実を確認することができた。

その要点は、(1)原料、食糧の関税はすべて撤廃、(2)「半製品」――とくに鉄、紡糸(なかんずく綿糸)――の免税ないし低率関税、(3)「完成品」関税は一〇％かっきり、というものであり、このような低関税論＝自由貿易の立場から、

「関税同盟」の関税率の大幅引下げ、一八一八年プロイセン関税法への復帰、を要求した。遠隔地商業、仲継商業の立場からするこのような自由貿易論が、イギリス＝工業(独占)と、ドイツ＝農業生産・特産物加工業という国際的分業体制を前提とし、かつ、このような構成の中に、ドイツ経済を編成させ、かかる方向でドイツの経済的統一を果してゆこうとするものであったことはすでに述べた通りである。

仲継商業資本の経済的利害＝自由貿易主義と結びつく国内――とくに「関税同盟」内――の経済的利害の一つは、手工業的織布業を生産的土台として、織布工へのイギリス糸の問屋制前貸と、織物の買占(それを支える「初期独占」)を行う輸出向加工業(トラフィーク工業)の前期的商業資本の利害であった。外国(イギリス)製紡糸の入手と、輸入紡糸の加工、高級織物の対外輸出に利害をもつこの問屋制的大商業資本は、ハンザ・メッセ都市、北ドイツ沿岸諸都市・諸地域の仲継商業資本の営みを前提とし、かつその利害と絡まっていた。自由貿易論はここにもう一つの社会的(そして生産的)基盤を見出す。

「関税同盟」内におけるもう一つの、しかし決定的に重要な自由貿易主義的利害は、農業・地主的利害、とくにユンカー的利害である。(1) ここではこの農業・地主的利害の自由貿易論についていは、次の点だけを指摘しておこう。

ユンカー、大土地所有者の組織的拠点たる「農業協会」は、一八四八年一一月、全ドイツの農業・地主的利害を結集し、フランクフルト・アム・マインにて「全ドイツ農業協会代表者会議」(2) を開催するが、同会議において提起された関税政策の原則は以下の通りであった。

(1) 可能な限り自由な国際商業は農業の利益である。

(2) 特定の経済部門への利益のために、上の原則の適用を除外することは、外国商業の事情と国内産業部門の特別の状態に従って、例外的にのみ、かつ、それが続く限り、認められる。

みられる通り、国際商業の自由、従って自由貿易の原則が明白に示されている。しかし、同時に、「国内産業部門」のための「例外規定」を、従って保護関税の存在を、一定の条件をつけた上で承認した。このことは「鉄関税」についてその引下げを希望しつつも、「しかし国内の製鉄所・工場の存続を脅さない限り」という限定をつけていること、また、「亜麻糸関税」について、その関税引上げが、織布業の利害にとって従ってまた「国富 Nationalreichtum」にとって損失となるということを指摘した上で、「現行の亜麻、亜麻糸及び亜麻布の輸入関税の変更は、少なくとも当面は適当ではない」と主張していることに示されている。

このように、農業・地主的利害は、明らかに、国際商業の自由、保護主義反対に置かれており、それからの除外は例外的に認められているに止まり、その限りで、自由貿易主義に立っていた。しかし、例外的規定＝保護主義の条件付承認は、ハンザ・メッセ諸都市商人の、仲継貿易の観点からの自由貿易論とは大きな違いを意味している。農業・地主的利害は、三月革命の中で――ここにおいてその階級的利害が最も鮮明に表現されるのだが――保護主義に反対しつつも工業製品については具体的関税率案を提示せず、むしろ、亜麻糸・亜麻織物関税論において示されるごとく、現行の関税率維持、従って「関税同盟」維持、という態度をとっている。換言すれば、その限りで農業・地主的利害は、「関税同盟」が志向するドイツ経済の現実の発展――「プロシア型」資本主義化――を支持しているのである。(3)

（1） 一九世紀前半のドイツの商業、関税政策の方向決定に際してユンカー的利害がもつ圧倒的な意義については、さし当って次の研究を参照。G. Hermes, a. a. O., S. 134 ff.; G. Bondi, a. a., O., S. 85 ff.

（2） E. Jordan, a. a. O., S. 197 ff.

（3） 同会議は三月革命に関して、「所有と人格の自由と保護」、「権利、法及び秩序に守られた正当な自由」の実現の観点からさまざまな主張を展開している。

二　産業資本家層の保護主義運動

1　「祖国の労働保護のための一般ドイツ協会」

一　「一般ドイツ協会」の結成

農民、手工業者及び雇職人・労働者のそれぞれの自立した変革運動が、それぞれの独自の社会的存在と利害に規定されて、地方的、分散的状況に止まるか、あるいは全国的運動として展開した場合でも、絶対主義的領邦体制の変革がもつ歴史的意義を資本主義以前の生産様式の観点から把え、それ故、客観的には、旧体制のブルジョア的変革過程を主導しえない立場にあったのに対し、産業資本家層(とその絶対主義打倒の運動)は、その階級的基盤が資本制であることに規定されて、その独自の利害を実現させることが、同時に、封建制から資本制への移行を実現させる唯一の階級であり、それ故にまた、産業ブルジョアジーは、本来、「国民議会」への利害の反映を通じて、絶対主義の変革過程を、自らの権力が樹立される最後の局面に至る迄遂行しうる、革命の主導的階級として存在していた。しかし、一八四八年の三月革命は、このブルジョアジーが、その革命過程で、同じその資本の利害に規定されて最早旧体制の打倒を主導しえなくなることを明白にした画期的な出来事であった。ここでは、このドイツ産業ブルジョアジーが、三月革命の中で、いかなる利害を打ち出して来たかを明らかにしよう。

産業資本家層の運動は、保護貿易主義の実現の運動として展開された。即ち、彼らは、ハンザ・メッセ諸都市、北ドイツ沿岸諸港市の商業資本の自由貿易主義の運動に対抗しつつ、自らの経済的利害の実現のために、「祖国の労働保護のための一般ドイツ協会」（以下「一般ドイツ協会」と略す）を組織した。一八四八年八月末、各地の産業的利害は、ヴュルテムベルク、バーデンの紡績・織布工場主及びライン・ヴェストファーレンの製鉄工場主の呼びかけに応えて、フランクフルトに結集し、「一般ドイツ協会」を結成した。この「協会」は、「小委員会」（五人）、「中委員会」及び「総会」より構成され、その代表者にホーヘンローヘ・エーリンゲン Ferix von Hohenlohe-Oehringen 公、代理代表にシュタインバイス Ferdinand Steinbeis、常任委員として、テーゲル Toegel、フォン・ケルシュトルフ v. Kerstorff、アレクサンダー A. Alexander がそれぞれ選ばれた。(1)

「一般ドイツ協会」の総会の議事録に掲載されている「中委員会」の構成メムバーの一覧表(2)（第二五表参照）から我々は次の事実を知ることができる。

(1)　委員の出身（代表）地域はオーストリーを含む全ドイツに及んでいるが、しかし、とくに、ライン・プロイセン、バーデン、ヴュルテムベルク、ヘッセン、ザクセンからのそれが多く、東エルベからは、シュレージエンのそれを別とすれば、著しく少ない。

(2)　産業部門はあらゆる部門に及んでいるが、農業、商業からのそれが少なく、逆に製鉄業、繊維工業及び「手工業」の代表が大きな比重を占めている。とくに、ライン・プロイセンからは製鉄、化学、機械製造部門の、従って生産手段生産部門の代表が、南ドイツ・ザクセンからは主として繊維工業部門、「手工業」の代表が大きな部分を占めている。「一般ドイツ協会」は工業諸部門の産業資本家と手工業者からなる統一的組織であった。

(3)　委員の中には、「国民議会」の「急進民主主義議員」で、「国民経済委員会」の有力な保護主義メムバーたるケムニッツの「ファブリカント」、アイゼンシュトゥックがおり、「協会」はこれを通じて議会、「国民経済委員会」の保護主義的勢力と結びつくことができた。

第25表　「一般ドイツ協会」の「中委員会」の構成

産業部門	地　域	委員数・選出地
製鉄業	ライン・プロイセン	Trier, Quint, Hörde(3人)
	シュタイエルマルク	Klagenfurth(1人)
鉄加工業	テューリンゲン	Friedrichswerk(1人)
亜麻工業	シュレージエン	Waldenburg (各1人)
	バイエルン	Baireuth (各1人)
	プロイセン・ザクセン州	Erfurt (各1人)
綿織物工業	バーデン	Steinen, Ettlingen(2人)
	オルデンブルク	Barel (各1人)
	ヘッセン大公国	Offenbach (各1人)
	ザクセン	Eisenstuck—Chemnitz
		Degenkolb—Eilenburg
	オーストリー	Wien(1人)
毛織物工業	バイエルン	v. Kerstorff—Augsburg
	ヴュルテムベルク	Stuttgart(1人)
絹織物工業	ライン・プロイセン	Viersen(1人)
	ヴュルテムベルク	Ludwigsburg(1人)
製糖業	シュレージエン	Breslau (各1人)
	ザクセン州	Wegeleben (各1人)
ガラス工業	ライン・プロイセン	Sulzbach (各1人)
	ブランデンブルク	Rauscha (各1人)
製紙業	ヴェストファーレン	Hemer (各1人)
	ヴュルテムベルク	Wildbad (各1人)
	メクレンブルク	Rostock (各1人)
化学工業	ライン・プロイセン	Bonn (各1人)
	クーアヘッセン	Soden (各1人)
機械製造業	クーアヘッセン	Kassel (各1人)
	ライン州	Gutehoffnungshütte (各1人)
	プロイセン	Berlin (各1人)
鉛工業	ハノーファー	Zellerfeld(1人)
皮革工業	ライン・プロイセン	St. Goarshausen(1人)
針金工業	バーデン	Mannheim(1人)
窯業	ライン・プロイセン	Saarbrücken(1人)
毛織物染色業	オーストリー	Jägerndorf(1人)
農業	ヴェストファーレン	Menden(1人)
	バーデン	v. Fürstenberg 公—Donaueschingen
タバコ	バイエルン	Augsburg(1人)
手工業	フランクフルト	(2人)
	ヴェストファーレン	Siegen(1人)
	バーデン	Mannheim, Pforzheim(各1人)
	ヴュルテムベルク	Steinbeis—Stuttgart
	プロイセン	Malmedy
商業	バイエルン	Bilshofen
香料商	シュレージエン	Langenbielau
雑貨工業	オーストリー	Wien

Verhandlungen der zweiten Generalversammlung., S. 30 f. から作成.

(4) 代理代表シュタインバイス[3]、常任委員テーゲルは、F・リストの理論の継承者であり、この二人によって「一般ドイツ協会」は、リストの理論的影響を強く受けることになった。

(5) 「一般ドイツ協会」の会長にエーリンゲン公が据えられたが、彼は「農民運動」が激しく展開したホーヘンローへ地方の有力領主で、封建地代の「有償解放」によって農民から得た「資金」を、東エルベの土地所有のために投資した人物である[4]。ここに土地問題については全く妥協的な「協会」の性格が象徴的に示されていたといえよう。

二　目的と活動

「一般ドイツ協会」は、まず、三月革命の中で、「政治的所得」のための国民的運動と併行して現われた「物質的要求」の社会的運動に、積極的に参加しなければならないと考え、その目的を、対抗的諸利害の「融合」と「調停」、経済的な「統一・自由」に設定した[5]。つまり、産業資本と手工業経営の統一的組織たる「一般ドイツ協会」は、革命の中で、その経済的利害——経済的自由、経済的統一——を実現し、貫徹する運動体として存在していた。しかもこの「ドイツ国民の統一と自由 die Einheit und Freiheit der deutschen Nation」は、「特殊的利益」(資本の利害)を超えた、「全体の利益」(国民的利害)とみなされ、それによって「労働への配慮 die Sorge für die Arbeit」がはじめて実現されるものとされた。これこそが、「労働する人間」、「すべての国民的生産労働 die ganze producierende nationale Thätigkeit」の保護であると考えられたのであった[6]。

「労働の保護」、「真の国民的福祉 eine wahre Nationalwohlfart」は「国内の営業者がドイツ市場で外国と競争」できるような「新関税率案」の作成を前提としている[7]。そのためには、「ドイツの外見的自由の時代にドイツ産業の上に悪霊の如く覆っていた」「官僚制」とその「監督」、その「硬直し、固定化した形式」の解体が必要であり、かくして「ドイツの営業活動のすべての所属員」が「結合 vereinigen」し、「すべての立法者」に対し「営業活動」を保護させるように圧力を加えねばならない。このような観点から、すでに実現された「団結権」、「請願権」及び「出版の自由」の意義が評価された。しかし「現実の政治」(革命運動)は産業ブルジョアジーにとっては「危険な領域」、足を踏みこみえない「領域」とされた(革命運動への不参加!)。

三　経済的統一と保護関税政策

産業資本家層は、ドイツの後進性の第一の原因を、「領土の分裂」、「法律の分裂」に求め「統一関税制度」こそが、「一層有効な発展のための正しい基盤」と「物質的国民力 die materielle Volkskraft」(「民富」)との結合をもたらしうるものと考えた。「外国の労働」生産物への課税は、「国内のそれに市場を確保する」ものであり、「発展途上のものと発展したものとの間の不均衡関係を時間的に均等化する。」しかも「国内の競争 innere Koncurrenz」は何ら妨げられることはない。

これは、北ドイツの三分の二の住民、中部・南ドイツの全住民の経済的利害であり、これに対立するのは「外国商品の販売」を行う「沿岸都市及び若干の内陸都市の十数人ほどの商人」に過ぎない。農産物の対外輸出の停滞に直面する「北ドイツ農業家」の多くは、「国内工業の振興と、従って彼らの生産物の国内的消費」を求めている。(8)

産業ブルジョアジーは、「国民的利益」に適った関税政策の原理として、次の原則をかかげた。

(1)　生活必需品・農産物の課税廃止、輸入の自由。

(2)　多くの商品について「関税同盟」の関税率を支持。「過剰生産」、「販路停滞」、「投げ売り」は、「国際貿易」において周期的に循環して現われる現象であり、それはドイツの「労働者」に大きな被害を与えることになった。だがそれはすでにドイツの問題でもあり、かかる「不況」への対応として、外国貿易の促進のために、「関税同盟」の「中位」の関税政策は維持されねばならない。

(3) 「半製品」とくに「上質」商品への保護。綿、羊毛、金属製造業は「普及品の大量生産」を基盤にしているが、高級半製品生産は目下のところ「保護」がなく、「停滞」に陥っている。

(4) 織布工を、外国の競争から保護することは、「織布工プロレタリアート Weberproletariat」の問題を解決することとなる。

(5) 手工業 Handwerk 及び小営業 kleiner Gewerbe に対する関税引上げ。

(6) 輸出税の部分的廃止。

(7) 「戻税」、「差別関税 Differentialzöllen」――この二つの措置は、ドイツの「関税率、商業政策の本質的に新しい原理」である。前者は外国に依存する輸出向製造業のために、後者は対アメリカ貿易(大西洋貿易)にとって必要である。それは海運業、商業、直接能動商業を促進し、ドイツ生産物の販売に利益をもたらす。(9)

(8) 大ドイツ主義。オーストリーの経済的利害を配慮しない関税率は、オーストリー及び南東ドイツと他のドイツとの分裂を意味し、「国民」の二大部分の「結節点」を失うことを意味する。

以上のような原則に従って「一般ドイツ協会」は具体的な「関税率案」を作成する。第二六表はその一部である。「協会」は、このような商業・関税政策を「労働保護」の観点から、「国民の世論」、「国民の福祉」、「国民の物質的利益」の名の下に提起するのであるが、その内容を貫いている利害は、産業資本とくに機械制工場制度を基礎とする資本制的産業経営の利害に他ならなかった。とくに重要なのは、繊維工業、なかんずく紡績部門で、「織布、捺染等の繁栄は紡績業の自立にかかっている。」しかし、紡績・織布部門は、並製品(低番手糸)については、国内産業はす

第26表　（ツェントナー当り）

品目	関税同盟 Tlr.	Sgr.	提案 Tlr.	Sgr.
綿　糸				
(a)　未漂白・未撚糸				
20番手以下	3	—	4	—
60番手以上	3	—	8	—
(b)　未漂白・二条織糸				
20番手未満	3	—	5	—
60番手以上	3	—	9	—
綿織物				
ジャコネット・綿製品	50	—	100	—
上質織物	50	—	200	—
亜麻糸				
粗　糸				
25番手未満	2	—	4	—
漂白・染色糸				
25番手未満	3	—	8	—
亜麻布				
粗　布	4	—	15	—

でに事実上自立しており、むしろ、今後は高番手糸、高級織物の生産の保護が果されねばならない。

「ドイツ製造業〔織物業〕は紡糸関税にもかかわらず通常の商況の時にはイギリスよりもいくらか高い普及品を供給するに過ぎない。従ってこれらの商品はもはや一反たりとも輸入されることはなくなるであろう。(10)」

かくして各種の高級品生産が「適切な保護」を与えられることにより、ドイツの工業は「より高度の発展」、「工業的自立の達成」を実現することになるだろう。綿業に関するこのような措置は、毛織物工業についても該当する。ただし亜麻布については、「粗質品」ではなく、「上質品により高い収益を見出す貧しい織布工の利害」を、「アイルランドとの競争」から守るために、「中上級品、漂白・捺染亜麻布の関税引上げが緊急に必要(11)」であるとされたのである。

四　鉄・鉄製品関税

産業資本家は、一八四四年の棒鉄関税の意義を高く評価し、それによって「世界の第一級の棒鉄工場に匹敵できる一連の大棒鉄工場が出現」した事実を指摘し、鉄生産全体の「自立」のために、銑鉄生産に対する「適切な保護

entsprechender Schutz」(育成関税)を採用することを要求する。それによって銑鉄の輸入は短時日のうちに必要なくなり、逆に、近い将来輸入から輸出へと転換することになろう。なおその際、「我国に根絶的な被害を与えるのは他国の過剰生産のみ」と指摘しながら、巨大な資本投下がなされる製鉄業では、一度投下した資本の引上げは困難であり、「過剰生産 Überproduktion が他の産業部門における以上にしばしば発生し、だからここでは効果的な保護関税が特に必要である」と述べている。保護関税は、ここでは、イギリスの過剰生産のドイツへの波及と、ドイツ自身の過剰生産を予防する措置と考えられたのであった。(12)

以上のように一八四八年の保護関税要求は、「ナポレオン戦争後の恐慌」の中で行われた産業ブルジョアジーのそれとはその内容においても、客観的状況の点でも大きく異なっていた。「ドイツ商人・工場主協会」の結成の際には、イギリス工業製品のドイツへの氾濫、ドイツ経済の全面的解体の危機が問題とされた。ところが三月革命において、「一般ドイツ協会」が追求する保護主義は、機械生産の発展、イギリス工業製品のドイツ市場(西エルベ)からの駆逐、従ってドイツ経済の一応の自立という状況を背景に、イギリス資本主義の「過剰生産」恐慌に抗しつつ、「国内市場」を確保し、ドイツ経済を最終的に自立させ、更に外国品の輸入貿易からドイツ工業製品の輸出貿易へ転換を実現するための商業・関税政策要求として現われて来た。それはドイツ産業資本の「より高度な発展」、即ち資本の原始蓄積の一層の促進・完成のために要求されたのである。

「一般ドイツ協会」は以上のような経済的利害を実現するために、各地の産業資本家、手工業者——「勤労的階層」——の結集・組織化を推し進め、また、機関誌 das Zentral Organ der Nationalen Arbeit を発行し、「国民議会」とくに「国民経済委員会」に影響を与えようとした。「一般ドイツ協会」は、「国民議会」における「ドイツ憲法作成の弱点」を「商業政策の欠如」にあると考え、国民の形成には「物質的利害の力 die Macht der materiellen Interessen」

が必要であること、「一般ドイツ協会」はこのような「物質的利害の力」を結集し、これをリードするものであり、かくて「協会」と「国民議会」とが結合され、それによって「物質的問題 die materielle Frage」と「政治的問題」とが、商業・関税問題と憲法作成とが、「内面的に密接に結合 der innige verhängnissvolle Zusammenhang」するものとされたのであった。(13)

五　東エルベの大農場経営に対する立場

東エルベのユンカー的大農場経営について、「一般ドイツ協会」は次のように把握した。「北ドイツの農業家」は、農産物の対英輸出に利害をもつが、「国内での販売の振興 die Hebung des innern Absatzes」に関心を示そうとしていない。農業的利害のこのような「認識の一面性を矯正」し、批判しなければならない。「国内工業 die Industrie des Inlandes」の繁栄は、「農産物」の販売を高め、現在みられる著しく劣悪な「農業労働者」の「労賃」を引上げると共に、他方、「農業人口の豊かな生活」は、「工業生産物に対する市場」を最大にするであろう。(14)

つまり、東エルベの大農場経営(「北ドイツの農業家」)は、ドイツ国内の経済循環あるいは社会的分業を構成する要素としてではなく、従って「工業製品」の「購入者」として存在せず、むしろ低関税政策の下でイギリスの経済循環に編成されており、それがまた農業労働者の低賃金の原因となっている。今後農業的利害が、外国市場との結びつきを切断し、国内の経済循環に編成されることは、農業家、農業労働者にとってばかりでなく工業的利害にとっても有益である。それこそがドイツ経済の統一・自立の完成を意味する。自由貿易主義が否定され、保護主義が重視されるゆえんはこの点にあった。

以上のように、三月革命におけるドイツ産業資本の直接の経済利害は——「協会」の方向が示す限りでは——もっぱら所与の土地所有関係を前提とした「国内市場」＝経済循環と、その条件の整備に向けられていた。つまり、商業・関税問題という流通過程に関する問題こそ、ドイツ産業資本にとっての「革命」の経済問題であった。「農民革命」の中で提起された、農民的剰余の、封建的収取関係・所有関係あるいはユンカー的所有関係からの解放の問題は――これこそが革命の最も基礎にある問題であり、従って、「国内市場」の内容にかかわる問題なのだが――ドイツ産業資本家の直接的関心の外に置かれていた（あるいは意識的に除外された）。農業労働者、農業的「勤労階層」（農民）の経済生活も、商業・関税改革によって改善されるというのである。だから農民的剰余を、封建的あるいはユンカー的収取関係から解放し、農民的生産力を発展させ、かかる農民的剰余を産業資本の循環に編成しようという方向は打ち出されていなかった。むしろ、プロイセン政府の「農民解放」政策とその実現過程で現われてくる、農民的剰余の解体、農業労働者の形成を事実上承認し、その結果蓄積されつつあるユンカー的剰余を工業部門の産業資本の循環にとりこみ、編成しようとするのである。

「農業者と工業的階層の代表者との間の結合 die Einigung zwischen Landwirthen und den Vertreten des Gewerbsstands を創出するため、農業協会の中央委員会と、祖国の労働保護のための一般ドイツ協会の委員会との間の結びつきをつくることは目的に適っている。」(15)

「農業協会」はそもそもユンカー的地主的利害の結集点であり、「反動」の「組織的拠点」(Jordan)である。「一般ドイツ協会」はこれとの結合・統一を宣言した。ユンカー階級とその基盤との対決、その破砕ではなく、それとの結合が、「反革命」との結合が提示された。(16)

（1）「一般ドイツ協会」に関する史料及び文献は次の通りである。Verhandlungen der zweiten Generalversammlung des Allgemeinen deutschen Vereins zum Schutze der vaterländischen Arbeit, Darmstadt 1849; Zolltarif für Deutschland. Vorgeschlagen vom allgemeinen deutschen Vereine zum Schutze der vaterländischen Arbeit, Frankfurt a. M. 1849; Zur Arbeitsfrage. An den verehrlichen Ausschuß des Vereins zum Schutze der vaterländischen Arbeit. Antrag den Schutz und die Ordnung der deutschen Arbeit in Innern betreffend, Frankfurt a. M. 1849; A. Finger, a. a. O.

(2) Verhandlungen der zweiten Generalversammlung., S. 30 f.

(3) ヴュルテムベルク「商工業中央本部」顧問を兼ねるシュタインバイスについては、Paul Gehring, Von List bis Steinbeis. Aus der Frühzeit der württembergischen Industrialisierung, in: Zeitschrift für württembergische Landesgeschichte, Jahrgang 1943; 松田智雄「リストよりシュタインバイスへの移行」大塚・安藤・松田・関口編『資本主義の形成と発展――山口和雄博士還暦記念論文集――』東京大学出版会　一九六八年、所収、を参照。

(4) H. Winkel, a. a. O. を参照。

(5) Verhandlungen der zweiten Generalversammlung., Vorwort.

(6) A. a. O., S. 9.

(7) A. a. O., S. 8.

(8) A. a. O., S. 6.

(9) A. a. O. , S. 10.

(10) Zolltarif für Deutschland., S. 44.

(11) A. a. O., S. 74.

(12) A. a. O., S. 57.

(13) Verhandlungen der zweiten Generalversammlung., S. 18 f. なお、一八四九年三月までの入会者として二四万三五五九人、その他に協会委任の家族数九七万四二三六人。合計一二一万七七九五人を組織していたという。「協会」の「原則」に賛同する「営業者の労働の友」は約四八万―五〇万家族、従って二五〇万人に及ぶという。Vgl. a. a. O., S. 20.

(14) A. a. O., S. 25.

(15) A. a. O., S. 26.

(16)　産業資本家層の直接的利害が封建的土地所有の変革と全く関係をもたなかったというのではない。とくに鉱山業では産業資本の直接の関心は、鉱山貢租(十分の一税その他)の廃止と鉄関税引上げ Erhöhung des Schutzzolls auf Eisen の二本の柱より成り立つ。Vgl. Bericht des volkswirtschaftlichen Ausschußes über mehrere den Bergbau betreffende Anträge und Eingaben, in: Verhandlungen der deutschen verfassunggebenden Reichsversammlung, Bd. IV, S. 204 をみよ。

2　「一般ドイツ協会」と手工業的利害

産業ブルジョアジーと共に、「一般ドイツ協会」を構成するもう一つの保護主義的利害は、都市の手工業者層であった。すでにみたように、都市手工業者の経済的利害は、彼ら自身の全国的集会に集約されていたのであるが、その中に示された都市手工業者の要求内容のうちで、関税政策に関する要求は極めて重要な部分を占めた。[1] それは次の二つの基本原則に立つ。

(1)　ドイツの産業の保護のために輸入外国工業製品に対して高率輸入関税を課すこと

(2)　ドイツ国内製造業に必要な原料に対する適度の輸出税

高率輸入関税課税対象(対イギリスのばあい)

　綿糸、アイルランド亜麻糸、各種織物、衣服類、鞣皮、皮革製品、車輪、紙、筆記用具、鋼鉄、鉄製品、刀剣類等々。

先進資本主義国(イギリス、フランス、ベルギー及びスイス)からの低廉な工業品の流入は、経営的に劣悪なツンフト的手工業経営に対して、機械制による産業資本に対する以上に深刻な打撃を与えた。都市のツンフト親方層は、それ故最も強力な保護主義的勢力であり、「一般ドイツ協会」の中でも有力な地位を占めることになった。しかし手工業者の保護主義的要求と産業資本家層のそれとはその内容にかなり大きなちがいがあった。

既に述べたように、機械制生産を基礎とし、「内部市場」を事実上把握しているこの時期の産業資本家は、機械制生産の「より以上の発展」、「産業革命」の完遂の手段として保護主義——育成関税、戻税、差別関税——の実現を求めた。これに対して、「高率輸入関税」、「原料への輸出税」を内容とする手工業者の保護主義は、ツンフト手工業経営の維持、その解体の阻止の観点から求められた。従ってこの場合、保護主義は、手工業経営を解体させる他の諸要因に対するさまざまな措置と不可分に結びついていた。とくに「営業の自由」の原則を導入しつつあった領邦的諸立法の廃棄と、ツンフト原理に立つ新しい営業法の実現、領邦権力によってバック・アップされた「国営企業」、「強制作業場」、「軍営作業場」及び「特権的諸企業」の解体というような旧体制の諸政策・諸立法の変革、ツンフト制の復活という要求と結びついていた。(2) これこそが、絶対主義的領邦体制の打倒をめざす手工業者の認識の基礎にあるものであった。旧体制の解体の上にはじめて自らの利害を実現しうる産業資本家にとっては、手工業者のこういった運動は、決して見逃しえぬ社会的条件である。「一般ドイツ協会」の組織は、産業資本家が手工業者を把握する一つの試みに他ならなかった。

しかし、ツンフト手工業の経営的解体の原因はそれだけではなかった。農村工業とこれを基盤とするマニュファクチュア、工場経営の発達——原始的蓄積過程——は、手工業生産を解体させる基本的要因であった。手工業者は、かくて農村工業、マニュファクチュア・工場経営(機械体系)の制限を、従って資本の原始蓄積の阻止を要求する。この点において産業資本家層の経済的利害と手工業者層のそれとは正面から対立する。産業資本家と手工業者の統一的組織としての「一般ドイツ協会」はこの点に矛盾をもっていた。つまり、「一般ドイツ協会」の全体としての方向に、究極的には産業資本の利害が貫かれて、それを通じて、産業ブルジョアジーが、その利害をより容易に実現すればするほど、「協会」を構成するもう一つの利害であるツンフト手工業経営の解体は早められることになる。このように、手工業者層の直接の意識、経済的利害と、かかる意識の上に展開される社会的運動の帰結とはたがいに矛盾する対立関係に立たざるをえなかった。(3) 保護主義的関税制度とそれによるドイツ経済の自立と統一という流通過程の条件の整備に運動の目的を設定し、「国民的利益」の名の下に一切の利害を結集しようとする「一般ドイツ協会」の方向に対して、「一般ドイツ協会」内部の都市手工業の利害は、「営業制度」――生産過程――の変革を同時に実現すべきことを強調せねばならなかった。「一般ドイツ協会」の手工業的メムバー Mathy の手になる『労働問題のために』(4) なるパムフレットは、手工業者の立場からする「協会」批判であり、それ自体「協会」及び、「国民的利益」の名の下に行われた産業ブルジョアジーの社会的運動がもつ矛盾の現われに他ならない。

（1）　関税問題に関する手工業者の利害については A. Finger, a. a. O., S. 54 ff.; 本書Ⅱ、第二章一、を参照。

（2）　本書Ⅱ、第二章一、参照。

（3）　Lukács, Geschichte und Klassenbewusstsein. Georg Lukács Werke, Frühschriften II, Bd. 2, S. 234. 平井俊彦訳『歴史と階級意識』未来社、四五頁。

（4）　Zur Arbeitsfrage.

第二章　「国民議会」の経済問題

——「経済的統一」問題及び土地問題——

一　「経済的統一」問題と保護主義

1　「国民議会」とブルジョアジーの利害

農民、都市手工業者及び雇職人・労働者は、各々の経済的利害に直接規定された、独自の内容と方向とをもった(従って多かれ少なかれ自律的な)変革運動を展開しつつあった。これらの運動によって、封建的貴族、ユンカー、グーツヘル層及び前期的商業資本と、その権力機構＝絶対主義的領邦体制とは、それを支えている社会経済的基盤と共に、解体の危機に直面していた。議会の外部で行われた諸社会層・階級の社会的運動＝「大衆運動」こそ、三月革命の内容を、旧い「社会的経済的構造」(ライス)の変革、「社会革命」(単なる政治的変革ではない)たらしめたのであった。

「ドイツ立憲国民議会」は、このような「大衆運動」を背景にして、あるいはそれを「起動力」(ファレンティン)にして、ドイツ国民の「自由と統一」を実現すべく、四八年五月、フランクフルト・アム・マインで開催された。「国民議会」は直ちに「統一ドイツ」の「憲法」作成にとりかかった。六月にはオーストリーのヨハン公 Johann von Österreich を摂政とする執行府 Reichsgewalt が組織された。ついでいくつかの「委員会」が結成されたが、特に重要な「委員会」は、「憲法委員会 Ausschuß für Verfassung」と「国民経済委員会 Ausschuß für Volkswirtschaft」(正確には、Ausschuß für Arbeiter, Gewerbe-und Handelsverhältnisse)とであった。(1)「右派」の結集する「憲法委員会」と、「左派」の拠点「国民経済委員会」は、あらゆる問題に関して、相互に対立し抗争した。議会の方向はこの両委員会の対抗と妥協を通じて、結局「憲法委員会」の優位のもとで決定された。

本来「国民議会」は、封建的諸関係、支配＝従属関係を変革し、領邦体制＝権力の分立状態を止揚して、統一国民国家をつくり上げねばならなかった。革命のこの基本的問題に対して、「国民経済委員会」の左派勢力は、分権的状況を廃棄し、強力な中央集権国家とそのための確固とした統一ドイツ憲法を実現しようとしたのであるが、「憲法委員会」は、各邦 Einzelstaaten の分立的状況を重視し、それとの「協定」を実現しようとしたのである。(2)

「国民議会」を構成する議員のうち、最も多数を占めていたのは、大学・高等学校教授及び高級官僚で各々一〇〇名を越えて最も多く、商業・交通関係者は二一人、手工業出身は一一人、農業的利害は三六人、工業的利害は九人で、経済的利害に直接結びついた議員ないし直接の利害関係者は、著しく小さかった。四八年の夏が終わる頃になると、これらの議員の中にいくつかの政治的セクトが形成されてくる。「極右 Café Milani」——各邦権力を認め、統一ドイツ憲法をこれらの邦権力と「協定」させようとする部分。「穏健左派 Deutscher Hof」——連合国家を目標とし、各邦をその下に従属させようとする部分。「急進左派 Donnersberg」——中央集権制、国民主権制に基づく統一ドイツ共和国の実現をめざす部分。「極右」と「穏健左派」、「急進左派」との対抗を軸にして、両者の中間に、統一的見解をもたない「自由主義者 Liberalen」がおり、「中央右派 Casino」(小ドイツを標榜する本来の教授党)、右よりの Landesberg、「中央左派 Augsburger Hof」(九月以降 Casino と結び「協定理論」へ移行)及び九月以降事実上「左派」と合流する Westendhalle などを構成していた。全体としては、議員数の上で最大のカジノ派と、無党派の聖職者、教授層とが結合して、「協定理論」の実現を求める「右派」の傾向が、中央集権制による統一・共和制ドイツの方向をめざす「左派＝民主主義者」を圧倒していった。[3]

ドイツのブルジョア＝小ブルジョア階層は、「自由主義者」と「民主主義者」に、ジロンダンとモンタニャールに、それぞれ大きく二つに分化していた。そして、すでに前章でみたように、「急進的」な産業ブルジョアジーは、小商品生産者層をも捲きこみつつ、保護主義の実現のための運動を展開しつつあった。

産業資本家層のこの保護主義的利害は、「国民議会」の一部、とくに「国民経済委員会」の一部メムバーの中に代表されていた。とくにB・アイゼンシュトゥック、M・モール、B・ヒルデブラント Hildebrand、メヴィッセン Mevissen、フォン・ディースカウ v. Dieskau らがそれであり、なかでも、M・モールと並んで、リスト経済理論の継承者、強力な保護主義者、「急進民主主義者」、アイゼンシュトゥック[4]は、自身ケムニッツの産業経営者(「ファブリカント」)であり、一八四三年ライプチッヒの「一般ドイツ産業家協会」の議長、ケムニッツ鉄道建設委員会の委員長(一八三五年以来)を経験し、四八年には「国民経済委員会」の副委員長、更に四九年四月以降は「国民議会」の副議長として、当時の産業ブルジョアジーの経済的利害の最も有力な代弁者、理論家の一人であった。彼は「一般ドイツ協会」の活動を背景に、またそのメムバーとして、保護関税制度の実現につとめ、四八年秋には、「国民経済委員会」の上述した委員(但しメヴィッセンを除く)と共に、保護主義を原則とするドイツの経済的統一にかんする提案(いわゆる「少数意見」)を行い、メヴィッセン及びメルク Merck らの「協定理論」に立った「多数意見」と対立し、敗れることになった。

産業資本の経済的利害の最も強力な代表者アイゼンシュトゥック及びM・モールは、政治的には「民主主義者」として、それぞれ「左派」及び「穏健左派」に所属していたが、彼らの他にも多くの「民主主義者」――いわゆる「自由主義者」ではなく——が保護主義の推進者であった。このことは、アイゼンシュトゥックらの「少数意見」(保護関税制度に基づくドイツの経済的統一)の採決に際して、レスラー Rößler(Oels)、フォン・トゥリュチュラー v. Trützschler(Dresden)、チムマーマン Zimmermann(Stuttgart)、ジモン Heinrich Simon(Berlin)、フレーベル Fröbel(Reuß)、フォークト Vogt(Gießen)、ロスメーラー Roßmäler(Dresden)、ギュンター Günther(Leipzig)、ナウヴェルク Nauwerck(Berlin)、シュレッフェル Schlöffel(Halbendorf)らの「急進左派」、「左派」の指導的「民主主義者」がこぞってこれに賛成していたことから明らかである。これに対してダールマン Dahlmann(Bonn)、ドロワゼン Droysen(Kiel)、フォン・ガーゲルン v. Gagern(Wiesbaden)、R・モール R. Mohl(Heidelberg)、メヴィッセン Mevissen(Köln)らの「中央右派」に属する指導的な「自由主義者」は、ベーゼラー Beseler(Greifswald)、フォン・フィンケ v. Vincke(Hagen)、シュヴェリン Graf Schwerin(Pommern)、デトモルト Detmold(Hannover)らの有力な保守主義者(「極右」)及びメルク Merck(Hamburg)、オステラート Osterrath(Danzig)、ゲフェコート Gevekoht(Tilsit)らの商業都市出身の自由貿易主義者と共に、殆んど一致して、保護主義的勢力と対決し、統一保護関税制に基づく、ドイツの経済的統一に反対したのであった。メルクらの背後には、ハンザ・メッセ諸都市の商業資本家、とくに対英貿易に利害を見出す遠隔地商人とその経済的利害——それは「商人協会」に結集——が、また、フィンケ、シュヴェリンらの保守主義者の背後には、東エルベのユンカー階層を中核とする農業的地主的利害——「全ドイツ農業協会代表者会議」——が存在していた。

かくて、「国民議会」を構成する「市民的中間層」は、大きく二つに分裂する。一つは、「中央右派」、「中央左派」に属する「自由主義者」で、自由貿易主義、分権主義及び君主制を媒介にして、ハンザ・メッセ諸都市の商業資本及び東エルベのユンカー層を中核とする農業・地主的利害と、従って、政治的には「右派」=保守主義と同一歩調をとる部分。もう一つは、「急進左派」(及び「穏健左派」、「中央左派」)所属の「民主主義者」で、保護主義の原則によるド

イツの経済的統一をめざすもので、三月革命に参加したドイツ産業資本家の利害はここに代表される。(5)

すでに述べたように「国民議会」は「憲法委員会」と「国民経済委員会」とをもっていた。「右派」及び「中央派」=「自由主義者」は、「憲法委員会」——憲法制定議会としての「国民議会」の中心的存在——の中に拠点をもち、それを通じて「国民議会」の全体の方向に保守的性格を与えていた。これに対して保護主義的、民主主義的勢力は、「国民経済委員会」の中に食い込み、「右派」に傾斜する「憲法委員会」と対抗しつつ、「国民経済委員会」の方向を「左派」の方向に近づけようとしていたのである。(6)

(1) 両委員会の結成とその構成メムバーについては、Stenographischer Bericht., Bd. I, S. 88 f.; V. Valentin, a. a. O., Bd. II, S. 15 f.「国民経済委員会」については、とくに P. Albrecht, a. a. O., S. 10; W. Schneider, a. a. O., S. 40; V. Valentin, a. a. O., Bd. II, S. 317 ff.; A. Finger, a. a. O., S. 31 ff.; T. S. Hamerow, op. cit., p. 128 f.

(2) Alfred Zimmermann, Geschichte der preußisch-deutschen Handelspolitik, Oldenburg 1892, S. 136 f.; W. Schneider, a. a. O., S. 24 ff.; V. Valentin, a. a. O., Bd. II, S. 317 f.

(3) P. Albrecht, a. a. O., S. 5; H. Krause, a. a. O., S. 62; K. Obermann, Deutschland von 1815 bis 1849, S. 324 f.; 矢田、前掲論文、等を参照。

(4) P. Albrecht, a. a. O., S. 10; W. Schneider, a. a. O., S. 40; Allgemeine Deutsche Biographie, Bd. XV, B. Eisenstuck; なお、彼の出身地ケムニッツからは、三月革命直前に、Denkschrift der Chemnitzer Gewerbetreibenden über die Erhöhung der Zollsätze auf Halbfabrikate und nothwendige Reform des Zollvereins-Tarifs, 1847 なるパムフレットが刊行されていた(松尾展成氏の御教示による。なお、このパムフレットは同氏所蔵)。

(5) 産業資本家層の経済的利害と、「国民議会」とその政治的グループとの関係を、ここでは、前者の経済的利害——保護主義として現われる——が後者によって内容的、観念的に担われ表現される限りにおいて捉えた。いう迄もなく両者の政治的関連、組織的結合の解明がなされねばならない。

（6）　勿論それは経済問題の種類と内容、それに対する「右派」、「中央右派」と「左派」、農業・地主的利害と産業資本家の利害のあり方によってさまざまな形をとる。本文で既に述べたように、産業資本が最も強い関心をもった商業・関税問題については、産業資本家、民主主義者の追求する保護主義ではなく、「右派」「中央右派」（農業・地主的＝商人的利害）の方向が勝利する。

2　「経済的統一」をめぐる議会内の対立

一　「国民経済委員会」における保護主義と自由貿易主義の対立

分立的な領邦体制を認めるか、中央集権国家かという政治的問題をめぐる「憲法委員会」と「国民経済委員会」との対立は、ドイツの「経済的統一」に関する問題のなかに集約的に表現された。統一関税障壁、経済的統一及びドイツ海運業のあり方をめぐる問題は、それが、中央集権的に行われるか、各邦の自立性を認めるかによって、上の政治的問題に直接かかわってくるからである。

「国民議会」における商業・関税問題は、急進的保護主義者モリッツ・モールとアイゼンシュトゥックによって別個に行われた提案、「商業大臣」ドゥクヴィッツ Duckwitz の提案、この提案にかんする「国民経済委員会」の調査・討議、そして委員会案作成、本会議での審議という順序で行われた。その結果、「国民議会」の商業・関税政策の志向は、保護貿易主義的傾向をとりつつも、政策の実施においては、中央集権的統一執行府、議会によってではなく、連邦分立制を前提とした現状維持の方法が採用されるのである。この問題にかんする「国民議会」における諸利害の対立は、大きくは「憲法委員会」と「国民経済委員会」の対立として現われるが、実は、両者の対立は「国民経済委

員会」内部の対立に集約的に示されていた。同委員会の内部構成について触れておこう。(1)

保護主義者

(1)アイゼンシュトゥック、M・モール。この二人の「急進的保護主義=民主主義者」を主軸にして、デーゲンコルプ Degenkolb(Eilenburg)、フォン・ディースカウ、ブルーノ・ヒルデブラント、ホラント Hollandt、マコヴィツカ Makowitzka、ミューラー Müller、フォン・レーデン v. Reden(Berlin)、シュヴァルツェンブルク Schwarzenburg の一〇人。いわゆる「少数意見」で、(一)連邦諸国の政治的領域と統一関税領域とを一致させ、(二)統一的代表=ドイツ国政府が対外折衝にあたり、各邦の対外単独通商協定は認められない。(2)メヴィッセン Mevissen を中心とするいわゆる「多数意見」。保護主義への傾向を示すが、各邦の自主性を認めようとする。

自由貿易主義――ハムブルクのメルクがその代表者

委員会内における自由貿易主義の利害は著しく少なく、委員会の全体としての傾向は保護主義的であるが、しかし、政治的統一と経済的統一との一致を提案するアイゼンシュトゥックらの「少数意見」は、自由貿易論者をもまきこんだ、「中央派」メヴィッセンらの「多数意見」、即ち、分邦的利害に敗北する。しかし、「少数意見」のリーダー、アイゼンシュトゥックとM・モール(「憲法委員会」の保守的立憲主義者ロバート・フォン・モールはモリッツの兄)とは、F・リストの理論的影響を受けており、(2)委員会、本会議を通じて、有力な論客であり、ドイツ産業資本家層の経済的利害は彼らによって、総括され、理論化された。

二　アイゼンシュトゥックの提案

「ザクセン工業の代表者」、「急進左派」アイゼンシュトゥックは、ファブリカントとして、また、「ケムニッツ工業協会」、「手工業協会」の委員の経験と、「一般ドイツ協会」のメムバーとして、次のように主張した。[3] ――四八年三月の「政治運動 politische Bewegung」は「社会的窮乏 eine soziale Mängel」、「旧い制度」の抑圧とカオスの事実と分ちがたく結びついている。物質的状態を改善しようという人々の強い要求は、その請願の中に如実に表現されている。「営業の全面的、永続的な沈滞」と、「恐慌」は、木綿、羊毛、亜麻、絹、混織が営まれている「ドイツ工業地帯」(繊維工業地域)において集中的に現われて来ている。このような「恐慌」から脱出するための手段として、彼は、各地からの請願に基づき、次の三点を提案した。[4]

(1)　生活必需品関税の廃止ないし引下げ、原料の免税。

(2)　外国製織糸(紡糸)、織物への「適度な」輸入関税。たとえば綿糸はツェントナー当り三ターラーから四ターラーへ、綿織物は同五〇ターラーから七五ターラーへそれぞれ引上げる。

(3)　繊維製品に対する輸出奨励金制。

アイゼンシュトゥックの以上の提案が、その数ケ月後に正式の結成をみた「一般ドイツ協会」の提案と基本的には同じ内容をもっていたことは明らかである。彼は、「ドイツ工業地帯」の「恐慌」を、イギリスの「恐慌」というドイツの外にある要因に結びつけ、かかる外的要因に対する緊急の措置として、以上の三項目を、産業的諸利害の共通の要求として提起したのであった。[5]

三　商業大臣案とそれに対する批判

商業大臣の提案

七月一四日のアイゼンシュトゥックの緊急提案を受けて、九月二二日、ブレーメン出身の「商業大臣 Handelsminister」ドゥクヴィッツは、「ドイツの経済的統一 die kommerzielle Einheit Deutschlands」の原則に関するプランを発表した。(6) 要点のみを記せば次の通りである。

(1) 外国商業、航行は可能な限り自由とする。

(2) 商業、航海における真の互恵主義は、報復原則に基づく、船舶、商品への課税によって達成される。

(3) 造船、艤装等の保護によるドイツ船の増大。

(4) 商業活動の保護。

(5) 国内交通、運輸手段における障害と不規則性の除去。

(6) 原料の国際取引を自由にする関税率の決定、但し財政的必要との調整を考慮する。

アイゼンシュトゥックの提案は議会の外に二つの動きをつくり出していた。一つはこの提案に賛同し、その実現を背後から支えようという「一般ドイツ協会」の運動で、もう一つは、提案の保護主義的内容に反撥し、「国際分業」論、自由貿易の実現をめざす、ハンザ・メッセ諸都市、北東沿岸都市の商人層の動きである。ドゥクヴィッツが選出されたブレーメンはこれらの商人層の動きには加わらず独自の立場をとっていた。ドゥクヴィッツの提案は、原則的には自由貿易主義に立ちながらも、その観点は「国際分業」論ではなく、むしろ国内産業の基礎の上に工業製品を輸出し、原料品を輸入するという新たな貿易機構をつくり出し、そのための海運業を保護すべきであると主張したのである。

「少数意見」による商業大臣案批判

商業大臣案をめぐって、「委員会」のメムバーの見解は、真二つに分かれたが、アイゼンシュトゥック、モールらの主張は、「少数意見」に止まり、商業大臣案に著しく近いメヴィッセンらの「多数意見」が、「委員会」案として上程され、「国民議会」において決定される。

それでは商業大臣案に対立した「少数意見」の内容はいかなるものであったか。

(1) ドイツの経済的統一は、輸出入関税制度と不可分に結合し、かつこれを前提としてのみ可能である。

(2) 「商業の真の自由」は、ドイツが対内的にも対外的にもその「生産諸力 die Produktionskräfte」を十分に発展させえていない当該段階においては、これを実現することは出来ない。かかる段階に到達するためには、あらゆる分野における「労働収益 der Arbeitserwerb」、「国内、国外でのドイツ品の販売」と国の能力の「最高の繁栄」(その上に成り立つ外国品の輸入)が、実現されねばならずこれを促進する可能な限りの手段が導入されねばならない。そのことによってはじめて「国民の農業、工業及び商業の最高の発展と、それと結合した国民的物質諸力の総体の完全な展開」が可能となるであろう。

(3) 「国内工業(労働)の保護 Schutz des heimischen Gewerbefleißes」、「ドイツ工業生産物の輸出」及びそれに対する「外国品、とくに熱帯産物資の輸入」、また「工業生産物、その他の販売」のための熱帯産物資の「直接輸入」、そのための「ドイツ海運業」の保護——以上が商業政策の基調として据えられる。

(4) 具体的措置 「差別関税 der Unterschiedszoll」。「航海税 die Schiffahrtsabgabe」(「海港税」など)による「外国

船」、「間接的輸入」への高率課税措置。関税率について、(a)原料は非課税、(b)外国工業製品に対しては「ドイツ工業の確実な繁栄に必要かつ合目的な」関税率を採用すべきである。交通・運輸手段の解放など。(7)

商業大臣案に対する「少数意見」の批判は凡そ以上の通りであるが、この中にドイツ産業資本の商業政策の方向が明確に打ち出されていたといえよう。即ち、㈠イギリスをはじめとする先進資本主義に対しては「必要かつ合目的な」関税率＝「国内市場」保護。㈡ドイツよりも後進的な国々、とくに熱帯産物資・原料産出国に対しては「互恵主義」に基づく「差別関税」の適用＝「国外市場」の開拓、原料確保。㈢海運業の繁栄(8)——すでに、保護主義は、「国内市場」の単なる保護ではなく、更に自国の余剰工業生産物を輸出し原料を確保するというより積極的な内容をもっていた。

しかし、この「少数意見」は、「多数意見」によって敗北し、結局、後者が、「国民議会」の方向を決定することになった(二六二対一七五)。それは、㈠保護関税制度についての規定を欠如し、㈡むしろ鉄関税引下げによって海運業(造船業)を「保護」し、㈢政治的統一を前提としないで「経済的統一」を行おうという内容で、「国内市場」の「保護」とその基盤の上に成り立つ貿易構造を要求する産業資本の利害は全く排除されたばかりでなく、ハンザ的利害がより多く貫徹することになったのである。(9)

(1) P. Albrecht, a. a. O., S. 8 ff.; W. Schneider, a. a. O., S. 17 ff.; A. Finger, a. a. O., S. 31; T. S. Hamerow, op. cit., p. 135.

(2) 三月革命の中で「若々しい国民経済学は、経済的実践に対して、更にまた政治的実践に対しても影響を与えないではいなかった。」V. Valentin, a. a. O., Bd. II, S. 317. F・リストと三月革命のもう一人の立役者メヴィッセンとの関連については、肥前、前掲論文㈢、及び住谷一彦「類型・『国民経済』の歴史と理論〔Ⅱ〕——『国民経済』論の類型と史的展開——」内田・大野・住谷・伊藤・平田『経済学史』筑摩書房、一九七〇年、所収、二一二頁以下を参照。三月革命の中で、自由貿易主義と保護主義は、ハンザ・メッセ諸都市、北東沿岸諸都市の商業資本(「商人協会」)とドイツ産業的諸階層＝「一般ドイツ協会」との対抗を背景にしながら、「国民経済委員会」の内部においては、ハムブルクのメルクと、メヴィッセンというよりも、むしろモール、アイゼンシュトゥックとの対立として現われてくる。

(3) Stenographischer Bericht., Bd. I, S. 805, 897. なお、その要点については、W. Schneider, a. a. O., SS. 102–105.

(4) この提案は、アイゼンシュトゥックの他に、Georg Günther (Leipzig) 及び Mammen (Plauen) が共同提案者になっている。

(5) アイゼンシュトゥックの指摘によればこの問題に関する請願書はこの時点(七月一四日)までに各地の五〇以上の都市から寄せられ、その中には一二〇〇名が署名したヴュルテムベルクからの大請願、ライン・ヴェストファーレン、テューリンゲンの各営業者組織からの提案、ザクセンの「労働者協会」の一〇〇〇名以上の提案が含まれていたという。Stenographischer Bericht., a. a. O.

(6) Stenographischer Bericht., Bd. III, S. 2215; P. Albrecht, a. a. O.; W. Schneider, a. a. O., S. 89 ff.; V. Valentin, a. a. O., Bd. II, S. 320 f.; A. Finger, a. a. O., S. 29 ff. ドゥクヴィッツはブレーメンの市参事会員で、すでに次の二著作を発表していた。Lage des deutschen Seehandels und seiner Gebrechen, 1842 及び Der deutsche Handels-und Schiffahrtsbund, 1847. 彼はこの中で①ハンザ諸都市と「関税同盟」、「租税同盟 Steuerverein」との結合、②「関税同盟」の工業製品の海外輸出のための海港としてのブレーメンの位置を強調する。「国際分業論」に立ったハムブルクの自由貿易主義とは異なり、ここでは、「国民的産業」が一応前提とされ、これを基盤とするドイツ輸出貿易、そのための海運業が重視された。

(7) Stenographischer Bericht., Bd. VI, SS. 4194–4199.

(8) F・リストの保護主義経済論がこの「少数意見」に与えた影響がいかに大きいかは最早説明を要さないだろう。

(9) W. Schneider, a. a. O., S. 39 f. なお、メヴィッセンはハムブルクのメルクらと共に、この委員会案に賛成している。モール、アイゼンシュトゥック、ヒルデブラント、デーゲンコルプらはこれに反対。リストの保護主義経済論の政策への現実化が問題となっているこの時点において、メヴィッセンは、リストに背を向け、自由貿易主義者メルクと共同戦線を結成する。リストの保護主義経済論は三月革命においては、メヴィッセンではなく、「一般ドイツ協会」の活動を背後にもった「少数意見」者たちによって継承され、「変革期」の理論として機能したのである。

3　「労働の保護 Schutz der Arbeit」と保護主義

「国民経済委員会」の中に拠点を見出した保護主義は、その後、「基本権」三〇条に関連して示された「市民と労働の保護」にかんする提案を検討する中で、その内容を一層深めることになった。アイゼンシュトゥック、モールらの「調査報告」は、メルクやオスタラートの反対にもかかわらず、今度は、多数意見として採用された。

「労働の保護」の問題にかんする「調査報告」は、「ドイツ手工業者・労働者協会ベルリン会議 der Kongreß deutscher Handwerker-und Arbeitervereine in Berlin」の請願、「国民議会」の議員ホイプナー Heubner の「労働者保護」、「最低賃金法」の提案及び「シュトゥットガルト商工業中央協会 die Zentralstelle für Handel und Gewerbe in Stuttgart」の三提案に対する批判と検討という形をとっていた。ここにおいて、ブルジョア民主主義者たちが他の社会層、階級――手工業者、雇職人・労働者、(産業資本家)――の経済的利害といかなる関連に立っているか、これらの社会層、階級の運動と要求を、いかに総括し、自己の経済的利害に包摂してゆくかがはっきりと示されることになった。産業資本の経済的利害＝保護主義は、こういった他の諸階層の運動とそれへの対応とによって、単なる商業・関税問題の範囲を超えて、これらの諸階層がその利害に基づいて直接提起しようとした諸問題――封建的、絶対主義的領邦体制の経済構造にかかわる問題――にまで深められることになった。そこで以下「委員会」の「調査報告」及びそれに対するアイゼンシュトゥックの説明の内容を整理しておこう[1]。

一　「労働」とくに「工業労働」論

まず「労働 die Arbeit」、とくに「工業労働 der Gewerbefleiß」は「社会生活の繁栄の基本的条件 die Grundbedingung eines gedeihlichen sozialen Lebens」であるとされ、「労働」(「工業労働」)こそ、「占有の基礎 die Grundlage für den Besitz」、更に「所有の原理 das Prinzip des Eigentums」であると認識された。——労働と、労働の成果(労働生産物)の収取こそ「占有」、「所有」とする観念が、従って労働こそ富の源泉であるとする観念が、ここに定置されることになった。かかる観念は、実は、三月革命の現実の担い手達に共通する認識であった。手工業者も、雇職人も、自らを「勤労的階層 arbeitende Klasse」、「工業的勤労者 Gewerbsarbeiter」と称しており、ベルリンの労働者もまた、労働=所有という観点を打ち出していた。「国民経済委員会」のブルジョア的グループは、この事実を正確に把握し、あらゆる問題の根底に据えた。「労働」こそが所有の原理であるという思想は、「生産的階層 hervorbringende Klasse」こそが中心であるという考えに結びついた。「ところで人は消費者の利益と工業の利益とを対置しようとする。諸君、率直に申し上げたい。私は全く何も生産しない消費者に大きな同情をもつことができない。我々はとくに自らの手で労働して生活している広汎な国民大衆に眼を向けねばならない。このように私は信じている。[2]」

ところで、労働とその成果の取得が「所有」であるとすれば逆に「保有 Besitz」は、「労働のバネ die Triebfeder der Arbeit」であった。労働諸条件の保有、労働用具による労働主体の労働対象への働きかけ=労働、そしてその成果・労働生産物の取得、の実現こそ「勤労的階層」、即ち、産業資本家、小商品生産者、労働者の共通の「観念」であり、「経済的利害」と考えられた。いう迄もなく、これは、労働諸条件を所有し、「自らの手」で労働する、独立の小商品生産者(及びせいぜい中小マニュファクチュア)の経済的存在に規定された観念に他ならないが、それは、かかる社会層(中産的生産層)の分解の中から成長してきた産業資本家層にとって、あるいは、かかる分解過程が現実に進行しつつある三月革命期においては同時にまた賃労働者、事実上の労働者にとっても、すでに他人の「労働」を支配し、その労働生産物を収取するという関係(剰余価値生産)の存在の事実にもかかわらず、共通の観念としてなお強固に存在していたのであった。(3)だから産業資本家としてのアイゼンシュトゥックが、「労働力 die Arbeitskraft」は、「労働者の資本 das Arbeit-Kapital」であり、「労賃」なる「利子」を生み出すもの、と指摘するばあい、彼の観点は、単に資本＝賃労働関係を隠ぺいしようというそれ自体ブルジョア的観念に基づいていたばかりでなく、更にその基礎には、このような観念をつくり出す小ブルジョア＝ブルジョア的発展が展開していたのであった。(「剰余労働」観念の未成立)

二 「労働の保護」

三月革命において都市の手工業者、雇職人が、自らを「勤労的階層」と称しつつ、かかる「勤労」、「労働」とその実現を妨げている「抑圧的状況」の変革をめざして、絶対主義の打倒の運動を展開したことはすでに述べた。「労働」、「勤労」の実現と労働生産物の収取 Aneignung を阻害している絶対主義的領邦体制を変革すること、これが三月革命の基本的内容であった。「労働」に始り「労働」に還る「循環 der Kreislauf」を「保護」すること、それこそが「労働の保護 Schutz der Arbeit」であり、これは、革命における「勤労的階層」の合い言葉であり、また変革の核心をなしていたのである。

「国民経済委員会」に進出した産業資本の代表は、「勤労的階層」のかかる観念とその内容を明確に把握し、退潮しつつある革命の中で、あらためてこれらの利害を結集し、反革命に対抗しようと試みた。かくて産業ブルジョアジーの経済的利害、保護主義は「労働の保護」と結合しその基礎に据えられねばならなかった。革命の、また「国民議会」の「危機」の中で――しかし、議会の壇上から「議員」に向って――工場主アイゼンシュトゥックは強い危機感から次のように叫ばなければならなかった。「ドイツ国民がその物質的基盤に立って最も明確に最も力強く提起した重要問題があった。……その問題とは土地の諸賦課からの解放 die Befreiung des Grund und Bodens von seinen Lasten、営業制度の規制 die Regulierung des Gewerbswesens 及びドイツ連邦諸国の経済的統一と併合 die kommerzielle Einheit und Konsolidierung des deutschen Bundesstaats である。(4)」

三　封建的諸賦課の廃止、営業制度の変革(「営業の自由」)

「封建的諸賦課」から、農民の主要な生産・生活手段たる「土地」と、そこで行われる労働を解放すること――これは農民運動(「農民革命」)の提起した問題であり、この問題こそ、封建的土地所有制、従って領邦絶対主義の根底的変革にかかわる問題であった。だが、この最も基本的な点について、「国民経済委員会」は、すでに、有償解放方式を基本的内容とする方針を打ち出していた。ドイツ産業資本の最大の制約は、革命の基本問題たるこの封建的諸関係の変革をあいまいにしたことに集中的に表現されていたのであった(後述参照)。

「営業制度の規制」について、「調査報告」は、次のような原則に立っていた。

(1)　まず「工業労働」の「解放」の視点が定置され、この視点から「国家の直接的介入の全面的廃止」、「国家の利益のためになされる労働経営における一切の独占と特権の廃止 die Aufhebung aller Monopole und Vorrecht auf Arbeitsbetrieb von Staatswegen」が求められる。「国営企業」とその独占・特権体系の変革。プロイセンの「王立海外貿易会社」(ゼーハンドルンク)は名指しで批判され、その弊害が指摘された。(5)

絶対主義的重商主義の政策にバック・アップされまたその一環をなす「国営」の産業経営は、あるいはその特権に支えられた生産＝独占流通を通じて、あるいは、機械制に基づく圧倒的生産力を通じて、都市の手工業経営、農村の小商品生産を解体させつつあった。このような「上から」の「工業化」、「プロシア型」の「資本主義化」に対して、これらの「勤労的諸階層」は真向から対立し、その解体を求めていた。「国民経済委員会」はこのような要求に対して「国営企業」と「独占・特権」組織の「廃棄」を宣言した。「王立海外貿易会社」をめぐる「独占問題」は、ここにおいて、リスト(及びメヴィッセン)的方向で解決がはかられた。

(2) ツンフト制度の廃止＝「無条件の営業の自由」 アイゼンシュトゥックは指摘する——「無条件の営業の自由 unbedingte Gewerbefreiheit」は、「フランス革命」において、「労働の保護」の支柱をなした、と。かくて、「労働の保護」の視点から、「労働」に対する「法律と強制 Gesetz und Zwang」の全面的廃棄、「無条件の営業の自由」の方向が提起された。

ツンフト的諸規制の廃止、生産＝流通の自由は、農村の手工業生産の自由な発展と、ツンフト制の下で親方たりえない雇職人の「もぐり営業」の法的承認を意味した。従って「国民経済委員会」における産業ブルジョアジーの代表のかかる方向は、農村の小商品生産層と都市の雇職人層の経済利害と一致することになるが、反面、それは、ツンフト的原理をかかげて社会的運動を展開しているツンフト的親方層の経済的利害と対立することになった。

四　「最低賃金制」、「労働保障」批判

「法律と強制」の廃棄＝「営業の自由」の原理は、「労働権」及び「労働保障」について「国家」の法的措置を求める賃労働者の要求に対する批判の原理でもあった。「労働力」を「労働者」の「資本」とし、「労働力の利用」は「労働者自身及びその家族を維持しうる、労賃なる形態をとった利子 die Zinsen im Arbeitslohn」であるという認識に立って、アイゼンシュトゥックらが構成する論理はこうである。国家は「所有」の保護を任務とする限り、労働者の所有になる「資本」＝労働力と、「利子」＝労賃とを保護しなければならない。しかし、同時に「国家」は、「所有に対す

る強制的ないし不正な制限」をも阻止しなければならない。従って「資本〔労働力〕が最低利子〔労賃〕をあるいは利子一般を生ぜしめるよう」に積極的に手を加えることも出来ないし、「資本」（労働力）の「消滅」をも人為的に阻止することもできない。かくてホイプナーが提案した「最低賃金法」、「商品価格引下げ」は否定されねばならなかった。資本・賃労働関係が何らかの規制を受けることは不正とされ、労働者の「保護」は、「労働資本と貨幣資本との自由な共同作用 das Zusammenwirken der Arbeit und des Geldkapitals」の「保護」によって実現されねばならない。——労働力と「資本」との結合、即ち、資本・賃労働関係＝産業資本を促進し、保護することは、同時に賃労働者の「保護」に帰結するという認識は、いう迄もなく、産業資本の原始蓄積の経済的利害に他ならない。なお、「労働者保護」の間接的方法として提起された、(1)食糧品、熱帯産物資の輸入関税引下げ、(2)消費税の引下げないし廃止は、生活資料の価格の引下げに、従って労賃の引下げに帰結し、産業資本の蓄積を促進することになるであろう。(6)

五　「工業の分散、農業との結合」、「土地細分化」

「工場・工業の可能な限りの分散、農業との密接な結合 engere Verbindung mit der Landwirtschaft」と「土地の分割 die Theilbarkeit der Güter」——この二つの要求は、「営業の自由」、「封建的賦課の廃止」を前提とし、これらと密接に結びつくものであり、それ故「勤労的諸階層」の「労働の保護」にとって決定的に重要な内容をもつとされた。

世襲財産制の廃止

「土地の分割」はまず第一に家族世襲財産制の廃止を意味する。世襲財産制は、封建的土地貴族が、土地財産を維持し、それによって自らを再生産し、特権的身分を維持しようとする目的をもつもので、東エルベ地方では、「農民解放」の結果拡大される傾向にあった。高額有償解放方式による「農民解放」によって貨幣あるいは土地を農民から取得した封建領主層は、西エルベの領主層とともに、東エルベの土地獲得と世襲財産制の設定にこれを向けていった。更にかかる世襲財産を基礎に、旧領主達は、ユンカー的農業経営、あるいは土地・森林所有と結合した鉱山・製鉄業を営むにいたった(「巨大貴族《マグナーテン》経営[7]」)。このように世襲財産制は、「プロシア型」の本源的蓄積と結びつき、「自分の手と自分の労働で土地を耕す」農民的農業生産の発展、小ブルジョア経済の発展を阻害していた。それ故、「土地の分割」の自由と「世襲財産制」の廃止は、客観的には旧封建領主層の「上から」の原始蓄積を阻止し、農民的経営を発展させる一般的前提となるものであった。

農村工業

「調査報告」の指摘によれば、農村には低廉な労働力、水力、石炭等があり、それらの利用によって農村の工業は急速な発展が可能となると。ツンフト制の廃止(「営業の自由」)、封建的賦課、租税制度の変革は、農村の小商品生産とその分解を促進し、産業資本(マニュファクチュア・工場経営)の発展の条件をつくり出し、とくに東エルベにおいては、かかる条件は、「国営企業」(プロシア型原始蓄積)の廃棄と相俟って、農民的発展の途を切拓くことになるであろう。

西エルベの諸地域——とくにライン下流地方、ザクセン、西南ドイツ——では、すでに農村を基盤にしてマニュファクチュア・工場経営が不断に形成されていた。従って先の変革プログラムは、小商品生産の一般的形成ではなく、むしろその解体を、小商品生産者の賃労働者への転化を促すことになろう。「土地の分割」の要求は、こういった工業における資本の原始蓄積の進展、機械制大工業の形成という事実(工業の不均等発展)を背景にして、一方では農業部門における零細農民経営の展開を、他方では工業労働力＝労働者農夫を創出しあるいは過剰人口のプールをつくり出すことになるであろう。

自由な零細農民経営の創出

周知の如くエルベ河以西、とくに西南ドイツでは、「土地の細分化」の結果、多数の零細土地保有が形成されており、封建的諸賦課の重圧の下でいわゆる「貧困問題」を生み出していた。「営業の自由」、「封建的諸賦課の廃止」等の措置は、農民にとっては、農業経営を負担から一定程度解放すると共に、工業(農村工業)の発展の結果として、農産物、原料の市場を深めることにより、農民的農業経営の一応の解放＝農業生産発展の一定の基盤をつくり出す。しかし「土地分割」の自由は、かかる農民的経営の資本制的農業経営への移行を困難にし、工業(機械制大工業)に対する農業部門の不均等な立遅れ＝跛行性をつくり出すことになる。「土地の分割」は、現実に進行している、工業の不均等発展、農業の立遅れという構造を拡大再生産することになる。「連帯保護制度」と「エンクロジャー」とによって農業部門における資本主義化が政策的に推し進められたイギリスの場合と異なり、西エルベでは、保護主義は繊維工業、製鉄業の産業資本の経済的利害として現われ、農業における資本制生産の政策的創出は(F・リストの中産的農業経営の創出すらも)、意図されていない。ここでは、零細農民的土地所有の封建的諸関係からの一定程度の解放、「近代的」小農経営への移行が意図されていたに止まったのである。(8)

土地持ち労働者の創出

「土地分割」は――「調査報告」は指摘する――「労働者」をいくばくかの「耕地片」、「菜園地」の所有者たらしめることを可能にし、かくて「所有者の増大 die Vermehrung der Besitzenden」を可能にする。「土地の分割 Güterzerstückklung」は、恐慌時における労働者の購買力の低下を阻止し(9)、「日雇 Tagelöhner、無産者 Besitzlosen 及び乞食 Bettler」の増大を防ぎ、いわば「労働力の貯蔵 ein Vorrath von Arbeit」となるというのである。

以上のように、「土地の分割」は、一方では、零細農民経営の形成を促進し、他方では、零細土地所有と労働力との結合によって、賃労働者を、所有者階層の中に編入し、またそれによって恐慌時において購買力を確保すると共に、過剰人口の蓄積を可能にしようとするものであった。それは、イギリスの過剰生産恐慌、プロレタリアの大量的形成、失業者の増大、労働者運動の展開という現実の中で、ドイツ産業資本が、機械制工場主としてのブルジョアジーが、このような現実の問題への対応として、あるいは将来への準備として提起したものであった。それは、工業の不均等発展と農村における小商品生産の解体という現実を背景とする、ドイツ産業資本の農業政策であると共に、原始的蓄積、とくにその労働力形成の政策であったといえよう。

六　保護関税制度、「経済的統一」

産業資本の代表者たちは「労働の保護」の観点から以上のようなさまざまな経済的変革のプログラムを提起するが、しかし、これらの諸変革のうち最も重要な改革、他のどれよりも優先して実現されねばならない改革として、「外国に対する保護」即ち「国内市場」の保護と統一を掲げねばならなかった。「法律と強制による救済ではなく、外国に対する労働状態の確保」、「外国の競争からの保護 der Schutz gegen fremde Mitbewerbung」及び「経済的統一 die kommerzielle Einheit」は、「労働保護」のための各社会層の経済的諸利害を包括する「統一的」「国民的」利害として「緊急」に実現されねばならなかった。

一八三四年の「関税同盟」は、――「報告」によれば――「自由な国内的運動」の範囲を拡大したが、しかし「今日では最早十分でなくなった。」このような「関税同盟」把握に立って、「調査報告」は指摘する。[10]「工業の一層の前進weiter vorzuschreiten」(傍点は引用者)、具体的には「半製品における外国からの自立」、「流行と趣味の要請」に応える「より高い段階」への移行のために、是非とも実現さるべき措置は「営業領域の拡大 die Erweiterung des Erwerbskreises」である。そしてこのような目的の実現のために次の四つの政策が採用されねばならない。(1)国内交通の障害の除去、交通手段の改善(国内商品流通の自由)、(2)原料の自由な輸入、(3)輸出促進のための措置、(4)統一保護関税制度 das Schutzzollsystem(外国工業製品への「保護関税」、「戻税」及び「差別関税制度」を内容とする)。

「国内商品流通の自由」、外国(イギリス)に対する保護主義体制、及び後進諸国への「イギリス型」貿易構造――これこそドイツ産業資本の直接かつ、主要な経済的利害であった。商業・関税政策におけるこの保護主義はもとより「勤労的諸階層」一般の「労働の保護」の実現として、従って「国民的利益」の名において提起された。しかし、それが、産業資本の利害に他ならないという事実も主張されなかったわけではない。

「諸君！　考えていただきたい。ドイツの工場主たちは利益のない工業を継続し、新しい資本、多分借入れた資本を投資するほど馬鹿な頭をもっているだろうか。ドイツの工場主が貨幣をえる時はじめて労働者も生活できるのです。工場主も儲けた時にはじめて、豊かな支払がなされるというものです。」[11](M・モール)

ドイツの産業資本はまさにこの三月革命期に「産業革命」を推進しつつあった。機械制生産に基づく高度な生産力を背景に、ドイツ産業資本は、「外国市場」に最大の関心を向けはじめていた。イギリスに対しては「国内市場」の保護を、そして後進資本主義国とりわけ熱帯産物資や原料の産出国に対しては「先進」資本主義国としての貿易構造の創出を――こういった特有の貿易構造のための商業・通商政策として出されて来たのが、「戻税」、「差別関税制」

であり、また「ドイツ海運業」の「保護」の問題であった。一九世紀初頭、とくに「ナポレオン戦争後の恐慌」の中でそれへの対応として登場してくるドイツ保護主義が、イギリス工業製品の氾濫とドイツ国民産業の解体という「危機」に対する抵抗として、何よりもまず「国内市場」の保護、報復高率関税の採用を目的としていたのに対して、一八四八―四九年の保護主義は、資本主義の特定の発展と「内部市場」の一応の把握の基礎の上に、後進諸国の産業を自らの経済循環の中に編成し、それによって資本の原始蓄積をその最終段階にまで推し進めようというより積極的な内容をもつものであった。

以上みて来たように、ドイツ産業資本が、「労働の保護」「国民的利益」の名の下に追求した「保護主義」とは、商業・関税上の保護主義と他の経済的変革――封建的賦課の有償廃棄、独占体系・ツンフト諸規制の廃棄(「営業の自由」)――との結合を内容としていた。これが、三月革命におけるドイツ産業資本の経済的(社会的)利害の内容であった。ドイツ産業資本は、労働こそ所有＝富の基礎であり、かかる労働とその実現の諸条件を「解放」することこそ革命の課題であるという把握を行うにいたった。産業ブルジョアジーの経済的利害は、「国民議会」、とくに「国民経済委員会」のブルジョア的メムバーによって、絶対主義的領邦体制の変革の理念――ブルジョア的な内容と制約とをもった――にまで高められたのである。

「フランスでは労働の賃金は年々上昇している、ティエールはこのように主張し、また、その事実を示すことができた。かくて彼は革命の必要に対して社会的観点から対抗することができた。わがドイツでは事態は逆である。というのも我々がフランスの社会制度 das soziale System を採用していないからである。だから我々は我々の革命に政治的要因と共に社会的要因を与えたのである。[12]」(アイゼンシュトゥック)(傍点は引用者)

(1) Bericht des volkswirtschaftlichen Ausschusses über zu § 30 der Grundrechte eingegangene Anträge auf Bürgerschaft und Schutz der Arbeit, in; Stenographischer Bericht., Bd. VII, SS. 5100–5103.

(2) Stenographischer Bericht., Bd. VII, S. 4209; P. Albrecht, a. a. O., S. 16 f.

(3) 本書Ⅱ、第二章二、参照。

(4) Stenographischer Bericht., Bd. VII, S. 4210.

(5) A. a. O., Bd. VII, S. 5115.

(6) A. a. O., Bd. VII, S. 5103.

(7) 肥前、前掲「プロイセン絶対主義の鉱業政策とオーベル・シュレージェン鉱山業」。大野、前掲「オーベル・シュレージェン製鉄業の創出過程」、同『ドイツ資本主義論』所収。

(8) 「土地細分化」の問題は、「世襲財産制」の問題とともに三月革命の重要問題であった。本文でみたように、ドイツ・ブルジョアジーの利害を反映するアイゼンシュトゥックらは、むしろ「土地の細分化の自由」、「土地の無制限分割」を提起していたのであった。

(9) M. Mohl, Aus den gewerbswissenschaftlichen Ergebnissen., S. 510.

(10) Stenographischer Bericht., a. a. O.

(11) A. a. O., S. 4209.

(12) A. a. O., S. 5181.

おわりに

繊維工業及び製鉄業を産業的基盤とするドイツ産業資本家層は、三月革命において、その独自の経済的利害から、独自の社会的行動を展開した。「祖国の労働保護のための一般ドイツ協会」の組織化と活動とは、「農民運動」(「農民革命」)、「手工業者運動」及び「雇職人・労働者運動」と併行しつつ、「ドイツ立憲国民議会」の外部で行われた、産業ブルジョアジーの、その経済的利害に直接に規定された、絶対主義変革の社会的行動に他ならなかった。「一般ドイツ協会」の行動とその方向は、その構成メンバーの大半を占める産業ブルジョアジーの経済的利害によって直接に規定されていた。「農民運動」、「手工業者運動」及び「雇職人・労働者運動」が、主として議会の外部の運動として展開し、かつ、それに止まっていたのに対して、産業ブルジョアジーは、その利害の代表者を「国民議会」の中枢部、「国民経済委員会」の中に送りこむことができた。アイゼンシュトゥックやモールなどF・リストの保護主義経済論の影響を強く受けたブルジョア民主主義者がそれであり、彼らによってドイツ産業資本の経済的利害は、その直接の発現の段階から、「理念化」され、より「合理的」な内容を与えられた。繊維工業、製鉄業の産業資本→「協会」→「国民経済委員会」のブルジョア的メンバー(保護主義者＝民主主義者)→「国民議会」という経済的利害の貫徹のためのパイプは、三月革命期の産業資本家層の経済的利害、あるいは産業資本家の三月革命に対する社会的要求の、直接的形態から、より組織化され、体系化され、理念化されるプロセスでもあった。

「一般ドイツ協会」を通じて、「国民的利益」の名の下に産業資本家が貫こうとした要求は、もっぱら商業・関税政策の変革にかんするもので、その内容は、まず第一に、イギリス資本主義の「世界市場」の独自な編成の方向に対抗して、ドイツ経済、「国内市場」を保護し、統一することであり、従って、その経済政策は、保護関税制度＝保護主義として現われた。しかし同時にこの保護主義は、後進国に対する積極的貿易政策と結びつかねばならない。即ち、これらの国々をドイツ工業製品の市場として、また原料、食糧の輸入先として把握し、これらの国々の経済をドイツ資本主義の経済循環に編成しようという方向である。

商業・関税政策にかかわるこの保護主義的利害は、一方では、「関税同盟」として現われている現実の商業・関税政策＝制度、即ち領邦絶対主義の商業政策への批判を意味すると共に、他方では、イギリス「自由貿易体制」に積極的に結びつこうとするハンザ・メッセ諸都市、北東沿岸諸都市の仲継商業の利害とその自由貿易主義に対立した。「ナポレオン戦争後の恐慌」の時期に、「ドイツ商人・工場主協会」に結集した「国民的産業」の利害と、ハムブルクなどのハンザ・メッセ諸都市の商業資本の対立として始った、保護主義と自由貿易主義の抗争は、三月革命において、それぞれの議会外の大衆的組織、「一般ドイツ協会」と「商人協会」との対立として、更に、「国民議会」の内部、特に「国民経済委員会」内部の対立となって現われた。保護主義的利害と自由貿易主義的利害は、「国民議会」、「国民経済委員会」において、現行の商業・関税制度の変革の後にいかなる商業政策を創出すべきか、ドイツの経済的統一はいかなる方向で行われるべきか、という問題をめぐって対決したのである。ここにおいて、この問題は単なる商業・関税問題の域をこえて、ドイツ国民国家のあり方、とりわけ、中央集権制か、領邦の自立性をみとめるか、という「政治的統一」の内容に、直接のかかわりをもつにいたった。かくてドイツの「経済的統一」をめぐる保護主義者と自由貿易主義者との対立、「一般ドイツ協会」と「商人協会」との対立は、単に経済政策の問題の対立としてばかりでなく、ドイツ国家の政治的統一のあり方に関する、中央集権的国家＝フランクフルト・アム・マインの「国民議会」「臨時執行府」か、領邦的分立主義＝君主制か、従ってブルジョア民主主義の方向か、保守的な「三月内閣」の方向か、という対立を意味することになった。

ところで「国内市場」の保護を要求したのは産業資本家層ばかりではなかった。ツンフト制の原理に立って、営業制度の変革＝ツンフト制の復活を求める都市手工業者も、ツンフト的手工業経営の立場から、外国工業製品の輸入に反対し、「内部市場」の保護を求めた。農村の手工業者も、シュレージェンの亜麻紡糸工、織布工にみられるように、封建的諸賦課の変革、「プロシア型」の「産業革命」＝「機械化」の排除を要求しつつ、同時に外国産の繊維製品に対する保護措置を求めていた。このように保護主義は、それぞれ対立する別個の経済的利害からであるが、「産業的」、「工業的」諸階層の共通の要求として存在していた。その限りにおいて産業資本は、保護主義を「国民的利益」の名において提起することができた。

三月革命において、農民の直接的利害が封建的土地所有関係の変革に、また、都市の手工業者・雇職人層の直接の関心が絶対主義の営業制度の変革に向いており、かつ「農民革命」「手工業者運動」「雇職人運動」が、このような利害関心によって直接に規定されていたように、産業ブルジョアジーの直接の経済的利害(関心)は、何よりも商業・関税問題の変革、つまり流通過程の条件についての変革に向いており、「一般ドイツ協会」の組織化・活動は、産業ブルジョアジーのかかる関心にストレートに結びついていたのであった。

しかし「国内市場」の「保護」を内容とするこの利害は、産業資本家層の広汎な社会的運動、とりわけ「一般ドイツ協会」組織を背景にし、またこれと結びつく「国民議会」、とくに「国民経済委員会」のブルジョア的メムバーによって、その他の経済的諸変革と結びつけられ、体系化されて、いわば「変革の理念」にまで高められた。封建的諸賦課の有償廃棄、特権の廃止、「土地の分割」の容認、独占的国営企業の解体とツンフト的産業規制の除去(「経済的自由主義」)と保護主義との結合である。これらの経済的諸変革のプログラムの基礎には、「労働」こそ「所有」=富の源泉であり、生産的、勤労的諸階層によって営まれるかかる労働とその諸条件の「保護」、いわゆる「労働の保護」が、三月革命の「課題」に他ならないという認識があった。「保護主義」と「労働の保護」の結合がなされるこの次元において、産業ブルジョアジーは、商業・関税問題という流通過程の問題から、余剰労働の収取関係の問題に、従って、封建的収取関係、封建的土地所有とそれを基軸とする絶対主義的領邦体制の変革、自由な私的所有(自分の労働にもとづく私的所有及び資本制的私的所有)の創出との問題に関心をもつことになった。このようにして「国民経済委員会」のブルジョア的メムバーの認識において、従って、議会外の産業資本家の大衆運動ではなく、議会の内部において、はじめて産業ブルジョアジーは、自己の歴史的使命を把握しえたのであった。

一般に産業資本の原始蓄積のための、「整備された保護政策体系(保護制度)」は、「固有の重商主義」と呼ばれている(1)。ドイツ産業資本は、その原始蓄積のためにまず、イギリスの産業資本ならばすでに市民革命において解決した問題、即ち封建的諸関係の変革の問題を解決せねばならなかった。かくてドイツの「重商主義」は、封建的賦課の廃棄――有償解放方式という形の――をその重要な要素とすることになった。しかし、イギリスの「重商主義」が、市民革命後ブルジョア権力＝議会によって整備される組織的な政策体系として実現し(議会的重商主義)、またフランスのそれがフランス革命のさ中、「国内における諸経済改革――いっさいの前期的産業規制・市場規制の廃止＝生産・流通の自由、封建的諸権利の廃棄――と併行しつつ、というよりはむしろ堅く結合しつつ展開(2)」し、モンタニャール独裁の下で、封建的土地所有の破砕と結びついて、現実の政策体系として整備され、ナポレオンの「大陸制度」において完結したのに対し、ドイツにおいては、「重商主義」は、フランスの場合と同じく、「市民革命」＝三月革命の中で、産業資本の経済的利害、変革の理論として、登場してきたものの、それは産業資本の政策的志向として、「国民議会」内の少数見解として、しかも議会の内部においてのみ提示されたに止まったのである。ここでは、イギリスやフランスの場合のように、現実の政策として実現することはなかった。

三月革命は、旧勢力の擡頭と、最終的には翌年の「ドイツ立憲国民議会」の「解散」とによって終了する。旧い商業・関税政策、「関税同盟」は存続し、一八六六年普仏通商条約＝自由貿易主義の実現を経て、一八七一年ビスマルク帝国の成立へと帰結してゆく。フランス革命と、ドイツ三月革命の帰結のちがいは、フランスとドイツの産業資本家層の革命へのかかわり合いのちがいに、具体的には、革命のエネルギーを提供した小商品生産者(農民や手工業者)、労働者との関係(結合と対立)のあり方のちがいにあった。

ドイツの産業ブルジョアジーは、「土地細分化」の容認がもつ意味が示すように、資本主義的蓄積の矛盾の表現としての「プロレタリア問題」を自覚し、これへの対応を考慮せずにはいられなかった。事実、資本家と賃労働者の対立関係は、三月革命において直接の対立関係となって現われ始めていた。農民は、「農民革命」において封建地代の無償廃棄と、「有償解放方式」によってすでに領主へ支払った貨幣、土地の「返還」を求めていた。農村の小商品生産者、手工業者達は、都市の手工業者と共に、機械制大工業に反対し、その廃止を求めていた。このような要求と運動とは、産業ブルジョアジーにとっては、「秩序、所有」への脅威(V. Valentin)として、「反資本主義」=「共産主義」として現象せざるをえなかった。産業ブルジョアジーは、「農民革命」の方向を批判し、有償解放方式を基本的内容とする土地改革を提示し、また小ブルジョア下層に対しては、彼らのもとめる「機械化」反対の動きを批判した。かくてドイツ産業資本の「重商主義」における変革の要素、国内の所有関係の変革の契機、とりわけ、最も根底的な封建的諸賦課の廃棄のそれは、後退ないし回避される傾向を示していった。三月革命の中で、変革の観念にまで高められたドイツ「重商主義」は、また、その担い手、革命の主導者としてのドイツ産業資本家(の代表)は、まさにこの点において、歴史的に規定された、独自の、すぐれてブルジョア的な制約を与えられることになった。ドイツの産業資本家は、逆に、あらゆる問題の万能薬として、イギリス資本主義からの「国内市場」の「保護」(対内的問題ではなく対外問題)と、後進国への経済的(貿易による)進出とを、「国民の利益」、「国民的労働」の「保護」の名のもとに実現しようとしたのである。

(1) 小林昇『重商主義解体期の研究』未来社、第二刷、一九五七年、第二章、を参照。
(2) 吉田静一『フランス重商主義論』未来社、一九六三年、を参照。

二　土地問題とブルジョア的「民主主義者」

1　封建的諸関係の廃止に関する提案

封建的土地所有の変革の問題は、市民革命として開始されたドイツ三月革命の最も基本的な問題であった。シュレージエン、西南ドイツ及びザクセンを中心とする農民運動の展開の中で、領主・農民関係、ユンカー的土地所有関係、その上に立つ絶対主義的領邦体制は、農民の実力行動、封建領主、領邦君主との直接的対決を通じて、解体に向いつつあった。「農民革命」である。農民は封建的諸特権の廃棄、農民的諸負担の無償廃止(ないし低額有償廃棄)、進行中のないし完了した有償償却過程の「修正」、償却金、償却地代、農民から収取された土地などの返還等々の要求を打ち出していた。

「国民議会」は、「農民革命」の提起した土地問題に対して独自に取組んだ。即ち「農民革命」が、封建的支配・隷属関係を実力行動を通じて一挙に破砕しようとしたのに対し、憲法制定議会としての「国民議会」は、それを「憲法問題」として、法律的、政策的方法によって解決しようとしたのである。しかし、「国民議会」が、その方法はともあれ、土地問題をいかなる方向で解決するかということは、この時点で極めて重要な意味をもっていた。「農民革命」が地域的、分散的状況に止まり、かつそれが「三月内閣」によって、邦ごとに「上から」抑圧されている状態にあるこの時点において、統一ドイツ・革命議会たるべき「国民議会」が、「農民革命」のめざす封建的諸関係の変革の方向と現実を承認し、法律を通じてそれを一般化するか、それともかかる方向への対応として、全く別個の方向をとるかは、革命の現実のあり方とその帰結に対して、まさに決定的な要素として存在したのであった。三月革命の土地問題の処理の方向とその必然的帰結が、その後のドイツ資本主義とその社会的構成のあり方に対して、決定的な影響を与えたとすれば、この時点における「国民議会」の土地問題への取組みのあり方、革命の基本問題たる封建的土地所有の変革のその内容と方向とは、ドイツ社会の歴史的発展のあり方――イギリス、フランス、アメリカ的発展か、ビスマルク的プロイセン的発展か――を、直接規定する重要な要素として存在していたのである。

　封建的諸関係の「廃止」に関する「国民経済委員会」の報告と提案は――そしてこれが「国民議会」の方向を決定するのだが――アイゼンシュトゥック及びモールらの「民主主義者」の影響の下で作成され提示された。アイゼンシュトゥックは、既に述べたように、反革命の危機が深まる中で、革命の課題をあらためて提起するのであるが、その際彼が提起した革命の課題とは、ドイツの「経済的統一」、「営業の自由」、「封建的諸賦課の廃止」であった。彼は、これらの実現こそ、革命の担い手たる「勤労的諸階層」の「労働の保護」、従って封建的諸規制からの労働の解放と保護の条件であるとし、ここに産業資本の直接の経済的利害＝保護主義は、「国民議会」において、彼によって、他の経済問題、とりわけその基軸的部分である封建的諸賦課の廃止の問題と結合することになったのであるが、「国民経済委員会」において検討され作成された封建的諸関係の報告と提案に対して、同委員会の有力メムバーたるこのアイゼンシュトゥックは、熱烈な保護主義者モールと共に、基本的には賛同の立場をとった。そればかりではなかった。トゥリュチュラーやレスラーらの保護主義的「民主主義者」も、関連する一、二の点にかんして「国民経済委員会」案を批判しつつも、大綱において同じ側に立ち、むしろフィンケらの「右派」からの攻撃に対して、同委員会を擁護しようとさえした。だから封建的諸関係の「廃止」に関する同委員会の調査と提案――形式的にはそれは「基本権」にかんする修正案として提示されるが――には、保護主義的「民主主義者」の見解が、従ってそれを通じて産業資本の社会的経済的利害が貫かれているとみてよいと考えられる。では封建的諸関係の「廃止」に関する「国民経済委員会」の報告と提案はどのような内容をもっていたか。

封建的諸関係の廃止の問題は、「国民議会」において、「ドイツ憲法」の「基本権」(基本的人権)の規定をめぐって展開する。「憲法委員会」の「基本権」に関する提案に対立しつつ、その修正として、「国民経済委員会」は独自の「基本権」案を提示する。

「国民経済委員会」の報告者、マルブルクのブルーノ・ヒルデブラントは指摘する。[1]「基本権」の確定の作業は、「全ドイツを走り抜けている社会的運動」のために必要であり、それは「ドイツ国民の永遠の繁栄」の基盤を構築し、この土台の上に「今日の巨大な社会問題の正しい解決」(傍点は引用者)の可能性を与えることである。——「基本権」の作成は、「議会」が、大衆の提起した諸問題を「社会問題」として把握し、その変革運動への対応として、問題の解決を法律的に行おうとするものに他ならなかった。

「あらゆる革命がそうであるように」——とヒルデブラントは正しく指摘する——「大衆の物質的社会的利害 die materiellen und sozialen Interessen des Volkes」は「政治的イデー die politische Idee」よりも常に「最も根底において作用する運動の本来の要因」であり、「三月 Märztagen」に「封建的諸国家の残滓が農民階層を最も強く圧迫」している西南及び南ドイツ、シュレージエンの一部でかかる運動が展開した要因もそこにある。

以上のような認識から、「国民経済委員会」は「封建的諸関係の廃止」に関する「基本権」の作成を行うのであるが、その際「農民的土地保有 der bäuerliche Grundbesitz を抑圧する、遠く中世の社会制度から現在に継承されて来た農民的諸負担とグーツヘル的権利の廃止及び償却に関する請願」とその内容を調査するのである。「人口の五分の四が農業を営むドイツ」における農民の人格的解放と農民的土地所有の解放は、「農民的諸産業」と「一般的福祉 die allgemeine Wohlfahrt」及び「国民的富 Nationalreichtum」の発展にとって不可欠の条件である。従って「国民のこの圧倒的大部分の解放」は「国内平和と安全」、「ドイツ国民の全利益」及び「ドイツの新しい社会的国家的構造」のために、「ドイツ国民の基本権」の決定的要素とならねばならない。(2)

このような視点に立って「国民経済委員会」が作成した「基本権」案のうち、当該問題に直接に関連する条項は以下の通りである。

第六条　土地の処分・利用の自由の没収による制限は、公共の福祉に従い、立法によってのみ許される。強制的没収は補償によってのみ行われる。

第七条　すべてのレーエン制的関係及びすべての世襲財産制は廃止される。施行の種類、方法の細部については各邦の立法がこれを規定する。

第八条　あらゆる種類の隷属制は今後一切廃止される。

無償で廃止さるべきもの

(1)　家父長制的裁判権、領主警察権、土地及び人に対するその他の一切の高権 Hoheitsrecht 及び特権

(2)　右の権利から生ずる権限、特権及び各種の貢租

(3)　土地領主、保護領主的関係に由来する人的 persönlich な給付

(4)　他人の土地に対する狩猟権

廃止さるべき上記権利に付随する、権利者による反対給付は、同時に廃止される。

第九条　土地に課せられたことが明らかなその他一切の賦課は、すべての農村地役権と共に、権利ある土地の利

用に不可欠である場合を除き、償却されうるもの ablösbar とする。償却は人及び権利者ないし負担者の関係にかかわりなく行われる。償却の方法に関する規定の細部は各邦の立法に任される。

第一〇条　第七条及び第八条で廃止された関係及び権利、第九条によって償却が決定した関係及び権利は新たに導入されてはならない。(3)

以上に示される提案は、凡そ三点よりなる。世襲財産制の廃止と土地分割の自由、封建的諸特権の廃止及び農民的諸賦課の廃止。以下それぞれについて付せられた「理由説明」を紹介し、その内容を整理してみよう。

（1） Stenographischer Bericht., Bd. I, S. 756.
（2） A. a. O., Bd. IV, S. 2389.
（3） A. a. O.

2　世襲財産制、領主制の廃止
――有償解放方式――

一　世襲財産制の廃止

「世襲財産制」は「死手 tote Hand」への「土地財産」の「過大蓄積」を意味するが、その廃止の問題は「土地分割、移動」の制限の除去の問題と密接に結びついて提起された。「報告」は次のように指摘する。

(1)　土地分割、移動の規制は中世に特徴的な制約であり、その「政治的経済的」根拠は次の通りである。中世の「ゲルマン的国家」は、「個人の権利の擁護」を任務とする近代的「公権力 sittliche Staatsgewalt」とは異なり、「相互に併立しているエゴイスティックな支配」の集合体として存在している。その基礎には、諸階層、諸家族の「相互保護」のための「共同体的結合 korporative Vereinigung」がある。「各人の本来的国家はまず家族であり、次に共同体または組合」であった。

(2) 共同体的結合を基礎とする中世ゲルマン社会における「国民の唯一の富」は、「土地 Grund und Boden」であり、「土地から切り離された個人は無能かつ無力」であったから、「あらゆる家族がその血縁的関係に基づき」、土地を「固定化」し、分割せず相続してゆくことが、「必然」となった。

以上のように「報告」は、中世社会において土地が富の唯一の存在形態であり、かかる土地を媒介とする共同体的関係が社会の基礎をなす、という正しい認識に立って、世襲財産制の必然性を説明した上で、次に「近代」社会の特質を指摘する。

(3) 「近代の政治的経済的状況」は中世ゲルマン社会の場合と全く異なっている。ここでは「巨大な動産的国民資本 ein großes bewegliche Nationalkapital」が形成され、それによって「近代的産業」が発展する。「土地」はもはや富の唯一の存在形式たることをやめ、「近代的産業」及びそれと結びついた「国民資本」こそが社会の主要な経済的条件となる。従って個人は土地を媒介とする共同体的結合から離れ、「市民としての実在とその生活」がここに成立する。「諸個人 Individuen」は私的共同体的関係ではなく、「国家」と関係を結ぶ。「家族はもはや各血縁的関係者の保証制度ではなくなり、社会 Gesellschaft に対する未成年者の単なる倫理的、精神的教育機関」となった。

このように三月革命期のドイツ社会は、「土地」を主要な生産手段とする共同体的社会、その「エゴイスティックな支配」の集合体から、「国民資本」による「近代産業」を基礎とする近代社会、近代国家への移行過程としてとらえられ、かかる移行に際して、中世において土地所有と結合して必然的に生じた世襲財産制は、それと結びついた共同体的関係、この上に成り立つ支配体制(絶対主義的領邦体制)と共に破砕されねばならなかった。

(4) 更に、世襲財産制は、近代的農業経営＝小農制の発展を阻害するものとされた。「科学の進歩」と「国民的産業の総体」との「相互作用の一層の増大」とによって農業の集約的経営が可能となり、「その他の経済活動との調和」(「近代的」工業の発展)の下で、「単なる熟練と勤勉」ではなく、「能力と教育」が必要とされるにいたり、そのためには「土地をもっとも効果的に経営」するものがその土地を所有する必要がある。同時に「高度な農業」が「土地耕作のため多くの労働力 Menschenkräfte を要するのは農業発展の自然法則」である。

以上のように、分散耕地制、混在耕地制に基づく封建的農業が、囲い込まれ、集約化した近代的農業経営へと発展するためには、土地の自由な分割、移動が前提条件となる。しかも、農業技術の向上は、単位面積当りの生産性を引き上げ、零細経営も一定の余剰農産物を生産しうるものとなった。「所有者が自ら耕作する土地こそもっとも細心かつもっとも優良に経営されうる」という「認められた事実」に立つとき、「農業の向上は土地分割の一層の進化 immer größere Zertheilung des Grundeigentums を迫る」のであった。つまり、ここでいう集約化した近代的農業経営とは、生産手段、とくに土地を自ら所有する独立の零細ないし小農民経営が想定されているのであり、かかる独立自営の小農民経営の解放、その発展のために、土地分割、移動の規制の廃止が要請されるのである。なぜならば、かかる規制と結合した「世襲財産制」は、「若干の人の手への厖大な土地の集中」を現出し、「細心な土地耕作」と、「多くの有能な人々」が「自ら土地所有者になる機会」を阻害し、「それを通じて結局プロレタリアートを増大させる」からである。事実、封建的領主、グーツヘル及びユンカー層は、「農民解放」によって、農民から収取した償却地代あるいは土地獲得を通じて、農場経営を拡大しつつあった。いわゆる「プロシア型」の原始蓄積である。「世襲財産制」の廃止、土地分割の容認は、客観的には、東エルベを基盤にして進行しつつあるユンカー経営に対決し、独立自営の農民的経営の発展を促進しようという意義をもっていたのである。

(5) だが「土地細分化」がもたらす「経済的損失」を否定するわけではない。しかし――と「報告」は指摘する――かかる「損失」は、「若干の地域」でしか生じておらず、それすらも、たとえばプロイセンの特定地域にみられるように、「土地の分割というよりはむしろ償却法の目的に反した適用」による。それ故、ドイツ農業は、「土地所有の集積・拡大」が進む、イギリス、アイルランドの「貧困」の方向ではなく、農民の経済的向上に帰結しているベルギーの如き土地細分化の方向をとらねばならない。(1)

以上のように「報告」は、東エルベのユンカー的農場経営の方向と同時に、イギリス型の農業＝資本主義的農業経営の方向をも共に否定し、ベルギーの如き、小農民経営の途を選択する。工業における機械制工場経営の発達と農業における零細ないし小農民経営の構造(農業に対する工業の不均等発展)の方向が選ばれたのである。

世襲財産制の廃止、土地の自由な分割について以上のように指摘する「国民経済委員会」は、しかし、その現実化において大きく後退する。「世襲財産制の廃止に際して権利侵害を防ぐために……廃止の種類と方法に関する特別の規定は各邦の立法にまかされる。」――「世襲財産制」に利害をもつユンカー的地主的諸勢力及びその「協定理論」との妥協が、というよりも、それらの利害(政治的には「極右」、「中央右派」のそれ)が事事上貫徹することになる。(2)

二　領主制の廃止

「国民経済委員会」の案によれば家父長制的裁判権、領主警察権その他の領主的特権は無償で廃止されることになった。これによって領主・農民関係、その支配＝従属関係を支える経済外的強制の法的根拠は失われ、両者の関係は土地所有をめぐる経済的関係へ移行することになる。領主層の身分的象徴としての狩猟権のうち、農民保有地におけるそれは無償で廃止され、ここに合理的な農民経営の前提条件の一つが整備される。

しかし農民が最も強く攻撃した農民的諸負担については、「国民経済委員会」は、これをグルントヘル・保護領主的関係に由来する「人的」賦課と、「明らかに土地に課せられた諸賦課」とを区別し、前者を無償で廃止し、後者を「償却されうる」ものとした。裁判権、隷属制に由来する「人的」賦課の無償廃止は、いう迄もなく、農民負担の一部消滅を意味し、先に述べた領主的諸特権の廃止と相俟って、農民的経営の部分的向上と、そのような下での農民による地代償却、従って農民的土地所有の部分的解放を可能にするであろう。だが、それは、すでに現実に進行しつつある「農民解放」と、その帰結としてのユンカー的土地所有＝経営の蓄積——「プロイセン型」の原始蓄積——に対しては、そのいわゆる「近代化」を促進することはあっても、何らその解体に結びつくものではない。

農民達は、すでに述べたように、一切の封建的賦課の無償廃止、有償償却方式の破砕、更に償却金、切取り地の返還——その限りでユンカー的土地所有＝経営の解体、農民的土地所有の創出——を求めていた。だが「国民経済委員会」は、農民のかかる要求に対して次のように述べる。(3)「これまでの制度と法律の権威において解決されて来た法律行為に対して新しい農業法を遡及させることは、それが無償廃止の原則であれ、償却率の軽減であれ、法的にも政治的にも正当ではない。」「それは一般に承認された法の基本原理に矛盾する。それどころかそれは土地所有の一切の法と経済状態の根本的な動揺、混乱及び顚覆を惹き起すことになる。」

「国民経済委員会」は、農民の封建地代の無償廃棄要求に対して次のように主張する。

「一切の封建的賦課の無償廃棄を求める提案は、上述の基本権の諸規定を越えている限り、これらの規定を承認する国民議会の否定を意味すると共に、一八四八年九月二八日の国民経済委員会の調査報告の趣旨にも対立する。(4)」また、「賦課の完全な無償廃棄は、現実には占有と所有に対する暗殺計画 ein Attentat auf Besitz und Eigentum となるであろう。すべての政治運動とすべての国家形態は、現在と今後の国家市民的秩序 staatsbürgerliche Ordnung の原理と前提とが破壊されないようにするために、上のことを用心する必要がある[5]。」（傍点は引用者）

「償却金の返還」に関する同委員会の見解は次の通りである。「これ〔償却金の返還〕を承認することは、国家権力、ラント議会の権威の下で、過去数十年にわたって施行されて来た法律に逆行するばかりでなく、それを土台に結ばれて来た契約と、宣告された判決とを破棄するものとなろう。それはこの問題に関して新たに設定された私的関係 Privatverhältnisse を破壊し、もって法と秩序の安全 die Sicherheit des Rechts und Besitzes、その基盤の上に秩序づけられた国家 Staatsgesellschaft を掘り崩し、かくして合法的に auf einem gesetzlichen Wege 促進される法と自由の確実な発展は今後一切不可能となり、疑問となるであろう[6]。」（傍点は引用者）

かくて、「国民経済委員会」は（従って、ドイツ産業資本は）、農民的変革の方向に対決し、むしろ「過去三〇年の間に、時にはそれ以前に行われた、無数の調整と償却」を守りぬこうとしたが、その根拠は次の二点にあった。

(1) 償却過程は現在進行しつつあり、多くの農民はすでに「償却資金」あるいは「土地」を引渡して償却を完了しており、また、償却中の農場、土地は、売買、相続等によって所有者を変えていることがある。

(2) 「単なる土地賦課、地代」は「家父長制的裁判権が廃止されるや否や、即自的にも向自的にも抵当債務者の債権者に対する関係以外のいかなる従属関係もつくり出さない。」

以上のように、土地所有に媒介された地代収取のための領主権、償却中の土地に対する領主の権利は「私法的権利 Privatrecht」とされ、「封建時代から継承してきた高権や特権」の廃止によって、かかる「私法的権利」は一層強固なものになる。もとよりその背景には「自然経済の貨幣経済への移行」という認識が存在した。商品・貨幣経済の展開の中で、商品化した封建的土地所有権＝上級所有権はいわゆる「私法的権利」へと移行したものとされ、農民の支払う封建地代は、このような「私法的権利」に随伴する近代的地代と擬制されたのである。それ故、かかる「私法的権利」の解体は有償でなされることになる。

「すべての農民的土地保有者が……中世以来の強制と抑圧とによって、不自由と負担の状態に追い込まれるにいたったという広く提示された考えは、何ら歴史的真理をもたず、従ってすべての土地賦課の無償廃止を正当づけることもできない。かかる地租が公的ではなく、私法的権利の領域に属する以上、その償却は、公共の福祉において行われる他の公的収用と同じように、一定の補助なしに行うことはできない。」「それぱかりではない。若干の邦においては貢租の大部分はすでに何年も前から償却されており、もし基本権に基づき今後すべての貢租が無償で廃止されるようになれば、悪しき法的不平等とさまざまな混乱が発生することになろう。すべての私的財産はそれが土地所有であれ、権利であれ、同じように神聖・不可侵であり、市民社会によって保証されねばなら(7)」ない。

以上のように「国民経済委員会」の「報告」は、封建的土地所有権を私法的権利と認め、私的所有の「神聖・不可侵」の観点から、その解体は「有償」でのみ行いうるとしたのである。このことは当然、従来各邦ごとに行われて来た「農民解放」の政策とプロセスを認め、これを前提とするのであり、従って、上の原則に基づく「有償」解放の現実の施行は、各邦政府、各邦立法に任されることになった。

「もし今後無所有者――日雇人 Tagelöhner 及び小作人 Heuerlingen――に農民的土地所有への参加を許すならば、それは権利と所有の保護、またその基盤と生活の要素を、従って自分自身を否定することになろう。また請願者の所有と保有とは将来保証されることはないだろう(8)。」

無償廃棄、償却金・償却地代の返還などを求める農民請願――「農民革命」の基本的内容はここに表現されている――は、「国民経済委員会」(従って産業ブルジョアジー)にとっては、「権利」と「所有」とに敵対するものとして、いわゆる「共産主義」として現われてくることになった。

三 「プロイセン議会」での土地問題

封建的土地所有廃止の問題は、各邦議会においても、各邦の特殊な事情に対応して、独自に、しかし、「国民議会」との連絡をとりつつ、審議された。プロイセンでは、八月一一日の布告によるグーツヘルの裁判権、免税権の廃止、一〇月三一日の狩猟権廃止、同月の償却の一時停止宣言などが行われるが、農民たちの封建地代の無償廃棄の要求に対しては、真向から対立した。

封建制廃止に関係する委員会の代表は次のように述べている。「所有の完全な自由 die volle Freiheit des Eigentums を実現する手段は、共同地分割 die Gemeinheits-Teilung と償却 die Ablösung である。両者は、廃止さるべき権利に対する補償原理 der Grundsatz der Entschädigung に立っている。すべての所有制限 Eigentums = Beschränkungen と賦課の無償廃棄 unentgeltliche Aufhebung の原則はこれと対立する。このような原則から出発することは正当でないばかりでなく賢明でもない。正当でないという理由はこうである。上の関係は、約一〇〇年に及ぶ、法律で保護されて来た、占有を通じて正当に取得された所有物へと転化しているからである。政治的観点からみて賢明でないという理由は、それによって、巨大な物的手段の占有に基づいて大きな影響力をもっている多数の人々が新しい国家機構から疎外されてしまうからである。(9)」(傍点は引用者)

「償却」の「修正」の要求に対して、大臣ギールケ Gierke は答える。「政府はこのようなやり直しに反対する根拠を提出する義務があるだろう。この問題について私は、すでに約二〇〇万もの手賦役が償却されつつあるということだけ指摘したい。だからこの問題で、過去の地盤 der Boden der Vergangenheit を掘り返えすことは危険であり、実

際無茶なやり方という他ない。(10)」(傍点は引用者)

国務大臣ミルデ Milde は主張する。「三〇年以上も前から、いや、かれこれ四〇年近くも昔から実施されて来た一切の償却を新たに問題にすることが今日要求されるとすれば、これほど危険なものはない、と私は考える。(11)」

「ドイツ立憲国民議会」(「プロイセン立憲議会」をはじめとする各邦議会も同じであるが)は、封建地代の基本的部分については有償解放方式を採用した。「封建的賦課」の「無償廃棄」は「占有と所有に対する暗殺計画」であるとされ、更に「償却金の返還」は、「過去数十年にわたって施行されて来た法律に逆行」し、それを基礎にして成立した「法と所有」、その上に成立する「国家」を否定するものであるとされた。まことに、「農民革命」の志向する「無償廃棄」は、絶対主義的領邦体制の下で行われた有償解放の政策・法体系は勿論、かかる政策・法体系に支えられた所有関係そのもの、従って、この所有関係を基盤として成立する絶対主義的領邦体制そのものを廃棄することを課題としていた。「国民議会」及び「プロイセン議会」は、有償解放体系の原理の上に旧来の「農民解放」とその結果生み出された所有関係――東エルベの場合、ユンカー的土地所有＝経営――を、従って、客観的には絶対主義的領邦体制の社会的経済的構造を擁護し、「農民革命」の「暗殺計画」から守ろうとしたのである。

(1) 土地分割の自由と農村工業との関連については、前出アイゼンシュトゥックの論述を参照。

(2) 世襲財産制は三月革命後復活し、一方ではユンカー的農業、山林経営の発展を、他方では、農民的経営の解体を惹起する要因となり、当時のブルジョア的利害から激しく批難された。邦語研究として、住谷、前掲「マックス・ヴェーバーの『世襲財産論』」、及び豊永、前掲論文、を参照。

(3) A. a. O., Bd. IV, S. 2400 ff.

(4) Verhandlungen der deutschen verfassunggebenden Reichs-Versammlung., Bd. IV, S. 99.

(5) A. a. O., S. 200.

(6) A. a. O., S. 199.

(7) Stenographischer Bericht., Bd. IV, S. 2400.

(8) A. a. O., S. 2400.

(9) Verhandlungen der constituierenden Versammlung für Preußen, Bd. VI, S. 3781. 同様の指摘――「我々の課題は、賦課を負う土地保有者と権利をもつ土地所有者との両派を調停に導くことである。」A. a. O., S. 3785.

(10) A. a. O., Bd. III, S. 2057 f.

(11) A. a. O., Bd. III, S. 2058 f.

3 保護主義者＝「民主主義者」の立場

「国民経済委員会」のこのような報告と提案に対して、産業資本家層の経済的利害――保護主義――を代表するアイゼンシュトゥックらのブルジョア民主主義者は、殆んど一致してこれを支持した。彼は、これに関連して工業経営の自由、移転の自由に関する少数意見を提出するが、上の農業プログラムに関しては、特別の反対意見を出さず、また急進的保護主義者M・モールも若干の修正を求めつつも基本線において委員会案に賛成する。(1)

レスラー(Oels)、チムマーマン、ブルム、フォン・ディースカウ、ナウヴェルク、レーヴェほかの「民主主義者」、「急進民主主義者」の提案は、十分の一税に関する修正案で、農民の基本的諸負担の廃止にかかわるものではなかった(2)し、また同じ急進民主主義者トゥリュチュラーの提案もこの点で全く同じであった。(3)

四八年の「社会的運動」の要因が「抑圧され病める社会関係」にあることを指摘した「民主主義者」レスラーは、かかる「病い」の中心が「農民階層の抑圧」にあるとして、次のように述べる。「プロイセンで償却が始ったとき、そこには正当な目的があった。人は抑圧された村民を自由にしようと欲した。しかし目的の大部分は失われ、旧い苦痛に代わって新しい苦痛が負わされることになった。」「蜂起」は決して「人為的」ではなかった。それは「農民の自生的なもの」であった。そもそも封建的諸特権は「千年に及ぶ不正」であり、この「不正の上に成り立つ所有権」は、「中世の刻印」を押された「特権 Privilegium」に他ならない。だから「中世ドイツにおいては自由は同時に不自由に他ならない。なぜならばそれは他の人間〔の自由〕への制限だからである。」「私が申し上げたいのはこうである。他人の自由の制限は決して合法的所有 das legale Eigentum に移行しえない。それを何らかの意味で合法化しようとする法律はすべてそれだけでも、また他に対しても、無効である。……かかる法律を破るのは正当である。そうです、諸君に私は保証しよう。ドイツの農民達は、特に私のなつかしい故郷シュレージエンの農民は、その自然権 natürliches Recht に行きつくであろう。……彼らはそれを必要としており、いざとなれば自らの手で獲得するであろう。――私は諸君にドイツの安寧と統一の利益のために申し上げているのです。……諸君！　そうでなければ非合法的にもたされるものを合法的な方法で与えてもらいたい。農民戦争はすぐそこに迫っている。」[4]（傍点は引用者）

封建的諸特権を「不正」なものとし、その「否定」を「正当な権利」と考えた「民主主義者」レスラーは、しかし、農民の「非合法的」な反封建闘争＝「農民戦争」を恐れ、それへの対応として「合法的」なやり方での「廃止」＝法律的改革の必要性を強調した。しかしその内容は、「すべての賦課はフランスにおけるあの輝しい年一七八九年の八月四日と同じように一挙に廃止されるべきである。」ここで要求されているのは、一七九二年八月のモンタニャール独裁下での変革――一切の封建的諸賦課の無償廃棄――ではなく、一七八九年「八月四日の夜」の決議、有償廃棄を基本的内容とする、ジロンダンの線である。それはすなわち「国民経済委員会」の線に他ならない。[5]

（1） Stenographischer Bericht., Bd. IV, S. 2403.

（2） A. a. O., Bd. IV, S. 2406.
（3） A. a. O., Bd. IV, S. 2408.
（4） A. a. O., Bd. IV, S. 2417.
（5） 「保有変更税」、「ラウデミエン」の無償廃止、狩猟権の廃止その他に関する修正案を提示したレスラーは最後に次のように結論する。「私の結論は非常に簡単です。フォン・フィンケ〔「極右」の大物〕は農地保有者に訴訟手続を行わせようとする。諸君、私は申し上げたい。農民の長い裁判を短縮しなければならない。そうでないと農民が〔自分の力で〕短い裁判をやってのけるであろう（左派からブラボー）。」

おわりに

三月革命においてドイツ産業資本は「国民議会」の中に有力な利害の代弁者を見出した。「国民経済委員会」の重要なメムバー、アイゼンシュトゥック、M・モールを中心とする「民主主義者」(「左派」、「穏健左派」所属)がそれである。彼らによって代表された、ドイツ産業資本の経済的利害の性格は、革命の最も基本的課題である土地問題の処理の仕方に最も明白に示された。封建的土地所有の変革にかんする歴史的意義についての正しい認識に立った産業資本の代表者達は、しかし、現実の法的、政策的次元においては、進行しつつある「農民革命」、封建的諸関係の農民自身による「非合法的」な変革に対する対応として、「右派」(農業・地主的利害)、「中央右派」の「協定理論」との妥協を示しつつ、著しく反農民的な性格を示すことになった。

領主権は二つに分けられた。「人的権利」、即ち、家父長制的裁判権、領主裁判権その他の特権とこれらの権利から由来する「人的賦課」は無償で廃棄されるが、しかし、土地に課せられた地代に対する収取の権利、「物的権利」は、「私法的権利」として「償却されうるもの」とされた。この方式はフランスの一七八九年「八月四日」の決議、ジロンダン方式の領主制廃止と全く同じ形式である。この方式は「三月前期」に絶対主義的領邦体制の下で進められて来た、あるいは部分的には既に完了している、封建的土地所有の有償解放方式——いわゆる「農民解放」——と、その帰結とを承認し、事実上これを継承することを意味する。「公的」な性格をもった領主的諸特権及び隷属制、裁判権等に由来する農民的諸賦課の無償廃棄は、農民的土地保有＝経営をその限りで向上させ、部分的には、「償却」を通じて、農民的土地所有を実現させることになるであろう。だが、それはあくまでも部分的、漸次的なものであり、農民の主要な負担である土地に課せられた地代の廃止を伴わず、特に絶対主義的領邦体制下の「農民解放」政策とその実現過程とを全面的に廃棄しえないこの方式は、結局のところ、農民的土地所有の全面的「解放」に帰結せず、むしろ、すでに進行しつつある「プロイセン的」な資本の原始蓄積過程——ユンカー的土地所有＝経営——を承認し、かつ温存し、従ってそれを土台とする反革命の擡頭を容認することになった。

フランスでは、周知のように、封建的土地所有は、一七九二年の八月二〇日、二五日の「立法議会」の法令によって、無償で廃棄された(1)。だが一八四八年のドイツ三月革命の場合、フランスでモンタニャールが行った、封建的土地所有の無償廃棄を内容とするブルジョア的変革の方向は、ドイツ・ブルジョアジー(の代表者)によって、「法と秩序」を解体させる「非合法的」なものとして否定され、逆に批判された。それは、ブルジョア的所有の変革に結びつく「共産主義」と考えられた。事実、マルクス、エンゲルスの手になる『ドイツ共産党の要求』は、「あらゆる封建的負担、あらゆる貢租、賦役、十分の一税等」の「無償廃止」、「王領地その他の封建的領地、すべての鉱山、炭鉱等」の「国有化」などを含む広汎な農業・土地プログラムを提起していた(2)。だからベルリン出身のレッテ Lette が(3)、「本来的地代の無条件な無償廃棄は所有への侵害」であり、「共産主義の生産物 ein Erzeugniß des Kommunismus」に他ならないというとき、それは明らかに一定の事実——とくに三月革命の中で、またその後に客観的事実となった、あるいはそういった可能性をもった――なのであり、かかる認識が単に「右派」、「中央右派」の農業・地主的利害(ドイツのジロンダン)の観念としてばかりではなく、さらに革命を主導すべき産業ブルジョアジーの観念――その背後には階級的利害があるのだが――として現われて来るところに、ドイツ産業資本の、同時にまた三月革命の、歴史的(段階的)に規定された特質があったのである。

一般的には、イギリス産業革命を画期とする資本主義の世界的発展、特殊的には、ドイツ内部とくにエルベ河以西における「産業革命」の展開と原始的蓄積過程の進展、このような歴史的状況こそドイツ産業資本(その代表者)をして、東エルベのユンカー的土地所有＝経営を「私法的」な関係として捉えさせ、かつそれを理論化するために、「自然経済」から「貨幣経済」への「移行」という後にドイツ歴史学派によって確立されるシェーマを導入させることになったのである。封建的土地所有の変革、農民的土地所有の解放こそ「近代社会」の発展の前提条件であるという三月革命の「民主主義者」の正しい認識(「世襲財産制の廃止」の部分を参照)は、「共産主義」として認識された「農民革命」に直面して、後退をくり返えし、結局、現実の法的、政策的次元においては領邦君主制の存続を認める「協定理論」と、また、変革の内容においても農業・地主的利害と、妥協してゆくことになったのである。(4) いう迄もなく、このことは、反革命の擡頭を可能にする。そして、それは、四八年の秋から四九年の春にいたる過程で、はっきりとした事実となっていったのである。(5)

(1) 高橋、前掲『市民革命の構造』。柴田三千雄「封建的土地所有の解体――フランスのばあい――」前掲『西洋経済史講座Ⅳ』所収。同「フランスにおける分割地農民の成立」前掲、山田盛太郎編『変革期における地代範疇』、所収、を参照。

(2) 本書Ⅱ、第二章二、参照。

(3) Stenographischer Bericht., Bd. IV, S. 2425.

（4） 「所有権の不可侵」、「私法的権利」の原理に立つ「右派」フィンケの立論については、a. a. O. を参照。

（5） この問題については、E. Jordan, a. a. O. の他、最近次のような研究がでている。Manfred Kliem, Die Rolle der feudal-junkerlichen Reaktion in der Revolution von 1848/49, in: Zeitschrift für Geschichtswissenschaft, 1969, Heft 3.

■岩波オンデマンドブックス■

ドイツ三月革命の研究

1974年 1月25日　第1刷発行
1987年11月6日　第2刷発行
2025年 5月9日　オンデマンド版発行

著　者　柳澤《やなぎさわ》 治《おさむ》

発行者　坂本政謙

発行所　株式会社 岩波書店
〒101-8002 東京都千代田区一ツ橋 2-5-5
電話案内 03-5210-4000
https://www.iwanami.co.jp/

印刷／製本・法令印刷

ISBN 978-4-00-731559-6　　Printed in Japan

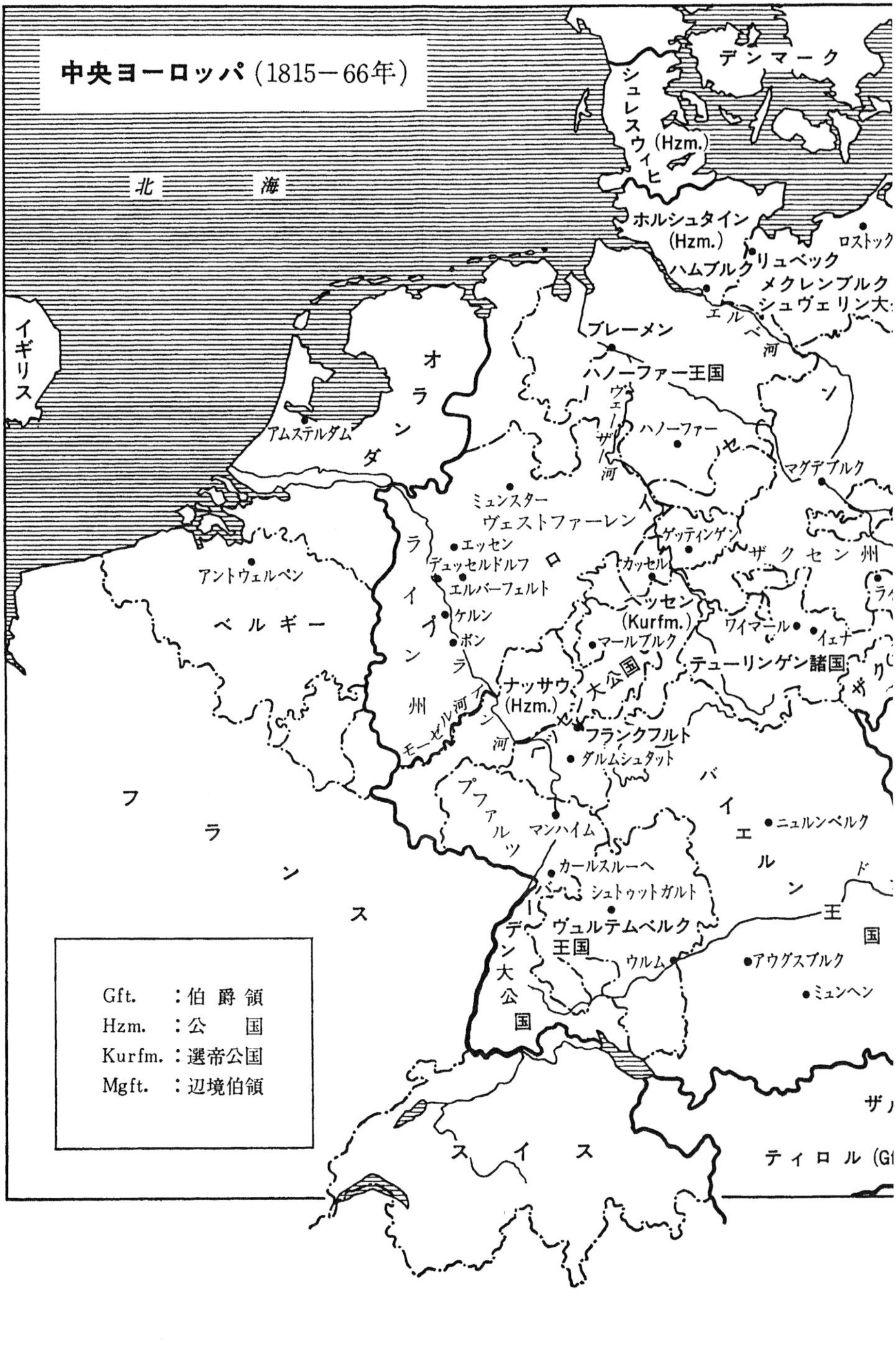

中央ヨーロッパ(1815−66年)

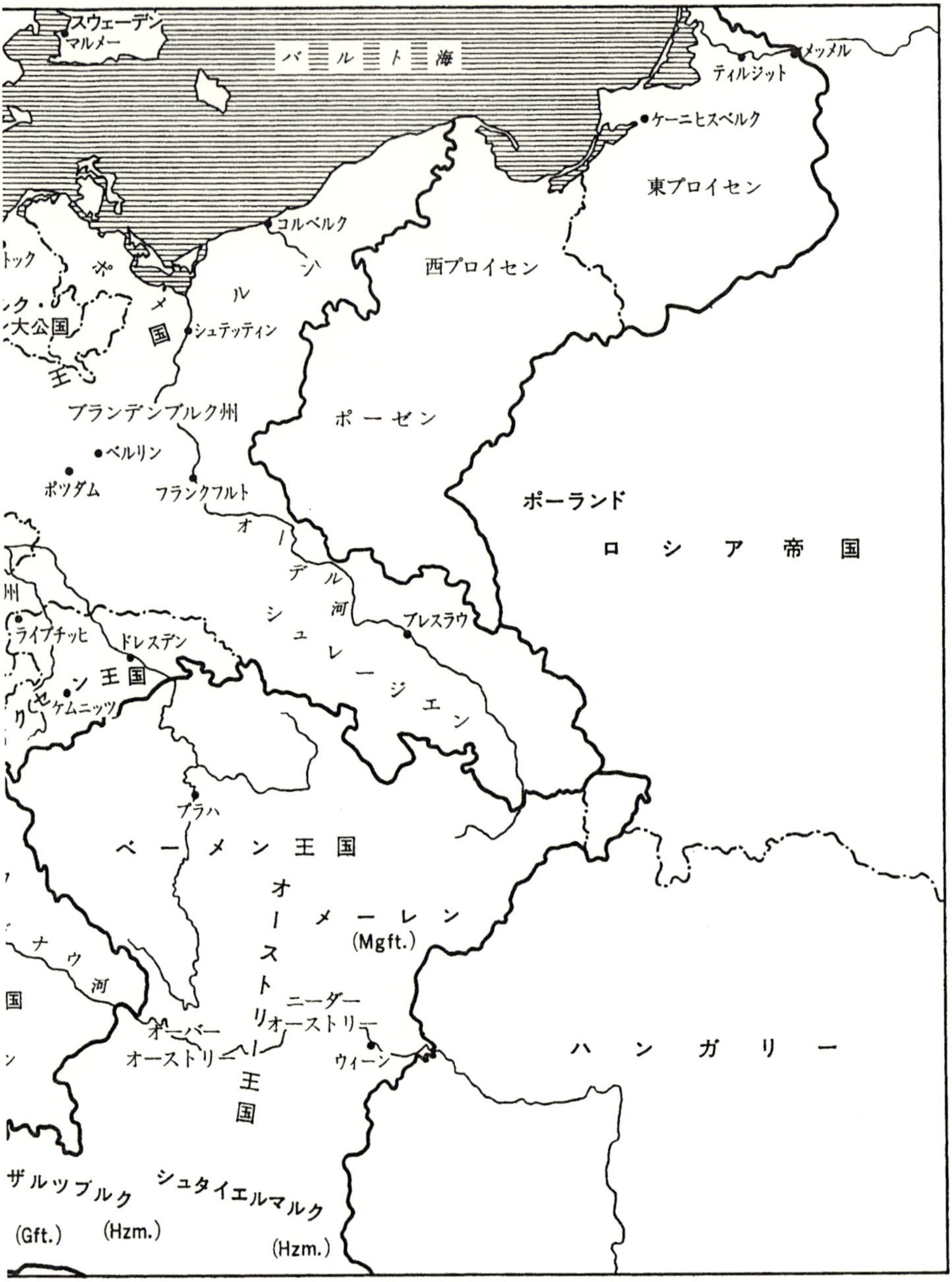

スウェーデン
マルメー
バルト海
メッメル
ティルジット
ケーニヒスベルク
東プロイセン
コルベルク
ポンメルン
ポメ国
西プロイセン
シュテッティン
ク・
大公国
王
ブランデンブルク州
ポーゼン
ベルリン
ポツダム
フランクフルト
ポーランド
ロシア帝国
オーデル河
ブレスラウ
シュレージエン
州
ライプチッヒ
ドレスデン
ン王国
ケムニッツ
プラハ
ベーメン王国
オーストリー王国
メーレン
(Mgft.)
ナウ河
国
ニーダーオーストリー
オーバーオーストリー
ウィーン
ハンガリー
ザルツブルク
(Gft.)
(Hzm.)
シュタイエルマルク
(Hzm.)

農民運動・民主主義運動の拠点となった西南ドイツ諸都市

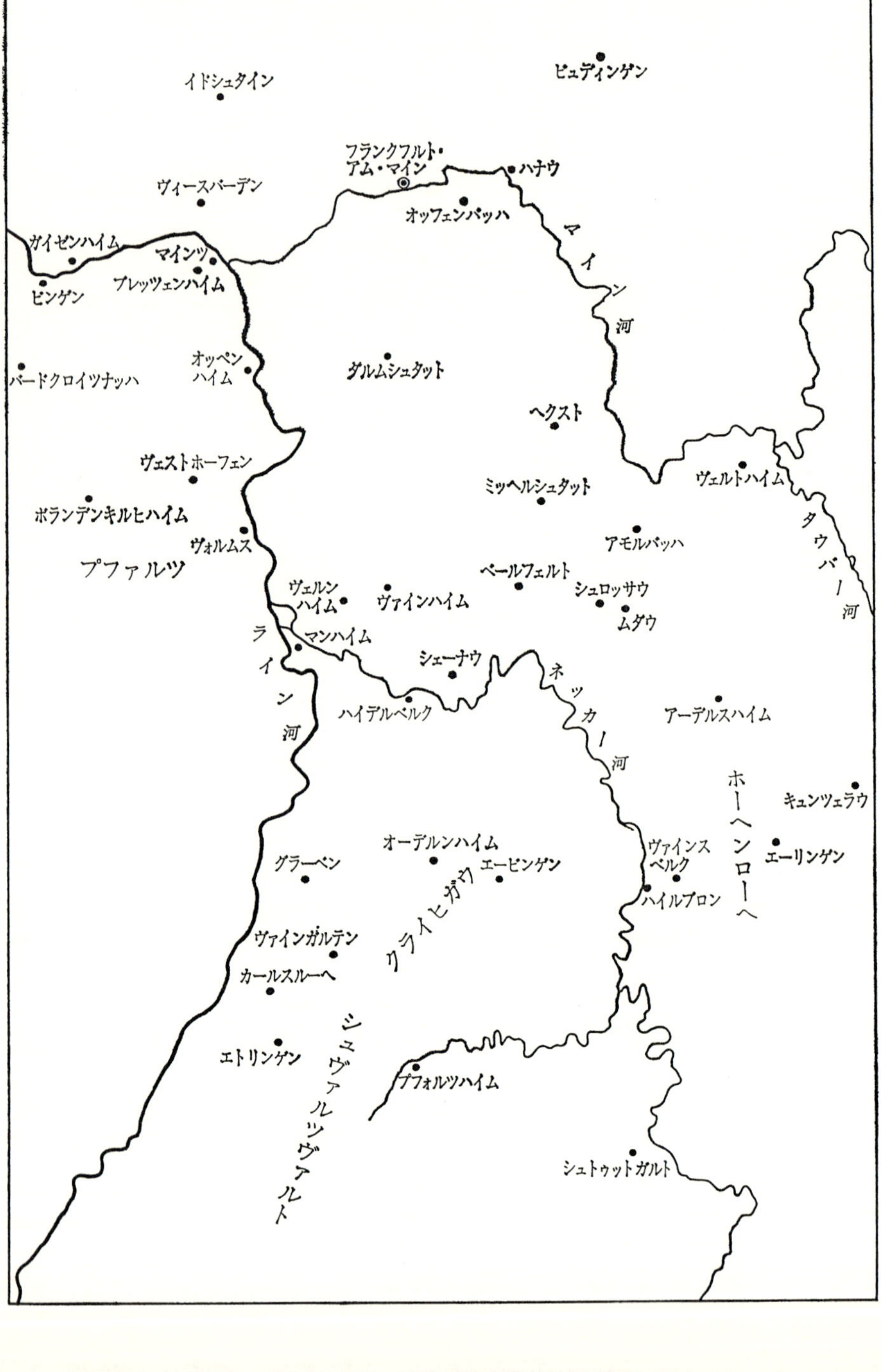

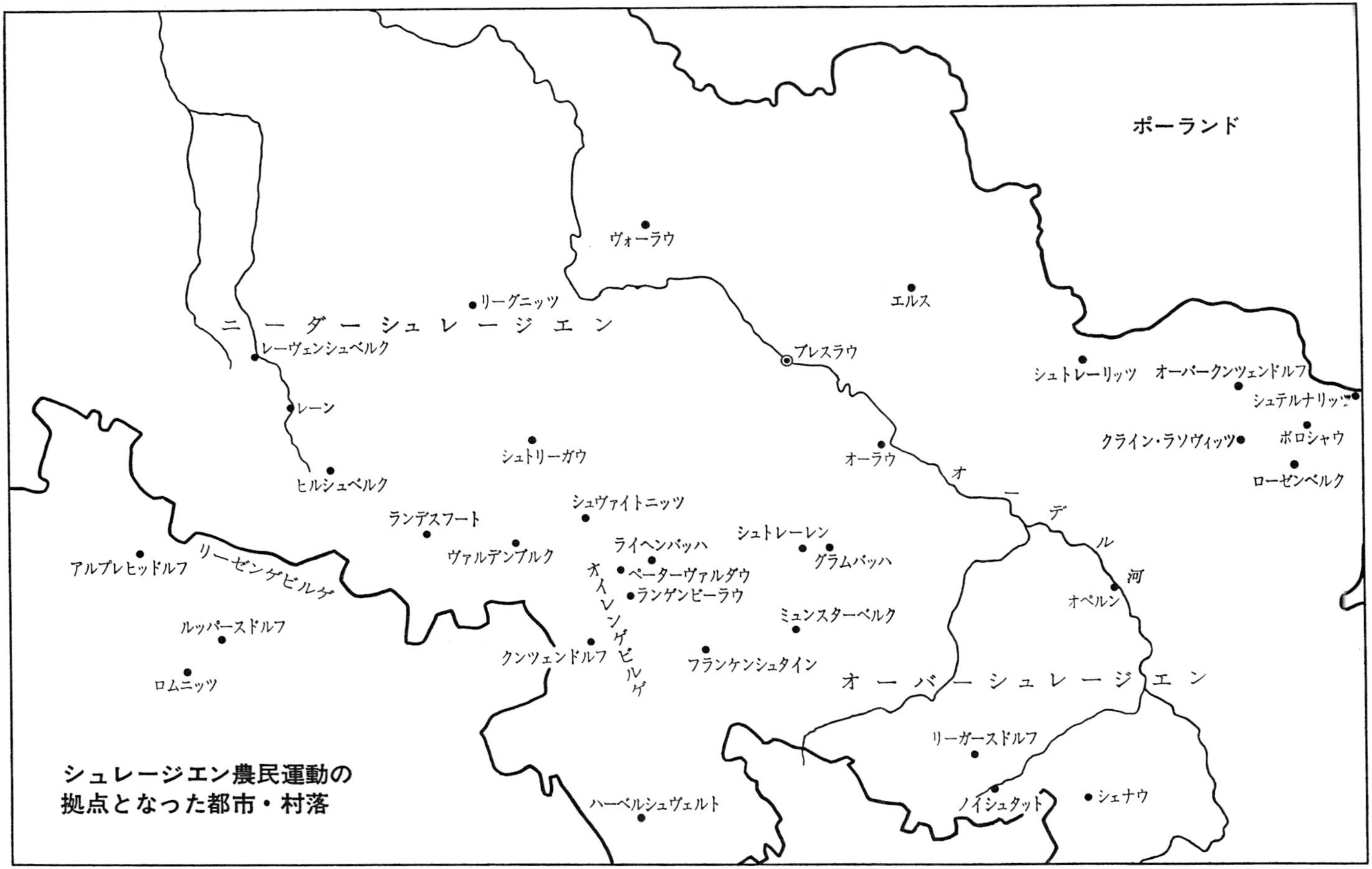

シュレージエン農民運動の拠点となった都市・村落

文 献 目 録

(和洋書ともに著者のアルファベット順)

Adler, Georg, Die Geschichte der ersten sozialpolitischen Arbeiterbewegung in Deutschland mit besonderer Rücksicht auf die einwirkenden Theorien, Breslau 1885.

Albrecht, Paul, Die volkswirtschaftlichen und sozialen Fragen in der Frankfurter National-Versammlung, Halle 1914.

Allgemeine Deutsche Biographie, Bd. 1–56, Leipzig 1875–1912, insbesondere Bd. 15, 1877. Hrsg. durch die Historische Kommission bei der Königl. Akademie der Wissenschaften.

Balser, Frolinde, Sozial-Demokratie 1848/1849 bis 1863. Die erste deutsche Arbeiterorganisation „Allgemeine deutsche Arbeiterverbrüderung" nach Revolution, Stuttgart 1962. (Industrielle Welt 2, Schriftenreihe des Arbeitskreis für moderne Sozialgeschichte, hrsg. von Werner Conze.)

Bamberger, Ludwig, Erinnerungen von Ludwig Bamberger. Hrsg. von Paul Nathan, Berlin 1899.

Banfield, Industry of the Rhine, Series I, Agriculture.

Baumstark, E., Über den Wochenmarktverkehr, in: Der Nationalökonom. Monatschrift über Volksreichtum, Finanzwesen und Oekonomiepolizei für Geschäftsmänner und Theoretiker. Hrsg. von Rudolf Moser, Bd. I, 1836, Heft 1.

Becker, Gerhard, Die „soziale Frage" auf dem zweiten demokratischen Kongreß 1848. Zur Entstehung und zum Charakter des „kommissionsgutachtens über die soziale Frage", in: Zeitschrift für Geschichtswissenschaft, 1967, Heft 2.

Becker, Gerhard, Antifeudale Petitionen preußischer Bauern vom März 1848, in: Zeitschrift für Geschichtswissenschaft, 1968, Heft 2.

Below, Georg von, Probleme der Wirtschaftsgeschichte, Tübingen 1920.

Bergsträsser, Ludwig, Geschichte der politischen Parteien in Deutschland, München 1952.

Beschlüsse des Arbeiter-Kongresses zu Berlin vom 23. August bis 3. September 1848, Berlin 1848.

Biermann, Wilhelm Ed., Karl Georg Winckelblech (Karl Marlo). Sein Leben und sein Werk, Bd. II, die deutsche Handwerker-und Arbeiterbewegung des Jahres 1848. Winckelblechs Leben und Wirken bis zu seinem Tode 1865, Leipzig 1909.

Bleiber, Helmut, Bauern und Landarbeiter in der bürgerlich-demokratischen Revolution von 1848/49 in Deutschland, in: Zeitschrift für Geschichtswissenschaft, 1969, Heft 3.

Bleiber, Helmut, Lage und Kampf der schlesischen Bauern und Landarbeiter in Vormärz (1840–47), Dissertation, Berlin 1963.

Blos, Wilhelm, Die deutsche Revolution. Geschichte der deutschen Bewegung von 1848 und 1849, Stuttgart 1893.

Blumberg, Horst, Ein Beitrag zur Geschichte der deutschen Leinenindustrie von 1834 bis 1870, in: Mottek, Blumberg, Wutzmer und Becker, Studien zur Geschichte der industriellen Revolution in Deutschland, Akademie-Verlag Berlin 1960.

Bondi, Gerhard, Deutschlands Aussenhandel 1815–1870, Berlin 1958. (Deutsche Akademie der Wissenschaften zu Berlin, Schriften des Instituts für Geschichte, Reihe I: Allgemeine und deutsche Geschichte, Bd. 5.)

Bopp, P. Hartwig, Die Entwicklung des deutschen Handwerksgesellentums im 19. Jahrhundert unter dem Einfluss der Zeitströmungen, Paderborn 1932. (Görres-Gesellschaft zur Pflege der Wissenschaft im kathorischen Deutschland. Veröffentlichungen der Sektion für Sozial-und Wirtschaftswissenschaft.)

Brinkmann, Carl, Wirtschafts-und Sozialgeschichte, München und Berlin 1927.

Bücher, Karl, Die Entstehung der Volkswirtschaft, Tübingen 1922. 権田保之助訳『国民経済の成立』増補改訂版，栗田書店，1942年.

Der Bund der Kommunisten. Dokumente und Materialien, Bd. 1, 1836–1849, Hrsg. vom Institut für Marxismus-Lenismus beim ZK der SED, Institut für Marxismus Lenismus beim ZK der KPdSU, Berlin 1970.

Clapham, J. H., Economic Development of France and Germany 1815–1914, 4th edition, Cambridge 1963.

Cannabisch, Statistisch-Geographische Beschreibung des Königreichs Württemberg, Dresden 1828.

Dietsche, Richard, Die industrielle Entwicklung des Wiesenthales bis zum Jahre 1870. Wirtschaftsgeschichtliche Studien, Dissertation, Schopfheim 1937.

Entwurf zu einem Zolltarif für das vereinte Deutschland, angearbeitet und mit Motiven versehen in Gemässheit der Berathungen der in Frankfurt a. M. versammelt gewesenen Abgeordneten des Handelsstandes, Frankfurt a. M. 1848.

Finger, Adolf, Die Schutzzollfrage 1848/49 und der Allgemeine deutsche Verein zum Schutze der vaterländischen Arbeit, Giessen 1937.

Fischer, Wolfram, Ansätze zur Industrialisierung in Baden 1770–1870, in: Vierteljahrschrift für Sozial-und Wirtschaftsgeschichte, Bd. 47, 1960.

Franz, Günther, Die agrarische Bewegung im Jahre 1848, in: Hessisches Jahrbuch für Landesgeschichte, 1959, auch in: Zeitschrift für Agrargeschichte und Agrarsoziologie, Jg. 7, Heft 2, 1959.

Franz, Günther, Eine landwirtschaftliche Umfrage der Frankfurter Nationalversammlung 1848, in: Wirtschaft, Geschichte und Wirtschaftsgeschichte. Festschrift zum 65. Geburtstag von Friedrich Lütge, hrsg. von Wilhelm Abel, Knut Borchart, Hermann Kellenbenz und Wolfgang Zorn.

Gehring, Paul, Von List bis Steinbeis. Aus der Frühzeit der württembergischen Industrialisierung, in: Zeitschrift für württembergische Landesgeschichte, VII, 1943.

Goldschmidt, Ernst Friedrich, Die deutsche Handwerkerbewegung bis zum Sieg der Gewerbefreiheit, München 1916.

Gothein, Eberhard, Wirtschaftsgeschichte des Schwarzwaldes und der angrenzenden Landschaften, Strassburg 1892.

Hamerow, Theodor S., History and German Revolution of 1848, in: American Historical Review, LX, 1954.

Hamerow, Theodor S., The German Artisan Movement 1848–49, in: Journal of Central European Affaires, Vol. XXI, 1961.

Hamerow, Theodor S., Restoration, Revolution, Reaction. Economics and Politics in Germany 1815–1871, Princeton 1958, reprint edition, 1966.

Heitz, E., Studien zur Handwerkerfrage, Stuttgart 1889.

Henderson, W. O., The Zollverein, 1st ed., London, 2nd ed., 1959.

Hermes, Gertrud, Statistische Studien zur wirtschaftlichen und gesellschaftlichen Struktur des zollvereinten Deutschlands, in: Archiv für Sozialwissenschaft und Sozialpolitik, 63. Bd., Tübingen 1930.

Holzschuher, August Freiherr von, Die materielle Noth der unteren Volksklassen und ihre Ursachen, Gekrönte Preisschrift, Augsburg 1850.

Hoffmann, Leo, Die württembergische Zunftwesen und die Politik der herzoglichen Regierung gegenüber den Zünften im 18. Jahrhundert, Inaugural-Dissertation, Tübingen 1905.

Jahn, Georg, Zur Gewerbepolitik der deutschen Landesfürsten vom 16. bis zum 18. Jahrhundert, Inaugural-Dissertation, Leipzig 1909.

James, Margaret, Social Problems and Policy during Puritan Revolution 1640–1660, 1. pub. 1930, reissued in London 1966.

Jordan, Erich, Die Entstehung der konservativen Partei und die preussischen Agrarverhältnisse von 1848, München und Leipzig 1914.

Jung, Wilhelm, Der Gewerbsmann und die gewerblichen Verhältnisse Württembergs, Ulm 1845.

Kahn, Rudolf, Die Leinenweberei auf der schwäbischen Alp, Jena 1924.

Kaizl, Josef, Der Kampf um Gewerbereform und Gewerbefreiheit in Bayern von 1799-1868, nebst einem einleitenden Überblick über die Entwicklung des Zunftwesens und der Gewerbefreiheit in Deutschland, Leipzig 1879.

Kanter, Hugo, Die Entwicklung des Handels mit gebrauchsfertigen Waren von der Mitte des 18. Jahrhunderts bis 1866 zu Frankfurt a. M., Tübingen und Leipzig 1902.

Kellenbenz, Hermann, Der deutsche Außenhandel gegen Ausgang des 18. Jahrhunderts, in: Die wirtschaftliche Situation in Deutschland und Österreich um die Wende vom 18. zum 19. Jahrhundert. Hrsg. von Friedrich Lütge, Stuttgart 1964. (Bericht über erste Arbeitstagung der Gesellschaft für Sozial- und Wirtschaftsgeschichte in Mainz 4-6. März 1963.)

Kliem, Manfred, Die Rolle der feudaljunkerlichen Reaktion in der Revolution von 1848/49, in: Zeitschrift für Geschichtswissenschaft, 1969, Heft 3.

Köhler, Ludwig, Das württembergische Gewerbe-Recht von 1805 bis 1870, Tübingen 1891.

König, Albin, Die sächsische Baumwollindustrie am Ende des vorigen Jahrhunderts und während der Kontinentalsperre, Leipzig 1899.

Kotelmann, Albert, Über den Ursachen des Pauperismus unter den deutschen Handwerkern, in: Deutsche Vierteljahrschrift, 1850, Heft 4, 1851, Heft 1.

Krause, Hans, Die demokratische Partei von 1848 und die soziale Frage, Breslau 1921.

Krauter, G., Die Manufakturen in Herzogtums Württemberg und ihre Förderung durch die württembergischen Regierung in der zweiten Hälfte des 18. Jahrhunderts, in: Jahrbuch für Statistik und Landeskunde von Baden-Württemberg, 1954/55.

Kreittmayer, Wiguleus Xaverius Aloysius Freiherr von, Anmerkungen über den codicem Maximilianeum bavaricum civilem, Bd. V, München 1821.

Kuczynski, Jürgen, Studien zur Geschichte des Kapitalismus, Akademie Verlag Berlin 1957. (Deutsche Akademie der Wissenschaften zu Berlin, Schriften des Instituts für Geschichte, Reihe I: Allgemeine und deutsche Geschichte, Bd. 2.)

Kuczynski, Jürgen, Zur Studien über Handels-und Marktprobleme, in: Jahrbuch für Wirtschaftsgeschichte, 1960, Teil II.

Kulischer, Josef, Allgemeine Wirtschaftsgeschichte des Mittelalters und der Neuzeit, 3. unveränderte Auflage, München und Wien 1965.

Lautenschlager, Friedrich, Die Agrarunruhen in den badischen Standes-und Grundherrschaften im Jahre 1848, Heidelberg 1915. (Heidelberger Abhandlungen zur mittleren und neueren Geschichte, Heft 46.)

Levy, Hermann, Monopole, Kartell und Trusts in der Geschichte und Gegenwart

der englischen Industrie, 2. Aufl., Jena 1927.
Lüders, Gustav, Die demokratische Bewegung in Berlin im Oktober 1848, Berlin und Leipzig 1909. (Abhandlung zur mittleren und neueren Geschichte. Hrsg. von Georg von Below, H. Fincke und F. Meinecke, Heft 11.)
Lukács, Georg, Geschichte und Klassenbewußtsein. Georg Lukács Werke, Frühschriften II, Bd. 2. 平井俊彦訳『歴史と階級意識』未来社, 1962年.
Lütge, Friedrich, Deutsche Sozial-und Wirtschaftsgeschichte. Ein Überblick, 3., wesentlich vermehrte und verbesserte Auflage, Berlin, Heidelberg und New York 1966.
Maschke, Erich, Deutsche Kartelle im späten Mittelalter und im 19. Jahrhundert vor 1870, in: Wirtschaftliche und soziale Probleme der gewerblichen Entwicklung im 15-16. und 19. Jahrhundert. Hrsg. von Friedrich Lütge, Stuttgart 1968.
Mehring, Franz, Geschichte der deutschen Sozialdemokratie, Tl. 1-2, Dietz Verlag Berlin 1960. 足利末男・平井俊彦・林功三・野村修訳『ドイツ社会民主主義史(上)(下)』ミネルヴァ書房, 1968年.
Miaskowski, August von, Die Gebundenheit des Grund und Bodens durch Familienfideikomisse, in: Jahrbücher für Nationalökonomie und Statistik, Bd. 21, 1873.
Mohl, Moriz, Über die württembergische Gewerbs=Industrie, erste Abteilung, Stuttgart und Tübingen 1828.
Mohl, Moriz, Aus den gewerbswissenschaftlichen Ergebnissen einer Reise in Frankreich, Stuttgart 1845.
Mohrdiek, Hella, Die Bauernunruhen in Württemberg. Ein Beitrag zur Geschichte des Revolutionsjahres 1848/1849, Dissertation, Tübingen 1949.
Mottek, Hans, Wirtschaftsgeschichte Deutschlands. Ein Grundriß, Bd. II, Berlin 1964.
Noyes, P. H., Organisation and Revolution. Working-Class Association in the German Revolutions in 1848-1849, Princeton 1966.
Obermann, Karl, Einheit und Freiheit. Die deutsche Geschichte von 1815 bis 1849 in zeitgenössischen Dokumenten, Berlin 1950.
Obermann, Karl, Die deutschen Arbeiter in der Revolution von 1848, 2. Aufl., Berlin 1953.
Obermann, Karl, Deutschland von 1815 bis 1849. Von der Gründung des Deutschen Reiches bis zur bürgerlich-demokratischen Revolution, Berlin 1963.
Obermann, Karl, Flugblätter der Revolution. Eine Flugblattsammlung zur Geschichte der Revolution von 1848/49 in Deutschland, Berlin 1970.
Olshausen, Hans-Peter, Friedrich List und der deutsche Handels-und Gewerbsverein, Jena 1935. (List Studien, Untersuchungen zur Geschichte der Staats-

senschaften, Heft 6.)

Pahl, Hans, Hamburg und das Problem einer deutschen Wirtschaftseinheit in Frankfurter Parlament 1848/1849, Hamburg 1930.

Pflaume, Heinz, Organisation und Vertretung der Arbeitnehmer in der Bewegung von 1848/49, Weimar 1934.

Pohle, Ludwig, Die Entwicklung des deutschen Wirtschaftslebens im 19. Jahrhundert, Leipzig 1904.

Preuss, Hugo, Die Entwickelung des deutschen Städtewesens, Bd. I, Entwickelungsgeschichte der deutschen Städteverfassung, Leipzig 1906.

Quarck, Max, Die erste deutsche Arbeiterbewegung 1848/1849. Geschichte der Arbeiterverbrüderung 1848/1849. Ein Beitrag zur Theorie und Praxis des Marxismus, 1. Aufl., Leipzig 1924, Neudruck, Glashütten in Tanus 1970.

Rauers, Friedrich, Bremer Handelsgeschichte im 19. Jahrhundert, Bremen 1913.

Reis, Karl, Agrarfrage und Agrarbewegung in Schlesien im Jahre 1848, Breslau 1910.(Darstellungen und Quellen zur schlesischen Geschichte. Hrsg. vom Verein für Geschichte Schlesien, 12. Bd.)

Reuter, Otto, Die Entwicklung der Augsburger Textil-Industrie. Gewerbegeschichtliche Studie, Diessen 1915.

Riezler, Siemund, Geschichte Baierns, Bd. 1–8, Gotha 1878–1914.

Schanz, Georg von, Zur Geschichte der deutschen Gesellenverbände im Mittelalter, Leipzig 1876.

Schmoller, Gustav, Zur Geschichte der deutschen Kleingewerbe im 19. Jahrhundert. Statistische und nationalökonomische Untersuchungen, Halle 1870.

Schneider, Walter, Wirtschafts-und Sozialpolitik im Frankfurter Parlament 1848–1849, Frankfurt a. M. 1923.

Schremmer, Eckhart, Die Bauernbefreiung in Hohenlohe, Stuttgart 1963.(Quellen und Forschung zur Agrargeschichte. Hrsg. von Friedrich Lütge, Günther Franz und Wilhelm Abel, Band IX.)

Schwappach, Adam, Handbuch der Forst-und Jagtgeschichte Deutschlands, Berlin 1886.

Sieveking, Heinrich, Grundzüge der neueren Wirtschaftsgeschichte vom 17. Jahrhundert bis zur Gegenwart, 2. verbesserte Auflage, Leipzig und Berlin 1915.

Schilfert, Gerhard, Sieg und Niederlage des demokratischen Wahlrechts in der deutschen Revolution 1848/49, Berlin 1952. 上杉重三郎・伊東勉訳『ドイツ三月革命の研究』日本評論社，1956年.

Söll, Wilhelm, Die staatliche Wirtschaftspolitik in Württemberg im 17. und 18. Jahrhundert. Ein Beitrag zur württembergischen Wirtschaftsgeschichte, Inaugural-Dissertation, Tübingen 1934.

Sombart, Werner, Die deutsche Volkswirtschaft im neunzehnten Jahrhundert, 3. Aufl., Berlin 1913.

Sombart, Werner, Der moderne Kapitalismus. Historisch-systematische Darstellung des gesamteuropäischen Wirtschaftsleben von seinen Anfängen bis zur Gegenwart, Bd. II, das Wirtschaftsleben im Zeitalter des Hochkapitalismus, München und Leipzig 1927.

Stadelman, Rudolf, Soziale und politische Geschichte der Revolution von 1848, München 1948, 2. Aufl., 1970.

Stein, Hans, Der Kölner Arbeiterverein(1848–1849). Ein Beitrag zur Frühgeschichte der rheinischen Sozialismus, Köln 1921.

Stenographischer Bericht über die Verhandlungen der deutschen constituierenden Nationalversammlung zu Frankfurt am Main. Hrsg. auf Beschluss der Nationalversammlung durch die Redaktionskommission und in deren Auftrag von Professor Franz Wigard, Leipzig 1848 und 1849.

Stieda, Wilhelm, Literatur, heutige Zustände und Entstehung der deutschen Hausindustrie, nach den vorliegenden gedruckten Quellen, Leipzig 1889. (Schriften des Vereins für Sozialpolitik, 39. Die deutsche Hausindustrie, Bd. 1.)

Troeltsch, Walter, Die Calwer Zeughandlungskompagnie und ihre Arbeiter. Studien zur Gewerbe-und Sozialgeschichte Altwürttembergs, Jena 1897.

Troeltsch, Walter, Die Göppingerzeugmachrei im 18. Jahrhundert und das sog. Veihyngerbuch, in: Jahrbuch für Gesetzgebung, Verwaltung und Volkswirtschaft im Deutschen Reich, 1896.

Tyszka, Carl von, Handwerk und Handwerkern in Bayern im 18. Jahrhundert. Eine wirtschaftsgeschichtliche Studie über die bayerische Gewerbeverfassung im 18. Jahrhundert, München 1907.

Valentin, Veit, Geschichte der deutschen Revolution von 1848–1849, 2 Bde., Berlin 1930/31, Neudruck der Ausgabe Aalen, 1968.

Die Vereinigte Deckenfabriken Calw AG. und ihre Vorläufer in dreihundert Jahren, Calw 1955.

Verhandlungen des Kongresses von Abgeordneten deutscher landwirtschaftlichen Vereine, gehalten zu Frankfurt a. M. vom 6. bis 14. November 1848. Herausgegeben im Auftrage des Kongresses, Darmstadt 1849.

Verhandlungen der constituierenden Versammlung für Preußen, 8 Bde., Berlin 1849.

Verhandlungen des ersten deutschen Handwerker-und Gewerbe-Kongresses gehalten zu Frankfurt am Main vom 14. Juli bis 18. August 1848. Hrsg. im Auftrage des Kongresses von G. Schirges, Darmstadt 1848.

Verhandlungen der sechsten General-Konferenz in Zollvereins-Angelegenheiten, Berlin 1843.

Verhandlungen der zweiten Generalversammlung des Allgemeinen deutschen Vereins zum Schutze der vaterländischen Arbeit, gehalten zu Frankfurt a. M. vom 10. bis 13. April 1849. Hrsg. vom engeren Ausschuß, Darmstadt 1849.

Weber, Rolf, Die Revolution in Sachsen 1848/1849. Entwicklung und Analyse ihrer Triebkräfte, Akademie Verlag Berlin 1970.(Schriften des Zentralinstituts für Geschichte der Deutschen Akademie der Wissenschaften zu Berlin, Reihe II, Band 11.)

Wedel, Walter, Die volkswirtschaftlichen Ansichten des Liberalismus dargestellt an der ersten deutschen Nationalversammlung 1848/49(Paulskirche zu Frankfurt a. M.), Inaugural-Dissertation, Berlin 1923.

Weidner, F., Gotha in der Bewegung von 1848 nebst Rückblicken auf die Zeit von 1815, Gotha 1908.

Winkel, Harald, Die Ablösungskapitalien aus der Bauernbefreiung in West-und Süddeutschland. Höhe und Verwendung bei Standes-und Grundherren, Stuttgart 1968.

Zeise, Roland, Die antifeudale Bewegung der Volksmassen auf dem Lande in der Revolution 1848/49 in Sachsen, Dissertation, Potsdam 1965.

Zimmermann, Alfred, Geschichte der preußischdeutschen Handelspolitik, Oldenburg 1892.

Zolltarif für Deutschland. Vorgeschlagen vom Allgemeinen deutschen Vereine zum Schutze der vaterländischen Arbeit, Frankfurt a. M. 1849.

Zorn, Wolfgang, Schwerpunkt der Ausfuhrindustrie im 18. Jahrhundert, in: Jahrbücher für Nationalökonomie und Statistik, Bd. 173, Heft 5, 1961.

Zunftzwang oder Gewerbefreiheit mit besonderer Beziehung auf Württemberg, 1847.

Zur Arbeitsfrage. An den verehrlichen Ausschußs des Vereins zum Schutze der vaterländischen Arbeit. Antrag den Schutz und die Ordnung der deutschen Arbeit in Innern betreffend, Frankfurt a. M. 1849.

藤瀬浩司,「19世紀ドイツにおける労働力の農業離脱」高橋幸八郎編『産業革命の研究』, 後に, 同『近代ドイツ農業の形成』御茶の水書房, 1967年, に所収.

藤瀬浩司,「プロシャ『農業改革』の経済的基礎」『歴史学研究』第211号, 1957年, 後に, 同『近代ドイツ農業の形成』所収.

藤瀬浩司,『近代ドイツ農業の形成――いわゆる『プロシャ型』進化の歴史的検証――』御茶の水書房, 1967年.

福応健,「ザクセン綿紡績業における機械制工場経営の成立」『商学論究』第11巻4号, 1964年.

春見濤子,「ドイツ産業資本確立期における貿易構造――1864年貿易統計分析を

中心に――」『土地制度史学』第43号，1969年.
春見濤子，「普仏通商条約と南ドイツ保護貿易論」『文化』第34巻4号.
林健太郎，「1848―49年のドイツ革命に関する最近の研究」『史学雑誌』第62編10号，1953年.
林健太郎，「三月革命と社会主義」『西洋史学』第11号，1951年.
樋口徹，「前期的資本の範疇転化について」『経済学研究』第3号，1964年.
広実源太郎，「ドイツ三月革命」『岩波講座 世界歴史19(近代6)』岩波書店，1971年.
肥前栄一，「プロイセン絶対主義の鉱業政策とオーベル・シュレージェン鉱山業」『経済論叢』第87巻6号，1961年，同『ドイツ経済政策史序説』未来社，1973年，所収.
肥前栄一，「ドイツ『三月革命』期の独占問題㈠㈡㈢――『プロイセン王立海外貿易会社』をめぐって――」『立教経済学研究』第17巻4号，1964年，第19巻3号，1965年，第21巻2号，1967年，同『ドイツ経済政策史序説』に所収.
肥前栄一，「産業革命のドイツ的形態――産業構造把握の視点からの一試論――」『土地制度史学』第39号，1968年. 同『ドイツ経済政策史序説』に所収.
北条功，「いわゆる『プロシャ型』の歴史的構造」山田盛太郎編『変革期における地代範疇』岩波書店，1956年.
北条功，「東ドイツにおける『農民解放』」大塚久雄・高橋幸八郎・松田智雄編『西洋経済史講座』第4巻.
北条功，「プロシャ『農民解放』期における共同地をめぐる諸問題――特にシュレージェンを中心にして――」『社会経済史大系』弘文堂，1961年.
川島武宜・松田智雄編『国民経済の諸類型』(大塚久雄教授還暦記念論文集)岩波書店，1968年.
川本和良，「18世紀におけるライン繊維工業の展開と『営業の自由』の前提条件㈠㈡」『立命館経済学』第9巻5号，1960年，6号，1961年，後に，同『ドイツ産業資本成立史論』に所収.
川本和良，「ライン繊維工業における直接的生産者の状態と『三月運動』」『歴史学研究』第300号，1965年，後に，同『ドイツ産業資本成立史論』に所収.
川本和良，『ドイツ産業資本成立史論』未来社，1971年.
小林栄吾，「『局地的市場圏』と『都市経済的市場圏』との内的関連」『経済学季報』第15巻3・4合併号，1966年.
小林昇，『フリードリッヒ・リスト研究』日本評論社，1950年.
小林昇，『重商主義解体期の研究』未来社，1955年.
小林昇，『フリードリッヒ・リスト論考』未来社，1966年.
ルフェーブル(Lefebvre, G.)，柴田三千雄訳『フランス革命と農民』(社会科学ゼミナール)未来社，1964年.
マルクス，エンゲルス，『マルクス・エンゲルス選集』大月書店，第2巻.

マルクス，エンゲルス，大内兵衛・細川嘉六監訳『マルクス・エンゲルス全集』大月書店.
増田四郎・小松芳喬・高村象平・矢口孝次郎，『社会経済史大系』第7巻(近世後期)弘文堂，1961年.
増谷英樹，「最近のドイツ三月革命研究の問題点——特に視点の問題に関して——」『人文学報』89号，1972年.
松田智雄，「関税同盟前史序論(上)(下)」『史学雑誌』第55編11・12号，1944年，後に，同『ドイツ資本主義の基礎研究』に所収.
松田智雄，「ユンカー経営の成立と『中間層』農民——『プロシャ型』の進化——」『歴史評論』第12号，1948年，後に，同『新編「近代」の史的構造論』に所収.
松田智雄編著『近代社会の形成』要書房，1955年.
松田智雄，「ドイツ領邦絶対主義の『ブルジョア』的土地改革について」『立教経済学研究』第13巻4号，『河西太一郎先生在職35年記念論文集』1957年.
松田智雄，「『営業の自由』Gewerbefreiheit——ブルジョア的改革の礎柱——」『資本主義の成立と発展』(土屋喬雄教授還暦記念論文集)有斐閣，1959年.
松田智雄，「領邦都市カルヴとその産業的発展——都市産業の近代化——」『西洋経済史・思想史研究』(本位田祥男博士古稀記念論文集)創文社，1962年．後に，同『ドイツ資本主義の基礎研究』に所収.
松田智雄，「いわゆる『工業化』の歴史的過程について——資本主義の南ドイツ的基盤——」『思想』473号，1963年，後に，同『ドイツ資本主義の基礎研究』に所収.
松田智雄，「ウュルテンベルク王国内の『工場・マヌファクトゥア目録』分析・解題」『経済学論集』第30巻1号，1964年，後に同『ドイツ資本主義の基礎研究』に所収.
松田智雄，『ドイツ資本主義の基礎研究——ウュルテンベルク王国の産業的発展——』岩波書店，1967年.
松田智雄，「リストよりシュタインバイスへの移行」大塚・安藤・松田・関口編『資本主義の形成と発展』(山口和雄博士還暦記念論文集)東京大学出版会，1968年.
松田智雄，『新編「近代」の史的構造論』ぺりかん社，1969年.
松尾展成，「18世紀後半のザクセンにおける特権都市と農村工業」高橋幸八郎・古島敏雄編『近代化の経済的基礎』岩波書店，1968年.
松尾展成，「『ザクセン改革』と『国家再建』」『岡山大学経済学会雑誌』第2巻3号，1970年.
松尾展成，「三月革命期およびフランス革命期のザクセンにおける農民運動」『岡山大学経済学会雑誌』第3巻1号，1971年.
松尾太郎，「ナポレオン戦争下イギリスにおける貿易問題——古典派経済理論推転の背景——」『経済志林』第33巻4号，1965年.

F. メーリング，足利末男・平井俊彦・林功三，野村修訳『ドイツ社会民主主義史(上)(下)』ミネルヴァ書房，1968 年.
毛利健三，「19 世紀前半の経済」『岩波講座 世界歴史 18(近代 5)』岩波書店，1970 年.
諸田実，「17・8 世紀西南ドイツにおける特権コンパニーについて——『農村工業』と『問屋制度』との対抗の焦点——」『商学論集』第 30 巻 2 号，1962 年.
諸田実，「産業革命期における諸『恐慌』」高橋幸八郎編『産業革命の研究』岩波書店，1965 年.
諸田実，「同時代の論調からみた 1825/26 年ドイツ取引所恐慌——原始的蓄積過程における擬制資本の過剰投機——」神奈川大学『商経論叢』第 1 号，1965 年.
諸田実，「『プロイセン関税法』(1818 年)の成立過程」神奈川大学貿易経済研究所『経済貿易研究』No. 4, 1967 年.
諸田実，『ドイツ初期資本主義研究』有斐閣，1967 年.
諸田実，「国民経済の建設における関税・貿易政策」川島・松田編『国民経済の諸類型』に所収.
大野英二，「オーベル・シュレージェン製鉄業の創出過程」『経済論叢』第 85 巻 5 号，1960 年，後に，同『ドイツ資本主義論』に所収.
大野英二，「オーベル・シュレージェン製鉄業の再編過程——大貴族《マグナーテン》経営の類型的特質——」『経済論叢』第 91 巻 3 号，1963 年，後に，同『ドイツ資本主義論』に所収.
大野英二，『ドイツ資本主義論』未来社，1965 年.
大塚久雄，「信用関係の展開」同編『資本主義の成立』河出書房，1951 年.
大塚久雄，『欧州経済史』弘文堂，1956 年.
大塚久雄，『近代欧州経済史序説〈上の二〉』弘文堂，第 10 版，1959 年.
大塚久雄編『西洋経済史』(経済学全集 11)筑摩書房，1968 年.
大塚久雄，「産業革命」『大塚久雄著作集』第 5 巻，岩波書店 1969 年.
大塚久雄，「産業革命の諸類型」同上著作集，第 5 巻.
大塚久雄・高橋幸八郎・松田智雄編『西洋経済史講座』全 5 巻，岩波書店，1960 年.
大月誠，「西南ドイツにおける『農民解放』——ヴュルテンベルクを中心に——」『経済論叢』第 89 巻 1 号，1962 年.
大月誠，「初期マックス・ヴェーバーのドイツ農業論(2)」竜谷大学『経済学論集』第 6 巻 2 号，1966 年.
大月誠，「1844 年のシュレージェンの織工一揆」竜谷大学『社会科学研究年報』第 2 号，1971 年.
坂井栄八郎，「クールヘッセンにおける農民と農民解放(一)(二)」『史学雑誌』第 76 編 6 号，7 号，1967 年.
酒井良彦，「ドイツ農村工業の性格」高橋幸八郎編著『近代資本主義の成立』.

柴田三千雄,「封建的土地所有の解体――フランスのばあい――」大塚・高橋・松田編『西洋経済史講座』第4巻.
柴田三千雄,「フランスにおける分割地農民の成立」山田盛太郎編『変革期における地代範疇』.
島崎晴哉,『ドイツ労働運動史』青木書店, 1963年.
末川清,「三月革命期における封建的賦課廃棄の運動――シュレージェン州を中心として――」『西洋史学』38号, 1958年.
末川清,「プロイセン立憲化過程におけるライン・ブルジョアジー」『立命館文学』183号, 1960年.
末川清,「三月革命期におけるライン自由派の政治的性格」桑原武夫編『ブルジョア革命の比較研究』筑摩書房, 1964年.
住谷一彦・肥前栄一,「ドイツの保護主義経済論――フリードリヒ・リストを中心に――」山中篤太郎・豊崎稔監修, 野田稔・加藤寛・中村秀一郎・大野英二・新野幸次郎編『経済政策講座』第2巻(経済政策の史的展開), 有斐閣1964年.
住谷一彦,「マックス・ヴェーバーの『世襲財産論』――ドイツ資本主義と土地制度の思想史的研究――」『立教経済学研究』第16巻3号, 1962年, 後に, 同『リストとヴェーバー――ドイツ資本主義分析の思想体系――』に所収.
住谷一彦,『リストとヴェーバー――ドイツ資本主義分析の思想体系――』未来社, 1969年.
住谷一彦,「類型・『国民経済』の歴史と理論〔II〕――『国民経済』論の類型と史的展開――」内田・大野・住谷・伊藤・平田『経済学史』.
高橋幸八郎編著『近代資本主義の成立』東京大学出版会, 第6刷, 1959年.
高橋幸八郎編『産業革命の研究』岩波書店, 1965年.
高橋幸八郎,『市民革命の構造』御茶の水書房, 増補版, 1966年.
高橋秀行,「ドイツ織物業における『工業化』過程の比較史的考察㈠㈡――ラインラントとシュレージエン――」『大分大学経済論集』第18巻2号, 3号, 1966年.
田中豊治,「独占体系の解体」大塚・高橋・松田編『西洋経済史講座』第4巻.
戸原四郎,「ドイツ産業資本の特質(上)――19世紀の南ドイツ綿工業について――」『社会科学研究』第14巻1号, 1962年.
豊永泰子,「プロイセン世襲財産問題――帝制期ドイツにおける土地政策の動向――」『西洋史学』第68号, 1966年.
内田義彦・大野英二・住谷一彦・伊東光晴・平田清明,『経済学史』筑摩書房, 1970年.
渡辺尚,「産業革命期ライン・ヴェストファーレンにおける社会的分業の展開――国内市場のドイツ的形態に関する一考察――」『土地制度史学』第32号, 1966年.
渡辺尚,「『M. Gladbach 商業会議所年次報告』分析(1838-1861)――ラインのマ

ンチェスターは，何をどこから買い，何をどこへ売ったか――」『土地制度史学』第47号，1970年.
矢田俊隆，「1848―49年のドイツ革命の研究について」『歴史学研究』136号，1948年.
矢田俊隆，「ドイツ三月革命と自由主義」『年報政治学 近代革命の再検討』岩波書店，1964年.
山之内靖，『マルクス・エンゲルスの世界史像』未来社，1968年.
吉田静一，『フランス重商主義論』未来社，1963年.
吉岡昭彦編『イギリス資本主義の確立』御茶の水書房，1960年.